国名・地名から読み解くユーラシア

各文化圏の持つDNAを探る

◆

室谷 茂 著

清水書院

目次

はじめに 1

第1章　ヨーロッパ文化圏 5
1. 現在の国名 6
2. 王朝・王国名 21
3. 市町村接頭・接尾辞，都市名，地域名 26
4. 国名・地名からみた特色 42
5. 国名・地名からみたヨーロッパ観 46

第2章　西アジア・北アフリカ文化圏 63
1. 現在の国名 64
2. 王朝・王国名 73
3. 市町村接頭・接尾辞，都市名，地域名 78
4. 国名・地名からみた特色 88
5. 国名・地名からみた西アジア・北アフリカ観 92

第3章　南アジア文化圏 105
1. 現在の国名 106
2. 王朝・王国名 110
3. 市町村接頭・接尾辞，都市名，地域名 114
4. 国名・地名からみた特色 126
5. 国名・地名からみた南アジア観 129

第4章　東アジア文化圏 143
1. 現在の国名 144
2. 王朝・王国名 148
3. 市町村接頭・接尾辞，都市名，地域名 152
4. 国名・地名からみた特色 170
5. 国名・地名からみた東アジア観 173

第5章　内陸（中央）アジア文化圏 191
1. 現在の国名 192
2. 王朝・王国名 194
3. 市町村接頭・接尾辞，都市名，地域名 200
4. 国名・地名からみた特色 207
5. 国名・地名からみた内陸アジア観 210

第6章　東南アジア文化圏 219
1. 現在の国名 220
2. 王朝・王国名 224
3. 市町村接頭・接尾辞，都市名，地域名 228
4. 国名・地名からみた特色 238
5. 国名・地名からみた東南アジア観 242

第7章　国名・地名からみた文化圏の比較 249
1. ヨーロッパと西アジア・北アフリカの比較 249
2. ヨーロッパと南アジアの比較 258
3. ヨーロッパと東アジアの比較 267
4. ヨーロッパと内陸（中央）アジアの比較 277
5. ヨーロッパと東南アジアの比較 283
6. 西アジア・北アフリカと南アジアの比較 290

7.	西アジア・北アフリカと東アジアの比較	300
8.	西アジア・北アフリカと内陸アジアの比較	310
9.	西アジア・北アフリカと東南アジアの比較	317
10.	南アジアと東アジアの比較	323
11.	南アジアと内陸アジアの比較	334
12.	南アジアと東南アジアの比較	341
13.	東アジアと内陸アジアの比較	350
14.	東アジアと東南アジアの比較	358
15.	内陸アジアと東南アジアの比較	366

第8章　ユーラシア全域 ... 373
1.	一言で表す各文化圏（四角・楕円の部分）	374
2.	特色・価値観から分類するユーラシア	395
3.	二つの価値観の境	439

おわりに ... 440

注 ... 443
参考文献 ... 451
索引 ... 455

はじめに

　現代世界を，物質面と精神面の二面に分けて考えてみる。物質面では世界中に同じ商品が行き渡り，貧富の差はあるが，人々がそれを使い，豊かな生活を享受している。食料も同じで，主食には好みの違いがみられるが，足りなければ輸入し，飢えは急速に減少した。商品も食料も１世紀前とは比べようがない程良くなっている。人類史上もっとも豊かな時代といっても過言ではないであろう。地球上の人口急増がこれを立証している。

　これに対して精神面はどうであろうか？　現代世界は国際交流やグローバル化が進展し，その結果国際的に共通する思想や価値観が形成されつつある。それは自由・平等，人権主義，法の支配，民主主義，多数決の原理といった内容が中心であるように思える。これは欧米の思想と価値観，特に第二次世界大戦後のアメリカの思想と価値観が中心である。しかしこの思想や価値観を全世界の人々が等しく受け入れているとは思えない。受け止め方にも正と負の感覚があり，世界各地には反発も生じ，紛争も起こっている。その背景を考えると，各文化圏（各文化地域）には長い歴史の中で形成されてきたそれぞれの生き方，様々な権利，尊厳，伝統，宗教観などがあるが，これらが現代の価値観を優先するあまり，充分尊重されないところに原因の１つがあるように思える。

　現代の欧米中心の思想・価値観の良さは認めるが，完全なものではないし，またそれを御旗に，各文化圏が古くから大切に育んできた伝統や価値観や権利などを，ないがしろにしても構わないということにはならない。各文化圏の生き方，尊厳，宗教観，様々な権利，社会ルール，伝統などは，各文化圏の風土に根ざし，何千年も受け継がれて形成されたもので，それは各文化圏のDNA（遺伝子）のようなものとなっている。これを尊重してこそ，各文化圏の人々の協賛が得られ，相互理解や国際平和が進むものと思う。

　そこで，今後更なる国際化推進のためには，長年育んできた地域の根源に

ある個性（文化圏の DNA）を，もう一度正しく捉える必要があると考え，北アフリカを含めたユーラシアの各文化圏¹⁾を考察することにした。西アジアに北アフリカを含めたのは，文化的に分離できないからである。この対象地域には，世界の四大文明発祥地の全てが含まれ，世界人口の約7割の人々が暮らしている。またこの地域は，数千年の伝統によって，各文化圏は大変個性豊かとなり，その差異は大きなものとなっている。この各文化圏の考察と文化圏の比較考察を行ってみようと思う。

　ここで，現代の文化圏の特色を，わかり易く「菓子パン」に例えてみる。菓子パンは，表面を覆う小麦粉でできたパン生地の部分と中味のアンの部分からなる。パン生地の部分は欧米の思想や価値観や文化，中でも特に 20 世紀以降のアメリカの思想や価値観や文化に相当する。そしてアンの部分は，各文化圏が長年育んできた独自の思想や価値観や文化，すなわち各文化圏の DNA（遺伝子）にあたる。DNA は，世界が変化しても国際化しても，簡単には変わらない。そのアン（DNA）が小豆アンか，イチゴジャムか，ピーナツクリームかといった違いは，そのまま文化圏の違いにあたる。ところが現代社会は，諸々の出来事をみるにあたって，パン生地にあたる部分，すなわち実際に目に映る価値基準だけを捉えて判断する場合が多い。しかし世界の人々の本当の心理を理解するには，アン（DNA）にあたる部分を充分理解する必要がある。

　このような複雑多様なユーラシアの各文化圏を考察するには，共通したモノサシになる何らかの基準が必要となる。そこで，ユーラシア全体を見渡した結果，共通するモノサシとして国名と地名に着目した。その理由は，国名・地名はどの文化圏にも命名され，活用されている。しかも国名・地名は，その多くが現地の人々によって命名されたものであり，古くから親しまれて今に引き継がれている。また地名に残されたということは，相当強い影響力があったことを示している。さらに国名と地名さえあれば，各文化圏の研究の進捗度に関係なく，今に残されている資料の多少にも関係なく，同じ視点に立って各文化圏が分析できる利点がある。このような大局的立場からみた視点だけでなく，もっと具体的に地名のもつ特徴を述べれば，国名や地名の語源や由来を知る事に

はじめに

よって，それぞれの地域の特徴や個性がつかめる。また国名や地名の形成年代や命名背景，その後の改名等をみると歴史過程がわかる。現国名や王朝・王国名を分析すると，文化圏内の関係や動きも，文化圏を越えた関係や動きも，推測できる。さらに国名や地名を特定のカテゴリーで括ってみると，文化圏独特の個性が浮かびあがってくる。また市町村名に付ける接頭・接尾辞をみると，文化圏全体の特徴や性格だけでなく，近隣の文化圏への影響力までみえてくる。このように，国名・地名は各文化圏の最も基本的な特徴を内示しているのである。さらに国名や地名はそれ自体がDNAであり，無形文化財に匹敵する。

　次に，本書の国名・地名の扱い方と，大まかな構成について，ごく簡単に触れておきたい。「現在の国名」では，国内で使用する名称の由来や語源を中心にとりあげた。さらに世界に表明する使用名がある場合は，それもとりあげた。「王朝・王国名」については，古い時代は正式名を名乗っていなかった場合が多いので，現在我々が使用する名称とその由来や語源を調べて，背景を読み解く材料に活用した。「市町村接頭接尾辞・都市名・地域名」については，地名の接頭接尾辞と，一部の大都市名と，一部の大地域名をとりあげて分析し，地域性を読み解いた。大都市名と大地域名を採りあげた理由は，大都市名や大地域名は，どの文化圏でも政治的，社会的，文化的，宗教的背景などを配慮して命名された場合が多いからである。また地域性を読み解くにあたって，村名や小都市名や小地域名も大変重要であるということは充分承知しているが，その数は極めて多く，採りあげることは不可能であり，ここでは省略した。その代わりに，市町村名につけられる接頭接尾辞に注目した訳だが，接頭接尾辞は地域の特徴を知るうえで極めて有効であり，村名，小都市名，小地域名から導きだせる特徴をかなり代用してくれると考えたからである。

　これらの地名を基にして，各文化圏（文化地域）を説明し，各文化圏の持つ特色を導き出し，それらを参考にして文化圏を分析・考察した。このような手法を使うと，文化圏の理解と共に，全ての文化圏を対等な立場（視点）でみることになる。そこで次に，それぞれの文化圏の比較考察を行なってみた。比較考察は，各文化圏の違いを比べるだけでなく，それぞれの文化圏の独自色も再

び浮かび上がらせてくれるという特徴もでてくる。そして各文化圏のまとめを行い、最後に各文化圏という枠を取り払って、ユーラシアを一つとして見直した場合、どのような特色がみられるか、さらに文化圏を跨いで、どのような共通性が存在するのかも、ごく簡単に考察してみた。

　現在地理学は、地理情報システム（GIS）、防災関連のような未来型の地理研究分野も進んでいる。GISや防災といった分野の研究は、今後の地理研究を大きく塗り替えるものと考える。しかしこれとは反対に、文化圏の持つ独自の個性（DNA）を学ぶのも大切で、今後世界の人々が、友好的に、心豊かに、そして平和に生きるには、同じ程重要であると考える。"新芽"と"根っこ"は地理学の両輪である。これが国際理解にもつながると考える。ここでは"根っこ"を採りあげ、現国名、王朝・王国名、主要地名と接頭接尾辞を、DNAの1つとして考察し、さらにそれから各文化圏観の特徴を導き出した。文化圏観は、ヨーロッパ観、西アジア・北アフリカ観、南アジア観、東アジア観、内陸（中央）アジア観、東南アジア観にまとめた。この文化圏観も大きく捉えたDNAである。地域区分は国連の分類に従った。これらを考察する次第である。

第1章　ヨーロッパ文化圏

ヨーロッパ（45カ国）　　シベリアを含むヨーロッパ（45カ国）
面積…1018万km²　　　　面積…2304万km²
人口…7.1億人　　　　　　人口…7.4億人

1. 現在の国名

　ヨーロッパは，国家数がきわめて多い。世界の文化圏の中でも，国家数の多さでは突出している。これらの国名を由来から考察し，それを基に文化圏の形成背景や特徴を分析する材料とする。

A，住民・部族名を基本とする国名

a），ドイッチラント（ドイツ）

　ドイツ語で「ブンデスレプブリーク・ドイッチラント Bundesrepublik Deutschland」[2]と呼び，"ドイツ連邦共和国"を意味する。bund は"連邦"を意味し，republik は"共和国"を意味する。「ドイッチラント Deutschland」の Deutsch は"人々，民衆"を意味し，これに Land "国土"を付けて，ゲルマン系部族の人々の住む地域を指す名称とした（高橋,1928,p209）。9 世紀にフランク王国が 3 つに分裂し，ゲルマン系部族中心の国家が生まれ，統一名として，どの部族にも共通するドイッチの名を使用したのである。

　英語の「ジャーマニーGermany」は"ゲルマン"という民族名に由来して呼ぶ。フランス語，スペイン語，ポルトガル語では「アルマーニュ Allemagne」と呼ぶが，これはゲルマン系"アレマン人の地"を意味する。

　ローマ時代，このあたりはゲルマニアと呼ばれた領域であり，多様なゲルマン系諸部族が住んでいた。ゲルマンの語源をみると，ゲル ger "沼"，マン man "人"より"沼地に住む人々"の意味とみる説，他に古語のエルマナ ermana "大きな人"の意味からでたとする説などがある（Adrian,1974,p.95）。キリスト教の力が極めて大きかった中世には，王はローマ教皇から戴冠されて，「神聖ローマ帝国 Heiliges Römisches Reich」と名乗った。"古代のローマ帝国の伝統を受け継ぐキリスト教の国"という意味である。現在のドイツは，16 の州と都市からなる連邦国家である。

b), フランス

　フランス語で「レピュブリク・フランセーズ République Française」と呼び，"フランス共和国"を意味する。Republique は"共和国"を意味する。通称の France とは，ゲルマン系のフランク族の名に由来する。5世紀にゲルマン系諸部族を支配し，ケルト系部族も支配下に入れて，西ローマ帝国の支配地の主要部分を再統一した。この時の中心部族の名からフランク王国と名乗った。この伝統を引き継ぐ国家として，今もフランスを名乗っている。フランクという部族名は，franken "自由人"に由来する（Adrian,1974,p.90）という説。また franca "投げやり(族)"に由来する（英語語源辞典,1989,p.203）という説もある。フランクの名を一貫して用いてきた珍しい国である。フランスの領域は，フランク族侵入以前は「ガリア Gallia」[3]と呼ばれた。ケルト系のガリア人の居住地だったからである。フランスでは「ゴルワ」とよぶ。

c), ベルジック（ベルギー）

　フランス語とドイツ語が公用語である。フランス語では「ロワイヨーム・ドゥ・ベルジック Royaume de Belgique」と呼び，ドイツ語では「ケーニヒライヒ・ベルギエン Königreich Belgien」と呼ぶ。双方とも"ベルギー王国"を意味する。ベルジックやベルギエンとは，ケルト系のベルガエ Belgae 族の名に由来する。Belgae の語源は，印欧祖語の Belgae "戦士"が語源とみられている（Adrian,1974,p.46，他）。また bhelg "輝く"が語源とみる説もある（英語語源辞典,1989,p.49）。ケルト系の部族名が残った名称である。

d), ダンマルク（デンマーク）

　デンマーク語で「コンゲリゲット・ダンマルク Kongeriget Danmark」と呼び，"デンマーク王国"を意味する。単に「ダンマルク Danmark」ともいう。ダン Dane はゲルマン系の"デーン人"を，マルク mark は"森林地方，辺境区，国境地域"を意味し，"ダン人の国境地域"を意味する。Dane の語源は"砂州"を意味し，"砂州に住む人"を指した名である（Adrian,1974,p.79）。

e）．スヴェリゲ（スウェーデン）

　スウェーデン語で「コーヌンガリーケト・スヴェリゲ Konungariket Sverige」と呼び、"スウェーデン王国"を意味する。Sverige とは古ノルド語で"スヴェーア族の国"を意味した。Svea 族の語源は、古高地ドイツ語で"親類とか同族"を意味するという（Adrian,1974,p.189）。なお Sweden は Sverige の英語表現である。

f）．ポルスカ（ポーランド）

　ポーランド語で「ジェチュポスポリタ・ポルスカ Zeczpospolita Polska」と呼び、"ポーランド共和国"を意味する。ポルスカ Polska は"ポラン族の国"を意味し、そのポランの語源は、スラブ語系のポーレ pole "原野、平原"からでて"平原の人"を意味する（英語語源辞典,1989,p.187）。平原に住む農耕民を指した名であるという。ポーランドはポルスカの英語表現である。参考までにジェチュポスポリタとは、ジェチュが"物、財産"を、ポスポリタは"公共の"を意味し、合わせて"共和国"を意味する。

g）．チェスカー（チェコ）

　チェコ語で「チェスカー・レプブリカ Česká Republika」と呼び、"チェコ共和国"を意味する。Česká とは"チェコ族"の名に由来する。チェコの語源は、"開始者、最初の人"を意味し、ゲルマン系チュートン人の中に入ってきて最初に定住したスラブ系の人々を指した名であるという。チェコ族侵入以前、この地は「ボヘミア Bohemia」と呼ばれていた。「ボヘミア」とは「ボイオハエミム Boiohaemum」"ボイイ族の国"を意味する。ボイイ boii とは"恐ろしいもの"を意味し、ケルト系の種族の名であるという（Asimov,1962,p119）。一時期、スロバキアと共に「チェコスロバキア」を形成していた。

h）．マジャルオルザーク（ハンガリー）

　ハンガリー語では「マジャルオルザーク Magyarország」"マジャール人の

土地"の意味と呼ぶ。国際呼称名は「ハンガリーHungary」である。マジャールとは"土地の人"の意味する(Adrian,1974,p.105)。ハンガリーの由来は，アジア系フンhun族に由来し，"フン族の土地"を意味するという説。他にチュルク系部族連合のオノグルOnogur"十本の矢"すなわち"十部族の連合"を意味した名称がおこりであるという説がある（高橋,1928,p257）。

i), ブルガリア

ブルガリア語で「レプブリカ・ブルガリア Republika Bulgarija」と呼び，"ブルガリア共和国"を意味する。Bulgarijaの名のおこりは，bulgarにiaを加えたもので"ブルガール人の土地"を意味する。Bulgarは，チュルク（トルコ）語のbulgamak"謀反者(むほんしゃ)"が語源であるという説（高橋,1928,p280），bulgarはチュルク語のbulga"混ぜる，混合する"と同じで"混合部族"を意味するという説（英語語源辞典,1989,p.69）などがある。

j), フルヴァツカ（クロアチア）

クロアチア語では「レプブリカ・フルヴァツカ Republican Hrvatska」と呼ぶ。Hrvatskaとはクラバツ cravats と呼ぶスラブ系の部族名に由来する。Cravatsは"山の人，丘の人"を意味する（高橋,1928,p109）。Cravatsを英語ではクローツCroatsと発音し，その種族の居住地にはiaを付け加えて「クロアチアCroatia」と呼ぶ。国際呼称名はクロアチアである。

k), ラスィーヤ（ロシア）

ロシア語で「ラスィーイスカヤ・フィディラーツィヤ Rossijskaja Federácija」と呼び，"ロシア連邦"を意味する。単に「ラスィーヤ Rossíja」"ロシア"ともいう。両名とも正式名称である。ロシアは"ルーシの地"を意味する。「ルーシ」とは，北欧のヴァイキングの呼び名で，語源はルスRusまたはロスRosからおこり，"漕ぎ手"を意味した（Adrian,1974,p.172）。船人のヴァイキングによってまとめられた部族であったからであろう。1922年から1991年まで

は「ソビエト社会主義共和国連邦」という世界最初の社会主義国を建国した。ソビエト Soviet とは，ロシア語で"会議，評議会"を意味した。詳しくいえば，so は"一緒に"，vet "知る"を意味する。国家の動きをみると，ノブゴロド国→キエフ公国→モスクワ大公国→ロシア帝国→ソ連→ロシア連邦へと変化した。現在ロシアの連邦構成主体は 85 ある。このうち 22 が共和国である。

l)．リエトゥヴォス（リトアニア）

リトアニア語で「リエトゥヴォス・レスプブリカ Lietuvos Respublika」と呼び"リトアニア共和国"を意味する。Lietuvos は"リトアニア人"に由来する。ただリエトゥヴォスの語源は，リツス Litus "雨"であり，これからリエツバ Rietuva "雨の降る地方"の名称が生まれ，その名がここに住む住民を指す部族名になったという（高橋，1928，p356）。

m)．イースティ（エストニア）

エストニア語では「イースティ・ババリーク Eesti Vabariik」と呼ぶ。英語表記は「リパブリック・エストニア Republic Estonia」であり，"エストニア共和国"を意味する。Eesti とは"東の人"を意味する。それゆえエストニアとは"東の人々の地"の意味である。略称は Eesti である（高橋，1928，p56）。

n)．ラトビア

ラトビア語で「ラトビア・レプブリカ Latvians Republika」と呼び，"ラトビア共和国"を意味する。Latvians とは"レット Letts 人の土地"を意味し，レットはリイウ Liiw "砂"が語源であるという説がある（高橋，1928，p350）。砂丘に住む人を指して呼んだ名であろう。

o)．ベラルーシ

ベラルーシ語で「レスプブリカ・ベラルースィ Respublika Belarus´」と呼び，"ベラルーシ共和国"を意味する。ベラルーシとは"白ルーシ"を意味す

る（Adrian,1974,p.208）。「白」は，モンゴルが持ち込んだ方角を示す表現手法（中国の思想で，白は西部）で，これが残ったものという説と，「白」はモンゴルに支配されなかった自由な地域を指す表現であるという説がある。ルーシは部族の名で，9世紀に国を建てた北欧のヴァイキングの呼び名で，語源のルス Rus とかロス Ros は"漕ぎ手"を意味した（Adrian,1974,p.172）。ロシアと同じである。

p), スロヴェンスコ（スロバキア）

　スロバキア語で「スロベンスカ・レプブリカ Slovenská Republika」と呼び，"スロバキア共和国"を意味する。通称はスロヴェンスコ Slovensko "スロバキア人"といい，部族名に由来する。スロヴェンスコの語源は"スラブ系の人の土地"を意味する。スラブの語源は，スラブ語のスルブ Srb からでて"人民，国民"を意味するという説（高橋,1928,p172）。またスラブ語のスロボ Slovo からでて"言葉"を意味するという説。さらにギリシア語のセルボス Serbos からでて"奴隷"を意味するという説（Adrian,1974,p.182）がある。

q), スロベニア

　スロベニア語で「レプブリカ・スロヴェニア Republika Slovenija」と呼び，"スロベニア共和国"を意味する。スロベニアは，スロベンツィ人の名に由来する。スロベンツィ人という部族名の語源は，スロバキアと同じ"スラブ人の土地"を意味する（スロバキアを参照）。

r), スルビア（セルビア）

　セルビア語で「レプブリカ・スルビア Republika Srbija」と呼び，"セルビア共和国"を意味する。スルビアはスルビニ Srbini という部族名に由来し，語源はスロバキアと同じで，"スラブ人の地域"を意味する。スロベニアもセルビアも同じユーゴスラビアの国だったが，対立が激しく，スロベニアは別の国として独立する道を選んだ（高橋,1928,p172）。

B, 地域名や自然的特色を基本とする国名

a), ユナイテッドゥ・キングダム　UK（イギリス）

　英語での正式名称は「ユナイテッドゥ・キングダム・オブ・グレートブリテン・アンドゥ・ノーザーンアイルランドゥ United Kingdom of Great Britain and Northern Ireland」[4]と呼ぶ。"大ブリテン（島）と北アイルランドの連合王国"を意味する。現在の国名は二つの島名に由来する。ブリテンの名はケルト系のブリトン人に由来し，アイルランドもケルト系のエール（アイル）人に由来する（Adrian,1974,p.56）。ブリテンはローマ帝国の呼び名であった。なお Briton とは"シミ＝刺青を施した者"を意味するという（平松,1983,p.673）。

　ブリテン島には，その後，イングランド，スコットランド，ウエールズの3つの国が生まれた。イングランド（"アングル人の領土"）の名は，侵入者のゲルマン系アングル（angle "釣り針"の意味）人に由来する（英語語源辞典,1989,p.166）。スコットランド（"スコット人の領土"）の名は，ケルト系のスコット（scuit "放浪者"の意味）人に由来する（Adrian,1974,p.182）。ウエールズの名は，ケルト系のウエールズ（wēalas "外国人の意味"）人に由来する（Adrian,1974,p.206）。因みに日本名のイギリスは England のポルトガル名のイングレス Ingles とオランダ名エンゲルシュ Engelsch に由来する。両名称が影響を与えた。イギリスは4つの主権国家の連合である。

b), イタリア

　イタリア語で「レプッブリカ・イタリャーナ Repubblica Italiana」と呼び，"イタリア共和国"を意味する。イタリアの名のおこりは，地域名に由来し，その語源を探れば，古ラテン語 vitulus やギリシア語 italos から出て"子牛"を意味するという（英語語源辞典,1989,p.270）。ローマ以前，この地には牛が多かったからだという。因みに Repubblica "共和国"という表現は，ラテン語で"公共のもの"を意味する「レスプブリカ Respublika」に由来する。さらに Respublika の語源を探れば，レス Res は"物，財産"を意味し，プブリ

カ Publica は"公共の"を意味する。これを併せて"共和国"とした。

c），ネーデルランド（オランダ）

オランダ語で「コーニンクライク・デル・ネーデルランデン Koninkrijk der Nederlanden」と呼び，"オランダ王国"を意味する。Nederlanden は海外のオランダ領も含むために複数形にするが，本土のみの場合は単数形にして「ネーデルランド Nederland」と表現する。Nederland とはオランダ語で，"低地地方"を意味する（高橋,1928,p70）。国土の4分の1は海面下（13世紀以来干拓）で，高い山はなく，国土全体が低地であることに由来する。日本名の「オランダ」は，ポルトガル宣教師の伝えたホランダ Holanda に由来する。「ホラント Holland（"沼地，低地"）」州はオランダの中心だったからである。

d），エースターライヒ（オーストリア）

ドイツ語で「レプブリーク・エースターライヒ Republik Österreich」と呼び，"オーストリア共和国"を意味する。ドイツ語の Österreich とは"東の国"を意味する。Ost は"東"を，Reich は"国"を意味する。オーストリアとはドイツ語をラテン語表記した名称である。この名称は，フランク王国時代（5c後半～9c中ば）の地域名であった Ostmark "東方の守り，東方の辺境，東方の境界"から生じたといわれている（英語語源辞典,1989,p.35）。

e），エスパーニャ（スペイン）

スペイン語で「エスパーニャ España」"スペイン"とか，「エスタード・エスパニョール Estado Español」"スペイン国"と呼ぶ。España はフェニキア時代の地域名に由来するが，その語源を探ると，フェニキア語の sephan "ウサギ"であろうという（高橋,1928,p40）。フェニキアは，この地を i-sephan-im "ウサギの島"とか"ウサギの海岸"と呼んでいた。「スペイン Spain」という呼び方は，エスパーニャの英語表現である。ギリシア人はこの地を「イベリア Iberia」と呼んだ。イベリアは半島名として残っているが，イベリアは河川

の名（エブロ川）に由来し，バスク語のイバラ Ibarra "流谷（りゅうこく）"が語源である。

f），エアル（アイルランド）

アイルランド語では「エアル Éire」と呼び，語源はアイルランド語で"後方"とか"西"を意味する（英語語源辞典,1989,p.268）。ブリテン島の西に位置するからである。憲法では公式の英語名を「アイルランド Ireland」と定め，"アイルの国（土地）"を意味する。公称として「リパブリック・アイルランド Republic Ireland」"アイルランド共和国"という。

g），スイス

スイスは連邦国家[5]であり，4言語を公用語とする。そのため4言語による国名表記と，歴史的なラテン名の5種類で国名を表す。ドイツ語では「シュヴァイツ Schweiz（正式名 Schweizerische Eidgenossenschaft）」と表す。フランス語では「シュイス Suisse（正式名 Confédération Suisse）」と表す。イタリア語では「ズヴィッツェラ Svizzera（正式名 Confederazione Svizzera）」と表す。ロマンシュ語では「シュヴィーツラ Svizra（正式名 Confederaziun Svizra）」と表す。共に"スイス連邦"を意味する。ラテン語だけが「ヘルベチア Helvetia（正式名 Confederatio Helvetia）」"ヘルベチア連邦"と表す。スイスの名称は，建国に当たり部族連合の中心的役割を果たしたシュヴィーツ州の名に由来する。スイスとは，ドイツ語で"泉"を意味するという説，古高ドイツ語で"燃える"を意味するという説（高橋,1928,p158），あるいは"牧場"を意味するという説もある。ヘルベチア Helvetia はケルト系先住民の部族名ヘルヴェティ族の名に由来する名称である。スイスは26州の連邦である。

h），スオミ（フィンランド）

フィンランド語で「スオメン・タサヴァルタ Suomen Tasavalta」，スウェーデン語で「レプブリケン・フィンランド Republiken Finland」という。フィンランド語とスウェーデン語が公用語である。スオミ Suomi，スオメン

Suomenは"沼沢"を意味する（高橋,1928,p269）。湖沼が多いことに由来する。フィンランドは"フィン人の国"を意味する。

i), イースラント（アイスランド）

アイスランド語で「イースラント Ísland」と呼び，"氷の島"を意味する（Adrian,1974,p.106）。ヴァイキングが沿岸の流氷を見て名付けたといわれる。今も国土の1割は氷河におおわれている。公式の英語表現は，「リパブリック・アイスランド Republic Iceland」"アイスランド共和国"である。9世紀にヴァイキングが上陸して定住したゲルマン系の国家である。

j), マルタ

マルタ語で「レプブッリカ・タ・マルタ Repubblika tá Malta」と呼び，"マルタ共和国"を意味する。Maltaは島の名に由来し，フェニキア語で"避難所"を意味した（Adrian,1974,p.134）。古代から多くの国々の支配下に置かれた。地中海の極小国だが，交易の要衝に位置する。

k), モルドバ

ルーマニア語で「レプブリカ・モルドバ Republika Moldova」と呼び，"モルドバ共和国"を意味する。Moldovaとはダギア語のmolta"多い"とdava"岩"の合成で，"岩の多き川"を意味するという説（蟻川,1993,p235）。他にモルドバ語のmold"松"からでて，"松のある地方"を意味するという説。ドイツ語のmulde"低地"からでて，"低地地方"を意味するという説もある。

l), ボスナ・イ・ヘルツチェゴヴィナ（ボスニア＝ヘルツェゴビナ）

ボスニア語とクロアチア語で「ボスナ・イ・ヘルツェゴヴィナ Bosna i Hercegoviona」と呼ぶ。Bosnaはこの地を流れる"ボスナ川"の名に由来し，ボスニアは"ボスナ川の地域"を意味する（Adrian,1974,p.53）。Hercegovionaはherzog"公"が語源で，ヘルツチェゴヴィナは"公爵領"を意味する

(Adrian,1974,p.103)。15世紀にこの地を支配したセチェパン・ヴィクチッチの称号に因んだものである。

m). コソボ

アルバニア語では「レプブリカ・イ・コソヴェス Republika e Kosovës」、セルビア語では「レプブリカ・コソヴォ Republika Kosovo」と呼び、"コソボ共和国"を意味する。コソボの語源はブルガリア語のコス kos "ツグミ科のクロウタドリ"に由来し、"つぐみ野"を意味するという (蟻川,1993,p72)。

n). ツルナゴーラ（モンテネグロ）

モンテネグロ語では「ツルナゴーラ Crna Gora」と呼ぶ。Crna は"黒い"を、Gora は"山"を意味し、合わせて"黒い山"を意味する。これが国内呼称名である。国際呼称名では「モンテネグロ Montenegro」という。「モンテネグロ Montenegro」もヴェネツィア地方の言葉で"黒い山"を意味する。(Adrian,1974,p.142)

o). マケドニア旧ユーゴスラビア

マケドニア語の正式名称は「リプブリカ・マケドニア Republika Makedonija」であり、"マケドニア共和国"を意味する。おおよそ125か国ほどがこの国を承認している。日本やEUでは、国連に加盟した時の名称「マケドニア旧ユーゴスラビア」の名を使用している。Makedonija とは古代ギリシア語の Macedos "背の高い"の名に ia を付けて"背の高い人の住む土地"を意味するという (英語語源辞典,1989,p.304)。また古代イタリア語のマケティア Maketia "家畜"に由来した名であるという説もある。さらにギリシア神話のゼウスの娘の子マケド王から名付けたという説もある。

p). ウクライナ

ウクライナ語で「ウクライナ Ukra´jina」と呼ぶ。公式の英語表現では「ユ

ークレイン Ukraine」である。ウクライナの語源については，ウクライナ語の「ウ U」は"内〜，〜の中"の意味を持つ前置詞である。krai は"地域，隅，境，端(はし)"という意味があり，kra´jina と綴れば"国"という意味になる。つまりウクライナを"境界の内側，国内の地"という意味に訳す説と，もう1つは"端，境"から"辺境の地"という意味に訳す説がある(Adrian,1974,p.199)。

C, 伝説・神話・宗教名を基本とする国名

a), エラス（ギリシア）

ギリシア語で「エリニキ・ディモクラティア Elliniki Dimokratia」と呼び，"ギリシア民主国"を意味する。これが国内呼称名であり，正式名称である。通称としてギリシア語で「エラス Ellás」とか「エラダ Elláda」という。古典ギリシア語では「ヘラス Hellás」といった(英語語源辞典,1989,p.224)。ヘラスとはギリシア神話に登場する民族の祖ヘッレーン Héllēn」に由来する名であるという。国際呼称名の「ギリシア」の名は，南イタリアに「グラーエス Graēs」と呼ぶギリシア系部族がいたので，その部族を「グラエキー Graecī」と呼び，後にこの名を西方の土地にもあてはめて「グラエキア Graecia」"グラエキ一族の土地（国）"の名が生じ，これから「ギリシア」と呼ぶようになった。Graēs とは印欧語根のガル gar を語源とし，"名誉のもの"とか"古いもの"を意味するという(Adrian,1974,p.98)。

b), ヴァチカノ（ヴァチカン）

イタリア語で「スタト・デッラ・シッタ・デルヴァチカノ Stato della Cittá del Vaticano」，ラテン語で「スタツス・シビタティス・ヴァチカノ Status Civitatis Vaticanæ」と呼び，共に"ヴァチカン市国"を意味する。通称は「ヴァチカン」と呼ぶ。Status は"建てる，制定する"を意味する。ヴァチカノとは，キリスト教の伝道者ペテロの殉教(じゅんきょう)地から採ったもので，Mons Vaticanus "ヴァティカヌスの丘"と呼んだことに由来する。Vaticanus はラテン語で"預

言"とか"神託"を意味した（Adrian,1974,p.202）。世界最小の0.4km²の面積で，中国の天安門広場と同じ面積であり，日本の皇居の8分の3ほどの広さしかない。現在，カトリックの総本山がある。

c)．モナコ

フランス語で「プランシポテ・ドゥ・モナコ Principauté de Monaco」と呼び，"モナコ公国"を意味する。モナコの名は，ギリシア神話に由来し，ヘラクレスが神殿を建てて，それを「ヘラクレスモノイコス Herculis Monoikos」"ヘラクレスの隠者（僧侶）"と名付けたことに由来する。モノイコスとは"隠者（僧侶）"を意味し，この名からからモナコと呼ばれる（Adrian,1974,p.141）。地中海岸の極小国である。

d)．シュキペリ（アルバニア）

アルバニア語で「レプブリカ・エ・シュチパリセ Republika e Shqipërise」と呼び，"シュチパリア共和国"を意味する。Shqipeは"鷲"を指し，シュチパリアとはアルバニア語で"鷲の国"を意味する。鷲の子孫であるという伝説に基づいた名称である（Adrian,1974,p.28）。通称はシュキペリ Shqipëri という。これが国内呼称名であり，正式名称である。国際呼称名は「アルバニア Albania」で，この名はラテン語のアルブス Albus が語源で"白い"を意味する。国土の地質が石灰岩で白いことから呼ばれた。（高橋,1928,p30）。アルバニアは他称名である。

D．歴史的背景や名称を基本とする国名

a)．ノルゲ（ノルウェー）

ノルウェー語で「コンゲリケッド・ノルゲ Kongeriket Norge」と呼び，"ノルウェー王国"を意味する。ノルゲ Norge とは"北の航路"，"北路"を意味する。ヴァイキングとった航海には，大きく西の航路，東の航路，北の航路が

あったが，北の航路沿いに進むと，行き着く先がノルウェーの海岸であった(英語語源辞典,1989,p.343)。ヴァイキングの航路名が国名に用いられたのである。これを英語表現化したのが「ノルウェーNorway」である。

b), アンドラ

カタルーニャ語で「プリンシパッドゥ・アンドーラ Principad´Andorra」と呼び，"アンドラ公国"を意味する。アンドラは古王国名に由来し，バスク語の Ama-iturra "10の泉"(hamar "10", iturri "泉")に由来するという説(英語語源辞典,1989,p.21)や，アラビア語のアルダーラ Ardāra "木の繁る場所"に由来するという説もある (Adrian,1974,p.32)。ピレネー山中にある極小国である。

c), ロムニア（ルーマニア）

ルーマニア語で「ロムニア România」と呼び，"ローマ人の国"を意味する。ローマの名を用いたのは，古代ローマの子孫であるとの自負を持っているからである (Adrian,1974,p.172)。統一にあたり，本場のイタリアではローマの名称は使わなかったが，ローマ帝国の東の端の「ダキア Dacia」"ダキア（狼）族"と呼ばれた辺境区がローマの名を活用した。

E, 人名・家名を基本とする国名

a), サンマリノ

イタリア語で「セレニッスィマ・レプブリッカ・ディ・サンマリーノ Serenissima Repubblica de San Marino」と呼び"最も清らかなサンマリノ共和国"を意味する。Serenissima は"最も清らか"を意味する。通称は San Marino といい"聖マリーノ"を意味する。石工のマリーノという人物が，迫害の中でもキリスト教を信仰し続けた。そしてその地は領主から贈与され，サンマリノと呼ばれるようになったという。(高橋,1928,p140)。イタリア国内に

ある極小国で，現在に続く国家の中で最古の共和国である。

b), リヒテンシュタイン

　ドイツ語で「フュルステントゥーム・リヒテンシュタイン Fürstentum Liechtenstein」で，"リヒテンシュタイン公（侯）国"を意味する。リヒテンシュタイン家に由来する。リヒテンシュタイン家の名を語源から探れば，ドイツ語で"輝く石"を意味し，砦の名称に由来する。形成背景を考えれば"明るい城塞"を指す名称であった（Adrian,1974,p.125）。スイスとオーストリアの間の極小国である。

F, 都市名を基本とする国名

a), ポルトゥゲザ（ポルトガル）

　ポルトガル語で「レプーブリカ・ポルトゥゲザ República Portuguesa」と呼び，"ポルトガル共和国"を意味する。ポルトゥゲザは，現在のポルト市に由来し，ポルトの旧名の「ポルトゥス・ガレ」に由来する。「ポルト」は"港"を意味し，「カレ」は町の名で，"カレ（町の名）の港"を意味するとみる説(英語語源辞典,1989,p.391）と，ラテン語のカレはカレオ Caleo からでて"真新しい"を意味し，"新港"を意味するとみる説（室谷,1997,p.158）もある。

b), レッツェブルグ（ルクセンブルク）

　公用語であるルクセンブルク語では「グロウシェルツォクツム・レッツェブルグ Grousherzogtum Lélzebuerg」と呼ぶ。同じ公用語のフランス語では「グラン・デュシュ・ドウ・ルクサンブール Grand Duché de Luxembourg」と呼ぶ。同じ公用語のドイツ語では「グロースヘルツォグツム・ルクセンブルク Großherzogtum Luxemburg」と呼ぶ。共に"ルクセンブルク大公国"を意味する。首都名を国名とした名称で，その語源は，旧名の「リュッツェルブルク Lützelburg」で"小さな城壁都市"を意味する(英語語源辞典,1989,p.302）。

2. 王朝・王国名

　ヨーロッパに興った王朝・王国の主要な名称を，由来と特徴から分類する。ヨーロッパには数多くの王国・公国が成立した。ここでは主要な名称を取りあげるが，全ては扱っていないことを記しておく。特に現在の国名と同じ名称の王国名は省略した。王朝・王国は次のように分類した。

A, 都市名に因む王朝・王国名
B, 部族名に因む王朝・王国名
C, 地域名・自然名に因む王朝・王国名。
D, 人名に因む王朝・王国名。
E,　政治・軍事的要素に因む王国名
F, その他

A, 都市名に因む王朝・王国名。

　都市国家，この形態は文明形成の時代から，西アジアを中心に，ヨーロッパからインドに至る地域に多くみられた。一般に都市国家から領土国家に発展するが，ヨーロッパではこの特徴が比較的明確にみられた。
　古代ギリシアの領域には，前8〜前6世紀に，ギリシア語とギリシア神話を共通として，1000以上の都市国家[6]が建設されたという。その中で，イオニア人の建てた「アテネ Athínai」という都市国家は"女神アテナイ"の名をもって都市国家名とした(英語語源辞典,1989,p.33)。ドーリア人の建てた「ラケダイモン」の別名の「スパルタ Sparta」も都市名であり，神話上の先祖（ラケダイモン）の妻の名に由来するともいわれる。「オリンピア Olympia」も同様に都市名で，「オリンポス Olympos」山に由来し，山名は"山とか岩山"を意味する(英語語源辞典,1989,p.353)が，この山にはギリシア神話の最高神ゼウスを祀る神殿があり，宗教的な信仰の1中心地であった。ギリシア時代の都

市名は，神話，神名に関連した名称が多い。

「ローマ Roma 帝国」[7]（前753～396）の名も，都市国家「ローマ」に由来する。ローマは，軍神と巫女との間に生まれた双子の兄弟（Rōmulus と Remulus）のRōmulusに由来するという（英語語源辞典,1989,p.440）。ちなみに，「西ローマ帝国」（395～476）も，「東ローマ（ビザンツ）帝国」（395～1453）も，「神聖ローマ帝国」（962～1806）もそれぞれ「ローマ」の名を付けているが，これらは「ローマ帝国」の権威を引き継ぐとともに，その名称にあやかって命名したものである。

イタリア半島の他の王国名をみると，中世の「ヴェネツィア Venezia 共和国」（7世紀～18世紀）は，商都ヴェネツィアに由来し，都市名はVenetī（"沼沢に住む人"）族の名に由来する（高橋,1928,p288）。「ジェノバ Genova 共和国」（11世紀～18世紀）は都市ジェノバに由来し，ケルト語で"河口"を意味する（Adrian,1974,p.94）。［フィレンツェ Firenze 共和国］（13世紀～16世紀）は都市フィレンツェに由来し，ラテン語で"花の咲くところ"を意味する（Adrian,1974,p.89）。「ミラノ Milano 公国」（14世紀～16世紀）は都市ミラノに由来し，ミラノはその位置的条件から呼ばれたメディオラヌム Mediolanum "中央平原" の意味から生じた（Adrian,1974,p.139）。「ナポリ Napoli 王国」（14世紀～16世紀）は都市ナポリに由来し，ギリシア語のネアポリス Neá pólis "新しい町"の意味である（英語語源辞典,1989,p.335）。これら中世の自治都市は，都市国家の一つのように思えるが，一般には古代のギリシアの都市国家と区別し，その実態から自治共和国（コムーネ）と呼ぶ。

東欧をみると，建国初期の王国，「ノブゴロド Novgorod 国」（862～）は都市ノブゴロドに由来し，スラブ語で"新しい都市"を意味する。ロシア建国の始めとなった国である。次の王国「キエフ Kiev 公国」（9～13世紀）も，都市キエフに由来する。キエフとは伝説的人名のキイ Kiy に由来するという（Adrian,1974,p.117）。さらにその次の「モスクワ Moskva 大公国」（13世紀～16世紀）も都市モスクワに由来するが，モスクワの語源は河川名に由来し，"沼地，湿地"を意味するという（英語語源辞典,1989,p.330）。

王朝・王国名

B, 部族名に因む王朝・王国名。

　ローマより古いイタリア北部の「エトルリア Etruria」（B.C8c～B.C1c）は住民エツシーEtuscī の名に由来し，"エツシーの地域（都市）"を意味し，エツシーの語源は"要塞（ようさい）の住人"である（英語語源辞典,1989,p.173）。「フランク Frank 王国」（5世紀～843），「東フランク王国」（843～911），「西フランク王国」（843～987）のフランクは，ゲルマン系のフランク族の名に由来し，その語源は frank "自由人"であるという説と，フランカ franca "投げやり"族であるという説がある（英語語源辞典,1989,p.204）。「西ゴート Goths」（418～711），「東ゴート Goths」（493～553）は，ゴート族に由来する。ゲルマン系の族名のゴート Goths とは，たぶん"神 god"が語源であるという（Adrian,1974,p.97）。「ブルグンド Burgund 王国」（443～534）もゲルマン系のブルグンド族の名に由来する。「ランゴバルト王国」（568～774）もゲルマン系のランゴバルト族の名に由来する。「ワラキア Walachia 公国」（1330~1859）は部族ワラキア人に由来し，スラブ系の言葉で，"外国人"を指し，ローマから来た人々を指した表現であった（Adrian,1974,p.206）。「「ノルマンジー Normandie 公国」（911年～1204）は，"ノルマン（北方の人）の土地"を意味（英語語源辞典,1989,p.343）し，ヴァイキングの人々を指した名称であった。「イングランド England 王国」（927～1707）は"アングル人の土地"を意味し，ドイツとデンマークの境あたりからブリテン島に移住してきたゲルマン系の Angul 人に由来し，Angul は"釣り針"を意味した（Adrian,1974,p.85）。「スコットランド Scotland 王国」（843～1707）とは"スコット人の土地"を意味し，ケルト系の Scot とは"放浪者"を意味する（Adrian,1974,p.182）。スコットランドは，ローマ帝国からは「カレドニア Caledonia」と呼ばれ，この名称も"カレドネス Caledones（森の人）族の土地"に由来する。「ザクセン Sachsen 公国」（919～12世紀）はゲルマン系のサクソン人に由来し，"サクソン人の土地"を意味する。Saxon は，彼らの武器"ナイフ"に由来するという（英語語源辞典,1989,p.452）。なおザクセンは，アングロサクソンのサクソンと同じである。

「プロイセン Preußen 公国」（1701～1918）は，原住民プルッチ Pruzzi 人の名からでて，語源はポーランド語のプロツァ protza "投石器" の意味である（高橋，1928，p283）。「ユーゴスラビア Yugoslavia」（1945～1992）はスラブ系の6共和国で結成した連邦人民共和国で，ユーゴ yugo は "南" を，slavia スラビアは "スラブ人の国" を意味する（英語語源辞典，1989，p.608）。「キプチャク・ハン Kipchāk khān」（1242～15世紀末）は，トルコ系のキプチャク族の名（"空洞の樹幹" の意味）に由来し，ハーンは "支配者，首長" を意味する。

C，地域名・自然名に因む王朝・王国名。

　「アラゴン Aragon 王国」（11世紀～）はアラゴン川の名に由来し，ケルト語で "流れ" を意味した。アラゴンは近代スペインの基礎となった地域である（Adrian,1974,p.35）。イタリアで興った「シチリア Sicilia 王国」（1130～1816）（1130～1816）は島名に由来し，島名はここの住民シクリ Sicul' "穀物を採る人" に ia を付けた名称で "農民の土地" を意味する（Adrian,1974,p.184）。「サルジーニア Sardegna 王国」（1720～1861）はサルジーニア島に由来し，島名はフェニキア語のサラド Sarado "足跡" が語源で，神の足跡伝説に由来するという（高橋,1928,p134）。「ライン Rhein 同盟」（1806~1813），はライン川付近の連合名である。ライン Rhein とはケルト語で "川" を意味する（高橋,1928,p349）。ライン同盟は，ナポレオン1世がつくらせたフランスの傀儡的な同盟であった。これにより，新聖ローマ帝国は崩壊した。

D，人名に因む王朝・王国名。

　「アレクサンドロス Alexandros の帝国」[8]（前336～前323）は，マケドニアの大王アレクサンドロスに由来する。ギリシアから西アジア，アフリカ，インダスまでの大帝国を築き，領土拡大の半ばで病死した。「オドアケル Odoacer の国」（476～493）のオドアケルは，西ローマに仕えたゲルマンの傭兵であっ

たが，雇い主の西ローマ帝国を滅ぼした人物である。「アッチラ Attila 帝国」（406頃～453）のアッチラは，フン族の王アッチラの名である。

E, 政治・軍事的要素に因む王国名

「レオン León 王国」（919～1037）は，ラテン語で"軍団"を意味する。ローマが Legio Septima "第 7 軍団"を置いたのが名称の起こりである（Adrian,1974,p.124）。「カステーリャ Castilla 王国」（10世紀～）はスペイン語のカスチロ"城"に由来し，ムスリムからの防備として建てられた拠点から出た名称である（Adrian,1974,p.64）。「ヘプターキー Heptarchy」（449～829）とはギリシア語で"7つの政府"＝「七王国」を意味する。イングランドで建国された主要な7つの王国を指した。

F, その他

「ソビエト社会主義共和国連邦 Soyuz Soveskikh Sotsialisticheskikh Respublik(SSSR)」（1922～1991）の，ソビエトとはロシア語で"会議，評議会，協議会"を意味する。社会主義国家建設の理想とする政治用語を，そのまま国名に用いた。「後ウマイヤ Umayyads of Cordba 朝」（756～1031）は，アラブ人の建てた王国で，西アジアのウマイヤ朝の後継者による王朝を意味する。日本では「後」を付けて，その後のウマイヤ家を指すが，正確には，コルドバに都を置いていたので，Cordba を付けて「コルドバのウマイヤ」と呼び，イスラーム世界のウマイヤ家との違いを表す。「ラテン帝国 Latin Empire」（1204～1261）は，第4次の十字軍士が建国した王国である。ラテン文化の国家，すなわちローマ帝国の組織・政治を継承する国という意味を込めて命名した。ラテンの語源は，ローマが位置する平原名に由来し，ラチウム Layium "広い平地"の意味である。

3. 市町村接頭・接尾辞，都市名，地域名

　ヨーロッパの市町村名，地域名は無数にある。これらを全て調べるのは不可能である。しかし特色を大まかに捉える方法がある。それは市町村名に付ける接頭・接尾辞を分析すること。もう1つは主要都市名・主要地域名の語源や由来，時代背景などを考察すること。またそれらの地名を特定のカテゴリーに括って分析することである。この手法を用いて地域性を推察する材料とする。

A，ラテン系接頭・接尾辞

　ラテン系言語とは，古代のラテン語から発生し，現代のイタリア語，フランス語，スペイン語，ポルトガル語などを指す。ラテン系の接頭・接尾辞は共通性が強い。接頭・接尾辞は種類が多いので，主要なものをあげる。
　接尾辞として，世界で最も多く使用されているのは，ラテン語のイア ia である。ia は特別な接尾辞で，大変幅広く活用されている。活用例として，世界の区分例ではアジア Asia などが該当する。国名にも用いられ，ヨーロッパの国名に使用されるのは納得できるとしても，東南アジアの Indonesia やアフリカのタンザニア Tanzania などのラテン文化を基礎に持たない国名にも活用されている。他に自然名のトランシルバニア Transylvania などの山脈名や，州名のカリフォルニア California などや，都市名のブラジリア Brasília などにも活用されている。ia は全世界に活用され，しかも多種類，多方面の地名の接尾辞に使用されている。
　シビタス Civitas 類は"都市，市"を意味する接頭・接尾辞である。ラテン語の civitas，フランス語の cité，イタリア語の città，スペイン語の ciudad，ポルトガル語の cidade が含まれ，英語の city もこれから発生している。
　カストラ Castra 類は"城"を意味する接頭・接尾辞である。ラテン語の

castrum と castra, イタリア語の castello, スペイン語の castillo, ポルトガル語の castelo が含まれ, 英語の castle もこれから発生している.

ビラ Villa 類は"村"や"小さな町"を意味する接頭・接尾辞である. ラテン語の villa, イタリア語の villaggio, フランス語の ville, スペイン語の villar や villa, ポルトガル語の vīlla や vila が含まれる. 英語の village もこれから発生している.

カサ casa 類は"家, 小屋"を意味する接頭・接尾辞である. ラテン語, イタリア語, スペイン語, ポルトガル語, ルーマニア語の casa, イタリア語の casale が含まれ, 英語の house もこれから発生している.

接頭語のサン san 類は, 宗教的意味合いを含み, "聖なる"を意味する. san, sant, santa などがあり, ラテン系言語に共通する. 英語では saint となる.

ラテン系のグラン gran 類 (gran, grand, grande) は"大きい"を意味する接頭・接尾辞である. 英語の great もこれから発生している.

ポルツ portus 類はラテン語で"港, 避難所"を意味する. イタリア語, ポルトガル語の porto, スペイン語の puerto, フランス語, 英語, 中世高地ドイツ語, ルーマニア語, ロシア語の port が含まれ, ヨーロッパ共通である.

ラテン語の接頭語, トランス trans は"〜を越えた"を意味する.

B. ゲルマン系接頭・接尾辞

ゲルマン系言語とは, 古代と中世のドイツ語や英語, さらに現代のドイツ語, 英語, オランダ語, デンマーク語, スウェーデン語, ノルウェー語などを指す. ゲルマン系接頭・接尾辞は, 同系統の接尾辞が多く, 種類も多い.

ランド land 類は"国, 土地, 地方, 地域"を意味する. ドイツ語, オランダ語, 英語, スウェーデン語の land は同種で, ia と共に世界的に使用される.

英語のシティー city 類やドイツ語のシュタット stadt 類は"都市, 市"を意味する. オランダ語, デンマーク語, スウェーデン語や, ノルウェー語の stad は stadt と同種である.

ブルク burg 類は"都市，城塞都市"を意味する。ドイツ語の burg，英語のバラやブラ burgh も同種である。フランス語のブール bourg も同種である。
　タウン town 類は"囲い，集落，村，町"を意味する。英語の town, ton, tun や，ドイツ語の zaun，オランダ語の tuin も同種である。
　この他，ハイム heim 類は"郷里，村"を意味する。ドイツ語，ノルウェー語，デンマーク語の heim，スウェーデン語の hem，英語の home は同種である。インゲン ingen 類も"村"を意味する。ドイツ語とオランダ語の ingen，英語の ing は同種である。ガルト gart 類は"庭や園"を意味する。ドイツ語の gart は英語の garden と同種である。ドルフ dorf 類は"村"を意味する。ドイツ語 dorf，オランダ語の dorp，スウェーデン語とノルウェー語の torp は同種である。フルト furt 類は"浅瀬，渡し場"を意味する。ドイツ語 furt，英語の ford は同種である。
　これ以外にも，よく知られる接頭・接尾辞をあげると，英語のチェスター chester は"城"を意味する。シャー shire は"州"を意味する。オランダ語のダム dam は"堤防"を意味する。

C，スラブ系接頭・接尾辞

　スラブ系言語は3つに分けられる。東方系はロシア語やウクライナ語や白ロシア語であり，西方系はポーランド語やチェコ語などであり，南方系はブルガリア語，セルビア語，クロアチア語などである。
　接尾辞のスク sk 類は"町，都市"を意味し，ロシア語の sk, tuk, sky, skaya, etsk は同種である。グラード grad 類は"城壁都市"を意味する。ロシア語やセルビア語の grad や gorod は同種である。この他，セロ selo は"村"を意味する。ゼムリヤ zemlya は"土地，地域"を意味する。ゴラ gora 類の gora, gor, gura は"山"を意味する。ブロド brod は"浅瀬"を意味する。
　接頭語としてノボ novo 類は"新しい"を意味する。novo, novi, nowa は同種である。ニジニ nizhny は"下流に"を意味する。ザ za は"～を越えて，

〜の向こう"を意味する。クラスノ krasno 類は"赤"を意味する。スラブ系は，ヨーロッパ東部からシベリア，中央アジアの北部にも用いられている。

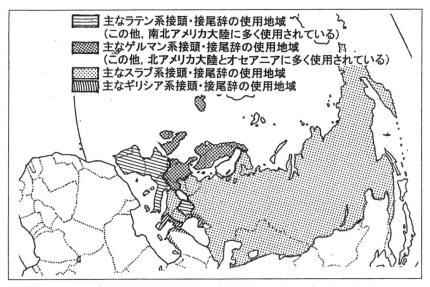

図1 ラテン系，ゲルマン系，スラブ系の接頭・接尾辞の多い地域
著者作成

D．その他の接頭・接尾辞

　ヨーロッパで最も古いギリシア語の接尾辞をみる。ギリシア語系はギリシア，イタリア南部，フランス南部，黒海沿岸，小アジアの海岸沿い，北アフリカ東部の海岸沿いにみられる。その中で，ポリス polis は"都市，市，都市国家"を意味する。Polis 自体は，poli, pol, ple, boli などに変形されて使用され，さらにリトアニア語の pilis，ラドビア語の pils などにも影響を与えた。また polis はインドの pur 類とも同根となっている。ギリシア系接頭語のネオ類 (neo, neos, nea) は"新しい"を意味する。

　ケルト系では，ドノス dunos "砦，城塞，町"や，イアロス ialos "村，地所"，ブリガ briga "高地，城塞，都市"などの接尾辞がみられた。ケルト系は

ラテン語や古ゲルマン系の言語などに引き継がれている。接頭語ではペン pen, penn は"山，頂"を意味し，今も地名に活用されている。

E．主要都市名

　表1にヨーロッパの主要都市62市をとりあげた。この中で紀元前から存続する都市は22市あり，全体の3分の1を占める。特に地中海沿岸には，紀元前から発生した古い都市が集中して存在する。地中海沿岸には，西アジア・北アフリカ発祥の語源地名（例えばフェニキア語やアラビア語）も多く残り，古代から西アジア・北アフリカとの共通性があり，その影響を受けて文化や都市が発達してきたことを物語っている。また地中海沿岸がヨーロッパ文明の発祥の基盤となったことも，地名から推察することができる。そしてヨーロッパの基礎となったギリシア語自体も，西アジア・北アフリカの影響の下で発達したことや，当然西アジア・北アフリカとヨーロッパの関係が深かったことも推測することができる。そしてその後，地中海沿岸からアルプスを越えた北西ヨーロッパへ拡大し，またドナウ川，カルパチア山脈を越えた北東ヨーロッパ方面にも拡大し，そこをヨーロッパ文化圏へ引き込んでいった。これも，都市の形成年代，言葉の語源や都市の語源，接尾辞の関連性から推測することができる。

表1　ヨーロッパの主要都市名

都市名	由来語	由来・意味・語源	正称，別称，他称，旧称，古称など	形成年代	特色	出典
アテネ Athēnai	ギリシア語	アテネ女神	正称アテーナイ	前1400年	ギリシアの首都，古代都市国家	(10)p33
ローマ Roma	ラテン語	建設者ロームルス（人名）		前753年	イタリアの首都，ローマ帝国の都	(10)p440
ナポリ Napoli	ギリシア語	新しい都市		前8世紀頃	ローマ南部の貿易港，ナポリ王国の都	(1)p145
ミラノ Milano	ケルト語	平原の中心地	古称メディオラヌム	前3世紀以前	北イタリアの中心地，ミラノ公国の都	(1)p139
トリノ Torino	ケルト語	タウルニ族の土地 or 丘の住民	古称アウグスタタウリノルム，古称タウラシア	前3世紀	サルジーニア王国の都	(9)p200
ヴェネチア Venezia	ラテン語	ベネチ族の土地	別称ベニス	452年	水の都，商都，ベネチア共和国の都	(10)p574
ジェノバ Genova	ケルト語	河口	古称ゲヌア	前3世紀	古くからの港湾都市，ジェノバ共和国の都	(1)p94

市町村接頭・接尾辞, 都市名, 地域名

都市名	語源	意味	古称/正称	年代	備考	出典
フィレンツェ Firenze	ラテン語	花咲く	古称コロニアフロレンチア	前59年	ルネサンスの中心地, フィレンツェ共和国の都	(1)p89
マドリード Madrid	アラビア語	建築用の木材		10世紀	スペインの首都,	(1)p131
バルセロナ Barcelona	フェニキア語	ハミルカルバルカ (人名)	古称バルシノ	前230年	スペイン最大の港湾・工業都市	(8)p327
バレンシア Valencia	ラテン語	価値あること(土地)		前2世紀	スペイン地中海岸の工業都市	(10)p571
マラガ Malaga	フェニキア語	塩		前13世紀	地中海の港湾都市	(9)p318
リスボン Lisbon	フェニキア語	楽しい港	正称リスボーア, 古称アリスウボ	前13世紀	ポルトガルの首都	(1)p126
パリ Paris	ケルト語	ケルト系のパリシイ族	古称ルテティアパリシオルム	前52年	フランスの首都, 世界的な芸術の都市	(10)p368
リヨン Lyon	ケルト語	ルグ神(ケルト人の神)の丘の城塞	古称ルグドゥヌム	前43年	フランス第3の大都市	(1)p129
マルセイユ marseille	ギリシア語	植民地	古称マッサリア	前6世紀	フランス第2の大都市	(18)p194
ジュネーブ Genéve	ケルト語	河の出口		前1世紀前	国際都市, 国際機関設置都市	(1)p94
チューリッヒ Zürich	ケルト語	水の村, 水の町		前58年	スイス第1の都市	(9)p199
ベルリン Berlin	スラブ語	沼地		13世紀	ドイツの首都, プロイセン王国の都	(10)p50
ハンブルク Hamburg	ドイツ語	入江の城塞都市		9世紀	ドイツ最大の貿易港, ハンザ同盟の中心地	(1)p101
フランクフルト Frankfurt	ドイツ語	フランク族の渡し場(マイン川沿いの)	正称フランクフルト・アン・マイン	794年	ドイツ, EUの金融の中心都市	(1)p91
ミュンヘン München	ドイツ語	修道士たちの居る所		1157年	南ドイツの文化・経済の中心	(10)p332
ケルン Köln	ラテン語	植民地(colonia)	古称オピドゥム・ウビオルム, 古称コロニア・アグリピナ	前38年	ドイツの古都, ハンザ同盟の一中心	(10)p282
ボン Bonn	ケルト語	都市	古称カストラ・ボンネシア	前1世紀	旧西ドイツの首都	(1)p52
デュッセルドルフ Düsseldorf	ドイツ語	デュッセル(ケルト語で川)川の村		12世紀頃	国際商業都市	(1)p82
ウイーン Wien	ケルト語	白い町	古称ビンドボナ	前15世紀	オーストリアの首都	(9)p47
ブリュッセル Bruxelles	ゲルマン祖語	沼地の館		11世紀	EUの本部, ベルギーの首都	(10)p68
アムステルダム Amsterdam	オランダ語	アムステル川の堤防		13世紀	オランダの首都	(1)p31
ロッテルダム Rotterdam	オランダ語	ロッテ川の堤防		13世紀	オランダ第1の貿易港	(1)p172
コペンハーゲン Copenhagen	デンマーク語	商人の都	正称ケベンハウン	1167年	デンマークの首都	(1)p71
ロンドン London	ケルト語	多説あり(潟の側の砦, 丘の場所, ルド神の場所, 未開人の地)	古称ロンディニューム	43年	イギリスの首都	(1)p127
バーミンガム Birmingham	古英語	バーム家のホーム(居屋)		18世紀	ミッドランドの重工業都市	(18)p168
マンチェスター Manchester	ケルト語, 英語	マンセニオン(皮の取り引き場)の城塞		1世紀	イギリスの有数の工業都市	(9)p324
リヴァプール Liverpool	古英語	濁った入江(海)		12世紀頃	イギリス第2の貿易港	(9)p357
エディンバラ Edinburgh	ケルト語, 英語	エドウィン王の城市	別称エディナ	617年	スコットランドの都	(1)p83

第1章 ヨーロッパ文化圏

グラスゴー Glasgow	ケルト語	灰色の森		6世紀	スコットランド最大の都市, 経済の中心	(9)p106
ダブリン Dublin	ケルト語	黒い池	古称エブラナ	9世紀	アイルランドの首都	(10)p153
ストックホルム Stockholm	スウェーデン語	湾にある島 or 杭でつくられた島		1250年	スウェーデンの首都	(1)p188
オスロ Oslo	ノルウェー語	神の森 or 河口の島	旧称クリスチァニア	11世紀	ノルウェーの首都	(10)p358
ヘルシンキ Helsinki	スウェーデン語	ヘルシング(狭い谷の住民)族	旧称ヘルシングフォシュ	1550年	フィンランドの首都	(10)p240
ワルシャワ Warszawa	スラブ語	要塞都市 or ヴァルシャベッツ家の所有 or ワルシ族の(町)		9世紀	ポーランドの首都	(14)32-p620
プラハ Praha	スラブ語	川中の浅瀬 or 門口		9世紀	チェコの首都,	(9)p275
ブダペスト Budapest	スラブ語	水(ブダ)と窯(ペスト)	古称アキンクム	106年	ハンガリーの首都, 中欧の大都市	(1)p57
ブカレスト Bucharest	スラブ語	美しい町	正称ブクレシュチ	15世紀	ルーマニアの首都	(1)p57
ソフィア Sofiva	ギリシア語	英知	旧称スレデツ, 古称セルディジカ	前7世紀	ブルガリアの首都	(1)p186
ベオグラード Beograd	スラブ語	白い城塞都市	古称セイガトン, 旧称シンギドヌム	前3世紀	セルビアの首都	(9)p291
ザグレブ Zagreb	スラブ語	水路の後ろ		10世紀	クロアチアの首都	(1)p212
サラエボ Sarajevo	トルコ語	宮殿, 大邸宅の	古称ブルフボスナ	1263年	ボスニア・ヘルツェゴビナの首都	(7)p124
リュブリャナ Ljubljana	ラテン語	リュブリャニツァ(洪水, 氾濫)川の地	別称ルビアナ	前34年	スロベニアの首都	(8)p464
タリン Tallin	エストニア語	デーン人の町	旧称レベリ	1219年	エストニアの首都	(1)p190
リガ Riga	スラブ語	川		7世紀末	ラトビアの首都	(1)p170
キシニョフ Kishinyov	ラテン語	新越冬地		15世紀	モルドバの首都	(7)p114
キエフ Kiev	スラブ語	人名(Kiyの名)	正称キイフ	9世紀	ウクライナの首都	(18)p65
ミンスク Minsk	スラブ語	ミンは川の名+スク(町) or 交易都市		1067年	ベラルーシの首都	(1)p140
モスクワ Moskva	フィン語 スラブ語	モスクワ(湿地, 沼地)川		1147年	ロシアの首都, 文化, 経済, 政治の中心	(1)p143
サンクトペテルブルク Ssnkt Peterburg	ドイツ語	ペテル(ピュートル1世と聖ペテロを兼ねる)の城塞都市	旧称レニングラード, 旧称ペトログラード,	1703年	ロシア帝国の都, ロシア第2の大都市	(1)p123
ヴォルゴグラード Volgograd	スラブ語	ボルガ(湿った)川の城塞都市	旧称スターリングラード, 古称ツァリーツィン	1589年	交通の要衝, 工業都市	(7)p165
エカテリンブルク Ekaterinburg	ドイツ語	女帝エカテリーナ1世の城塞都市	旧称スベルトロフスク	1723年	ウラル地域の中心, シベリアの交通要衝	(9)p54
ニジニーノブゴロド Nizhnii Novgorod	スラブ語	下流の新都市	旧称ゴーリキー	13世紀	ロシアの重要な工業都市	(8)p390
サマーラ Samara	スラブ語	サマーラ川の名	旧称クイビシェフ	1586年	ボルガ中流域の工業都市	(8)p336
カザニ Kazan'	トルコ語	カザンカ川の名		15世紀頃	カザン汗国の都	(7)p111
クラスノダール Krasnodar	スラブ語	美しい(赤い)贈りもの	旧称エカテリノダール	1793年	北カフカスの中心都市	(7)p116

PLACE NAME OF THE WORLD(1), WORDS and PLACES(2), 外国地名語源詞典(3), 世界の地名・その由来(4), 世界市町村名称(5), イスラム事典(6), 世界地名の語源(7), 世界地名語源辞典(8), 外国地名解説(9), スタンダード英語語源辞典(10), 世界歴史事典(11), アジア歴史事典(12), 東洋史事典(13), 世界大百科事典(14), シルクロード事典(15), 世界歴史大事典(16), 世界地理名称上・下(17), アシモフ撰集世界の地名(18), 周書(19), 隋書(20), 古代遊牧帝国(21), 南アジアを知る事典(22), 東洋神名事典(23), 世界地名大事典(24)などを参考に著者作成

F. 部族名の地名化

　ヨーロッパの国名には，部族名が多く活用されている。これは「1. 現代の国名」の項で取りあげたが，45 カ国のうち約 4 割が部族名に由来して国名を作成している。当然，王国名にも部族名が大変多い。

　それだけでなく，現代の地方名や都市名にも部族名が多くみられる。中でもゲルマン系の部族名が特に多い。これはゲルマン系部族が西ヨーロッパ各地に移住（ゲルマン民族大移動）し，それが地名化して残ったからである。その名称の主要なものをあげれば，ドイツのバイエルン地方は（ゲルマン系バイバリー人），同じくザクセン地方は（ゲルマン系サクソン人），デンマークのユーラン半島は（ゲルマン系ゴート人），イングランドは（ゲルマン系アングル人），イギリスの南部のエセックス地方とサセックス地方は（ゲルマン系のサクソン人），フランスのブルゴーニュ地方は（ゲルマン系ブルグンド人），フランスのノルマンジー地方は（ゲルマン系ノルマン人），ベルギーからフランス北部にかけてのフランドル地方は（ゲルマン系フランク人），スペインのアンダルシア地方は（ゲルマン系バンダル人），ポーランドのシュレジエン地方は（ゲルマン系のシレジア人）に由来して命名されている。自然名称にも用いられ，イタリアのロンバルジア平原は（ゲルマン系ランゴバルト人），ドイツのチューリンゲンバルトは（ゲルマン系チューリンゲン人）に由来している。都市名ではフランクフルトは（ゲルマン系フランク人），ナントは（ゲルマン系ナムネット人），タリンは（ゲルマン系デーン人）に由来している。

　他に，ブリテン島は（ケルト系ブリトン人），アイルランド島は（ケルト系アイル人），スコットランド地方は（ケルト系スコット人），イギリスのカンブリア地方は（ケルト系のキンブル人），チェコのボヘミア地方は（ケルト系ボイイ人），フランスのブルターニュ半島は（ケルト系ブリトン人），スペインとフランスのバスク地方は（太古からのバスク人），イオニア海は（ギリシア系イオニア人），ティレニア海は（ギリシア系ティレニア人）に由来する。

　都市名では，パリ（ケルト系パリシイ人），カンタベリー（ケルト系ケルト

第1章 ヨーロッパ文化圏

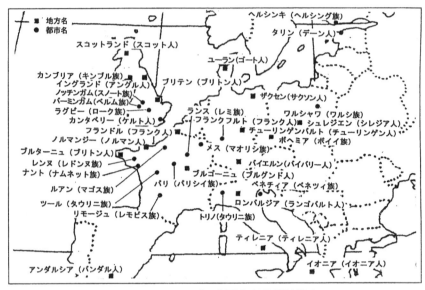

図2 ヨーロッパの主要な部族関連地名
著者作成

人)，ワルシャワ（スラブ系ワルシ人），ツール（タウリニ人）が部族名である。

G. 人名の地名化

ヨーロッパにおける人名の地名化は，古代からみられた。ギリシアやフェニキアの活動時代に命名され，今に引き継がれている名称に，バルセロナ（カルタゴの将軍バルカス），アレッサンドリア（アレクサンドロス大王），ローマ（ロームルス）がある。ローマ時代も人名の地名化が多くみられた。人名は特に都市名に多く活用された。サラゴサ（ローマ皇帝カエサルとアウグスツスの名），アウグスブルク（ローマ皇帝アウグスツス），ハンプローナ（ローマの将軍ポンペイウス）ニュルンベルク（ローマ皇帝ネロ），バーゼル（ローマ皇帝バレンチニアン），オルレアン（ローマ皇帝アウレリアヌス），グルノーブル（ローマ皇帝グラチアヌス），コンスタンツァ（コンスタンチヌス帝の妹コンスタンツァ），カージフ（ローマ人ジジウス）など多数があり，今もこの名で引き継がれている。地方名のチロール（地方長官の名）も人名である。

市町村接頭・接尾辞，都市名，地域名

図3　主なヨーロッパの人名の地名化

著者作成

　中世では，バレンツ海（航海者バレンツ），バレッタ（ヨハネ騎士団バレッタ団長），ジブラルタル（イスラーム教徒のタリク），エジンバラ（エドウイン王），エカテリンブルク（女帝エカテリーナ），サンクトペテルブルク（ピュートル大帝と聖人ペテロ），ハリコフ（入植者ハリコフ），キエフ（キイ兄弟），ハバロフスク（探検家ハバロフ）などの地名がある。

　現代では，カリーニングラード，ウリヤノフスク，キーロフなどはソ連時代の共産党関連の人名である（J，共産主義思想と社会主義政権に関連する地名参照）。ソ連時代の人名の多くは改名されて消滅したが，まだ当時の人名が主要地名に幾つか残っている。また自然名に活用された人名は，多く残っている。

H，宗教関連地名

　ギリシアの地名には，神話・宗教関連の名称が多くみられる。古代のポリスは，都市で祀った神名を都市名にあてた場合が多くみられた。代表がアテネ（アテナイ女神）である。ギリシア以外では，オーデンセ（ゲルマンの部族神）や

第1章 ヨーロッパ文化圏

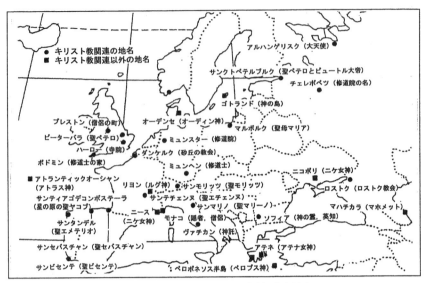

図4　ヨーロッパの主な宗教関連地名
著者作成

リヨン（ルグ神）がある。半島名ではペロポネソス（ペロプス神）がある。

　キリスト教関連では，サン，サンタ，サントなどが付く地名は大変多い。サンマリノ（聖マリーノ），サンタルチア（聖女ルチア），サンテチェンヌ（聖チェンヌ協会），サンビセンテ（守護聖人ビゼンテ），サンセバスチャン（聖人セバスチャン），サンモリッツ（聖人モリッツ），サンティアゴデコンポステーラ（星の原の聖ヤコブ），サンクトペテルブルク（聖ペテロとピュートル大帝の名を兼ねる）や，他にはミュンヘン（修道士の居所），ヴァチカン（預言，神託），ソフィア（キリスト教の英知）などもキリスト教関連の地名で，キリスト教関連名は，中世以降のキリスト教が国教となった後に地名化された。

I，フェニキア・アラビア語関連（西アジア）の地名

　ヨーロッパの主要地名に，西アジア関連のフェニキア語関連地名とアラビア語関連地名が残されている。特に地中海沿岸やイベリア半島付近に多く残っている。ヨーロッパ地中海沿岸の中で，フェニキア語源関連の地名は，スペイン

市町村接頭・接尾辞，都市名，地域名

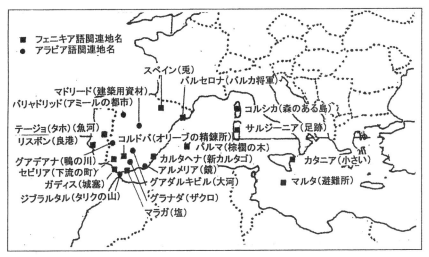

図5　フェニキア語・アラビア語関連地名
著者作成

　(フェキア語で"兎")やマルタ(フェキア語で"避難所")といった国名から，リスボン(フェキア語で"良港")，マラガ(フェキア語で"塩")，コルドバ(フェキア語で"オリーブの精油所")，バルセロナ(カルタゴの将軍バルカの名)，カルタヘナ("新カルタゴ")，セビリヤ(フェニキア語で"低い")，ガディス(フェニキア語で"城塞")などの都市名，さらにコルシカ(フェニキア語で"森のある島")，サルデーニャ(フェニキア語で"足跡")といった自然名にも残されている。またアラビア語関連地名は，1500以上の地名に用いられている。都市名では，マドリード(アラビア語で"建築用資材")，グラナダ(ムーア人の首都で"ザクロ")，ジブラルタル(アラビア語で"タリクの山")，自然名では，グアダルキビル(アラビア語で"大河")がある。地名だけでなく，学問にもアラビア語の名称が多く使われ，今に至っている。例えば「アラビア数字」は全世界で使用され，またイタリア語をはじめ，ヨーロッパ各国の医学，数学，天文学などにアラビア語由来の用語名が多く，それがヨーロッパの科学の基礎になっている。科学用語はヨーロッパを通して世界にも広まった。

　このような地名からみて，地中海一帯は，現在の文化圏の区分とは大きく異なる独特の世界観，共通性，一体観や連帯感があったことが理解できる。

J．共産主義思想と社会主義政権に関連する地名

　「ソビエト社会主義共和国連邦」成立以降，社会主義化を推し進めるために，人名や政治用語をどんどん地名化した。これが大きな特徴であった。人名では，レーニンをはじめ多くの革命家や政治家などの名が用いられた。人名の活用は一か所ではなく，数か所〜数十か所に及んだ。例えば「レーニン」に因む地名は，ソ連時代の地図帳を調べただけで38か所確認できる。特にソ連の共産党代表者の名を地名化して名誉を讃えた。ただソ連内で権力闘争に敗れるか，死後に批判されると，地名も改名された。また1991年にソ連は崩壊したが，その時点で改名された地名が大変多い。消滅された主な例をあげてみると，
革命家レーニンに因む（レニングラード）が「サンクトペテルブルク」へ。
レーニンの本姓ウリヤノフに因む（ウリヤノフスク）が「シンビルスク」へ。
革命家レーニンに因む（レニナバード）が「ホジェント」へ。
革命家レーニンに因む（レニナカン）が「クマイリ」へ。
文豪ゴーリキー（協力者）に因む（ゴーリキー）が「ニジニーノブゴロド」へ。
議長スベルトロフに因む（スベルトロフスク）が「エカテリンブルク」へ。
革命家クイビシェフに因む（クイビシェフ）が「サマーラ」へ。
議長カリーニンに因む（カリーニングラード）が「ケーニヒスベルク」へ。
議長カリーニンに因む（カリーニン）が「トベリ」へ。
軍人ボロシーロフに因む（ボロシログラード）が「ルガンスク」へ。
書記長ブレジネフに因む（ブレジネフ）が「ナベレジヌイエチェルヌイ」へ。
書記長アンドロポフに因む（アンドロポフ）が「ルイビンスク」へ。
政治家ジダーノフに因むウクライナの（ジダーノフ）が「マリウポリ」へ。
軍人フルンゼに因むキルギスの（フルンゼ）が「ビシュケク」へ。
革命家キーロフに因むアゼルバイジャンの（キロババード）が「ゲンジェ」へ。
革命家オルジョニギーゼに因む（オルジョニギーゼ）が「ウラディカフカス」へ。このように人名の改名は，ソ連崩壊後のロシアとソ連を構成してきた周辺諸国にみられた。それだけソ連時代の共産主義社会への国民の反発が強く，共

市町村接頭・接尾辞，都市名，地域名

産主義政策や社会主義の生き方を嫌ったことが地名から推測できる。共産党政権の設立は，指導者中心の政策で，必ずしも国民から盛り上がった要求ではなかったことも，地名の改名から推測できる。人名の使用は，社会主義化推進と個人の名誉を讃えるためのものであった。

　もう1つ，社会主義化や共産主義化の推進でも地名が大いに活用された。社会主義国家を讃えるものとして，多様な用語が地名化されたので，その代表例を幾つかあげてみる。当時のソ連では，例えば「クラスノ krasno」は，共産党のシンボル"赤"を意味するが，これが大変多く地名化された。「クラスノ〜」の付く地名は，「クラスノダール Krasnodar」"赤い贈り物"をはじめとして，地図帳の索引でも160を超え，最も多く用いられた。また"10月革命"の意味の「オクチャブル Oktyabr」を地名化した例を挙げると，「オクチャブリスキー Oktyabr' skii」は旧ソ連領内で20か所以上，「オクチャブリスコエ Oktyabr' skoye」は8か所以上命名されていた。メーデー"5月1日"の意味の「ペルヴォマイ Pervomay」を地名化した例では「ペルヴォマイスキー Pervomay' skii」は11個所以上，「ペルヴォマイスコエ Pervomay' skoye」は3か所以上確認する事ができる。"共産主義青年同盟"の意味の「コムソモル Komsomol」に因んだ「コムソモリスク Komsomol' sk」(4か所以上)や「コムソモリスコエ Komsomol' skoye」(4か所以上)も確認できる。さらに「コミンテルン Komintern」"第3インターナショナル"に因んだ地名もみられる。このような地名は，他の旧社会主義諸国には命名されていない。

K．森に関する地名

　アルプス以北の領域をみると，ケルト系の人々が活躍していた時代は，大森林地域であった。森林の痕跡は，今もワルト Wald "森"(例，シュバルツバルト)や，シルバ Silva "森"(例，トランシルバニア)の付く地名として残っている。他に森を表す例として，湖ではレマン Léman "楡の木"が樹木名である。なお国名では，モンテネグロ(ツルナゴーラ)"黒々とした山"が森を表

し，部族名では，バスク Basque "山の民，森の民"が森に関連する名称である。山脈名ではバルカン Balkan "森の山脈"も森を指している。

　ここで都市名を例に，森関連の主要地名を挙げてみたい。グラスゴー Glasgow "緑の森"，ドレスデン Dresden "緑の人"，ライプチヒ Leipzig "菩提樹(ぼだいじゅ)の地"，ハイデルベルク Heidelberg "こけももの山"，ポツダム potsdam "樫(かし)の木の下"，マインツ Mainz "狩猟地の"，ロンドンデリー Londonderry "ロンドン所有の樫の木の森"，スモレンスク Smolensk "松脂(まつやに)の村"，ブレスト Brest "楡(にれ)の森"，タンペレ Tampere "樫の木"，オスロ Oslo "神の森"，マドリード Madrid "建築用木材"などは森に関する都市名である。特に西欧，北欧，東欧の都市は，自然の森と共に発展してきたことを物語っている。

L．自然環境関連地名

　ヨーロッパ地中海沿岸をみると，地中海東部は，ギリシア系由来の地名が多く活用されている。例えば，エーゲ Aegean "エーゲ王"海，ボスポラス Bosporus "牝牛(めうし)の渡し場"海峡，ダーダネルス Dardanelles "ダルダノス植民市"海峡，スポラデス Sporades "散在する"諸島，キクラデス Kiklades "円"諸島，ペロポネソス Peloponnesos "ペロプス神の島々"半島，ティレニア Tyrrhenian "ティレニア人"海，イオニア Ionian "イオニア人"海，エトナ Etna "炎(ほのお)"山は，全てギリシア語源の地名で，ギリシア人の活動地域であったことが理解できる。これに対し地中海西部をみると，フェニキア語系由来の地名に変わる。コルシカ Corsica "森のある島"島やサルデーニャ Sardiniah "足跡"島はフェニキア語源の地名である。地中海沿岸地域の西部も東部も，冬は降水量があるが，夏は砂漠と同じような乾燥の厳しい地中海性気候である。

　アルプス山脈以北の自然名称をみると，ケルト系由来の地名が多く活用され，地名の基本を成している。またアルプス山脈を境に，地形も平地が多く，気候も西岸海洋性と変化する。この地域の代表名称を幾つかあげると，アルプス Alpus "高山とか山地"山脈，アルデンヌ Ardenne "高地"高原，ドナウ Donau

市町村接頭・接尾辞，都市名，地域名

またはダニューブ Danube "強い流れ" 川，ライン Rhein "流れ" 川，セーヌ Seine "ゆるやかな流れの川" 川，ガロンヌ Garonne "速やかな流れ" 川，ロアール Loire "水" 川，ローヌ Rhône "瀑流" 川，さらにレマン Léman "ニレの木" 湖，ドーバー Dover "水" 海狭などという地名は，全てケルト語を語源とする。これから判断すると，アルプス山脈より北，カルパチア（"山脈"の意）山脈より西は，本来ケルト系の人々の居住地であったことがわかる。また河川は水量の豊富な流れであることも連想できる。

　ヨーロッパ北部は，ゲルマン系由来の地名が中心となる。スカンジナビア Scandinavia "暗い島" 半島，ユーラン Jylland "ジュート人の土地" 半島，エルベ Elbe "川" 川などはゲルマン系語源の地名である。これらの地名の分布から，ゲルマン人の原住地，初期の活動地域であったことを示している。ここは冷帯か冷帯に近い温帯であり，地形は平原と沼地となだらかな高原で，ここもアルプス山脈以北の地域と同様，森林地帯が中心であった。

　ヨーロッパの東部は，スラブ系語源の地名が中心となる。カルパチア Carpathian "山脈" 山脈，ボルガ Volga "湿った，白く輝く" 川，バルト Baltic "沼沢" とか "白い" 海などはスラブ語源の地名である。この地域は冷帯湿潤気候を中心とした大平原の森林地帯である。

　他にバルカン Balkan "森の山脈" 半島やクリム Krym "断崖の岩，要塞" 半島は，アジア系遊牧民（トルコ系かモンゴル系）言語の地名である。これより，東ヨーロッパの東部地方は，アジア系遊牧民が支配し，定住した時代もあったことが理解できる。すなわちヨーロッパ東部の端は，湿潤な森林と，耕地からステップ（遊牧地域）へと変化していく地域であることも，遊牧系民族の地名から推察できる。この地域は森林から草原への変更地域に当たるということは，生活形態や民族や文化も変更地域であったともいえるだろう。

　以上取り上げた地名は，自然関連の地名だが，ヨーロッパの自然関連地名をみると，西アジアや北アフリカと違って，砂漠や乾燥を意味する地名が出てこない。そうすると，地名から受けるヨーロッパのイメージは，水が豊かで，涼しく，穏やかな環境の大地であることが連想できる。

4. 国名・地名からみた特色

A．国名からみた特色

① 国家数に注目すると，ヨーロッパには45カ国も独立国が存在する。ヨーロッパと同じ農耕文化圏の東アジアは5カ国，南アジアは7カ国である。ヨーロッパ文化圏は，国家数の多さに大きな特徴がみられる。

② ヨーロッパの独立国の約4割は，部族名を名乗る国家である。これが基本である。国際呼称名でも，フィンランドやハンガリーのように部族名を用いる国家もあり，部族中心思想の強い文化圏であることが理解できる。

③ 自然名や地域名に関連する国名も全体の3分の1ほどある。この多くは部族の中の，さらに一地方の住民が何らかの目的で結束して地域単位国家を形成したからである。これもヨーロッパの国家の1つの特徴といえる。

④ 地域単位国家の中でも，超ミニ国家が存在する。最も小さい「ヴァチカン」は東京の皇居の8分の3の面積しかなく，人口も千人弱である。他にも「サンマリノ」「モナコ」「リヒテンシュタイン」「アンドラ」「ルクセンブルク」「マルタ」なども超ミニ独立国である。ヨーロッパでは小国であっても，国家として認める独自の価値観や政治思想を持っている。

⑤ 国内で対立や問題が生じれば，分離独立に向かう気質を持ち合わせている。ソ連の解体，ユーゴスラビアの解体，チェコスロバキアの分割，イギリスのEUからの離脱行動進行中，スペインのバスク地方やカタルーニア地方の独立要求，イギリスのスコットランドの独立の動きなどがこれを物語っている。これは部族主義や地域主義優先思想が根強く残っていることを意味する。ヨーロッパには，分離独立国家形成の動きが今もみられる。

⑥ ヨーロッパには，連邦国家もみられる。連邦はドイツ，イギリス，ロシアなどの主要な国家に多い。昔は力による統合という傾向もみられたが，ヨ

ーロッパに関しては，ドイツやイギリスをみると連邦の構成州（国）を尊重している。小国家であっても「スイス」のような自主的な連合国家もある。これからみて，ヨーロッパの国家観には，分離だけでなく地域尊重の思想も存在することを示している。その代表例が，EUの結成である。

B．王朝・王国名からみた特色

① ヨーロッパには大変多くの独立国がみられた。独立国とは自主権を持った政治集団を指す。例えばイタリアで，歴史上興亡した国家数は64カ国ほどあった。しかし，ここで取りあげた国家はわずか12カ国である。同様にヨーロッパ全体でも数多くの独立国がみられたが，全ては扱っていないことを記載しておく。その主な理由は，歴史的王朝・王国が現在の国名と同じ名称で栄えたが，その名称については現在の国名で語源等を述べているので，王朝・王国名の記載では省略した次第である。

② ここで取りあげた王国名をみると，部族名が多い。現在の国名と同様に，歴史上も部族が国家建設の基本になっていたことが理解できる。これは古代から連続するヨーロッパの価値観である。特にゲルマン系の王国，スラブ系の王国に多くみられる。ゲルマンやスラブは部族単位の行動が特に強かったことが読み取れる。

③ 都市名が王国名に多く活用されている。都市国家も含めて，都市が重要な役割を果たし，基幹となる都市を中心に国家が発展したことを示している。特にギリシア系，ラテン系の国家が都市名を多く用いている。都市国家の理論は，古代の西アジアとも共通である。

④ 成立した王国名の年代から推測すると，古代はヨーロッパ南部に国が起こり，やがて北部に進出した。中世になると北部にも多くの国が興った。中世では北から南への民族移動も起こっている。歴史学ではこの現象をアジア系フン族の侵入によるゲルマン民族の大移動との関連で説明している。そして西ローマの各地に多くの小国家が興亡した。近世になると，王国は

ヨーロッパの枠を超えて新大陸や未知の東方（シベリア）にも移動した。集団や部族の移動を重視する価値観を持つ文化圏である。
⑤ 地域の自然的特徴，文化的特徴，神話・宗教的な名称も王国名にあてられている。これらの多様な名称は，地域限定の小王国であり，特定部族や特定の宗教集団が中心となって形成した王国であった。地名を分析すると，この事情がかなり理解できる。
⑥ 人名を用いたアレクサンドロスの王国，オドアケルの王国，アッチラの帝国などの大帝国もみられた。これらは権力者の個性によって形成された一時的な大王国であった。
⑦ ソビエトを含む東ヨーロッパに，学問上の理論を優先した社会主義（共産主義思想による）国家が形成された。しかし理論を優先するあまり，人々の求める現実の生活とのズレが大きく，現代社会では長く続かなかった。社会主義を取り入れた東ヨーロッパ諸国は，全ての国が社会主義体制を放棄してしまった。その中には分裂した連邦国家もみられた。

C．市町村接頭・接尾辞，都市名，地域名からみた特色

① 接頭・接尾辞からみて，ヨーロッパを大きく分けると，西ヨーロッパの地中海沿岸の国家には，ラテン系の接頭・接尾辞が用いられ，ラテン系の北部には，ゲルマン系接頭・接尾辞が用いられている。東ヨーロッパでは，スラブ系の接頭・接尾辞が用いられている。
② ラテン系接尾辞もゲルマン系接尾辞も，同じ民族系内では共通するものが多い。またラテン系とゲルマン系の間にも共通性が強く，同種の接頭・接尾辞が多くある。スラブ系もゲルマン系やラテン系との共通性がかなりみられる。ヨーロッパの3民族系は，言語的にかなり近い関係にある。
③ ローマ帝国によって命名されたラテン系の地名は，西ヨーロッパではケルト系地名の地域に，上書きする形で命名された。特にアルプス山脈以北には，今もケルト系の地名が基本として残っている。ケルト系の活動の世界

国名・地名からみた特色

をラテン民族が支配し，その後，ゲルマンの諸部族が支配したことが地名から読み取れる。その結果，ケルト系の中には同化吸収されてしまった部族が多い。ただイギリスには，今もケルト系部族や地名が多く残っている。

④ ヨーロッパの地方名には，部族名が大変多く充てられている。このような名称は，部族の定着地域と一致する。部族の移動や部族独自の国家が形成された歴史がよく理解できる。そしてその地域には，今も部族の伝統が残っていることも推測することができる。

⑤ 多様な宗教関連地名が残されている。宗教地名の中でも，特に多いのはキリスト教関連の地名で，ヨーロッパ全域にみられる。これからみて，ヨーロッパは完全にキリスト教の世界となったことを間接的に物語っている。地中海沿岸には，古いギリシア系，ローマ系の神々の名も残されている。

⑥ 地中海沿岸には，ヨーロッパがまとまっていなかった古代から，西アジアのフェニキア語源の地名が命名され，また中世には，アラビア語源の地名が命名された。地中海沿岸はヨーロッパの独壇場ではなく，西アジアの影響力の強かった時代があったことも読み取れる。

⑦ 人名の地名化が多い。人名の活用は古代からみられる。個人を重視する価値観が，ヨーロッパの思想の基本の1つにあったことが理解できる。特に国家形成の立役者であった人名の地名化が多く残されている。

⑧ 人名の地名化の中で特徴的な現象は，ソ連の成立，すなわち社会主義国家を形成してから，特に人名の地名化と共産主義に関連する地名が多く命名された。共産党政権の権力者や協力者を地名化して残したのである。特に権力者の出身地，活動地は人名に改名された。しかし政権闘争で敗れるか，死後に非難されると，元の地名に戻された。そしてソ連崩壊で，人名の多くは元の地名に戻された。ソ連時代，政治権力と地名は一体であった。

⑨ バルカン半島や，東ヨーロッパの東方には，アジア系遊牧民の地名がみられる。これからみて，古代から内陸アジアの遊牧民が，ヨーロッパ東部にまで侵入していた歴史を知ることができる。バルカン半島の端には，チュルク（トルコ）語地名が命名された。現在もトルコ共和国が存在する。

5. 国名・地名からみたヨーロッパ観

A. ヨーロッパの拡大と文化圏の形成

　ヨーロッパ世界の範囲は，地中海の北側を占める。詳しくいえば，ジブラルタル海峡，ダーダネルス海峡，ボスポラス海峡，カフカス山脈を結んだ線の北側，さらにウラル山脈とウラル川を結んだ線の西側が現在のヨーロッパになる。ロシアはシベリアも国土とするが，シベリアは本来ヨーロッパではない。気候は温帯と冷帯で大農業地帯であるが，農地開発をする以前は大部分が大森林地帯であった。森に関連する地名も童話も受け継がれて今に残されている。
　そして地中海の南側と南東側は，イスラーム世界となり，大部分が乾燥気候である。この中の砂漠地域の大河の流域に人類最初の文明（メソポタミアとエジプト）が興った。ヨーロッパでは，地中海北東部のエーゲ海に最初のエーゲ文明が興った。エーゲ海は西アジアや北アフリカに最も近い島々で，エジプトやメソポタミア関連の文化が伝わって文明が生まれた。つまりヨーロッパ地中海周辺と西アジアと北アフリカは，本来一つの文化圏だったのである。
　そこで，地中海世界が一つの文化圏であった事実を地名から説明してみる。ヨーロッパの地名で，スペイン，マルタ，コルシカ，サルデーニャ，バルセロナ，リスボンなどの主要な地名は，フェニキア語源地名である。またマドリード，グラナダ，グアダルキビル，ジブラルタルなどの地名はアラビア語源の地名である。フェニキアもアラビアも西アジアの部族・民族である。逆にイスラーム世界の中で，エジプト，ペルシア，アナトリア，メソポタミア，アレクサンドリアなどという名称はギリシア語系で，小アジア半島（今のトルコ）にある多くの都市名などにもギリシア語・ラテン語由来の地名が多い。ローマ帝国の支配地をみても，地中海沿岸は完全にローマ帝国の支配地で，ローマ文化の領域であった。東ローマも長く地中海一帯を支配した。ローマ帝国が支配した

領域のガリア（現在のフランスあたり）やダギア（現在のルーマニア）やブリタニア（現在のイギリス）などの北西部地域は，開発当初は地中海文明とは異なる異文化の民の住む地域であり，いわば未開地の世界であった。

　地名関連以外でも，具体的に関連性をあげれば，西アジアのフェニキア文字からギリシア文字が生まれ，そのギリシア文字から現在使われているラテン文字やキリル文字が生まれている。また西アジアの乾燥地域の宗教である一神教のキリスト教がローマに信仰され，さらにローマからヨーロッパ全域に拡大し，今のヨーロッパの精神文化が出来上がっている。つまり本来，地中海世界は共通性の強い1つの世界であったことが，このようなことから理解できる。

　そして地中海世界に開花した地中海文化は，西方ではアルプス山脈を越えて現在の西ヨーロッパに伝わり，東方ではドナウ川やカルパチア山脈を越えて現在の東ヨーロッパに伝わり，その領域をヨーロッパに抱き込み，現在のヨーロッパ文化圏が出来上がった。さらにヨーロッパは，その後もイスラーム世界の文化や技術を吸収して発展した。現代科学で使われるアラビア数字も，科学の多様な用語もイスラーム世界から学んだ。特に十字軍の遠征とその当時の交易によって得られた技術的な収穫（例えば，火薬，羅針盤，印刷術）は，後のヨーロッパを大きく変えるものとなった。そして中世末期から未開地の無くなったヨーロッパの人々は，今度は大西洋を越えて南北アメリカ大陸やオセアニアへ移民し，もう一方ではシベリアにも進出して生活領域を拡大させた。これだけでなく世界中に植民地を獲得して，文化や技術や思想を伝染させた。

　ヨーロッパの文化は，発展の段階で幾度も西アジア・北アフリカ文化の恩恵にあずかってきたので，これを人に例えるなら，西アジア・北アフリカは祖母に，ヨーロッパは母に，移民先のアメリカ合衆国は娘に例えて良い。

　ちなみに，その後ヨーロッパと西アジア・北アフリカが異なる文化圏へと進んだのは，ヨーロッパはキリスト教文化で固まり，西アジアや北アフリカはイスラーム文化で固まり，またヨーロッパの中心が西岸海洋性気候の平原地帯へと移り，その環境での産業構造や生き方，思想や価値観が生まれた。この環境の相違，文化や宗教の相違等が，異なる文化圏になった要因であると分析する。

B. 部族主義, 地域集団主義の強い社会思想

　ヨーロッパには独立国が45カ国もある。西アジアは19カ国, 東南アジアは11カ国, 南アジアは7カ国, 東アジアは5カ国, 中央アジアは5カ国である。これをみるとヨーロッパの国家数がいかに多いか, 一目瞭然である。ここにヨーロッパの1つの特徴がでている。45カ国の国名を分類すると, 約4割が部族名を用いている。部族国家が基本単位で, 人口の多少にかかわらず部族を重視・尊重する価値観が強いことがわかる。さらに特定の地域名を名乗る国家は3分の1ほどある。地域名を名乗る国の多くは, 部族の分布範囲よりも狭い領域の国である。それは部族の中の一部の集団（都市国家的発想）が国を形成したことを意味する。部族名, 地域名の2種類で国家数の4分の3に達し, ヨーロッパ全体の特徴を表している。特に面積の狭い国である極小国（超ミニ国家）のヴァチカンの場合, 人口は800人程で, 国内の治安はスイスの傭兵が代用し, 3000人の一般職員は外国人が代用している。これではどう考えても独立国としての最低限の活動さえ出来ていない。他にもモナコ, サンマリノ, リヒテンシュタイン, アンドラも極小国であり, さらにマルタ, ルクセンブルク, マケドニア, アルバニア, コソボなども大変小さな国である。これらは正に部族の中の一部分が独立した国である。世界の国々と対等に交流できる力を備えた国とは言えない。それでもヨーロッパの諸国は独立国として扱っている。また, 西ヨーロッパの大国の国家構成をみると, ドイツは16（州と都市）の独自の政治組織体から成る連合国家となっている。そのため, 特定の部族名を名乗らずに"人々, 民衆"を意味する「ドイツ」を国名に用いた。各州の部族に配慮したからである。そして州には, それぞれの憲法, 議会, 政府があり, 独自の主権を持つので, いわば独立国の連邦である。またイギリスも, 4つの主権国家の連合で成り立っているが, 部族に配慮して国名には島名を用いている。スイスも800万人ほどの小さな国であるが, 26の独立州の連合で成り立っている。極小国も大国も, 国内の地域住民の権利を認めている証といえる。これがヨーロッパにみられる価値観であり, 思想である。また古代に, 唯一全土

を支配したローマ帝国（ローマの支配地以外は，当時は未開地）も，支配下に置いた各地方，都市，部族集団に対して，それぞれ個別に同盟を結び，権利も認め，義務も与え，一部の上層民には市民権まで与えて治めていた。そうしないと武力だけでは支配が続かなかったのである。

また違う視点からみると，第2次世界大戦前にドイツでゲルマン主義が唱えられたが，周辺のゲルマン系国家でさえ同調せず，ドイツのゲルマン民族主義に反抗した。当然民族主義という大集団の価値観は，ヨーロッパでは評価されていない。もう1つの例として，連邦制を採っても，人々を優先せず，国家権力を優先させた場合も長く続かなかった。それはソ連をはじめとする社会主義国家群にみられた。理論上は理想的に思えても，伝統的な考え方や生き方を排斥した共産党の政策は，国民から支持されず，最終的に社会主義国家を崩壊させてしまった。元締めのソビエト社会主義共和国連邦（1922～1991）は結局69年間で分裂崩壊した。チェコスロバキア（1945～1993）は48年で，ユーゴスラビア（1948～1991）は46年間で分裂崩壊し，政治体制だけでなく国名さえも無くしてしまった。強力な軍事力，警察力を持っていても，国内の部族，集団，住民を尊重しないと，遅かれ早かれ解体・分裂に追い込まれる。これがヨーロッパの根底に潜む価値観であり，DNAである。

このような背景を裏側から眺めれば，違う姿もみえてくる。それはヨーロッパの思想の中に，一括りにして扱われることを嫌う思想（例えば社会主義や全体主義の否定）がある。また部族主義を否定されれば徹底して反抗する。さらに国家間で対立が生じると，対話より武力で解決を計ろうとする。つまり戦争で解決しようとする一面がある。そのため，ヨーロッパは圧倒的に戦争の多い地域であるという歴史を持っている。ヨーロッパの歴史は戦争の歴史，対立の歴史といっても良い。梅棹の著書『日本とは何か』の中で，1480年から1941年の460年間に行われた戦争の数を次のように記している。イギリス78回，フランス71回，スペイン64回，ロシア61回，ドイツ23回，日本9回である。ヨーロッパの問題解決の手段が，戦争であったことを，はっきりと示している。これがヨーロッパの持つ思想・価値観の裏のDNAである。

C．キリスト教によるヨーロッパの統一と思想・文化の形成

　ヨーロッパには，キリスト教関連の地名が多い。図4の主要都市名の他にも，小都市名，町村名を入れるとヨーロッパ一円に命名されている。これはキリスト教が強く信仰されている事を意味する。キリスト教は，西アジアのパレスチナの乾燥地域で生まれた宗教である。イエスの教えは，神の絶対愛，神の下の平等，隣人愛，復讐の禁止などの教えを基本とする信仰のみの宗教で，典型的な一神教であった。一神教は他の神は認めず，神の教えが絶対であるという特色をもつ。それゆえキリスト教は，ローマ帝国から長く迫害を受け続けた。ローマにはローマの神々[9]が存在したからである。

　キリスト教は，ローマ帝国に伝道され，そこで根付いた。キリスト教がローマの神々と大きく違った点は，個人の心の中に入り，個人を救う教えも説いたところにある。313年にローマ帝国に公認され，迫害から一転して民衆統率の精神的柱として利用されたのである。ここまでに約300年近くかかっている。そして392年に国教とされた。ここに宗教的権威や権力がキリスト教に与えられ，民衆に大きな影響を与える権利と義務を持つ宗教に変貌したのである。言い方を変えれば，イエスの教えとは異なる，全く新しい権威主義の宗教（カトリック）が形成されたことを意味する。ヨーロッパでは，キリスト教が国教となった後に，キリスト教関連地名が多数命名されたが，この現象を逆さから推察してみると，キリスト教を認めるかわりに，大きな社会的役割を担ってもらうことであった。その後，キリスト教の思想でヨーロッパの思想や価値観（DNA）が形成されていったことを意味している。

　では具体的に，キリスト教はどのような役割を果たし，どのような影響を与えたのだろうか？　少し具体的に述べてみる。当時の大多数の人々は文字も読めず，まとまりも無く，人はどう生きればよいのか？　集団や社会として何が大切か？　ということなどがよく分かっていなかった。このような人々に，善悪を認識させ，生き方を説き，集団行動を身につけさせ，規律ある社会を確立させる必要があった。これがキリスト教に託された意義と役割

であったと推察する。さらに476年に，西ローマ帝国が滅亡し，ゲルマン諸国家の時代に入ると，各部族国家の王自身がカトリックの信者となり，庶民統治のための権威と，王位の授かりと，社会の在り方等までキリスト教に求めた。これで完全にキリスト教が，国にも，社会にも，人々の生活にも，文化にも入り込み，ヨーロッパに根付いたことを意味した。

また395年，ローマ帝国は東西に分裂し，それに伴ってキリスト教も，西ローマ帝国の都ローマと，東ローマ帝国の都コンスタンチノポリスに活動拠点が分かれた。結果的に双方が正当性を主張して対立し合い，後の時代（11c）に，完全にカトリック（教皇）と東方正教会（総主教）に分裂してしまった。地域と環境の違いが，キリスト教の違いに発展したと考える。

なおヨーロッパ東部に信仰された東ローマの東方正教会は，1453年オスマン帝国によって，都のコンスタンチノポリスは陥落し，正教会もモスクに変えられた。その後正教会は，ブルガリア，ロシア，セルビア，ルーマニア等に移動し，それぞれに総主教が置かれ，部族別，国別の形態で信仰されることになった。宗派の活動と並行して，文字もカトリック信仰地域はラテン文字が使われ，正教会信仰地域はキリル文字が使われ，現在のヨーロッパの形が出来上がったが，これらは正にキリスト教の力によるものである。

D．キリスト教の変化とヨーロッパの変化

キリスト教の信仰定着と，その後のキリスト教の動きから，ヨーロッパ世界のその後の変化を記載してみる。例えば「神聖ローマ帝国」（962～1806）という名称は，"古代のローマ帝国の伝統を受け継ぐキリスト教の国"という意味を込めて命名した名称であった。カトリックの影響力は，国家にまで及んだ。西ローマ帝国崩壊後のゲルマン系の各国王は，教皇に対し，領土をはじめ多くの寄進をしたので，カトリックは権威と富をもって，人々の生活の隅々にまで影響を及ぼす宗教に変わった。キリスト教の勢いは最盛期に達し，キリスト教関連の都市名も，殆どがこの時期に命名された。つまり中世のキリスト教は，

イスラーム教とそん色がないほど，政治にも文化にも人々の生活にも，強い影響力を持つ宗教に変貌したのである。

　強大な権力を持ったローマ教皇のもとへ，ビザンツ帝国から救援が求められた。これを受けて教皇は，キリスト教発祥の地のエルサレムを，イスラーム教徒から奪回することを大義名分として，王，貴族，武士団など，あらゆる人々に呼びかけた。いわゆる十字軍の遠征である。しかし，最終的に十字軍の遠征は失敗し，教皇の権威失墜と，キリスト教中心の中世封建社会は，崩壊を招くことになった。その結果，次のような事が起こった。1つ目に，十字軍遠征の失敗に加え，教会建設等の負担金問題等々も加わって，カトリックCatholic（ギリシア語で"普遍的"）への不信感や反発が生じ，それがプロテスタントProtestant（ラテン語で"抗議する者"）の誕生へとつながった。16世紀の宗教改革である。2つ目に，西ヨーロッパでは，カトリック（教皇）の失墜によって，教会のしがらみから徐々に解放され，さらに十字軍の運搬等による北イタリア交易諸都市の自由な活動と発展，それに伴う貨幣経済の急速な拡大が起こり，資本主義経済の発展へと拡大していった。3つ目に，イスラーム文化の影響もあってルネサンスの興隆，国王の権限強化，啓蒙思想が育成された。4つ目に，イスラーム世界との接触によって学んだ技術（羅針盤，火薬，印刷術など）や学問を利用して，航海術の開発，新航路の発見，武器技術の開発も興った。そしてキリスト教中心のヨーロッパの中世封建社会は，崩壊の道を歩み始めた。ただ権威的なもの以外の，神への信仰心，人々の生き方，集団の在り方，社会の在り方などの宗教本来の教えはしっかり定着していた。

　ヨーロッパを統一ある社会に育てたのはキリスト教である。その後，キリスト教の権威失墜によって，ヨーロッパ各国は科学の大発展を遂げるのである。

E．民主政，民主主義思想の発祥地

　民主政や民主主義は，ヨーロッパで形成され，世界に広まった政治制度や思想である。この2つは，今では世界の王道となっている。これを考察してみる。

現在，ヨーロッパには45カ国も独立国が誕生し，その中には極小国も存在する。国家数の多さも，極小国の誕生も，民主政と民主主義の表れの1種であると考える。さらに現在のEU（ヨーロッパ連合）[10]をみると，28カ国が加盟しているが，全ての国は自主加盟であり，脱退も可能であり，大小にかかわらず国家は平等である。イギリスは国民投票で，EU加盟から脱退する将来を選んだ。またスイス，ノルウェー，アイスランドは，西ヨーロッパに存在しながら，EUに加盟しなかった。加盟，未加盟，脱退，これらの権利を認めるのも民主主義の1種と考える。現在の政治形態でも，スイスでは，2州（グラールス州とアッペンツェル・インナーローデン州）で直接民主政が行われている。以前は6州でみられた。またイギリスやドイツやスイスなどの連邦制を採る国では，それぞれの政治組織体（州など）は独立国と同じ権限を持っている。これらも民主政や民主主義そのものである。

　では，民主政や民主主義はどのようにして形成されたのか？ これを探っていくと，その根源は古代のギリシアに行き着く。古代の地中海沿岸は，史上最も多くの都市国家（1000以上）が林立する地域であった。都市国家では，それぞれが神名や部族名や理想名などを名乗って独立し，自力で都市を守っていた。都市国家という政治形態と都市国家の数の多さの2点が，民主政の発生の原因になり，民主主義思想発祥の根源になったと考える。その根拠は，都市国家防衛のために，都市在住の成年男子を兵力として集めた。その結果，命がけの兵役が権利を生み，それが政治への参加を促し，発言も可能となり，最終的に民主政と民主主義思想の育成につながっていったと推察する。政治への参加を認めなければ，都市国家は守れず，生き残れなかったからである。前6世紀に，ギリシアのアテネでは民会による直接民主政が行われ，全ての18歳以上の成年男子市民による直接選挙が行なわれていたという。ローマでも，前6世紀の共和政の時代には「民会」が設けられ，市民男子の参政権が認められていた。これが都市国家のDNAとなった。この価値観がローマ帝国に受け継がれ，支配した周辺の部族にも波及し，権利が制限されると，武力を持って抵抗する精神が根付いたと判断する。この思想は古代から消え去ることなく，現代まで

受け継がれている。つまり都市国家から，自由な発言，民主主義，民主政，立候補による政治への参加が生まれ，ヨーロッパのDNAとして育ったと考える。

F．人名の地名化（個人重視思想と政治への活用）

　ヨーロッパの伝統の1つに，人名の地名化がみられる。人名の活用は，個人重視思想の表れであると言ってよいだろう。具体的にあげると，古代では，ローマは都市建設者の名，バルセロナは将軍名，アレッサンドリアは大王名，さらに西ヨーロッパのアウグスブルク，サラゴサ，ハンプローナ，ニュルンベルク，オルレアン，グルノーブルは，ローマ皇帝に関連する地名である。またコンスタンツァは皇帝の妹の名，カージフは古代ローマの人名である。中世では，バレンツ海は航海者名，バレッタは騎士団団長名，ジブラルタルはイスラーム教徒でこの地の支配者名，エジンバラは王の名，サンクトペテルブルクは大帝と聖人の名，エカテリンブルクは女帝の名，ハリコフは入植者名，キエフは建設者名，ハバロフスクは探検家名である。現代のカリーニングラード，ウリヤノフスク，キーロフなどは共産党関連の人名である。これらの人名からみて，為政者を中心に，多様な分野の人名が用いられてきたことがわかる。

　もう1つの特徴は，ソ連において，多くの人名が活用された。特に社会主義国家建設推進のために，共産党代表者の名は殆ど地名化された。それも何度でも，幾つもの都市名や自然名に活用された。特にレーニンの名は多く活用された。また途中で政権闘争に敗れれば，社会主義国家推進中でも末梢（改名）された。スターリンの地名は，スターリン死後のソ連時代に，早々と末梢されている（例えばスターリングラード→ボルゴグラード）。さらに，社会主義放棄（ソ連崩壊）の時代に入ると，今度は共産党関連の人名の多くは，元の地名に戻され，消し去られてしまった。例えばレニングラードはサンクトペテルブルクに戻された。このようにソ連では，人名は政治の道具として活用されたのである。人名活用の特色として，個人の評価は当然だが，それ以上に政治の影響が優先されていた。これがヨーロッパにおける人名の地名化の特徴である。

G．移動を好む文化圏

　イタリアのヴェネツィア出身のマルコポーロは，ユーラシア東端の「元」に来て，東洋の実情を『東方見聞録』に著した。これがヨーロッパ人の探検活動に火を付けた。ポルトガルのインド航路発見，スペインの新大陸発見は，この『東方見聞録』に誘われて起こした行動である。その２カ国に続いて，オランダ，イギリス，フランスなども世界中を探検し，植民地化していった。

　ただ地名から推測すると，移動はマルコポーロの著書の影響によって始まったのではなく，古くからこの兆候（ちょうこう）がみられた。例えば，北欧のヴァイキングは，北欧周辺だけでなくヨーロッパ地中海一帯（南欧）や，はるか遠くのニューファンドランド島（北アメリカ）にも到達していた。時代は後になるが，ロシアのシベリア進出も，移動や探検を好むヨーロッパ人のDNA（気質）から出たものと考える。そして各地に多くの地名を痕跡（こんせき）として残している。

　さらにヨーロッパの地方名をみると，部族名が多く活用されている。これも移動を好むヨーロッパ人の気質の表れの結果である。中でもゲルマン系の部族名が多いが，次の地名はゲルマン系部族が，西ヨーロッパ各地に移住して残したものである。オランダのユトランド半島はゴート人，ドイツのザクセン地方はサクソン人，イングランドはアングル人，イギリスのエセックス地方は東方のサクソン人，イギリスのサセックは南方のサクソン人，ベルギーからフランス北部にかけてのフランドル地方はフランク人，フランスのブルゴーニュ地方はブルグンド人，フランスのノルマンジー地方はノルマン人，スペインのアンダルシア地方はバンダル人，イタリアのロンバルジア平原はランゴバルト人，ドイツのチューリンゲンバルトはチューリンゲン人，他にフランクフルト，タリン，ナントなどの都市名にも部族名が用いられている。ゲルマン系以外でも，各部族の名がヨーロッパ各地に地名として残されている。

　部族名が多方面に活用されているということは，部族主義の強い社会であることを裏付けているのは当然だが，別の地に移住し，定住していった証が地名化されて残ったものとも判断できる。さらにヨーロッパ系の人々は，欧州の未

開地が無くなると，欧州を出て南北アメリカ大陸，オセアニア，南アフリカ，シベリアに移住する行動をとった。地球的規模の拡大といえる。ヨーロッパ人は移動を好む人々で，古代からみられたDNAの1つだった。

H，ヨーロッパのあこがれは大帝国建設と異民族支配

　現在ヨーロッパで独立国は45カ国もある。ヨーロッパの歴史では，大面積の国家はローマ帝国とロシア・ソ連だけであった。ロシア・ソ連の場合は，人の殆んど住まない寒冷地のシベリアと砂漠の中央アジアを占め，ローマ帝国とは状況が大きく異なっていた。そうすると，中心地域を支配した大帝国は，ローマだけだったといえる。このように大帝国が少ないのは，地域集団主義，部族主義の価値観が強く，大民族主義や大国家主義を嫌ったからである。
　ところが地球的な規模で大帝国をみると，かなり事情が違ってみえる。歴代の国家で，1000万km²を超える大面積を支配した国を拾い上げてみると，世界1位は大英帝国3370万km²（1922年），2位モンゴル帝国2400万km²（1206年），3位ソ連2240万km²（1991年），4位スペイン帝国2000万km²（1790年），5位ロシア連邦1709万km²（現在），6位清1470万km²（1820年），7位元1400万km²（1310年），8位はフランス帝国（1938年）とウマイヤ朝（750年）の1300万万km²，10位アッバース朝1110万km²（751年），11位唐1100万km²（663年），12位ポルトガル帝国1040万km²（1815年）である。以上の12カ国が1000万km²を超える領土を支配した国々であるが，この中でヨーロッパ系の国は6カ国あり，半分がヨーロッパ系ということになる。また現在の国家をみても，面積の広さからみて，1位ロシア，2位カナダ，3位アメリカ合衆国，4位中国，5位ブラジル，6位オーストラリアだが，中国を除くとヨーロッパの国家かヨーロッパ系の人々が移民して建国した国家である。ヨーロッパ系は，けっこう大領土国家を好む一面も持ち合わせている。その思想の最終段階として，ヨーロッパ領内でも第2次世界大戦後に，EUを結成して大国家として団結する道を選んだ。今のEUは，人口約5億，面積約450万km²の巨大連邦となっている。

これから判断すると，ヨーロッパは決して部族主義・地域集団主義にこだわる価値観だけでなく，場合によっては大国家主義も好む一面も強く持ち合わせていると考えられる。EUの場合は，ヨーロッパ内での小部族や小地域集団の存在や生き方を認めたうえでの集団化である。分かり易くいえば，新大陸でヨーロッパ系の人々の建国した連邦国家の思想と大変似ている。

ただ海外の異民族に対しては，部族主義・民主主義を認めない思想も持ち合わせている。黒人奴隷の使用や世界各地の植民地化は，民主主義とは程遠い行為であった。これがヨーロッパの，もう1つの顔であり，DNAである。

参考までに，最も面積の狭い国々をあげてみると，1位ヴァチカン，2位モナコ，3位ナウル，4位ツバル，5位サンマリノ，6位リヒテンシュタインで，6カ国中4カ国がヨーロッパの国々である。皮肉な特徴である。

Ⅰ．地理的位置と産業革命の発生

なぜイギリスに産業革命がおこったのであろうか？ それはイギリス（アングロサクソン）人の気質によるものが第一の要因だろう。では，イギリス人の気質はどのようにして形成されたのか？ 気質以外にどのような条件があったのか？ これらをイギリスの地名や地域的特徴から分析してみる。

イギリスの考察に入る前に，まず歴史から世界をふり返れば，人口が多くて農業の盛んな中国やインド，さらにイスラーム世界のような交易の要衝地は，確かに文化の発展には有利である。歴史上も大きな役割を果たしてきた。実際，交易地か農耕地の都市に，文化，学問，資本，商品，情報などが集まり，それらを活用して大いに発展してきた。文化の発展や富の蓄積という点に関しては，中心地域は好条件だが，それに安住して革命的な動きは起こさない。

産業革命のような人類史上まれな新技術の開発や，世界史を変えるような革命的な行動は，全く違う見方，過去の法則に左右されない発想，常識を守らない考え方，こういう所に生まれるのではないかと考える。地理的に言えば，大陸の西端，大陸の東端という地理的辺境地，あるいは異文化混合地にあたる場

所が世界史を変えるような大変革を起こす場所と考える。ヨーロッパは多様な文化や技術をイスラーム世界から学び、そして発展させた。ヨーロッパはメソポタミアとエジプト文明（イスラーム世界）からみれば、北西の辺境地にあたる。そしてヨーロッパの中のさらに北西端に位置するのがイギリスである。

そこでイギリスを詳しくみると、ケルト系地名の上にローマ系の地名が入り、さらにゲルマン系の地名が入り、混合状態になっている。ゲルマン系も数種の部族が入植した。つまり多様な部族の思想や文化の混合地なのである。それゆえ接頭・接尾辞をみても、ゲルマン系だけでなく、ラテン系やケルト系から生まれた接頭・接尾辞も大変多い。生き方も文化もゲルマン系の特徴を基本とするが、正確に言えば混合である。英語はゲルマン系の言語だが、ラテン系の要素もケルト系の要素も入っていて、同じゲルマン系のドイツ語とは違いがみられる。宗教（キリスト教）をみても、イギリスはヨーロッパ諸国とは少し違い、イギリス国教会がある。これはイギリスの事情に合わせた独自の宗派である。イギリスは海で分離され、不要なものは排除しやすく、有用なものは大陸から入れやすい特徴も併せ持つ。つまりイギリスは、考え方も生き方も政策も混合であり、大変合理的であり、独自のものが形成されやすい。また他の辺境地の北欧諸国より、気候に恵まれ、平地にも恵まれ、人口も多く、鉄鉱石や石炭の両方が近くに埋蔵されていたという条件にも恵まれていた。さらに当時のイギリスは、海外植民地の獲得や資本の蓄積にも熱心であった。これらの多様な立地条件を生かし、イギリス人独自の個性を生かし、多様な混合文化を生かし、国際環境も生かして、自由な発想で産業革命を成し遂げたと分析する。

辺境という条件をヨーロッパに広げて周りをみれば、北西端のイギリスの産業革命と同様に、西端のポルトガルとスペインは真っ先に大航海を行い、東端のロシアは、シベリア進出と社会主義革命によるソ連の建国を行った。また海を渡って形成された植民地のアメリカでは、民主政治と個人の自由平等と現代版資本主義を興した。これらはすべて歴史的大革命であり、ヨーロッパ中の辺境地にあたる場所である。なお、ポルトガルとスペインにはフェニキア語地名やアラビア語地名が多く入り、ロシアには遊牧系の支配と地名が多く入ってい

る。つまり異文化の価値観が多く入っている場所なのである。また現代アメリカは人種のルツボで，文化もルツボの地である。参考までに，場所も内容も時代も大きく変わるが，ガンダーラの大乗仏教も多文化混合の地で生まれている。

J，社会主義国家の樹立と崩壊

　ロシアでは，社会主義革命を経て，世界最初の社会主義国[11]を誕生させた。学問上の理論であったものを，現実の社会に実践したのである。国名もロシアから"会議，評議会"を意味する「ソビエト Soviet」に変えた。ソ連では，国有化や集団化を進めると共に，地名にも社会主義国家建設の推進を目指して，最大の功労者レーニン（本名ウリヤノフ）の名をはじめ，歴代の共産党書記長，評議会議長，革命功労者，共産党国家を称賛した学者，軍人などの人名を，伝統的な主要地名を改名して命名した。人名の他にも，ロシア語で「クラスノ～」"赤"，「コムソモル～」"共産主義青年同盟"，「オクチャブル～」"10月革命"，「ペルヴォマイ～」"5月1日＝メーデー"，「コミンテルン～」"共産主義インターナショナル"といった共産主義を宣伝するための地名も多く命名した。これらの共産党関連の用語は，新しく開発され，建設された地名に多く用いられた。ソ連時代，共産党関連の人名，社会主義関連の用語地名は，ソ連全体を覆い尽くした。しかしソ連崩壊と共に，人名の多くが再改名されて，元の地名に戻されている。ところが，社会主義関連の用語地名は，ソ連時代になってから開発した小都市，町，村などに多く用いられたために，今も改名されずに受け継がれている。ソ連という国は，学問上の理論，すなわち労働者階級による革命理論を振りかざし，逆に人間の持つ本質的な心理，感情，宗教観，欲望などを考えずに，権力で国家建設を行った国であった。

　次に，第2次世界大戦後に社会主義国となった東ヨーロッパの国々をみると，殆どがソ連と同じスラブ系部族の国家であった。ただ地名をみると，ソ連以外は，社会主義国に変更したという様子が感じられない。それは共産党員関連の人名や社会主義関連名称が命名されていないからである。地名からは，国民の

大多数が，労働者階級中心の国家建設を求めて邁進したという感じは，全く受けない。ソ連に占領され，武力で支配された過程で社会主義を選択した，または選択させられたという感じが伝わってくる。

では，なぜソ連は崩壊し，東ヨーロッパの国々は社会主義を放棄したのだろうか？これについて考えてみる。共産党という政党は，どこの国でも一党独裁で他の政党を認めず，全体主義的な行動をとった。そういう意味では，一神教の思想や価値観と似た絶対的評価を基本とする。そしてこの共産主義政権だけが，人間にとって最も平等で，効率的で，格差の無い平和な社会であると信じ込ませ，共同労働や公営・国営の企業運営を求めた。しかしこの行為は，ヨーロッパの古くからの価値観である個人の権利や尊厳，他者からの規制の排除，民主主義の精神が全く認められていなかった。しかも国家の監視が強く，職業選択の自由も少なかった。共産主義の思想は，"資本主義社会は格差を生み，不幸な社会を形成する"との一方的な考え方だが，逆に共産党政権による強制思想の方が人間の心理に大きく反し，その結果，新技術の開発力の停滞，生産意欲の減退を起こさせ，そしてそれが生産性や新技術の遅れにつながり，最終的に国家の崩壊や社会主義思想放棄の主要因になってしまった。地名をみていると，共産主義推進の，政治家のための国家であったような感じを受ける。そして今では，競争や職業選択の自由を基本とする資本主義型の国家へと変貌(へんぼう)している。社会主義国を放棄した東ヨーロッパの国々は，その後，西ヨーロッパのEUに加盟した国々が多い。西ヨーロッパの国々と共に歩む方向性を選択している。つまり，人間の本能的価値観の方を重視した生き方である。強力な軍事力，警察力を持って運営しても，国内の部族，集団，住民，個人を尊重しない国家体制や社会制度は，ヨーロッパでは解体に追い込まれるという証である。これがヨーロッパの本来の価値観であり，DNAなのである。ちなみに，資本主義思想というのは，多様性のある多神教の思想や価値観に近い。

人間の自由な生き方，価値観の多様性，民主政，民主主義，さらに宗教心を無視したのが社会主義政権であった。この動きを歴史展開の中で捉えると，ソ連の行為は，ヨーロッパの文化，思想，価値観から大きくずれていて，どちら

かといえば，遊牧文化型の価値観に似た集団行動のように映る。ロシアは遊牧民の侵入，定着，支配を受けた経験を強く持つ国なのである。

K．EU（ヨーロッパ連合）の結成とヨーロッパの進む道

　ヨーロッパは，地域集団主義，部族主義思想の強い文化圏で，競争心が強く，対立も多く，戦争の絶えない文化圏であった。先にも述べたが，ヨーロッパの歴史は戦争の歴史であったと言っても良い。イギリスやフランスは6年前後で1回，スペインとロシアは7年程で1回，ドイツは約20年に1回の戦争をしている。日本は半世紀（50年）に1回である。特にヨーロッパでは大国間の戦争を繰り返してきた。戦争の多い根源を探れば，その原因に宗教の特色（一神教）と民主主義（権利）の思想があった。一神教の価値観（DNA），つまり神を否定するものや批判するものには，力で罰を与えるのである。ヨーロッパでは，キリスト教の新旧両派の教えの対立だけをみても，幾度も宗教戦争を起こしてきた。一神教のイスラームにも，力に訴えるジハード（聖戦）という教え方が最初から存在する。また民主主義は，相手より自らの主張を優先する思想である。当然，権利が侵害されれば力で戦うのである。

　近代に入り，世界最高の文化，技術，資本を持ち，最強の軍隊を持つと自負して疑わなかったヨーロッパの各大国は，2つの世界大戦を経て，派生国家アメリカの台頭，ヨーロッパの辺境のソ連の台頭，東洋の辺境国である日本の経済成長，植民地の独立が現実の姿として突き付けられた。初めて世界の変化を心底認識したのである。その結果，ヨーロッパ諸国は結束に進まざるを得なくなった。これは自然の成り行きだが，歴史的には大転換である。ヨーロッパは対立の歴史もあって，一挙にEU結成にこぎつけたのではない。小国同士のECSC（欧州石炭鉄鋼共同体）に始まり，次にEEC（欧州経済共同体），さらにEC（欧州共同体）を経て，1993年にEU（欧州連合）を設立している。つまり様子を見ながら徐々に発展させてきた。この点で，革命によって一挙に成し遂げたソビエト政権の形成過程とは大きく異なっている。

第1章　ヨーロッパ文化圏

　EUは経済の協力から始まって，政治的結合にまで発展した。その経緯からEUは大国も小国も平等で，また加盟も脱退も自由である。そして相互に認め合い，尊重し合いながら連邦を進めている。ヨーロッパは大国家主義を嫌う思想が伝統的に強いが，その根底には小集団や人権を優先する思想が強く存在するからであろう。現在，EUに加盟を望む国家が圧倒的に多いが，それは小国を保護し，小国の権利も人権も尊重してくれることを期待しているからである。見方を変えれば，戦前のキリスト教的な絶対的思想・価値観から，古代から存在する政治制度や思想の良い面を優先させて，第2次世界大戦後に大きく民主政，民主主義に舵を切ったからだとも言えるだろう。

　ここで簡単に，28カ国が加盟するEUの利点と弱点をあげてみる。利点として，① 人の立場でいえば，居住の自由，移動の自由，就職の自由，学ぶ場所の自由が与えられた。② 物の立場でいえば，商品販売の自由，大市場の形成，漁場の拡大，工場建設の自由が生まれた。③ 金融の立場でいえば，関税の撤廃，投資の自由などが生じた。④ 国際関係からいえば，地域間の紛争の解消，集団防衛で大国からの侵略の不安が解消された。逆にEUの弱点として，①手続きの複雑化と時間や諸費用の浪費が生まれた。② EU内では大会社の進出で，弱い立場の企業や技術の低い企業の倒産が生じた。③ 28カ国の持つ問題も抱え込む事態が生じた。④ EU内では，先進国への労働者の集中と先進国の人々（若者）の就職難が起こるようになった。⑤ 他国からの人口流入と定住により独自の文化，生活習慣の破壊がおこる国が生じてきた。

　EUは歴史や文化，国家の在り方の総まとめとして考え出された連邦である。EUは利点や弱点はあるが，ヨーロッパの人々の求めた社会であり，生き方である。これもヨーロッパの根底に潜む価値観（DNA）とみなければならない。EUもソ連も連邦制を採ったが，EUはどんどん大きくなり，今では28カ国が加盟している。将来もっと増えるだろう。ただ問題点の方が強くなって国家が悩むと，イギリスのようにEU離脱を決定する場合もおこる。ソ連は力によって，一部の思想家達が建設した国家であった。ソ連は1991年の解体以来15カ国に分裂し，最もロシアに近いウクライナでさえ，戦争状態にある。

第2章　西アジア・北アフリカ文化圏

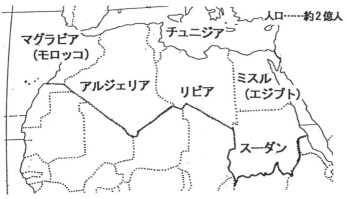

第2章　西アジア・北アフリカ文化圏

1. 現在の国名

A, 部族・民族名を用いた国名

a), トルコ

　「トルコ」の正式国名「チュルキエ・ジュムフリエティ Türkiye Gumhuriyeti」は，"トルコ共和国"を意味する。Türkiye[12]は，トルコ族の名に由来し，語源は"兜（かぶと）"を意味する。現代トルコ語でも兜を tulga という。この名称は中国西部からヨーロッパにまたがる諸族の総称名として，また遊牧民連合体名としても用いられ，両方の意味がある。ちなみに中国語（漢字）ではトルコを「丁零」とか「突厥」と表記した。なおトルコ系の部族は内陸アジアを中心に，東は中国から西は西アジアの西端とヨーロッパ東端まで，広範囲に居住している。

b), イラン

　「イラン」の正式国名「ジョムフーリーイェ・エスラーミーイェ・イーラーン Jomhūrīye Eslāmīye Īrān」は，"イランイスラーム共和国"を意味する。イーラーン Īrān はアーリアーナ Ariāna "アーリア人の国"の変形で，アーリアーナ→アーリアーン→イーラーンへと変化した。アーリアとは"高貴な，尊敬される"を意味する(Adrian,1974,p108)。この名は周辺諸族に対する中華思想から生じた。1935年まではギリシア語表現の「ペルシア」[13]を国名としていたが，緩衝国（かんしょうこく）からの脱却，民族意識の高揚もあって「イラン」に改名した。

c), アフガニスタン

　「アフガニスタン」の正式国名「ジョムフーリーイェ・エスラーミーイェ・アフガーニスターン Jomhūrīye Eslāmīye Afghānistān」は，"アフガニスタンイスラーム共和国"を意味する。Afghānistān とは住民の"Afgan（"騎士（きし）"

人の土地"の意味に由来する(Adrian,1974,p279)。なおアフガン人の自称名はパシュトゥーンと言い，この名は指導者に与えた Pahtan ("船の舵"を意味し，"新しい方向に導いてくれるもの") に由来するという(和泉光雄,1999,p67)。

d), イスラエル

「イスラエル」の正式国名「マディナット・イスラエル Madinat Israel」は，"イスラエル国"を意味する。Israel の語源はヘブライ語で"神と競う"とか"神と共にある人"という意味である。この国は欧州から移住してきたユダヤ人入植者が1948年に建てた国で，国名はユダヤの名より遥かに古いイスラエル十二支族の名＝部族名をあてた。イスラエルの名は，古代のイスラエル王国の復活名でもあり，さらにイスラエルはヤコブの別名なので宗教地名でもある。イスラエルとはこの3つを兼ねた名称である(Adrian,1974,p109)。

e), アラブ首長国連邦

「アラブ首長国連邦」の正式国名「アルイマーラート・アルアラビーヤトゥ・アルムッタヒダ Al Imārāt al Arabīyatu al Muttahida」は"アラブ首長国連邦"を意味する。アラブ Arab は"荒野"を意味する自然名からおこり(和泉光雄,1999,p56)，この名が民族名にも活用された。国名はペルシア湾岸のアラブ系9土侯の連邦で話が進められ，最終的に7土侯をもって独立を達成したので，正確にはアラブ系の土侯（首長）の連合という意味になる。

ちなみにアラブ民族の連邦を重視した名称なら，1958年の「アラブ連合共和国」や，同年のハシミテ家[10]支配下のイラクとヨルダン両王国連合の「アラブ連邦」や，1971年結成の「アラブ共和国連邦」も代表例といえる。

f), ハヤスタン（アルメニア）

「アルメニア」の正式国名は「ハヤスタニ・ハンラペッチェン Hayastani Hanrapetut'yun」である。一般に「ハヤスタン Hayastan」と呼ぶ。ハヤスタニ，ハヤスタンは主要住民に因み"ハイ人の土地（国）"を意味する。国際呼

称名は「アルメニア共和国」で，アルメニア Armenia はハルミンニ Har minni に由来し，Har は"山"を，minni は住民の名を表し，合わせて"ミンニ人の山"を意味する（高橋勝,1928,p32）。アルメナク Armenak という先祖の名という説もある (Adrian,1974,p37)。キリスト教アルメニア正教会を信仰する。

g），サカルトベロ（ジョージア）

「ジョージア」の正式国名「サカルトベロ Sakartvero」は，"カルトヴェリ人の国"を意味する。住民の名を国名とした。国際呼称名は「ジョージア」であり，この名はグルジ地方に因んだもので，グルジの語源はキリスト教の守護聖人ゲオルコス"農夫"に由来するという(アシモフ,1969,p140)。ロシア支配時代は，「グルジア」と表現した。キリスト教ジョージア正教会を信仰する。

h），アゼルバイジャン

「アゼルバイジャン」の正式国名「アゼルバイカン・レスプブリカシー Azerbaycan Respublikasi」は，"アゼルバイジャン（人の）共和国"を意味する。アゼルバイジャン（アゼリー）人の名の由来は，前4世紀頃のアケメネス朝ペルシア時代，太守の Atropate という人名からアトロパテネと呼ばれ，7世紀アラブ人からアデルバイガンと呼ばれ，アゼルバイジャンになったという。他に Azer "火"に Baijan "保護する者"を合わせた名という説もある(和泉光雄,1999,p176)。アゼルバイジャンはトルコ系の部族である。

「アルメニア」「ジョージア」「アゼルバイジャン」を合わせてカフカス3国と呼ばれた。ソ連崩壊前はソ連の連邦構成国家としてヨーロッパに含まれていたが，ソ連崩壊後は元の西アジアに編入された。

B，民族名と伝統的地域名・都市名を合わせた国名

a），シリア・アラブ

「シリア」の正式国名「アルジュムフーリーヤ・アルアラビーヤ・アッスー

現在の国名

リーヤ Al Jumhūrīyah al Arabīyah as Sūrīyah」は，"シリア・アラブ共和国"を意味し，Sūrīya は"最高神アッシュールの国"を意味する。神の名は asu "太陽，日の出"が語源である(Adrian,1974,p189)。シリアの名は，前5世紀以降地中海東岸地域からメソポタミア北部にかけて用いられた地方名であった。国内呼称名は，アラビア語で「アッシャーム Ash Sham」[15] "北＝左（イエメンの反対）"である。これは首都ダマスカスの正式名称「デマシュク・アッシャーム」から採った国名で，メッカから見て北方にあったからである。

b)，ミスル・アラブ（エジプト・アラブ）

「エジプト」の正式国名「ジュムフーリーヤ・ミスル・アルアラビーヤ Jumhūrīyah Misr al Arabīyah」は，"ミスル・アラブ共和国"を意味する。Misr はアラビア語で"軍営都市"を意味し，首都の「ミスル・アル・カーヒラ」＝「カイロ市」から採った国名である[16]。別説もあり，太古の「ミスリ Wisri」"境界"の意味に由来する名称とも説かれている。国際呼称名は「エジプト Egypt」[17]である。エジプトとは，古代の都であったメンフィスの別名「ハトカプタ」"puta 神の祀られているところ"をギリシア語化した名称で，hat が ai に，ka が gy に，puta が putos に置き換えられ，「Aigyputos」となり，縮めて「Egypt」の名が生じた（日本イスラーム協会,1991, p.358）。

1958年にエジプトとシリアが国家統合し，「アラブ連合共和国」を結成したが，1961年に解消し，今度は1972年に，エジプト，シリア，リビアの3国が「アラブ共和国連邦」を結成したが，これも1977年に解消した。

c)，リビア・アラブ

「リビア」の正式国名「ダウラトゥー リービーヤ Dawlat Lībīya」は，"リビア国"を意味する。Lībīya の名は，ギリシア女神の名に由来する。他にギリシア語の Liba "南西風"という説もある。(召献冬ほか,1983,p202)。リビアの名は，大陸名→砂漠名→国名へと活用された。リビアは独立後，今回も含めて7回も国名を変えた。現在の国名は2013年からの使用である。

C, 王家の名と地方名を合わせた国名

a), サウジアラビア

「サウジアラビア」の正式国名「アルマムラカ・アルアラビーヤ・アッサウーディーヤ Al Mamlakah al Arabīyyah al Sá'ūdīyyah」は、"サウド家のアラビアの王国"を意味する。アラビア半島の大部分を統一して独立した1926年の時点では、主要地方名を併せて「ナジュド・ヒジャス王国」と名乗った。支配体制が安定してくると、サウド家の名を前面に出し「サウジアラビア王国」と改名した(Adrian,1974,p180)。

b), ヨルダン・ハシミテ

「ヨルダン」の正式国名「アルマムラカ・アルウルドゥニーヤ・アルハーシミーヤ Al Mamlakah al Urdunnīyah al Hāshimīyah」は、"ヨルダン・ハシミテ王国"を意味する。ヨルダンは川の名で、語源はヘブライ語のjarden "溝、川床"か、jarda "流れ下る、流水"の意味であろうという。イギリスの委任統治領から独立したときは「トランスヨルダン王国」"ヨルダン川の後背地"と名乗った。しかしヨルダン川西岸地区を併合したとき、名門ハーシム家の名を付け「ヨルダン・ハシミテ王国」と改名した(Adrian,1974,p112)。名門のハーシム家は、預言者ムハンマドの子孫といわれ、1999年即位の国王は、41代目であるという。

D, 首都名・主要都市名が起源となった国名

a), クウェート

「クウェート」の正式国名「ダウラトゥ・アルクーワイト Dawlat al Kūwait」は、"クウェート国（王朝）"を意味する。砂漠の小都市「クウェート」の名を国名とした。ペルシア語のクート kut "城"が語源で、クーワイトは"小さな城"を指す (Adrian,1974,p.119)。ペルシア語のクート kut も詳しくみると、アラ

ビア語の qal`at "砦" から派生している。

b), チュニジア

「チュニジア」の正式国名「アルジュムフーリーヤ・アルトゥーニイジーヤ Al Jumhūrīya al Tūnisīya」は、"チュニジア共和国"を意味する。チュニジアは首都チュニスに因み、国を意味する表現に変えて"チュニスの国（地方）"を国名とした。チュニスとは、フェニキア人の神の名タニトフ Tanitkha に由来する。タニトフ神はギリシアの神アルテミス Artemis である。アルジェリア同様、都市名を地方名に、地方名を国名へと活用した (Adrian,1974,p.198)。

c), アルジェリア

「アルジェリア」の正式国名「アルジュムフーリーヤ・アルジャザーイリーヤ・アルディームクラーチーヤ・アルシャビーヤ Al Jumhūrīya al Jazāirīya al Dīmuqrātīya al Shabīya」は、"アルジェリア民主人民共和国"を意味する。al Jazāirīya は、首都アルジャザーイール（アルジェ）"島"に、"国、地方"の意味を付けて"アルジェの国"または"アルジェを中心とする国（地方）"と命名した名である。アルジェリアもチュニジア同様、都市名から地方名を、地方名から国名をつくった(Adrian,1974,p.30)。

参考までに、エジプトの国内呼称名は「ミスル」である。マグラビアの国際呼称名は「モロッコ」である。この両国名とも都市名から命名している。さらに「リビア」の「トリポリタニア Tripolitania」"トリポリ市の地域"(Taylor,1882,p.5) [18] や、「キレナイカ Cyrenaica」"キレネ（キレニ人）市の地方"といった主要地方名も同様に主要都市名から命名している。トリポリのトリは"3"、ポリは"都市"で、"3都市"を意味する。そうすると、アルジェリア、チュニジアも加えて、北アフリカ地中海沿岸の全ての国が都市名を基本とした命名思想を持っていることになる。

第 2 章　西アジア・北アフリカ文化圏

E．特定の地域名や自然名を用いた国名

a)．イラク

「イラク」の正式国名「アルジュムフーリーヤ・アルイラーキーヤ Al Jumhūrīya al Irāqīya」は、"イラク共和国"を意味する。紀元前4000年頃から文明が栄えた世界で最も古い地域である。この地域の中で，バグダッドより下流域の沼沢地をアラビア語で「イラク・アラビ」"アラビア低地"と呼んだ。この"低地"の呼び名を国名とした。また"川と川の間の土地"（チグリス川とユーフラテス川の間）の意味で，ギリシア人は「メソポタミア Mesopotamia」と呼んだ（Adrian,1974,p.108）。ちなみに，古代都市国家名である「ウルク」とは，イラクの元の名であるという。1958年イラクはヨルダンと「アラブ連邦」を結成したが，同年クーデターで消滅した。「アラブ連邦」を結成したのは，「イラク王国」を樹立したときの王が，ヨルダンの王と同じハーシム家出身（ムハンマドの子孫）だったからである。

b)．オマーン

「オマーン」の正式国名「スルタナト・ウマーン Sultanat Umān」は、"オマーン国（王政）"を意味する。Umān は砂漠と海で隔離されたアラビア半島先端域の地方名であった。ウマーンの由来は，海洋部族名であるという説，人名という説，さらに古代都市名で遊牧民の"泊る"という説などもあって不確定である。ギリシア時代のプトレマイオスは，この地を Omanum Emporium "オマーン商業地"と記している。伝統ある名称である（Adrian,1974,p.153）。

c)．イエメン

「イエメン」の正式国名「アルジュムフーリーヤ・アルヤマニーヤ Al Jumhūrīya al Yamanīya」は、"イエメン共和国"を意味する。アラビア語で Yaman は"右"を意味し，聖地メッカに立って正面となる東を向けば，聖なる方位＝右手にあたるので地方名が生じ，それを国名に用いた。イスラーム化

される以前は，ローマ人などから「アラビア・フェリックス Arabia Felix」"豊穣なアラビア"と呼ばれた地域である（Adrian,1974,p.221）。

d）．レバノン

「レバノン」の正式国名「アルジュムフーリーヤ・アルルブナーニーヤ Al Jumhūrīyah al Lubunānīyah」は，"レバノン共和国"を意味する。レバノンは後背にあるレバノン山脈の名を国名としたもので， laban はセム語で"白い"という意味である。山頂の雪，または山頂の石灰岩の白に由来するという。フランス委任統治領のシリアの海岸沿いの一部分が分離独立したため，この自然名を国名にあてた（Adrian,1974,p.122）。

e）．バーレーン

「バーレーン」の正式国名「アルマムラカトゥ・アルバーレーン Al Mamlakat al Bāhrayn」は，"バーレーン王国"を意味する。バーレーンはアラビア語で"二つの海"を意味し，島に湧く淡水と周りの海水に因んで呼ばれた名である。元は，バーレーンとはクウェートからカタールに至るまでの海岸の名であった（Adrian,1974,p.42）。バーレーンの地は，古代バビロニアやアッシリアの時代から交易地として知られていたところで，各時代の強国の支配を受けた。19世紀に英国の保護国となり，アラビア湾の9首長国と共に連邦結成に動いたが，1971年に単独で独立した。

f）．カタール

「カタール」の正式国名「ダウラトゥ・アルカタール Dawlat al Qatār」は，"カタール国（王朝）"を意味する。カタールの名は半島名から生じ，アラビア語で"部分，点"を意味すると推定されている（召献冬ほか,1983,p225）。カタールは18世紀中ごろまで，ほとんど知られておらず，クウェートあたりから来た人々が漁業と真珠採取のために住みついた地である。そこの部族が英国と協定を結び，宗主国オスマントルコから英国の保護の下に自主権が認めら

れ，後に英国の保護下に入った。英国の撤退もあり，アラビア湾の9首長国と共に連邦に動いたが，バーレーンに続き1971年に単独で独立した。

g), キプロス

「キプロス」の正式呼称名は2言語からなり，ギリシア名では「キプリアキ・ディモクラチア Kypriaki Dimokratia」と呼び，トルコ名では「キブルス・ジュムフリエティ Kibris Cumhuriyeti」と呼ぶ。共に"キプロス共和国"を意味する。キプロスの名は島名に由来する。島名はフェニキア語で，島に繁茂していた chopher "糸杉（いとすぎ）"から生じている。(召献冬ほか,1983,p440)。

h), マグラビア（モロッコ）

「モロッコ」の正式国名「アルマムラカ・アルマグラービヤ Al Mamlaka al Magrābiya」は，"マグラビア王国"を意味する。Magrabiya はアラビア語で"極西（きょくせい）"を意味する。アラブ系住民の西の端に位置するからである。国際呼称名の「モロッコ」は，都市の「マラケシュ Marrakech」"砦（とりで）"に因んだ名である。マラケシュの英語化した表現が［モロッコ Morocco］である。世界的に「モロッコ」の方が知名度は高かったからである (Adrian,1974,p.143)。

i), スーダン

「スーダン」の正式国名「アルジュムフーリーヤ・アッスーダン Al Jumhūrīya as Sudan」は，"スーダン共和国"を意味する。Sudan とは，アラブ人がサハラ以南の広大な黒人居住地に与えた「ビラドアッスーダン Bilad al Sudan」アラビア語で"黒人の地"に由来する。この地方名を借用して国名に用いた (Adrian,1974,p.188)。

2011年南部10州が［南スーダン］として独立するまで，スーダンはアフリカ最大の面積を有する国家であった。北は乾燥地域で，アラブ人の移住によって，アラブ系と黒人系が混合するイスラーム地域となり，南スーダンは黒人系中心のイスラーム地域であった。この違いが分離独立した要因である。

2. 王朝・王国名

　世界最古の歴史を持つ西アジア・北アフリカには、大領域を支配下に置く王朝・王国が多く興った。ここに興った主要な王国・王朝名を名称の由来から分類してみる。

A, 人名（支配者）・人名（支配者）関連に因む王朝・王国名。
B, 家名・集団に因む王朝・王国名。
C, 部族名に因む王朝・王国名。
D, 自然・地域に因む王朝・王国名。
E, 神話・宗教に因む王朝・王国名。
F, 文化的要素に因む王朝・王国名。
G, 軍事的要素に因む王朝・王国名。

　大きくこの7つに分類するのが適当と考える。以下この区分に従って説明する。ただ古代からアッバース朝以前の王朝・王国名は、現代の学者が王朝・王国の特徴や性格を調べて名付けた名称である。古代から名乗っていた自称名ではないことを付け加えておく。ただ王国の特徴を吟味の上で命名しており、その時代の状況を的確に表現している。それゆえ分析に役立つ名称である。

A, 人（支配者）名・人（支配者）名関連に因む王朝・王国名

　数からみて、人名の活用がほぼ半分を占める。これがイスラーム文化圏に栄えた王朝・王国の最大特徴であり、遊牧文化地域との共通性を感じる。1番目に、王朝・王国の建国者名を直接用いた名称をあげる。ギリシア発祥の「アレクサンドロスの帝国」（前330-前323）はAlexandrosに因んだ。「イドリース朝」（788-974頃）はIdrisに因んだ。「アグラブ朝」（800-909）はAghlabに因んだ。「ターヒル朝」（820-872）はTāhirに因んだ。「トゥールーン朝」（868-905）

はTūlūnに因んだ。「サーマーン朝」(875-999) はSāmānに因んだ。「ブワイフ朝」(932-1062) はBuwayhに因んだ。「ハフス朝」(1228-1574) はHafsに因んだ。「ティムール帝国」(1370-1507)はTimūrに因んだ。「ザイヤーン朝」(1599-1758) はZayyānに因んだ。「フレグ・ウルス」はチンギス・カーンの孫のHuleguに因んだが，フレグ・ウルスは"部族民の君主"という尊称も持っていたので，別名「イル・ハン国」(1258-1353) とも呼ばれた。これらは建国者名を直接用いた最もわかり易い名称である。

2番目に，建国者名に，中心地の地名か民族名を付け足して呼ぶ名称をあげる。「アケメネス朝ペルシア」(前550-前330) は建国者のAchaemenesに地域名ペルシアを加えた。「セレウコス朝シリア」(前312-前63) は建国者のSeleukosに地域名シリアを加えた。「プトレマイオス朝エジプト」(前304-前30)は建国者のPtolemaiosに地域名エジプトを加えた。「オスマントルコ帝国」(1299-1922) は建国者のOsmanに民族名トルコを加えた。

3番目に，建国者に関連するが，その仕事や称号から命名した名称もある。「サッファール朝」(867-903) は，建国者がもともとSaffār "銅細工師"（下中,1973,二,p.274) であったことに因んだ。「パフラビー朝」(1925-79) はレザー・シャー・パフフラヴィーRezā ShāhPahlavī という称号を受けたので，この称号名に由来する。

4番目に，王朝の建国者ではないが，王朝に影響を与えた人名に因んだ名称もある。「ササン朝ペルシア」(226-651) は祭司であった先祖のSāsānに因み，これに地域名ペルシアを加えた。「アッバース朝」(750-1258) はイスラーム教の創始者ムハンマドの伯父のAbbāsに因んだ。「セルジュークトルコ」(1038-1194) は一族の祖であるSeljūqに民族名トルコを加えた。「アイユーブ朝」(1169-1250) は建国者サラディンの父であるAyyūbに因んだ。「ファーティマ朝」(909-1171)はマホメットの娘Fātimaの後裔であると主張したことに因んで命名した。「ワッハーブ王国」(1744-1818，1823-98)は，サウド家の建国当時の精神的支えであった宗教家のWahhābに因んだ。

王朝・王国名

B, 家名・集団に因む王朝・王国名

　王家の名をそのまま活用した名称がある。「ウマイヤ朝」（661-750）はメッカの名門ウマイヤ家の出身者ムアーウィヤが権力を握り，これ以降代々ウマイヤ家が14代にわたってカリフを世襲したのでUmayya朝と呼ぶ。「サファビー朝」（1501-1736）は集団名に由来するが，神秘主義集団の名がSafavīであったのでこの名で呼ばれる。Safavīとは"サフィーに従う者たち"を意味する。

C, 部族名に因む王朝・王国名

　王国を建てた部族名に因んだ名称がある。「ヘブライ王国」（前1000頃）とは先住民Hebraioi（"河ibriの向こう側から来た人"の意味）人の名に由来する（C,Roth,1970,p8）。イラン系の「パルティア王国」（前248頃-後226）はParthava（ペルシア語で"辺境の人々"）族の名にiaを付け"パルサバ族の国"を指したギリシア語表現である（下中,1984,七,p.434）。北アフリカのベルベル系「マリーン朝」（1198-1470）はMarīn族の名に因んだ。トルコ系の「カージャール朝」（1796-1925）はQājār族に因んだ。

D, 自然・地域に因む王朝・王国名

　自然的特徴や地域的特色から採った名称がある。古代オリエントで最も古い「シュメールSumer」（前3000頃）は，楔形文字に残されていたキエンギラKiengira"葦の生える土地の国"の名が変形してケンギルに，それがシュンギルに変形し，さらにシュギル，最後にシュメール[19]になったといわれる（下中,1973,十四,p.480）。また「ヒッタイト」（前18世紀頃）のHittiteは"谷の人"[20]を意味(下中,1984,八,p.18)し，「アラム Aram」（前12-前8）は"高地"を意味する(和泉,1999,p.26)。この2国は共に国（領地）の地形的特色から呼ばれた名称である。「カッシート Kassīte」（前16-前12頃）は「カッシュ

Kashushu」ともいい，原住地が"カフカス（白山）"地方出身であったことに由来する（高橋,1928,p117）。「バクトリア Bactoria」（前255頃-前139）はギリシア語で"バクタル Bactar（ペルシア語"東方の地"）地方の国"と呼んだ名に由来する（椙村,1986,下,p.323）。このほか「ホラズム・シャー Khwārazm・Shāh 朝」（1077-1231）の Khwārazm は王朝の栄えた地域名であり，語源はペルシア語で"低地の国"[21]を意味し，Shāh はペルシア語で"支配者や王"を意味した（召ほか,1983,p.182）。

E，神話・宗教に因む王朝・王国名

　神話・宗教に因んだ名称をあげる。これは古代の王国名に多い。ナイル流域に興った古代「エジプト王国」（前3000頃-前6世紀）の都は，現地名で「ハトカプタ hat ka puta」"プタ神の祭られている場所"と呼ばれていた。これをギリシア人はギリシア語に訳して，hat を ai，ka を gy，puta を putos に変えて，Aigyptos と呼んだ。「バビロン Babylon」（前19世紀）はアッカド語で"神の門"[22]を意味する。また Babylon に ia"地域，国"を付けた名称に「バビロニア Babylonia」があり，"バビロンの国"を意味する（下中,1984,七,p.400）。「アッシリア Assyria」（前2000年紀）も ia を付けたギリシア表現で"アッシュールの国"を意味するが，Asshūr は住民の信仰していた最高神 asu（"太陽とか日光"が語源）の名である。ちなみに asu はアジア Asia の語源でもある。イラン系民族に属する「メディア王国」（前8世紀-前550）は Media 人に由来するが，そのメディアとは"メドス Medos が支配した国"というギリシア神話に由来する名である（下中,1973,三十,p.127）。「イスラエル王国」（前992-前722）は，ヤコブのセカンド名のイスラエル Israel からでて，"神とともにある人"（is"人"rea"友"el"神"）という説や，"神と競う者"（isra"組み打ち"el"神"）という説の2説がある。これが部族名となり，さらに王国名になっている。「ムワッヒド Muwahhid 朝」（1130-1269）とは指導者がイスラームの信奉者であり，多数の帰依者を集めた集団名ムワッヒドから採った。

王朝・王国名

F, 文化的要素に因む王朝・王国名

「ミタンニ Mitanni」(前16世紀)は,王国の性格からアーリア語で"貴族・戦士"を意味するマリヤンニ marijanni から採った名であるという(下中,1984,八,p.399)。「フェニキア Phoenicia」(前12世紀)の名は,ギリシア語で"真紅"を意味し,彼らの着ていた紅い外套をみてギリシア人が呼んだ名(下中,1984,八,p.92)であるが,ローマ人は彼らをポエニ Poeni と呼んだ。

G, 軍事的要素に因む王朝・王国名

「ムラービト Murābit 朝」(1056-1147)の Murābit は,アラビア語で"兵営(ribāt)の駐屯地"を意味するが,これは軍事力(ジハード)でイスラーム信仰を拡大したことに因んで命名した名である(下中,1984,九,p.14)。「マムルーク朝」(1250-1517)の Mamulūk は,アラビア語で白人の"奴隷"を意味し,支配者が奴隷出身[23)]であったことに因んで命名している(三浦,2001,p.43)。

因みに,数ある王朝・王国の中で,ウマイヤ朝以降のイスラーム系の王朝・王国に限って述べると,イスラーム教は2派に分裂する。その中で「ファーティマ朝」と「ブワイフ朝」と「サファビー朝」はシーア派の王朝である。またイランに興ったイスラーム政権はシーア派である。他のイスラーム系の王朝・王国は全てスンニー派であることを付け加えておく。

3. 市町村接頭・接尾辞，都市名，地域名

　西アジア・北アフリカもヨーロッパと同様の分析手法をとる。(接頭・接尾辞の分析と，地名のカテゴリー化からの考察)

A．ペルシア系接頭・接尾辞

　図6のようにペルシア語系接尾辞は，西は現在のトルコ，東と南はインド亜大陸，北は中央アジアからロシア南部に分布している。基礎となるデ deh は英語の villege にあたり"村"を指す。アーバード ābād[24] は，英語の town にあたり"町"を指す。Ābād はイランを中心にインド世界やテンシャン山脈沿いの中央アジアに活用されている。シャハル shahr 類 (shehir, shehr, shar, sehir)[25] は英語の country や city や town にあたり"国，市，町"を指し，イラン，トルコ，中央アジア，中国西部にみられる。カンド kand 類 (kend,

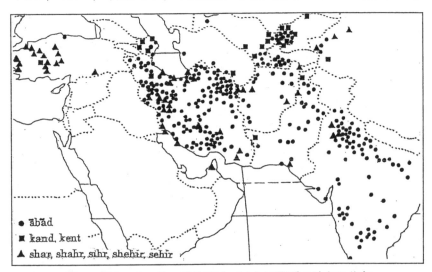

図6　都市，市，町，家を表すペルシア語系の地名の分布
著者作成

市町村接頭・接尾辞，都市名，地域名

kent)[26]は英語のcityやtownにあたり"市，町"を指し，特にイランから中央アジアに活用されている。これ以外でペルシア語のスタンstan[27]はラテン語のiaや英語のlandに相当し"土地，領土，国土"を表す。ちなみにペルシア語を活用する国は8カ国あり，公用語とする国は3カ国ある[28]。

B．アラビア系接頭・接尾辞

図7からアラビア語接頭・接尾辞をみると，アラビア半島を中心に，東はインドの西端，西はスペインとモロッコ，北はイラン，南はアフリカ東岸とサハラ南部のスーダン地方に拡がっている。基礎のカルヤqaryaは"村"villageを意味する。ミスルmisrは"軍営都市"を意味する。カスルqasrや同類のhisar[29]は英語のcastleにあたり"支配者の家族も居住する城"を指す。Misrやqasr類はアラブ系住民の地に多い。カラqal`a類（qal'at, qalat, kalat）[30]も多く，英語のfortにあたり"砦"を指す。qal`a類はペルシア系住民の居

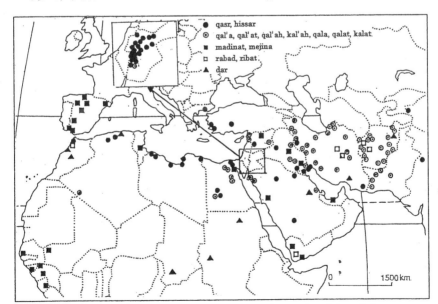

図7　砦，城，市，町，家を表すアラビア語系の地名の分布

著者作成

住地域にも多い。これらの接尾辞をみると，遊牧民の武力行使という背景が浮かんでくる。ヘブライ語から入ったマディーナ madīnah 類 (medina, medīnat)[31] は，英語の city "都市，町" と polis "国" に相当する。ラバド rabad 類 (ribād)[32] は英語の town に相当し，交易による "町，宿場町" を指す。接頭語のダル dar は英語の house や region に相当し "家，居所，国" の意味を含む。現在アラビア語使用国は 26 カ国あり，公用語と認める国は 24 カ国もある[33]。

C, トルコ（チュルク）系接頭・接尾辞と自然名称

トルコ語は，トルコ，アゼルバイジャン，中央アジア 4 カ国（タジクを除く），それにキプロスの一部，カフカスのトルコ系部族集団，ロシア国内のトルコ系住民の共和国や自治共和国，中国西部の新疆(シンチャン)ウイグルなどに使用されている。この中でトルコから中央アジア一帯には，ābād, shahr 類, kand 類が活用されている。Stan はもっと広範囲に用いられている。これらの接尾辞は，ペルシア語から導入したものであるが，今ではトルコ語として定着している。勿論

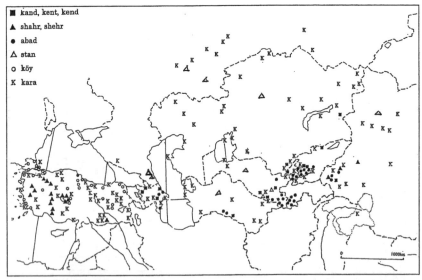

図8　トルコ系民族地域の都市，市，町，村を表す地名の分布と自然名 Kara の分布
著者作成

市町村接頭・接尾辞，都市名，地域名

トルコ独自の接尾辞もある。例えばキョイ köy（語源は"村"）は"田舎や町や村，"を指すトルコ語系である。しかし自然名に目を向けると，トルコ語源地名が多く，その分布はトルコ系住民の居住地とほぼ一致する。例えば，自然名の一部に多く用いるカラ kara は"黒"を意味し，キジル kyzyl は"赤"を意味し，アク ak は"白"を意味し，サリー sary は"黄"を意味する。中でも数の多い kara を代表にあげ，さらに都市接尾辞と併せて分布図を作成すると図8のようになり，トルコ系部族の分布の特徴がみえてくる。

D．主要都市名

表2に主要都市52市をとりあげた。この中で紀元前から存続する都市は35市あり，全体の65%を占める。日本の都市と比べてみると，現在に続く日本最古の平安京(794)（京都）より新しい都市は6市しかない。つまり西アジア・北アフリカには，いかに古くから都市が栄え，今に続いているかがわかる。これらの都市名をみると，都市の発生当時から全く同じ名である都市は少なく，発音や表現が変えられたか，全く異なる名称に変更されたか，どちらかである。

表2　西アジア・北アフリカの主要都市名

都市名	由来語	語源	正称，別称，他称，旧称，古称	形成年代	特色	出典
カブール Kabul	ペルシア語	倉庫，商品の置き場所	古カブラ	前4世紀	首都，一時期ムガール帝国の首都，交通の要衝	(1) p113
カンダハル kandahar	ペルシア語	アレクサンドロス大王	古アレクサンドリア・アラコシオルム	前4世紀	交通の要衝	(3) p180
テヘラン Tehran	ペルシア語	低地，平地		12世紀	イランの首都，カジャール朝の都	(1) p192
マシュハド Mashhad	アラビア語	霊廟，殉教者の地	別メシェッド，古トゥスサナーバード	古代より	シーア派最高の聖地	(3) p17
タブリーズ Tabriz	ペルシア語	温泉が流れ出る	古タウルス	3世紀以前	イルハン国の首都，カザンハンの首都	(4) p59
イスファハーン Esfahan	ペルシア語	軍隊，または馬囲い	古アスパダナ	前20世紀	サファヴィー朝の首都，中世の中心都市	(4) p60
ハマダーン Hamadan	ペルシア語	集会の場所	古エクバタナ，アクバタナ	前6世紀以前	古代メデジア王国の首都	(15) p245
シーラーズ Shiraz	ペルシア語	ライオンの腹，または居所，町，市	古ティラジシュ	684, 15世紀再建	アラブの軍営設置より。交通路	(3) p163
アフワーズ Ahvaz	ペルシア語	クーズ族	古ホルムズド・アルタシール，別アフバーズ	3世紀	古くから物資の集散地	(3) p219
コム Qom		蜂起する	別クム	古代より	シーア派の聖地，古代ゾロアスター教の聖地	(6) p177
ケルマンシャー Kermanshah	ペルシア語	支配者（王）の城	旧バーフタラーン	前325年	交通の要衝，古代，中世はペルシアの夏の王宮地	(8) p327

第2章　西アジア・北アフリカ文化圏

都市	言語	語源・意味	旧名・別名	年代	説明	出典
イスタンブール Istanbul	ギリシア語、トルコ語	入城、orイスラムの都市	古ビザンチューム、旧コンスタンチノーブル	前7世紀	東ローマの首都、オスマントルコの首都	(1) p109
アンカラ Ankara	ヒッタイト語	宿泊地	古アンキラ、旧アンゴラ	前10世紀頃	トルコの首都、アナトリア高原の中心交易地	(1) p33
イスケンデルン	ペルシア語	アレクサンドロスの都市	旧アレジュサンドレッタ	前4世紀	交通の要衝	(14) 2-p204
イズミル Izmir	ギリシア語	スミルナ女神	旧スミルナ	前7世紀、前3世紀再	古代よりエーゲ海と小アジアの交易地	(4) p21
アダナ Adana	ギリシア語	アダヌス神	旧セイハン	紀元前、782年再建	古代ローマの支配基地	(2) p62
コンヤ Konya	ギリシア語	イコン（聖像）の地	古イコニウム、コニヤ	古代より	セルジュークトルコの首都、交易の基地	(3) p77
ブルサ Bursa	ギリシア語	ブルサス王	古ブルサ	前6世紀、ロー	オスマントルコの首都、ビチニアの首都	(3) p77
アンタルヤ Antalya	ギリシア語	アッタル2世	古アタレア、旧アンチオキヤ	前150年	聖パウロの第1回伝道の出発地	(8) p280
カイセリ Kayseri	ラテン語	カエサル	古カエサレア・マザカ	紀元前よ り	アジア、欧州の交易拠点、キリストの大司教の所在地	(3) p32
エスキシェヒル Eskisehir	ペルシア語	古い市、古い町	古ドリレウム、別エスキシェフル	古代より	交易の要衝	(3) p341
バグダッド Baghdad	ペルシア語	神から与えられた	正マディーナ・アッサラーム	762年	アッバース朝、イラクの首都、世界交易の中心地	(1) p41
バスラ Basra	アラビア語	辺境、または黒い小石	別ブソラ、旧ブスラ	638年	ペルシア湾と内陸との交通の要衝	(4) p44
モスル Mosul	アラビア語	通過点、接点	古メソピライ、別アウマウシル	前5世紀より以前	シリア地方とメソポタミアを結ぶ交易路	(4) p45
ダマスカス Damascus	セム語系	仕事場、工場地、活動的	別ディマシュク・アッ・シャーム	前2000年頃	世界最古の都市、アラム王国とウマイヤ朝の首都	(1) p76
ハラブ Halab	ヒッタイト語、セム語	ヒブリ王、またはミルク	別アレッポ、古ベレヤ、ベロエア	前20世紀頃	交易の中心地、ハムダーン朝の首都	(9) p34
ハマー Hamah	フェニキア語	要塞	古ハマト、古エピファニア	前9世紀以前	カナン王国の都	(8) p165
ベイルート Beirut	フェニキア語	井戸、泉	古ベリュトウス	前15世紀以前	レバノンの首都、内陸と地中海を結ぶ重要な港町	(1) p46
テルアヴィブ Tel Aviv	ユダヤ語	春の丘、美しい	古ヤッフォ 正テルアヴィブ・ヤッファ	1909年と古代	ユダヤ入植の基地	(1) p192
エルサレム Jerusalem	セム語系	サリム（神の名）の都、または平和の都	別アルクーズ、古ヒエロソリマ、古アエリナ・カピトリナ	前2000年頃より	三大宗教の聖地、世界最古の都市の1つ	(1) p112
アンマン Amman	セム語系	太陽神アムン	別アンモン、旧フィラデルフィア	前5世紀以前	ヨルダンの首都、経済、交通の中心地	(1) p31
リヤド Riyadh	古アラビア語	庭園、肥沃な土地	別エーリャード	不明	サウジアラビアの首都、交易地	(8) p250
ジッダ Jiddah	アラビア語	道路、川岸、堤	別ジェッダ	前5世紀	紅海とアラビア内陸を結ぶ港町	(3) p133
メッカ Mecca	古アラビア語	聖地、神殿	正マッカ、古マコラバ	2世紀以前	イスラム教の最大の聖地	(6) p378
サナア San'a	エチオピア語	要塞	古アザル	前1世紀以前から	イエメンの首都、世界最古の都市の1つ	(8) p81
カイロ Cairo	アラビア語	勝利	正アル・カーヒラ	968年	世界最古の大学	(1) p59
アレクサンドリア Alexandria	ギリシア語	アレクサンドロスの都市	正アル・イスカンダリーヤ	前332年	同国最大の貿易港、ヘレニズム文化の中心地	(1) p29
スエズ Suez	セム語系	起源、起点	古クリスマ	紀元前よ り	古代はナイルと紅海の運河の起点	(8) p104
ポートサイド Port Said	英語	サイド太守の港	正ブール（港）サイード	1859年	スエズ運河の基地	(5) p390
ギーザ Gizeh	アラビア語	河谷	別ギゼー	762年	ピラミッド観光地	(3) p13
ベンガジ Bengasi	アラビア語	ベンガジ聖人	古ヘスペリス、古ベレニーケ	古代より	旧リビアの首都の1つ	(6) p68
トリポリ Tripoli	ギリシア語	3つの都市	正タラーブルス・アル・ガルブ、古オエア	前7世紀	地中海との交易地であったOea, Sahrata, Leptiaの3市を指す	(2) p5

市町村接頭・接尾辞，都市名，地域名

チュニス Tunis	フェニキア語	タニトフ神	古トウネス	紀元前，7世紀再建	チュニジアの首都，ハフシード朝の首都	(8)p130
アルジェ Alger	アラビア語	島	正アルジャザイル，古イコシウム	紀元前，10世紀再建	アルジェリアの首都	(1)p30
コンスタンチーヌ Constantine	ラテン語	コンスタンチヌス帝	旧キルタ	313年再建	ヌミディア王国の首都	(7)p65
カサブランカ Casablanca	ポルトガル語	白い家	古アンファ，別ダル・エル・ベイダ	前数世紀，1515年再建	港湾都市	(1)p64
ラバド Rabad	アラビア語	町，僧院のある都市	正ラバド・エル・ファティア	1150年	モロッコの首都	(3)p249
マラケシュ Marrakesh	ベルベル語	砦，要塞	旧モロッコ	1062年	モラビート朝の首都	(1)p136
ハルツーム Khartoum	アラビア語	象の鼻	別アルハルトゥーム	1823年	スーダンの首都	(1)p116
エレバン Erevan	アルメニア語	エレブニ遺跡の名	旧エリバン，	前8世紀	アルメニアの首都	(24)1 p258
トビリシ Tbilisi	グルジア語	温かい	旧チフリス，別テフリス	5世紀	グルジアの首都	(7)p140
バクー Baku	ペルシア語	風の吹き付ける		5世紀	アゼルバイジャンの首都	(9)p237

表1と同じ資料を用いて著者作成

E．ギリシア・ラテン語関連の地名

　図9のように，主要地名にギリシア・ラテン語源の地名とギリシア・ラテン語表現化された地名がみられる。特に小アジアや東地中海沿岸地域は，一時ギリシア・ローマの領域であり，その後も長くビザンツ帝国の支配下にあったため，この条件に該当する地名が多い。例えば「アナトリア」"日の登る所"，「カイセリ」"カエサル"，「アダナ」"アダヌス神"等々，古い都市名を中心に表2

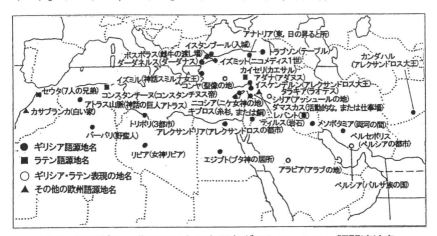

図9　西アジア・北アフリカの主要なギリシア・ラテン語関連地名
著者作成

のごとく，多くのギリシア・ラテン語地名が残っている。また旧ローマ領，ビザンツ領から離れた地域では，古代オリエント系の地名に ia をつけて，ギリシア・ローマ表現化した地名がみられる。例えば，「ペルシア Persia」はイラン語のパルス Pars＋ラテン語の ia であり，「シリア Syria」は古代の神名アッシュール Assūr＋ia であり，「アラビア Arabia」は現地語アラブ Arab＋ia である。さらに「エジプト Egypt」のように現地語「ハトカプタ」"プタ神の居所"（hat→ai，ka→gy，puta→putos）を完全にギリシア語訳した地名もみられる。現在国際名として使用する場合は，ラテン語表記を多く使用する。

この逆もあって，アジア系の地名がヨーロッパの地中海域に今も活用されている。例えば「リスボン」"良港"のようなフェニキア系の地名や「マドリード」"建築用木材"のようなアラビア系地名[34]も多くみられる。また地名以外でも，イタリア語（特に医学，数学，天文学）にアラビア語の名称が多く入っている。つまり西アジア・北アフリカとヨーロッパは非常に深い関係にある。

F，人名の地名化

西アジア・北アフリカには，人名の地名化が多くみられる。主要地名の中で，現在確認できる人名の地名化の主なものは，図10 の如くである。しかし，歴

図10　西アジア・北アフリカの主要な人名関連地名

著者作成

史的にはもっと多くの地名が命名されていた。例えば、アレクサンドロス大王に因んだ「アレクサンドリア」は、歴史書によれば70余あったと記されている。現在のエジプトの「アレクサンドリア Alexandria」、トルコの「イスケンデルン Iskenderun」、アフガニスタンの「カンダハル Kandahar」は、"アレクサンドロスの都市"を意味し、今なおその名を引き継いでいる重要都市である。ヘレニズム時代も人名の地名化が特に盛んで、アレクサンドロスの武将であったセレウコス Seleukos に因んだ「セレウキア Seleucia」は各地に建設され、それは12～14を数えたという。このような創始者名だけに限らず、セレウコスの父アンチオコスに因んだ「アンティオキア Antiochia（現アンタキア）」、母ラオディスに因んだ「ラタキア Latakia」なども命名された。人名の地名化は、特にギリシア・ローマが関わった地域に多く残っている。近年、また人名の地名化が盛んになってきた。例えば、サイド太守に因んだ「ポートサイド」、イスマイル太守に因んだ「イスマイリア」、ホメイニ師に因んだ「バンダルホメイニ」などは、現代の政治家・宗教家に関連した地名である。

G. 宗教関連地名

　西アジア・北アフリカの主要地名には、宗教地名や宗教関連地名がかなり活用されている。図11をみると、古代セム・ハム系の宗教関連地名やギリシア・ローマの宗教関連地名が多い。中でも自然地名には、多神教のギリシアの神々や古代の西アジアの神々の名が充てられている。これをみると自然現象と神は一体であると考えていた様子が伝わってくる。また西アジア・北アフリカ地域は一神教の発祥地である。世界宗教のキリスト教もイスラーム教もここで興った。現在ではイスラーム教がほぼ全域を覆い尽くしているが、その割にはイスラーム関連地名が少ない。図11の中で、イスラーム教関連の地名は、「マシュハド」（アラビア語で"霊廟"＝第8代イマーム・レザー廟）、「メジナ」"町"の正式名称「マディーナ・アン・ナビ」（アラビア語で"預言者の町"）、「ベンガジ」（"ベンガジ聖人"）だけである。他の一神教のユダヤ教、キリスト教の

第2章　西アジア・北アフリカ文化圏

名称も，イスラーム教同様あまり地名化されていないという特徴がみられる。

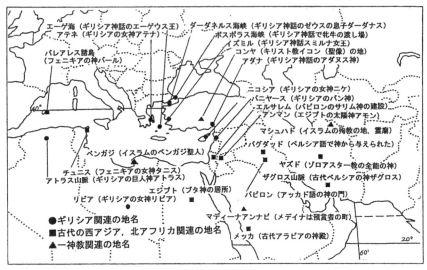

図11　西アジア・北アフリカの主要な神話・宗教関連地名
著者作成

H, 自然環境関連地名

　西アジア・北アフリカの大地域を示す地名に，アラビア語では「サハラ」"砂漠"，「ルブアルハリ」"空白の地域"，「ダハナ」"赤褐色の砂"，「ネフド」"大きな砂丘"があり，ペルシア語では「カヴィール」"塩分のある荒地"，「ルート」"荒れ果てた地"がある。同様に地域名に「ハサ」"小さな泉"，半島名に「アラビア」"荒野の地"，湾名に「ペルシア」"騎馬民族の国"がある。自然名ではないが，民族名に「アラブ」"荒野"，部族名に「ベドウィン」"砂漠の住民"，「クルド」"羊飼い"などという名称もある。これらの語源から，西アジア・北アフリカは乾ききった厳しい乾燥地域が大半を占めている事がわかる。
　それゆえ西アジア・北アフリカの河川は，固有名詞にワディ wadi を付けて表記される。Wadi とはアラビア語で"河谷"を意味し，雨の降る一時期のみ水の流れる河川を指し，一般には"涸れ川"と訳す。Wadi と表記される河川

市町村接頭・接尾辞，都市名，地域名

　名は，西アジア・北アフリカの河川数の大部分を占める。また地域によっては wadi を oued, wad, uad と表記する地域もある。ちなみに，ヨルダンには「ワディラム Wadi Rum」（月の谷）という世界遺産がある。スペインのグァドゥ guad（例，グアダルキビル Guadalquivir 川）はアラブ系の wadi に al を加えた変形である。アラブの影響がヨーロッパにも及んでいた証である。
　これに対し，wadi と比べて数はたいへん少ないが，絶えず水の流れる河川もある。特に西アジアのエルブールズ（ペルシア語で"高山"）山脈，ザグロス（"ザグロス神"）山脈，アルメニア（"ミンニ人の山"）高原，グゼイアナドル（"北アナトリア＝日の出"）山脈，トロス（アラム語で"山脈"）山脈，レバノン（セム語で"白い"）山脈，北アフリカのアトラス（"アトラス神"）山脈などの大山脈から流れ出る河川は，絶えず水が流れる河川である。ただし，これらの河川は西アジア・北アフリカでは例外に属する。そして，水の獲得できる地域が居住地域となり，文化・活動の中心地になってきた。絶えず水の流れる河川を表す表現の中で，シャット shatt 類（shat, shott）はアラビア語で"川，沼沢地，浅い塩湖"を意味し，ナハル nahal（ナール nahr）類はハム語・セム語が語源で"川，水"を意味し，バハル bahar（バール bahr）類はアラビア語で"川，海，湖"を意味する。代表例をあげると，文明発祥の地で，熱帯アフリカより流れくる世界最長の「ナイル Nile」川は，アラビア語では「バールエンニル Bahr en Nil」"ナイル川"とか，単に「アルバール Al Bahr」"川"と呼ぶ。Nil の語源も"川"を意味する。トルコから流れ出る河川の「チグリス・ユーフラテス Tigris・Euphrates」流域も文明発祥の地である。「チグリス Tigris」はシュメール語で"矢のごとく早い（流れ）"を意味し，アラビア語表記では「シャットディーラ Shatt Dijla (Digla)」"高い岸の川"と呼ぶ。南方の「ユーフラテス Euphrates」川もシュメール語で"ゆったりとした（流れ）"とか"広い（川）"を意味し，アラビア名では「アルフラート Al Furāt」"うまい水"と呼ぶ。文明発祥の頃は2本の別々の河川だったが，前1世紀頃には，河口が土砂で埋まって1本となり，今は「シャットアルアラブ Shatt al Arab」"アラブの川"となっている。

4. 国名・地名からみた特色

A. 国名からみた特色

　現国名は多様である。これらの国名の特色を大きな括りで捉えてみる。
① 国家数に注目すると，歴史的にこの領域に 25 カ国も独立国が併存した時代はみられなかった。このことから，現代が異常な分裂状態であることがわかる。特にアラブ民族は分裂が激しく，アラブ系の国家をみると，民族的条件，宗教的条件，政治的条件のどれからみても，独立の正当性を主張できる要素の乏しい小国家が多い。アラビア語で「マシュリク Mashriq」"東方"とよぶエジプト以東のアラブ地域の国家にこの傾向が強い。
② 西アジアは，主に民族名・部族名を活用して国名を作成している。イラン，トルコ，ハヤスタン（アルメニア），アゼルバイジャン，サカルトベロ（ジョージア），イスラエル，アラブ首長国である。この他，エジプト，シリア，リビアは地域名と共にアラブという民族名を付け加えている。
③ サウジアラビア，ヨルダン・ハシミテは民族内の有力族長の家名を国名に用いている。部族主義を前面に出し，民族を共同体のように捉えている。
④ カタール，バーレーン，クウェート，アラブ首長国などのペルシア湾岸諸国は，イギリスの支配・保護を受けた極小部族国家である。レバノン，シリアも同様で，フランスの影響を受けて誕生した。またイスラエルは，欧州からのユダヤ移民国家として形成された例外的な小国である。これらの国は欧州の力で，欧州の都合のために，欧州が造らせたようなものである。
⑤ 北アフリカ諸国は，首都名や歴史的重要都市名を基本に国名を作成しており，ミスル（エジプト），アルジェリア，チュニジア，モロッコが該当する。西アジアのクウェート，アッシャーム（シリア）も首都名である。この現象は，西アジア・北アフリカが都市文化圏であったことを示している。

B. 王朝・王国名からみた特色

① 西アジア・北アフリカでは，アッバース朝以前の王朝・王国時代は国号を名乗る習慣はなかった。それゆえアッバース以前のものは，現代の歴史学者が与えた名称で，その国の当時の特徴を捉えて最適な名称を与えた。

② 地域の自然的特徴，文化的特徴，神話・宗教的要素が王国名にあてられている。これらの多様な名称は小王国名に多い。また形成年代をみると，古代オリエント時代の王国名に多い。そうすると地域限定の王国であり，特定部族中心の王国であったことが推測できる。これらを総合して判断すると，小国が存続できた時代は，西アジア・北アフリカ一帯の共通性が，まだ形成されていない地域中心主義の時代であったことがわかる。

③ 人名を用いたアケメネス朝，アレクサンドロス帝国，ササン朝，アッバース朝，ティムール帝国，オスマン帝国などの大帝国が栄えた。人名以外でもローマ帝国，ウマイヤ朝，ビザンツ帝国なども大帝国として栄えた。大帝国は，国名から判断して強力な指導者によって文化圏の全域か主要地域の大部分を支配したという共通性がある。そうすると，ほぼ全域が統一政治形態，統一文化，統一価値観を同時に体験した地域ということになる。

④ 視点を変えて，西アジア・北アフリカを支配した王朝・王国をみると，支配者の出身地が西アジア，ヨーロッパ，中央アジアと様々である。各王朝・王国は地中海沿岸，西アジア北部（山岳地域とその麓），ナイル流域を支配下に置いた。ここは農産物生産地域であり，西アジアを基点にしたヨーロッパ，アフリカ，南アジア，東アジアへの交易路でもあった。力のある王国は，都市と交易を支配下に置くのが主目的だったと推察される。

⑤ ここでは王朝・王国名は名称の由来から分類したが，国家規模と国家の果たした役割から分類する方法も考えられる。この見方だと大きく3時代に分けた方が適切と考える。すなわち王国の規模と特徴から，古代オリエントの時代（地方色の時代），ヘレニズム以降の時代（文化合流の時代），イスラーム以降の時代（宗教的価値観による統一支配時代）になる。

C，市町村接頭・接尾辞，都市名，地域名からみた特色

① 西アジア・北アフリカの都市の多くは，発生当時から地理的位置は変わらず，現在も各国の中心都市の役割を担っている。他の文化圏では，中心地域や重要都市は，時代と共に入れ替わっている。ただ西アジア・北アフリカでは，都市の位置や重要性は変わらなくても，都市の名称は殆どが変更されている。これは支配民族が幾度も入れ替わったことを意味する。

② 地名をみると，ヨーロッパ（ereb "西" の意味）の地名や地名命名手法が西アジアや北アフリカに多く取り入れられている。またこの逆もある。これから，ヨーロッパの影響を受けると共にヨーロッパにも影響を与え，古代からヨーロッパとは総合補完の関係だったことがわかる。

③ 多様な宗教地名が残されていることから，多様な宗教が西アジア，北アフリカ，ヨーロッパで生まれ，信仰されてきたことがわかる。その後自然環境や人々の生き方によって，生活に合うように環境内で淘汰され，今日の宗教になったと考える。現在では，西アジアに興った宗教が，西アジア・北アフリカ，ヨーロッパだけでなく，世界全域に広がっている。

④ ペルシア語の ābād の語源は "水があって人の集まるところ" = "町" を意味し，ペルシア領内では普通の都市に用いられてきた。しかしイラン以東の征服地では，ābād は異文化地域を間接的に支配したことを表明する手段として多用された。特にインド世界では，イスラーム系王国の征服した都市表現に頻繁に用いられた。また shahr 類（"支配するところ" = "国家"，"市" の意味）という本来政治色の強い接尾辞は，トルコ系の人々によって多用された。kand 類（"市，町" の意味）の場合は少し趣が異なり，意味は ābād とほぼ同じであるが，活用度が少ないことと，西はトルコから東は中国の新疆まで広がり，その範囲は軍事支配下に置いたことのない地域にも活用されている特徴を持つ。この背景から推測して，kand 類は平和的，文化的，商業的活動によって広まったと考えられる。

⑤ この他，stan（"領土，国" の意味）の場合は，西アジアだけでなく広く

周辺諸民族に受け入れられた。現在も中央アジア諸国は，カザフスタン Kazakhstan，トルクメニスタン Turkmenistan，ウズベキスタン Uzbekistan，タジキスタン Tajikistan として活用し，さらにロシア領内の部族共和国もタタールスタン Tatarstan，ダゲスタン Dagestan，バシコルトスタン Bashkortostan など，部族・民族領土を表す表現に用いている。これらをみると，stan は遊牧民を基礎とする地域やイスラーム文化の影響圏であることを表す地名接尾辞になっている。もう1つ，stan の使用は，民族支配意識から領土支配意識へ比重が移った事も意味する。

⑥ アラビア語地名をみると，qasr "居住も兼ねた城"類や misr "軍営都市"はアラビア半島から北アフリカ一帯に多く残っている。これは，アラブ人はイスラーム布教（ジハード）を大義名分として各地域を武力で鎮圧し，そこに家族共々移住していった事実を示している。特にアラビア半島南東部から西アジア地中海沿岸や北アフリカ方面に qasr や misr が多いので，そこが移住地の中心だったことがわかる。qal`a "砦"類は更に広くイランやアフガニスタンなど非アラブ系住民の地域にもみられる。ここはアラブの武力侵入によってイスラーム化された地域であることを示している。

⑦ Madīnah 類，dar，shahr 類は，ギリシア語の polis も含めて "国"を意味すると共に "町，家，都市"も意味するので，語源を分析すると，まず都市国家が誕生し，都市国家が統合されながら領土国家に発展したことが推測できる。つまりペルシアから東地中海域にいたる地域は，古くは都市文化や都市国家が栄えた地域だったと判断する事ができる。

⑧ トルコ系住民の住む地域は，都市名などの文化系地名にはペルシア語を多く活用し，自然系地名にはトルコ語を多く用いている。トルコ系民族は，支配下の政治集団の中に多様な民族を包括した時期が長く，そういう意味で異民族語地名を抵抗なく取り込んで活用するおおらかさがみられる。

⑨ 西アジアから北アフリカ一帯にかけて拡がる大自然名は，乾燥地域であることを示す地名が多い。さらに自然名だけでなく，そこに住む民族・部族名も同様であり，語源は乾燥地域で生きる人々であることを示している。

5. 国名・地名からみた西アジア・北アフリカ観

地理的には「西アジア・北アフリカ」と呼ぶ。歴史的・文化的・宗教的には「イスラーム世界」と呼ぶ。政治的・経済的には「中東，中近東」と呼ぶ。アラビア語では「ダル・アルイスラーム Dar al Islām」"イスラームの家"と呼ぶ。

A. 自然環境と地理的位置の副産物

西アジア・北アフリカをみると，面積の大半が砂漠地名で占められている。当然水の得られる地域は狭い。この地域の中で，ペルシア語の ab は"水"を意味する。接尾辞のアーバード ābād は"水のあるところ"を語源とし，そこに人が集まって"都市" ābād となった。西アジア・北アフリカは世界最古の都市発祥地である。Ābād の反対語がビーアーバーン bi-ābān で，"水のないところ"を語源とし，今は"砂漠"を指す言葉となっている。イスラーム社会で最も大切なイスラーム法の「シャリーア Sharī'a」とは"水場にいたる道"を語源とするが，今では「Sharī'a」を"正しい生き方"と訳している。地名からそれるが，古代のシュメールの宗教は「始原の水」の「ナンム女神」を始まりとしている。水がどれほど貴重で，人々にどれほど大きな影響を与えてきたかが，たったこれだけの名称からでも充分推測することができる。

乾燥地域で，水の得られる灌漑地域と両輪をなす重要な産業は，わずかな草を求めて移動する遊牧である。これも大きな特徴である。ペルシア，アラブ，クルドといった名称自体が遊牧文化の特徴を意味しているが，遊牧は単に家畜を移動させるだけでなく，珍しいもの，足りないものを運ぶ仕事も兼ねる。これに加えて，西アジアは，ヨーロッパ世界，アフリカ大陸，インド世界，内陸アジアとその東の中華世界を結びつける最良の地理的位置にある。この地理的位置の良さを生かしながら，遊牧の延長線上に交易を発達させた。当然交易の拠点となったのは都市であった。交易や都市の発展は，乾燥というきびしい自

然条件の副産物から出発していることを忘れてはならない。西アジア・北アフリカの交易や都市は，世界の交易と世界都市文化の基礎となったのである。

次に，乾燥地域の人々の精神面に視点をあてて考察してみると，重要なものに宗教の形成があげられる。乾燥という厳しい環境を生き抜くために，人々は協力して生きることが必要であり，その目的達成のために最終的に行き着いた住民統制方法が一神教の形成であったと考える。それはその時その時の人間の勝手な理論で変えられない決まりを作ること，すなわち絶対的な神の言葉にすれば，人間の理屈では変えられなくなるからである。一神教の誕生は厳しい自然環境を生き抜くための智恵の最終決定だったと判断する。

さらに宗教以外にも目を向けると，宗教拡大を大義名分にして，アラブ人による広大な領域の征服が起こり，戦士だけでなく，家族も含めた移住が行われた。アラビア語の qal`a 類や misr などの意味や分布図をみると，アラブ人の領土拡大，その広さ，その影響の大きさを知ることができる。そしてこの征服によって，乾燥地域のイスラーム化，政治的統一，アラビア文字の使用をはじめとする文化の共通化が進んだ。アラブ同様に，ペルシア語の ābād の分布から，ペルシアによる政治・文化の拡大も理解することができる。

都市の発生，交易の発展，宗教の形成，領土の拡大，文化の進歩と統一，科学技術の向上などを探っていけば，全てが厳しい自然環境と西アジアの地理的位置にたどり着いてしまう。これが西アジアの持つ DNA なのである。

B，文化圏の交流と影響，そして文化圏の分離

地名から導き出せる文化圏の交流について述べてみる。図7や注34をみると，欧州の地中海域に西アジア系の地名と言語が多く入り，逆に図9をみると，西アジア・北アフリカに欧州系 (ギリシア・ローマ) の地名が多く残っている。接尾辞の形成過程をみても，アラビア語の qasr はラテン語の castra から生まれ，ギリシアの polis や agora はインド・アーリア系の pur と nagar と共通した単語であるといわれる。そうすると西アジア・北アフリカを中心に，南欧か

第2章 西アジア・北アフリカ文化圏

らインドに至る地域は，古代からお互いに影響を与えあい，地域的共通性を持って歩んできた地域だったと考えられる。さらにペルシア語のshahr類，ギリシア語のpolis，アラビア語のdarやmadīnah類は，"都市や町"だけでなく"国"の意味にも使われるので，西アジア・北アフリカ・南欧は，都市国家から領土国家へと発展していった歴史的共通性があることも示している。これに加え，欧州文化の基礎であるギリシア文字もキリスト教も西アジア・北アフリカから入り，逆にローマ時代はラテン語地名だけでなく，ローマの支配形態や建築技術や文化が地中海一帯を風靡(ふうび)した歴史もある。小アジア半島にいたっては，今もキリスト教文化，イスラーム文化の両文化を共有する地域となっていて，地名も両方の地名が数多く残っている。以上の内容から判断して，古代はメソポタミア，エジプト，ギリシアは同じ根元から出発し，影響を与え合い，共通の価値観を持って歩んできた地域だったといえる。また中世には，ペルシアは内陸アジアやインドとの交流が主となり，アラビアは北アフリカ，スペイン等の地中海沿岸との交流が主になったことが理解できる。では，地中海沿岸の西アジア・北アフリカと欧州は，全く別の文化圏であると考えるようになるのはいつ頃かといえば，西アジア・北アフリカとの交流が大変少なくなったフランク王国の時代以降であろうと考える。そして堂々と世界に表明するようになったのは，欧州がイスラーム世界を上回った近現代以降であると考える。

C, 都市文化圏

都市（ābād）の語根(ごこん)は"水の得られる所"なので，乾燥地域の中でも絶えず水が流れる河川の流域か，大山脈の麓(ふもと)の水（ab）の湧(わ)き出る地域に，しかも交易の要衝地に都市が生まれた。つまり西アジア・北アフリカの乾燥地域に世界最初の都市が生まれたのである。そしてこれらの都市に文明が興った。文明civilizationとはcivitas"都市，都市国家"を語源とし，"都市で暮らすこと"を指した。また都市名を表2でみると，西アジア・北アフリカには，古い時代の支配部族語源都市名，現在の居住民族語源都市名，今は存在しない部族の語

源都市名などが幾つもある。これは，主要都市は古代から連綿と引き継がれ，支配民族が入れ替わっても都市は残り，都市の位置的重要性は変わらなかったことを示している。都市文化は西アジアのDNAなのである。逆に，侵略者側はこの都市の魅力や富を求めて侵略したと捉えることができる。

さらに現在の市名や町名を詳しくみると，ペルシア語もアラビア語も，「都市，町，城，砦」を表す接頭・接尾辞が活用されている。これから考えて，西アジア・北アフリカの都市は，中華世界やインド世界のような農村集落から徐々に都市に成長したのではなく，最初から地域の生活や文化の中心地，交易拠点，商工業地，軍事拠点，学びの場，祈りの場などの目的から形成されたことを裏付けている。都市名の由来をみても，ダマスカス"仕事場"，ハマダーン"集会所"，カブール"商品の置き場"といった都市機能を表す地名もある。また国名から推測しても，エッシャーム（シリア），ミスル（エジプト），チュニジア，アルジェリア，モロッコ，クウェートは，国内の最重要都市名を国名としており，都市の重要性を十分表していると判断することができる。

以上の特色から推測して，イスタンブール，カイロ，バグダッド，イスファハーン，ダマスカス，エルサレム，メッカ，アレッポ，バスラ，アレクサンドリアなどといった重要都市に，世界各地から富，商品，情報，宗教，文学，地理学，歴史学，化学，工業技術，医学，天文学，芸術などが集まり，それらを結びつけて新技術，新文化を興し，それを再び世界各地に伝えたのである。キリスト教やイスラーム教さえも都市文化の中で誕生したのである。

D．交易地西アジア（異文化の集合地点）

西アジアが長く交易の中心であった事実を推察してみる。まず西アジアには，ルブアルハリ，ネフド，ダハナ，カヴィール，ルート，ネゲブという砂漠名があり，さらに半島名にはアラビア，湾名にはペルシア，遊牧民の名称にはアラブ，ベドウィン，クルドの名がある。これらの語源から，西アジアは遊牧文化圏であることが読みとれる。また接頭・接尾辞の分布状況からみて，ペルシア

第 2 章　西アジア・北アフリカ文化圏

語は，西アジア北部，中央アジア，インド，ロシア南部一帯に拡大している。アラビア語は，西アジア南部，北アフリカ，東アフリカ，ヨーロッパのイベリア半島に至る地域に多く広がっている。また都市名の中には，スエズ"基点（紅海とナイルの水路）"，モスル"接合点（4つの道路）"，ジッダ"道路（四方に発達した）"，アンカラ"宿泊地"など，交易に関わって生じた地名もある。これは西アジアの人々が遠くまで出かけて活動し，それらの地に文化的影響を与えてきたことを意味している。つまり交易という生き方は，古代から西アジアのDNAであったことを物語っている。交易の中心は都市だったが，都市名には周辺諸部族・民族の言語も用いられている。そうすると，逆に西アジアへ異民族が侵入してきて交易の担当者となった歴史も推測することができる。

　交易の中でも，陸路は文明発祥の頃から重要で，ペルシア人を中心に，西アジアの北半分の都市を基準にして，ヨーロッパ，インド，中央アジア，間接的には中国にも出かけた。海路も同様に重要で，アラブ人を中心に，西アジアの南半分の都市を基準にして，地中海岸やペルシア湾や紅海の港から，ヨーロッパ，インド，東南アジア，東アフリカ方面へ出かけた。

　ここで交易の具体例をあげてみたい。商品分野では，西アジアと東アジアとの交易において，西アジアから羊毛，絨毯，ガラス製品，銀製品，宝石などが，中国から絹，陶磁器，漆器，お茶，紙などがもたらされた。古の日本の正倉院に残されている白瑠璃碗というガラス製品も，西アジアのペルシアからもたらされた商品である。交易の結果，西アジアは多様な異文化に触れ，それらの良さを吸収し，富の集積も進めたと考える。また文化や学問の分野でみると，現在全世界に使用される理数系のアラビア数字は，アラブ人が使っていた文字を指し，これをヨーロッパに伝えた。この数字によって世界の科学が急速に発展した。アラビア数字は，交易によってアラブ人がインド数字を取り込んで形成したものである。アラビア数字が世界の技術や文化を発展させた功績は，計り知れない程大きなものであった。アラブ人のこの活動がなかったら，現代世界の科学も文化も間違いなくこれほど進んでいなかったと断言する。このような交易の役割は，ペルシア語やアラビア語の地名の広がりと数の多さか

らみて，主にペルシア人とアラブ人が担ったと判断する。西アジアの交易と都市が世界の文化の発展をリードしてきたのである。

E，南北で異なる西アジアの自然環境と部族・民族

　西アジアは，全体が乾燥地域で，都市文化，交易文化という共通性を持つ。しかし詳しくみると，北半分と南半分には大きな違いがみられる。地形からみても，北半分は新期造山帯に属する高くて険しい山脈が2列も走っている。山脈は高度を増すと，砂漠気候から地中海性気候か冷帯に変わり，降水量も増す。そのため麓（ふもと）にはオアシスが多く，農耕地域のような一面も備えている。北半分に対し，南半分は台地と低地で，ほぼ砂漠一色の世界である。宗教をみると，北半分にはアルメニアとジョージアがキリスト教，イランとアゼルバイジャンがイスラーム教シーア派，トルコとアフガニスタンがイスラーム教スンニー派と複雑である。南半分のアラブ諸国は，だいたいイスラーム教スンニー派で占められる。部族・民族をみると，北半分にはイラン系（イランとアフガニスタン），トルコ系（トルコとアゼルバイジャン），コーカサス系（アルメニア，ジョウージア，）クルド系が居住する。ここはトルコ系を除くとインドヨーロッパ語族の居住地である。北半分は，古代から部族侵入が繰り返され，多くの言語が入り混じった地域となった。これに対し，南半分はほぼアラビア語一色であり，セム・ハム語族の居住地で，異民族の侵入も殆んどみられなかった。それは砂漠一色の世界だったからである。ただこの南半分に，第2次世界大戦後にヨーロッパからユダヤ人が侵入してきてイスラエルを建国した。

　このように，西アジアを詳しくみると，北半分と南半分では何かにつけて異なる地域であるが，交易にも違いがみられた。北半分では山脈のふもとの都市を基準にしたラクダの陸路交易で，中華世界からヨーロッパを結ぶルートだった。商人はペルシア系とトルコ系が中心であった。これに対し，南半分は広大な砂漠ばかりで，船とラクダによる海路交易を中心とし，インド，東アフリカ，北アフリカ方面を結ぶルートだった。商人はアラブ系であった。ちなみに，同

時期に，ヨーロッパに伝えられた中国名に2種類の名がみられたが，「セリカ（"絹の国"）」は陸路交易（北半分）から伝えられた名称であり，「シナイ（"秦"）」は海路交易（南半分）から伝えられた名称であった．西アジアは，基本的に性格の異なる2つの文化から成り立つ世界なのである．

F，民族主義形成の背景と部族主義の強さ

　国名をみると，西アジア北半分のトルコ，ハヤスタン（アルメニア），サカルトベロ（ジョージア），アゼルバイジャン，イラン，アフガニスタンの非アラブ系国家は，部族・民族名を用いて国名を作成している．西アジアの南半分と北アフリカ全域は，アラブ系の国家である．アラブ民族の独立目標が，統一民族国家の樹立だったので，もし西欧列強の分断支配が入らず，約束通りアラブ国家で独立できていたなら，ほぼ全てが民族名による国名という文化圏になっていたはずである．アラブ系も非アラブ系も民族主義思想が強い．

　なぜ民族主義が強いのか？その背景を考えてみる．まず第1に，この地域には古代から大領土支配の王朝が栄えた．大領土王朝は，統一行政，同一文化，共通の思想や価値観で支配した．これが共通意識育成に一役買ったと考える．第2に，都市名をみると多様な部族言語が用いられていることから，古くから外部侵入者が多かった地域であった．その防御（ぼうぎょ）として住民が結束し，地理的まとまりを単位として集団意識が育ったと考える．第3に，7世紀以降にイスラーム教が広まったが，これによってアラビア語やアラビア文字が普及し，礼拝（れいはい），ザカート（喜捨）（きしゃ），断食（だんじき）などの共通する宗教行事やシャリーア（イスラーム法）による共通した日常生活がムスリムの共通の価値観となった．小部族は部族の特色以上に，共同行動や共同体意識を育（はぐく）み，それが共通の民という意識形成へと進んだ．これらが重なって民族主義思想が育成されたと考える．

　これとは別の視点からみて，民族主義とは性格の異なる部族主義も強く感じられる．部族主義思想は，特にアラブ民族[36]内に鮮明にみられるので，アラブを用いて説明する．アラブ民族は現在17（または18）の国家に分れている．

また過去に連合したアラブ系国家（エジプトとシリアとリビア，イラクとヨルダン）もすぐに分裂した。これらは，民族統合の意思とは別の意思が強く働いたことを意味する。現国名をみても「サウジアラビア」や「ヨルダン・ハシミテ」は族長の家名を表し，「アラブ首長国連邦」は族長の連合を謳っている。極小国の「クウェート」と「カタール」は dawla "王朝"を，「バーレーン」は mamlaka "王国"を付けているが，これらは本来，独立不可能な極小部族長が，独立の正当性をアピールするために用いた表現である。このような部族の特徴を，アラブ民族を調査したJ・ブノアメシャンは，『砂漠の豹イブン・サウド』という著書の中で次のように記している。「アラブ人は砂漠の砂に似ている。拳の中に握りしめて一かたまり（民族）にすることはできるが，力がゆるめば砂の粒は指の間からこぼれ落ち，バラバラになって元の部族に戻ってしまう」と。アラブ民族には部族主義思想がその根幹に潜んでいる。

　さらに部族主義の根幹を説明する1つとして，アラブ人の名前をみる。アラブ人は「姓」を持たず，「本人名＋父の名＋祖父の名，」を付けて呼ぶ。これが一般的である。私たちがよく耳にする「イブン ibn」や「ビン bin」は「〜の息子」を意味するし，「アブーab」は「（神の）しもべ」を意味する。女性には「ビント bint」「〜の娘」を多く使う。つまり血統を大変重視する。「士族名，字名，家名」を追加した姓名もないわけでは無いが，これは特別な家柄の人が使う。アラブ系の名前の付け方から判断しても，「血」→「一族」→「部族」の強さが根幹にある。部族主義思想はイラン系やトルコ系にもみられる。

　ここで西アジア・北アフリカの人々の行動をまとめれば，世界全体，キリスト教世界，ヒンドゥー教社会などに対しては，イスラームとしての意思表明や共同歩調をとる。ところがイスラーム圏内ではアラブ民族としての共通意識と結束を主張する。そしてアラブ民族内では，部族優先主義を貫く。つまり，部族主義は民族主義より古く，しかも重視される思想なのである。

　以上のような部族優先主義は，民族主義に押されて長く表に出なかったが，ヨーロッパ列強が西アジア・北アフリカに介入してきた19世紀後半から堂々と表に出てくるようになった。欧州の部族主義思想の感染も含まれている。

G. 西アジア・北アフリカの個人重視思想

　西アジア・北アフリカでは，図10のように人名が地名化されたが，それは特に都市名に顕著にみられた。人名の地名化は，古くから個人重視思想が根底に潜んでいる事を示している。王朝・王国名をみても，とりあげた数の約半分を人名が占め，個人の力によって統一された歴史的背景が強い事も推測できる。このような思想は現在も引き継がれ，西アジア・北アフリカでは，何か対立が生じれば，力を持った特定の個人を担ぎ出し，集団としての権利主張という形で行動を起こしている。例えば1979年のイラン革命では，ルーホッラー・ホメイニを精神的指導者として担ぎ出し，当時のイランの皇帝さえ追い出してイスラーム共和国体制を樹立してしまった。そして地名においても「バンダルシャープル」"王の都市の港" という石油の積み出し港を「バンダルホメイニ」"ホメイニの港" という名称に変えて彼の業績を称えた。このような現象は，同じ宗派内でも同じ部族内でも発生しており，利害や立場の違いが生じれば，特定個人の下に結集し，協調より利権を優先して紛争を起こしている。ここにイスラーム世界のDNAを感じる。ただ西アジア・北アフリカの個人重視思想というのは，現代世界で言う個人主義思想とは明らかに趣を異にし，個人そのものの権利主張を指すものではない。個人はあくまでも集団内での存在（力）であり，指導者も人々も集団という力を利用して自らの考えや権利を実現させようとするところに特徴がある。これは社会の大きな変革に繋がる場合が多い。

H. 受け継がれてきた宗教

　イスラーム教関連地名は，西アジア・北アフリカにはそれ程命名されていない。イスラームは厳格な一神教であり，現在の西アジア・北アフリカがほぼイスラーム一色で覆われている状況からみて，イスラーム教関連地名の少なさは不思議な現象と言わざるを得ない。そして現実には，メソポタミアの神々，エジプトの神々，ペルシアの神々，ギリシアの神々など，古い時代の神の名が今

も地名に活用されている。このような状況をみると，宗教思想は消え去ることなく，今の宗教に何らかの形で受け継がれているのではないかという思いに駆られる。すなわち自然環境や社会世相の変化に合致する形に淘汰されながら今の宗教（イスラーム）になったのではないかと推測する。

　この推測の根拠を一神教に当てはめてみる。一神教は前14世紀にエジプトでアテン（太陽神）神が信仰されたのを始まりとする。前13世紀に同じエジプトの地から脱出してきたイスラエルの民（奴隷であったがモーセが解放）がシナイ山で神（ヤハウェ）から啓示を受け，後にユダヤ教となった。ヤハウェ神がアテン神の影響を全く受けていないと考えるのは不自然である。そしてこのユダヤ教からキリスト教が誕生し，さらにキリスト教はゾロアスター教の天国と地獄の思想も受け継いだ。その後ユダヤ教・キリスト教の影響の下にイスラーム教が誕生した。ここに一連の流れと宗教的共通性を感じる。

　次にこの推測を聖地にも当てはめてみる。エルサレムは，最初はエジプトの代官所で，サリム神を祭るウルサリムという町であった。その後ユダヤ教の聖地となり，次にキリスト教の聖地にもなり，最後にイスラーム教の聖地にも指定された。これ以降エルサレムは，3宗教の聖地（今は，ユダヤ教の嘆きの壁，キリスト教の聖墳墓教会，イスラーム教の岩のドームがある）に指定されて現在にいたっている。イスラーム教最大の聖地メッカ[36]の場合も，都市名も神殿も多神教時代のものを変えることなくイスラーム教の神殿や聖地に再活用している。同様にイスラーム教シーア派の聖地コムも，ゾロアスター教の聖地を再活用して聖地としたものである。これらの歴史的な背景を考えると，西アジア・北アフリカは多様な宗教を伝承する文化圏であると判断する。

I．イスラーム社会の形成

　西アジア・北アフリカの乾燥地域に住む大多数の人々は，最終的にイスラーム教の受け入れを選択した。イスラームはアッラー（神）を信ずる一神教である。一神教という特徴に限れば，古い時代からユダヤ教も，世界宗教のキリス

第2章　西アジア・北アフリカ文化圏

ト教もあった。これら3宗教とも西アジアに誕生した。現在，キリスト教はヨーロッパを中心に，世界各地に信仰されている。それなのに，西アジア・北アフリカはキリスト教を選ばず，なぜイスラームにまとまったのであろうか？宗教の特徴を中心に考えてみる。キリスト教の特色は，信仰中心の宗教団体であり，政治や軍隊や経済までは導いていなかった。これに対しイスラームをみると，宗教団体であるのは事実だが，政治も行い，軍隊も保持し，救済組織を作り，人の守るべき法や日常行動の規則まで作っている。さらに非イスラーム社会を，ジハード（聖戦）によってダル・アルイスラーム Dar al Islām "イスラームの家"に変えていくのだという。Qara, Misr などの分布の多さがこの事を立証している。イスラームとはこれらが一体となった組織なのである。そのため宗教だけを取りあげて，イスラーム教という言い方は意味を持たず，この言い方はキリスト教徒の発想なのである。このような特色を持つイスラームが，ほぼ西アジア・北アフリカ全域に受け入れられた理由は，西アジアや北アフリカは大変厳しい乾燥地域であり，当時は政治的まとまりも，宗教的まとまりも無かったからだと考える。乾燥地域では，貧者も富者も共に生き抜くことを最優先に考えねばならない。それには信仰だけにこだわってはいられず，政治や軍事や社会も含めた全ての行動を神にゆだね，神の教えとして統制しなければ，人々は暮らすことができなかったからだと考える。この全てをまとめた思想や行動は，乾燥地域では絶対条件で，これをイスラームとしてまとめたものと判断する。その証拠に，歴史学ではイスラーム社会になってから，貧しい人々が飢え死にすることは無くなった（極めて少ない）と記している。

J．西アジアの地理的優位性とその消滅

　西アジアは伝統的交易地であるとして取りあげたが，なぜ西アジアに交易が発展したのか？その根底を突き詰めると，そこには西アジアの地理的位置が大きな役割を果たしてきたことが推測できる。図6のペルシア語系接尾辞，図7のアラビア語系接尾辞，図9のギリシア・ラテン語系地名，図8のトルコ系地

名をみると，西アジアの地名は多様な民族言語が絡み合っている。西アジアに，これだけ集中して異民族地名が併用されているのは，民族の出入りが多かった証である。出入りの多さの背後にあったのは，地理的位置の有利性である。遊牧という理由だけなら内陸アジアも該当する。それと共に都市が発達したが，都市の大発展も地理的位置の優位性があったからだといえる。都市は交易で活性化し，その交易の活性化が都市の資本や技術の蓄積と文化の発展へと導いた。それだけでなく，それを土台として新文化の形成へ，その新文化や技術を今度は各文化圏へ再び輸出（伝達）するという方程式までつくりあげた。これが西アジアの果たした歴史的な意義であった。インド世界，ヨーロッパ世界，遊牧世界，中華世界，東南アジア，熱帯アフリカという異文化圏を，陸路も海路も同時に結びつけられる位置は，西アジアしかなかったのである。西アジアの地理的位置が，数千年にわたって世界の文化の発展を支えてきたのである。

ところが，西アジアがヨーロッパに伝えた羅針盤と火薬が，ヨーロッパで改良され，ヨーロッパが西回り航路を開拓すると共に，武力を強め，交易ルートと輸送手段と支配形態を大きく変えてしまった。そしてこれに追い打ちをかけるように，現代では飛行機の開発もあって，今では西アジアを経由せずに，世界中に人も情報も技術も資金も物資も移動できる時代となった。西アジアは，数千年続けてきた地理的優位性を失ったのである。さらに追加して言えば，ヨーロッパの発展に対抗する新たな交易手法，交易品，運送手段の開発にも力を入れず，商品売買や通行税だけで利益を考えたため，交易そのものの魅力も急速に衰えた。今，西アジアが世界に注目されるのは，石油と天然ガスの地下資源だけとなり，交易活動は夢物語となってしまった。

K．混乱するイスラーム国家と現代社会

今，世界で最も紛争の発生している地域は，イスラーム文化圏である。イスラーム文化圏の人々は，歴史的に大領土国家でまとまり，宗教や政治や文化を共通とし，共生の思想（助け合って生きる）を持って歩み，長く安定した社会

第 2 章　西アジア・北アフリカ文化圏

を築いてきた。13 世紀半ばより，モンゴル軍が西アジアの北半分を支配したが，侵略者の方がイスラーム世界に合わせる行動をとった。その理由は，イスラーム文化圏には都市が発達し，資産も多く，学問・文化・技術も高く，また人々を平等に扱い，生活レベルも高かったからである。中国が遊牧民に支配されても，侵入遊牧民の方が中国に合わせたのと似た現象がみられた。

　しかし 19 世紀の近現代になると，イスラーム世界から技術や学問を学んだヨーロッパが武力を強め，海外進出や産業革命で力をつけ，逆にイスラーム世界を植民地化し，多大な影響を与えるようになった。イスラーム世界のリーダーのオスマン帝国も，最終的にヨーロッパの連合国に敗れ，世界貿易の拠点も寂れ，技術も追い抜かれた。ヨーロッパの支配者は，イスラーム世界に入植せず，支配だけ行った。入植のメリットが無かったからであろう。イスラーム地域は，ヨーロッパの干渉で各地域が分離独立し，それぞれが欧州に従属して自立の方向へ歩むように変わった。その結果，西アジア・北アフリカには 25 カ国も独立国が生まれ，歴史的に経験の無い分裂時代に入った。さらに第 2 次世界大戦後に，ヨーロッパからユダヤ移民がパレスチナに入植してイスラエル国を建国し，そのあおりでパレスチナ難民（アラブ人）が生まれた。イスラーム圏の人々が，欧米に反発する根源がこれらの諸事情から発生した。さらにイスラーム世界の人々は，宗教，政治，軍事，文化，経済，法，生活，共生の思想を一体とする価値観を持って歩んできたが，現代のグローバル化は，個人優先，自由，政教分離，三権分立，資本優先主義などの価値観を持ち，イスラームの価値観とは相いれない事が多い。また 21 世紀に入ると，IT 産業の急速な発展によって，イスラーム世界の一般市民も簡単に世界情報や世界の価値観を知るようになった。さらに加えて，アラブ統一国家の未完成，イスラーム諸国のそれぞれの指導者による方向性の違い，イスラームの教えの解釈の違い，貧富の差の増大なども加わり，今イスラーム世界では伝統的価値観と現代世界の価値観の狭間で葛藤し，対応に苦慮している。と同時に，長年の蓄積した不満や不合理も加わって，欧米への反感，国家間の紛争，国内対立となって表れている。

第3章　　南アジア文化圏

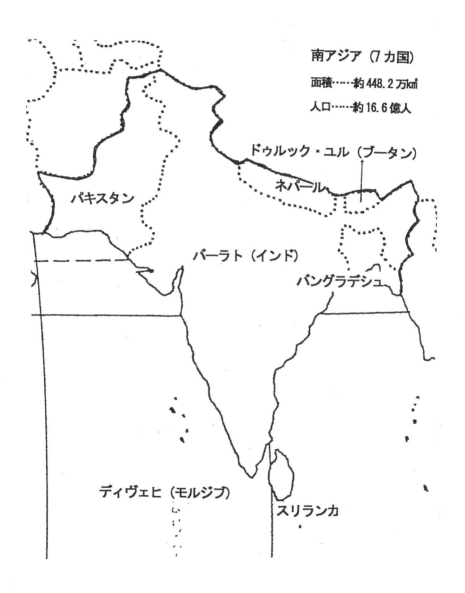

第3章　南アジア文化圏

1. 現在の国名

A, 神話・宗教を基本とする国名

a), バーラト（インド）

　インドの正式国名は「バーラト Bhārat」である。「バーラト」とは，古代からの表現であった「バーラタバルシャ Bhāratavarsha」に由来し，サンスクリット語で"バーラタ族の国土"を意味する。この名はインドの古代叙事詩『マハーバーラタ Mahābhārata』"偉大なバーラタ族"に因んだ名称で，神話・宗教関連から採った名である。バーラタ族は，前期ヴェーダ時代（前1500年の頃）に，インドに侵入したアーリア人の一支族名[37]である。またその支族名のおこりをみると，古代の伝説的帝王バーラタ王の名に由来するという。

　「バーラト」の国際呼称名は，「インド India」である。「インド」はインダス川の名に由来し，語源はサンスクリット語のシンドゥ Sindhu で"川，流れ"を意味する。この名を，西方のペルシア語では Hindhu（土地は Hindhustan）と表現した。このペルシア語がギリシアに伝わって Indos となり，さらにラテン語に伝わって India となった（フランク,1995,p.378）。つまり「インド」の名は，西方諸部族が使った他称名であり，特にムスリムによるインド侵入や支配が強くなってから盛んに使用されるようになった名称で，いわばインド亜大陸を指す総称名であった。

　歴史的な表現をみると，インド世界内では，バラモン教徒はドラビダ系の居住地域を除いて「アーリアヴァルタ Aryavarta」"アーリア人の国"と呼んだ。これは，バーラタ族はバラモン教を奉ずるアーリア人の一派であったことに由来する。ちなみに「アーリア」の本来の語根は，"部族の宗教を忠実に遵法せるもの"という意味である。これが"同じ部族の人々"の意味に転じ，さらに社会的状況から"支配者階級の人々"とか"生まれも育ちも尊貴な人々"という意味に転じた（中村,1977,p.60）。つまりアーリアとは，宗教と階級を活用

現在の国名

して他部族より優れた種族であるとみなす中華思想を表した名称なのである。このような優越思考に対し，古代の仏教徒やジャイナ教徒は，種族的な差別概念を否定し，神聖な意味で，インド世界を「ジャンブドヴィパ Jambudvipa」"ジャンブ樹の大陸" と呼んだ (中村,1977,p.60)。ジャンブとは仏教宇宙観の中心にある須弥山に生える神聖な樹木の名である。この表現はマウリヤ朝のアショカ王 (前3世紀) にも採用された名称であった。

中国の『史記』では，インドを「身毒」と記し，『後漢書』や『旧唐書』などでは，「天竺」と記しているが，これらは共に「シンドゥ」の漢音訳である。現在の国際呼称名である「インド」は，「バーラト」より知名度が高い。

b), スリランカ

「スリランカ」の正式国名「スリランカ・プラジャサンスリカ・サマジャヴァディ・ジャナラジャヤ Sri Lankā Prajathanthrika Samajavadi Janarajaya」は，"スリランカ民主社会主義共和国" を意味する。なお「スリランカ」のスリ sri はサンスクリット語で"光り輝く"を，ランカ lanka は島の名で"光輝燦然たる"を意味する。大叙事詩『ラーマーヤナ』"ラーマの行程"では，魔王ラーバナの居城があった土地とされている (椙村,1985,p.320)[38]。

スリランカも，独立時の1948年から1972年までは「セイロン」と名乗っていた。セイロンの名は，「シンハラ・ドゥィーパ Sinhara-dvīpa」"シンハラ (族) の島"の呼び名に由来する。シンハラ ("ライオン"の意味) 族の名がアラビア語に入りセレンディプ Serendip と呼ばれ，それがポルトガル語に入りセイラン Cilan に変わり，さらに英語に入ってセイロン Cylon に転訛したという (Adrian,1974,p.65)。セイロンは他称名である。

歴史的な名称表現もあげておくと，アショカ王の刻文にみられる「タンバパンニー Tambapamnī」やギリシア・ラテン語の「タプローバネー Taprōbanē」という名は，サンスクリット語で"紅い蓮で覆われた池"の意味に由来した名であるという (アシモフ,1969,p108)。

第3章　南アジア文化圏

c),　パキスタン

　「パキスタン」の正式国名「イスラーミー・ジュムフーリーエ・パーキスターン Islāmī Jumhūrī-ye Pākistān」は，"パキスタンイスラーム共和国"を意味する。「パキスタン Pākistān」はウルドウ語の pak "清浄（せいじょう）な"に stan "国"をつけた名称で，ムスリムによる"清浄な国"を意味する。もう1つの説は，この名は現在のパキスタンの州を構成する「パンジャブ Punjab」（"5つの河川"）地方のP，「アフガン Afgan」（"アフガン族"）地方のA，「カシミール Kashimīr」（"カパシャ神の湖"）地方のK，「シンド Sindh」（"インダス川"）地方のSの頭文字と，「バルチスタン Baluchestan」（"Baluch"遊牧"族の領土"）地方の接尾辞 stan を合わせた造語ともいう。ただ独立当時，一緒に独立した東部のベンガル Bengal（現バングラデシュ）の頭文字も接尾辞も入れていないことから考えると，宗教的意味合いの方が強い名称と判断する。

d),　ドゥルック・ユル（ブータン）

　「ブータン Bhutan」の正式国名は「ドゥルック・ユル Druk Yul」で，"竜の国"を意味する。建国部族のゾンガ語の Druk は"竜"を意味し，Yul は"国"意味する。名称のおこりは，ラマ教のドリュッパ Druk-pa（"竜の人"の意味）派によって統一され，現国家形成の基になったからである。宗教関連名を国名とする国家である。国際呼称名は「ブータン」である。Bhutan はサンスクリット語の「ボータンタ Bhōtanta」の変形で"チベットの端"を意味し，地域名に由来する名称である(Adrian, 1974, p.50)。

B,　地域名を基本とする国名

a),　ネパール

　「ネパール」の正式国名「サンギーヤ・ロターントリク・ガナタントラ・ネパール Sanghīya Loktāntrik Ganatantra Nepāl」は，"ネパール連邦民主共和国"を意味する。「ネパール」は，「ヒマラヤ」（hima "雪"＋alaya "居所"）

山脈と「マハーバーラト」（"大バーラタ族"）山脈の間の盆地名に由来する。盆地名「ネパール Nepāl」は，チベット語で"神聖な土地"を意味する「ニャンパル Niyampal」という説と，サンスクリット語で"山麓の住居"を意味する「ネプアラヤ Nep-alaya」という説がある。(召献冬ほか,1983,p.111)。

b), バングラデシュ

「バングラデシュ Bangladesh」の正式国名「ゴーノプロジャトントリ・バングラデシュ Gônoprojatontri Bangladesh」は，"バングラデシュ人民共和国"を意味する。なお「バングラデシュ」とは"ベンガルの国"を意味する。ベンガルの名は，古代，中世に用いられた地方名の「バンガラヤ Bangalaya」に由来する。バンガラヤとは，バンガ banga "バンガ族"にアラヤ alaya "場所，居所"を加えたもので"バンガ族の住居地"を意味する（和泉,1997,p.107）。またバンガ族の名は，叙事詩『マハーバーラタ』によれば，バンガ王子がバンガ国を建てたという故事に由来して呼ばれた名であるという。語源名まで遡ると，ベンガルという地方名も神話・宗教地名に属することになる。

独立時は「（東）パキスタン」として，現パキスタンと共にイスラーム国家を結成していた。しかし宗教意外はすべて異なり，政治も西パキスタン優先であったため，1971年パキスタンから再度分離独立した。

c), ディヴェヒ（モルジブ）

「モルジブ Maldives」の正式国名「ディヴェヒ・ラージジェーゲ・ジュムフーリッヤ Dhivehi Raajjeyge Jumhooriyyaa」は，"ディヴェヒ諸島共和国"を意味する。島名ディヴェヒ Dhivehi の語源は"島に住む民"を意味する。また Raajjeyge は"諸島"を意味する。

国際呼称名の「モルジブ Maldives」は，サンスクリット語またはパーリ語の mala "花輪"と dheep "島"より"花輪の島"の意味とか，malu "魚"と dheep "島"より"魚の島"の意味とか，mal "1000"と dheep "島"より"1000（たくさん）の島"の意味とか説かれている(辛島ほか,1992,p.853)。

2. 王朝・王国名

　南アジア（インド世界）にはおびただしい数の王朝・王国が興亡した。その数は非常に多くて存在さえ不明な王国もある。このようなインドに興った王朝・王国の中で，比較的主要な王朝・王国名を，由来から分類してみる。
A，人（支配者）名・人（支配者）名関連に因む王朝・王国名。
B，家名（kula）や家系名に因む王朝・王国名。
C，種族名・部族名・民族名に因む王朝・王国名。
D，都市名に因む王朝・王国名。
E，その他の王朝・王国名。
大まかにこの5つに分類する。以下この区分に従って説明する。

A，人（支配者）名・人（支配者）名関連に因む王朝・王国名

　建国者名をそのまま王朝・王国名に用いた例をあげる。「シャイシュナーガ朝」（前6c後半-前4c）は，建国者 Saisunāga に因んだ。「カーヌヴァ朝」（前68-前23）は，建国者 Kanva に因んだ。「ハルジー朝」（1290-1320）は，トルコ系の建国者 khalj に因んだ。「トゥグルク朝」（1320-1413）も，トルコ系の建国者 Tughluq に因んだ。「ヴァルダナ朝」（606-647）は，Harsya Vardhana 王に因み，正確には「ハルシャ・ヴァルダナ朝」という。
　建国者の特徴に絡めた人名活用もある。南インドの「イクシュヴァーク朝」（3c-4c）は，古代アヨディーヤの伝説上の王 Ikṣvāku の名を借用したのでこの名で呼ばれる。「バフマニー朝」（1347-1527）は，トルコ系の太守が Bahman Shāh（古代ペルシアのバフマン王）の子孫と自称したことに由来する。「サイイド朝」（1414-1451）は，ヒズル・ハンが Saiyid（貴族の称号で"主君，領主，君侯"の意味でマホメットの子孫を指す）と自称したことに由来する。

個人名に「シャーヒーShāhī」("Shāh (王) の建てた国"というほどの意味) という尊称をつけて呼ぶ王朝・王国名もある。「イマード・シャーヒーImād Shāhī 朝」は, ヒンドゥー教からの改宗者である Imād 王 (別名ベラール王国, 1484-1574) に因んだ。「アーディル・シャーヒーĀdil Shāhī 朝」は, ペルシア出身の Ādil 王 (別名ビージャプル王国, 1489-1686) に因んだ。「ニザーム・シャーヒーNizām Shāhī 王国」は, Nizām (アラビア語で"統治") 王 (別名アフマドナガル王国, 1490-1633) に因んだ。「クトゥブ・シャーヒーQutb Shāhī 朝」は, ペルシア出身の Qutb 王 (別名ゴールコンダ王国, 1518-1687) に因んだ。「バリード・シャーヒーBarīd Shāhī 朝」は, トルコ系の Barīd 王 (別名ビーダル王国, 1492-1656) に因んだ。なお上記の Shāhī の付く 5 王朝は, 全てイスラーム系の王国である。ハルジー朝, トゥグルク朝, サイイド朝と, 後で述べる奴隷王朝, ロディー朝の 5 つの王朝は, 共にデリーを都としたので, 「デリー・スルタン五王朝」とも呼ぶが, 五王朝もイスラーム系の王朝である。

B, 家名・家系名に因む王朝・王国名

「サータバーハナ朝」(前 1c-3c) は, 南部インドの Sātavāhana 家から名付けた。ちなみにサータバーハナ朝の中心部族はアーンドラ族であったので,「アーンドラ朝」とも呼ぶ。「カダンバ朝」(4c-6c) は, Kadamba 家の名に因み, 家名は屋敷のカダンバの木 (見事な花が咲く) から採ったという (山崎ほか,1999,p.282)。「ラーシュトラクータ朝」(753-973) は, Rāṣtrakūta 家から名付けられ, 家名は"rastra (地方) の長官"の意味である(下中,1973,三一,p.294)。「プラティーハーラ朝」(8c-11c) は, Pratīhāra 家から名付けられ, 家名はサンスクリット語でpratihāra "門番, 侍従, 近衛長官" を意味した (下中,1973, 二七,p.43)。ラーシュトラクータ家とプラティーハーラ家は, 共に家系の職業に由来する名称である。「チャールキヤ朝」(6c-13c) は, Cālukya 家から命名され, 家名はバラモンのチュルカ culuka "くぼめた手"の意味からでたものという(山崎ほか,1999,p.265)。「ホイサラ朝」(11c-14c) は Hoysala 家から,「ヤ

ータヴァ朝」（別名セーヴァナ朝，1185-1318）はYādava家から，「カーカティーヤ朝」(1000-1326)はKākatīya家から採ったが，この3家は，主家のチャールキヤ家の封臣から独立した王朝である。「グプタ朝」(320頃-550頃)は，歴代の全ての支配者が，個人名にGuptaの表現を付けていたために呼ばれた名称である。「セーナ朝」(11c-13c)も，家名であると共に歴代の支配者にsenaが付くために呼ばれた。これらはヒンドゥー系の王国である。

C, 種族名・部族名・民族名に因む王朝・王国名

インド有数の巨大王朝である「マウリヤ朝」（前317-前180頃）は，Mayura（"孔雀"の意味）と呼ぶ種族名に因んだ名称である（下中,1955,二九,p.23）。同時代の南部の「アーンドラ朝」（別名サータバーハナ朝，前1c-後3c）も部族名で，Āndhra族の名はバリ神の6男の名に由来するという（和泉,1997,p.74）。「クシャン朝」(1c-?)は，アフガニスタンから侵入してきたKushāna族の名に因んだ。「パッラヴァ朝」(3c-9c)は，イラン系のParthava（"辺境の人々"の意味）族の名に因んだ（下中,1984,七,p.434）。「グルジャラ朝」(9c-11c)は，グルジャラ（"ラジャ（王）族の国"）族の名に因んだ。「パーラマーラ朝」(10c-14c)は，ラージプート族の一派のパーラマーラ族に因んだ。「ロディー朝」(1451-1526)は，アフガン系Lodī族の名に因んだ。大帝国を形成した「ムガール帝国」(1526-1858)は，ペルシア語でモグールmogūl "モンゴル"と名乗ったのでこの名で呼ばれる（下中,1984,九,p.3）。今列挙した王国名の中で，古代の「マウリヤ朝」と「アーンドラ朝」を除くと，他は乾燥地域の西アジアと中央アジアからインド世界へ侵入してきた部族（民族）の王国である。

D, 都市名に因む王朝・王国名

「アフマドナガル王国」（別名ニザーム・シャーヒー朝,1490-1633）は，デカン高原西部の都市アフマドナガル "アフマド王の町"に因んだ。「ビーダル王

国」(別名バリード・シャーヒー朝,1492-1656) は，デカン高原西部の都市ビーダルに因んだ。「ビージャプル王国」(別名アーディル・シャーヒー朝,1489-1686) は，デカン高原南部の都市ビージャプル"勝利の町"に因んだ。「ゴールコンダ王国」(別名クトゥブ・シャーヒー朝,1518-1687) は，デカン高原東部の都市ゴールコンダに因んだ。「ガズナ朝」(962-1186) は，アフガニスタンの都市ガズニ Ghzni に因んだ。「ヴィジャヤナガル王国」(1336-1649) は，デカン高原南部の都市ヴィジャヤナガル"勝利の町"に因んだ。「ヴァラビー国」(別名マイトラカ朝,5c-8c) は，西インドの都市ヴァラビーに因んだ。「セーヴァナ朝」(別名ヤータヴァ朝,1185-1318) は，デカン高原北西部の都市セーナプラ"守られた町"に因んだ。「コーター王国」(17c-18c) は，ラジャスターン州南東部の都市コーターに因んだ。「マイソール王国」(1761-1947) は，南アジアの都市マイソール"水牛の町"に因んだ。

　これらの都市名は全て王国の首都名である。王国の首都名を用いた名称は，アフガニスタン方面から侵入した王朝・王国名と，デカン高原地域に興った王国名に多くみられる。また規模からいえば，中小規模領域支配の王国に首都名を代用する傾向が強い。

E, その他の王朝・王国名

　インドの母体となった「マガダ国」(前 6c-後 6c) は，古代北東インドの地方名 Magadha に因んだ。「カラチュリ朝」(6c-12c) は，トルコ語で kuluchur "高官"の意味から命名した(下中,1984,二,p.234)。「パーラ朝」(8c-12c) とは, pala "保護者"の意味である (下中,1973,七,p.416)。「ゴール朝」(1186-1215) は，アフガニスタンの Ghur (中世ペルシア語 gar は"山"を意味) 地方に因んだ。「奴隷王朝」(1206-1290) は，支配者が ghlam "奴隷"出身であった事に由来する。「ベラール王国」(別名イマード・シャーヒー朝,1490-1574) は，デカン高原北部のベラール Berār 地方に因んだ。「マラータ同盟」(1708-1818)は，マハーラータ Maha Ratha ("大ラータ族") 諸侯の連合より命名した名称である。

3. 市町村接頭・接尾辞，都市名，地域名

　接頭・接尾辞の分析と，主要都市名と，大地域名と，さらにそれを特定のカテゴリーに括って分析し，これらを総合してインド世界の地域性を考察する。

A．サンスクリット系接尾辞

　南アジアでは，図12のようにアーリア系民族やヒンドゥー教文化の影響の強い都市名に，サンスクリット語系のpur, pura, pore "城，都市，町"など

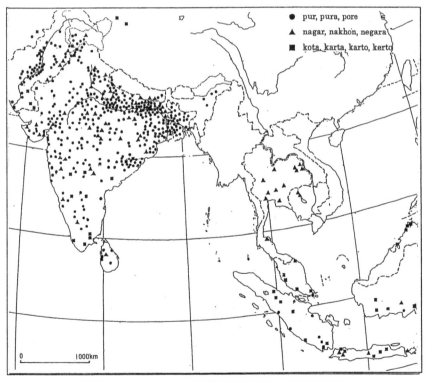

図12　サンスクリット系接尾辞を持つ地名の分布

著者作成

の接尾辞が用いられている。因みにサンスクリット語は、インド世界の古典語(梵語)で、現代のヒンディー語にも多くの語彙が受け継がれると共に、公用語の1つとしてインド紙幣にも記されている。例えば、古代マウリヤ朝の都「パータリプトラ」が、古くは「クスマプラ Kusumapura」"花の都(城)"と称され、またクシャン朝の都の「ペシャワル」が、古くは「プルシャプラ Purshapura」"辺境の都(城)"と呼ばれていたので、プル pur 類の名は、アーリア人のインド侵入当時から用いられていたことがわかる。語源からいえば、pur は本来丘の上の"石や土で造った城塞"または"砦"を指したものである。現在では、pur は南アジアだけでなく pura, pore などに変形させて東南アジアにも活用されている。ちなみに pur はギリシアの polis と同根であるという。

さらに"人の集まるところ"="町"を指して、ナガル nagar, ネガラ negara, ネゲリ negeri と呼んだ。これらも pur と共に古く、同様にヒンディー語に受け継がれている。nagar 類はドラビタ系言語にも取り込まれ nakar, nagaru として用いられ、"町、市"だけでなく"宮殿、寺院"など立派な建物を指す表現になっている。東南アジアに伝わった nagar 類は"都市国家、国家"の意味に用いられ、またタイでは nagar をナコン nakhon に変形させて活用し、カンボジアではアンコール Angkor に変形させている。(水野,1968,p.250)。Nagar もギリシア語のアゴラ agora "広場"と同根で、印欧祖語の基礎である。

これ以外に"城、城塞、都市"を意味するコタ kota 類のコッタ kotta, コッテ kotte や"田舎"の意味の dessa も活用されている。

B. ドラビタ系接尾辞

南部には図13のように、ドラビタ系諸語に"小町、村"を意味するパトナム patnam 類(パッティナム pattinam)や、同種のパリ palli 類(パッティ patti, パリ pari)の接尾辞がある。これらはサンスクリット語の nagar 類に対応する接尾辞である。また patnam, pattinam, palli, patti, pari には"牛舎、羊小屋、牧畜を主とした村、動物の寝床"などの意味も含まれている。

第 3 章　南アジア文化圏

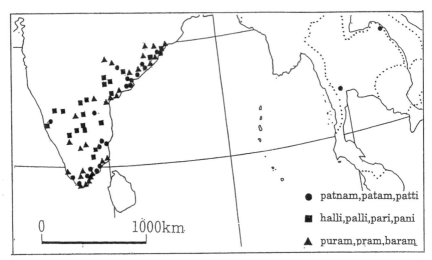

図13　ドラビタ系接尾辞を持つ地名の分布
著者作成

　この他 "集落, 居所, 村" を意味する palli, pari は，逆にサンスクリット語にも取り入れられているが，palli 類はサンスクリット語では "未開の部族の集落, 小屋" などの意味に用いられている。さらに pur と patnam の組み合わせから形成された "市, 町, 村" を意味するプラム puram, バラム baram などの接尾辞もみられる。これらのドラビタ系の地名をみていると, 家畜も含めて人の住むところを指した場所が "村" の基本で, 人口の規模や都市の特色から分類するという考え方をとっていなかった事が理解できる。

　このように多様な接尾辞を持つインド系地名をみると, 部族ごとに多様性に富むが, 全体としての基本は pur, nagar であり, 数も圧倒的に多く, インド世界全域に広がり, 文化圏に一体感をあたえている。

C, イスラーム（ペルシア）系の接尾辞

　イスラーム征服王朝の時代, 特にムガール帝国の時代は, ペルシア語が公用語となり, この時代を中心にして積極的・意図的に導入された地名接尾辞がある。図14 と図6のように, 本来ペルシア語で "町や都市" を意味するアーバ

市町村接頭・接尾辞，都市名，地域名

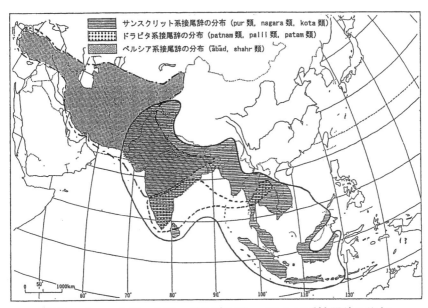

図14　サンスクリット系，ドラビタ系，ペルシア系接尾辞の分布
著者作成

ード ābād が，図14と図6のようにインド国内では"砦，城壁都市，町"の意味で用いられ，インドの接尾辞としても定着した。さらにペルシア語で"国"の意味も含むシャハル shahr は，"市，町"の意味のみで導入している。アラビア語のヒサル hissar "町，市"もイスラーム普及の関係から導入された。また"領土，土地，国"を表すペルシア語のスタン stan も多く使用された。多くの接尾辞の中で，ムスリム[39]が用いた接尾辞では，ābād が特に多く，広くインド世界に定着していった。ただペルシア系の接尾辞は，半島南端（非征服地）とバングラデシュ（インド東部）には導入されず，普及もしていない。

　接尾辞の内容から少し逸れるが，インド世界では1947年の独立における宗教対立から，ヒンドゥー教徒はインドに，イスラーム教徒はパキスタンに大移動した。ヒンドゥー教中心のインドには，今も ābād の接尾辞が多く残り，イスラーム教中心のパキスタンには，今も pur や nagar の数が多く残っている。これらの接尾辞の分布の数を知るだけでも，インド世界の文化の持つ特徴と，多くの犠牲を払った独立時の悲惨な強制移住を推測する事ができる。

D. 主要都市名とインド国の州名・連邦直轄地

　表3にインド世界の 51 の主要都市名をあげた。また表4に 29 の州名と 7 連邦直轄地をあげた。数は少ないが由来語，語源説，旧称や別称，形成年代などの特色を分析すると，いろいろな社会背景やインド世界の特色がみえてくる。まず南アジア（インド世界）の主要都市名の特色を総括していえば，サンスクリット系語源地名はインド世界全域に分布している。そしてサンスクリット系語源地名に重なるように南部にはドラビタ系語源地名が分布し，北西部や中央部にはペルシア系語源の地名が分布する。この他，神話・宗教関連地名と人名はインド世界全域にみられる。これが大まかなインド世界の特徴である。

表3　南アジアの主要都市名

都市名	由来語	由来・意味・語源	正称，別称，旧称，古称	形成年代	特色	出典
デリー Delhi	サンスクリット語	ディール王，or 入り口	古インドラプラスタ，シャーシャジャハナバード	前1000年頃	インドの首都，イスラム諸王朝の都	(1)p.79
ムンバイ Mumbai	ヒンディー語	ムンバ女神	旧ボンベイ	1534年	インド最大の都市	(1)p.52
コルカタ Kolkata	ヒンディー語	カーリー女神	旧カルカッタ	1690年	インド第3の都市，	(1)p.60
チェンナイ Chennai	タミル語	チェンナッパ（領主名）の村	旧マドラス（マンダ女神）	1640年	英東インド会社の拠点	(22)p.692
バンガロール Bangalore	カンナダ語	エジプト豆	正ベンガルール	16世紀	インドハイテク工業の中心	(4)p.82
ハイデラバード Hyderabad	ペルシア語	ライオン都市	古ダクシナパタ，旧バーガナガル	1587年	ハイデラバード藩王国の都	(1)p.106
アーメダバード Ahmedabad	ペルシア語	アーマダ王の都市	旧アサワル	1411年	グジャラート王国の都	(8)p.26
ルディアナ Ludhiana	ペルシア語	ロディー（王の名）朝の地		1480年	パンジャブ地方の中心の1つ	(22)p.572
スーラト Surat	ヒンディー語	良い土地		12世紀頃	17世紀前半までインド最大の貿易港	(24)p.572
ナーグプル Nagpur	ヒンディー語	蛇（神）の都市		18世紀	ナーグプル王国の都	(3)p.173
カーンプル Kanpur	ヒンディー語	穀物の都市		1801年	工業都市	(3)p.181
ラクナウ Lucknow	サンスクリット語	ラクスミ女神	旧ラクシマプラ	13世紀	ウッタルプラデシュ州都	(4)p.91
インドール Indore	サンスクリット語	インドラ神	古インドレシュワル	1715年	交通の要衝，工業都市	(3)p.100
アグラ Agra	サンスクリット語	アーリア人の家	別アクバラバード	1501年	ロディー朝，ムガル帝国の都，観光地（タージマハル）	(8)p.267
ジャイプル Jaipur	サンスクリット語	ジャイ王の都市		12世紀	ジャイプル藩王国の都	(4)p.88
アムリットサル Amritsar	サンスクリット語	不滅の池（泉）		14世紀	シク教の本山，国際交易都市	(12)1-p.86

市町村接頭・接尾辞，都市名，地域名

都市名	言語	意味	旧称	年代	備考	出典
マドゥライ Madurai	サンスクリット語	甘露(スヴァ神の神から落ちる)	旧マドゥラ	前5世紀	古代，中世に栄えたパーンディヤ王国の首都，南部の重要な商工業地	(8) p.441
ビジャカパトナム Vishakhapatnam	ドラビタ系言語	ビジャカ神(宇宙)の町		11世紀	港町、商工業都市	(24)六 p.147
マイソール Mysore	タミル語	水牛の町	古マヒシャウル	紀元	マイソール藩王国の都	(22)p.6
ヴァーラーナシ Varanasi	ヒンディー語	バラナ川とアシ川	古カシー,別ベナレス	前6世紀	ヒンズー教最大の聖地	(22) p.790
コジコーテ Kozhikode	ヒンディー語	雄鶏(kodi)の城塞(kotta)	旧カリカット	8世紀	15世紀以降ヨーロッパの門戸	(4)p83
ガンディーナガル Gandhinagar	ヒンディー語	ガンジーの都市		1965年	グジャラート州の州都	(4)p.78
ジョドプル Jodhpur	ヒンディー語	ジョーダ王の都市		1459年	交易の町,工業都市	(22) p.366
アウランガバード Aurangabad	ペルシア語	アウラングゼーブ帝の町	旧カドケ	17世紀	デカン高原の中心の1つ	(14)p.1
ボパール Bhopal	ヒンディー語	ボイ王のダム		11世紀	マディヤプラディシュ州の州都	(8) p.209
トリヴァントラム Trivandrum	マラヤーラム語	聖なる蛇の町	別ティルヴァナンタプラム	18世紀	トラバンコールの都	(22) p.502
チャンディガル Chandigarh	ヒンディー語	チャンディ女神の町		1953年	ハリヤナとパンジャブの州都	(4)p.93
パトナ Patna	サンスクリット語	城市,町(Pattana)	古パータリプトラ	前5世紀	ナンダ朝，マウリヤ朝，シュンガ朝などの都	(4)p.77
アラハバード Allahaabad	ペルシア語	アラーの都市	古プラヤーガ,旧イラーハバード	前3世紀頃	ヒンズー教の聖地	(5) p.360
ライプル Raipur	ヒンディー語	ライ王の都市		14世紀	チャティースガル藩王国の都	(8)p.56
ブバネシュワル Bhubaneswar	サンスクリット語	世界の王(神)		8世紀以前	宗教都市	(4)p.87
マンガロール Mangalore	サンスクリット語	幸運の土地	旧マンガルプラ	14世紀以	港町(ポルトガル，イギリス，インド)	(8) p.224
ジャムシェドプル Jamshedpur	ヒンディー語	ジャムシェドの都市		1907年	インドの大製鉄都市	(22) p.341
ジャムナガル Jamnagar	ヒンディー語	王の町		1540年	ナワーナガル王国の都	(8) p.246
プネ Pune	サンスクリット語	清浄な	旧プーナ，現プニヤ	1735年以	マラータ王国の中心都市	(22) p.636
コーチン Cochin	タミル語	小さい(砦)		1503	コーチン藩王国の都	(4)p.83
ハルドワル Hardwar ハラドワル Haradwar	ヒンディー語	神の門，Dwarは門	古カピラ, グピラ	古代より	hariはヴィシュヌ神を，haraはシヴァ神を意味する。七大聖地の一つ	(24) p.1011
スリナガル Srinagar	サンスクリット語	聖なる都市	旧プララプラ	前3世紀	ジャンムカシミールの州都	(22) p.636
イスラマバード Islamabad	ウルドー語	イスラムの都市		1966年	パキスタンの首都	(1) p.109
カラチ Karachi	ウルドー語	クラチ(バロチ)族の名,バロチは"遊牧"		1843年	旧首都，パキスタン最大の都市	(1) p.114
ラホール Lahore	サンスクリット語	Loh(ラーマ王の息子)の町, or,ラバナプル"塩の都市"		古代より	最古の都市の1つ	(1) p.120
ファイサラバード Faisalabad	ウルドー語	ファイサル(サウジアラビア)国王	旧リアルプル	1892年	農作物の集散地	(8) p.182
ラワルピンジ Rawalpindi	パンジャブ語	ラワル家(ヨガ行者)の村		16世紀以	パキスタンの暫定の首都	(5) p.361
ペシャワル Peshawar	ウルドー語	辺境の町	旧プルシャプラ	前5世紀	古ガンダーラの中心	(4)p.70
ダッカ Dacca	ベンガル語	ダケスクリー女神		1608年	バングラディシュの首都	(1)p.75

チッタゴン Chittagong	アラカン語	戦争は戦われなかった。or 十六の村。	旧イスラマバード	2世紀以前	古代からの貿易港	(4) p.108
カトマンズ Katmandu	サンスクリット語	カスタマンダプ（木の家）寺院	旧カンティープル	1596年	ネパールの首都	(1) p.115
ティンプー Thimphu	ブータン語	寺院		1962年	ブータンの首都	(4) p.106
スリジャヤワルダナプラコッテ Sri Jaye wardenepura Kotte	シンハラ語	聖なる勝利をもたらす都市Kotte（都城）		16世紀	スリランカの首都	(5) p.371
コロンボ Colombo	シンハラ語	港口	旧カラントッタ	16世紀	旧スリランカの首都	(9) p.128
ジャフナ Jaffna	タミル語	天国の港	別ジャフナパタム	不明	ジャフナ王国の都、タミール人の都市	(8) p.346

表1と同じ資料を用いて著者作成

インドの州は，部族の言語を重視して区分したので，小さな州名や部族の勢力が強い州名には，部族名がかなり活用されている。

表4　インド国の州名と連邦直轄地名

地域	州名	意味・由来	州都
北部	ウッタル・プラデシュ	"北部州"の意味。Uttarは"北"，Pradeshは"州，地方"。	ラクノー
	ウッターラーカンド（旧ウッタランチャル）	"北部地方，北の国"を意味。ヒンズー教徒は北方のヒマラヤのかなたが「天界につながる聖域」と考えている。	デヘラドゥーン
	ジャンム・カシミール	"ジャンム（王の名）市を中心としたカシミール（英雄パパシャの名）地方"の意味。	スリナガル
	パンジャブ	"五つの川"の意味。Punjiは"五"，Abは"水，川"。インダス川の5本の支流地域を表す名。	アムリッツァル
	ハリヤナ	"ハリ神（クリシュナ神の別名）の家（住むところ）"の意味。ハリ神は雨の神様として信仰されている。	チャンディナガル
	ヒマチャル・プラデシュ	"雪山の地方"の意味。himachalは"雪山"，Pradeshは"州，地方"。	シムラ
東北部	アルナーチャル・プラデシュ	"暁の神の山岳地方"の意味。arunaは"暁の神，赤い"，achaは"山"，Pradeshは"州，地方"	イタナガル
	アッサム	"アホンAhom族"の名に由来。アホン族はタイ系部族で，長期にわたってこの地を支配。	ディスプール
	シッキム	"山の頂"の意味。別説では"新しい家（レプチャ語）"の意味。	ガントク
	ナガランド	"蛇（ナガ）族の国"の意味でnagaは"蛇＝コブラ"の意味。	コヒマ
	メガラヤ	"雲の住処（サンスクリット語）"の意味。megaは"雲"，alayaは"住処"。	シロン
	マニプール	マニプールの名は神話伝説が絡み，"宝石の町"の意味。住民の名から出ている。	インパール
	トリプラ	"3つの町"の意味。3つの町とは，神話によればアシュラ（魔人）の金，銀，鉄の3城市があったことより発生。	アガルタラ
	ミゾラム	"ミゾ族の土地"の意味。Mizoは"丘の人"，ramは"土地"。	アイザウル
東部	オリッサ	"オドラの地"の意味。Odraはヒンズー王国の名や部族名で，Uttara"北方"より転訛。	ブワネシュワル
	西ベンガル	ベンガルとは"バンガ族の領地"の意味。叙事詩では部族の名はバンガ王子の名に由来，alayaは"住処"。	コルカタ（カルカッタ）
	ビハール	"寺院（仏教の）"の意味。サンスクリット語のViharaは"僧院"を意味。	パトナ
	ジャルカンド	ビハール州より分離。カンドは"土地，国土"の意味。	ランチー

市町村接頭・接尾辞，都市名，地域名

中部	マディヤ・プラデシュ	"中部州"の意味。Madhyaは"中央，中部"，Pradeshは"州，地方"。	ボパール
	チャッティスガル	chhattisが"36"を指す。36の王国があったことより。garhはヒンディー語やパンジャブ語では"城塞，砦"を意味。	ライプル
西部	グジャラート	"グルジャラ族の土地"の意味。	ガンディナガ
	マハラシュトラ	"大ラータ族の国"の意味。mahaは"大きい"，rathaは"ラータ族"，rashtraは"国，地区"。	ムンバイ（ボンベイ）
	ラジャスタン	"ラージプート人の国"の意味。Rajputraはraja-putra"王の子，王族"に由来する。stanは"領土，国土"。	ジャイプル
南部	アンドラ・プラデシュ	"アンドラの州"の意味。Andhraはバリ神の6男Andhroの名。後に，王朝名，民族名に活用された。	ハイデラバード
	テランガナ	アンドラプラデシュ州より分離。	ハイデラバー
	カルナタカ	"カルナドゥーの国"の意味。カルナドゥーのkarは"黒い"，naduは"土地，土"を意味。	ベンガルール
	ケララ	古代のチェーラChera王国の名に由来。別説ではタミル語のCeralam"山脈の地"の意味ともいう。	トリバンドラム
	ゴア	Gowaから出て，"牛飼いの地方"の意味。goはサンスクリット語で"牛"を意味。	パナジ
	タミル・ナドー	"タミル（ドラビタ）人の国"の意味。サンスクリット語のDravidaはパーリ語ではDamilaといい，それをヒンディー語でTamilという。ドラビタは"追い出す"を意味。	チェンナイ（マドラス）
連邦直轄地	アンダマン・ニコバル諸島	アンダマンはヒンディー語で"ハヌマーン神"を意味。ニコバルはマレー語で"裸の人々の土地"を意味。	
	チャンディーガル	チャンディー女神に由来。銀の丘という意味の説もある。	
	ダードラー及びナガルハヴェーリー	旧ポルトガル領	
	ダマン・デーブ	旧ポルトガル領	
	ラクシャデーブ諸島	ラッカディヴともいう。dheepは"島"を意味。	
	ポンディシェリ	タミール語で"新しい街"を意味。	
	デリー	"丘"の意味。"門，入口"の意味。マウリヤ朝の"デリ王"の名などの説あり。	

表1と同じ資料を用いて著者作成

E，神話・宗教地名

図15の都市名，地方名，州名，自然名，それに国名も含めて神話・宗教関連名が多く活用されている。さらに図15以外でも，神話・宗教関連地名は各聖地[40]のほか，河川，河川合流点，湖，海岸沿いなどの水のある場所，さらに山脈や高山などを神聖な場所とみなして，その場所やそこにある市町村名に神話・宗教関連の地名が与えられている。特に大河は神とみなされ，女神名が多くあてられ，山岳もヒマラヤの高峰は特に神聖な場所で，神話・宗教関連の地名が用いられている。宗教地名は特定地域に偏（かたよ）らず，インド世界全域に広がっている。インド国歌も「神々よ すべての民の心の支配者 インドの運命を定める者・・」から始まり，宗教的内容の構成からなる歌詞となっている。

第3章　南アジア文化圏

　宗教地名の代表的な例として，自然名では「ガンジス」(ガンガ女神)川，「クリシュナ」(クリシュナ女神)川，「ナルマダ」(ナルマダ女神)川，「ブラマプトラ」(ブラフマー神)川などの重要河川，「チョモランマ」(世界の母神，水域の聖なる母)，「マナスル」(霊魂の土地)，「ナンダデビ」(祝福された女神)などの世界的な山岳名，「コモリン」(クマリ女神)岬などは神話・宗教地名である。「ビハール」(寺院)，「カシミール」(カパシャ神)，「ハリヤナ」(ハリ神)という州名(地方名)にも宗教地名が用いられている。数が最も多いのは都市・村落名である。表3で無作為に採りあげた主要な51市のうち，約4割の20市が神話・宗教関連の名称である。それは各都市・各村落にそれぞれの守り神があって，その名がそのまま地名として代用されたからである。表3の中で，

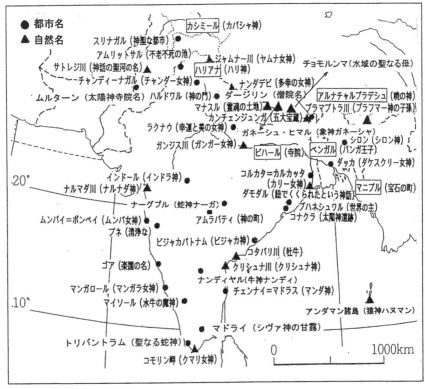

図15　南アジアの主要な神話・宗教関連地名

著者作成

世界に知られた巨大都市「ムンバイ＝ボンベイ」(ムンバ女神)，「コルカタ＝カルカッタ」(カリー女神)，「ダッカ」(ダケスクリー女神) などは，そこに祀られていた神の名である。ちなみに人名にもクリシュナやラクシュミなど，神の名が多く活用されている。また古代から，インドにはムレッチャ mlecchas "蛮族，夷狄"という表現があるが，これはヒンドゥー教や４ヴァルナ (カースト) の秩序の無い社会を蔑視して呼ぶ表現であり，社会思想も宗教を基本に据えていることがわかる。インド世界では，自然への畏敬，社会や文化に対する敬意を神に代えて表現している。それゆえ神の数はとても多く，一説には３億３千万 (無数) の神々があるという。それらは人々の行動と一体化しているように映る。神話・神名の地名化は，ユーラシア文化圏の中でも特に多い。

F．人名，部族名の地名

人名については，表３で扱った南アジアの主要都市名51市の中で，12市が人名に関する名称である。デリー (ディール王)，アーメダバード (アーマダ王)，ルディアナ (ロディー王)，ジャイプル (ジャイ王)，ジョドプル (ジョーダ王)，ガンディーナガル (ガンジー)，アウランガバード (アウラングゼーブ王)，ボパール (ボイ王)，ライプル (ライ王)，ジャムシェドプル (ジャムシェド・ジ・タタ)，ラホール (ラーマ王) などである。これらの地名をみると特に王国の歴史上の支配者の名が活用されている。しかしカーストでもっと上位 (最上位) のバラモンの名の活用は殆どみられない。このような特徴があるにせよ，南アジアはかなり人名の影響が大きい文化圏と言わざるを得ない。ここにインド世界の特徴の１つがみられる。人名の地名化という特徴は，内陸アジアや西アジアやヨーロッパとの共通性を強く感じさせる。ちなみに，東アジアでは主要都市名や地名に人名の活用は見られない。

インドの州名は部族名が基本となる。図16，表４から「グジャラート」州 (グジャラ族に因む)，「ラジャスターン」州 (ラージプート族に因む)，「アッサム」州 (アホーム族に因む)，「ナガランド」州 (ナガ族に因む)，「ミゾラム」州 (ミ

第3章　南アジア文化圏

ゾ族に因む)，「タミル・ナドゥ」州(タミル人に因む)，「西ベンガル」州(バンガ族に因む)は部族名を州名に用いている。インドは独立後に言語による州区分を行ったので，今述べた7州は州の中の主たる住民の部族名をあてたものである。他の多様な部族を含む州では，対立などを考慮して，できるだけ方位などを活用して，部族名には触れないようにしている。インド国内の部族の多さや複雑さが，州の編成過程や州名にも表れている。インドの州区分は，最初から明確な違いがあった訳ではなく，部族の要求に沿って形成されたもので，州内の別の部族の要求が強くなると，州が増加する現象もおきている。現在インドの州の数は29だが，将来もっと増える可能性が高い。

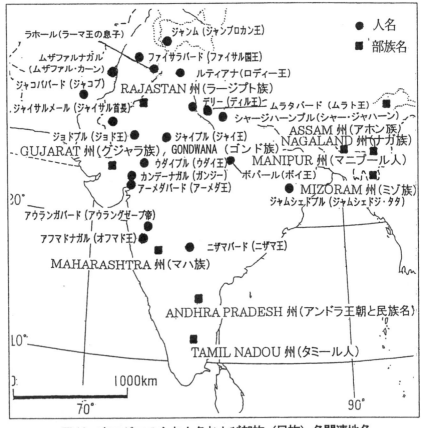

図16　南アジアの主な人名および部族(民族)名関連地名
著者作成

市町村接頭・接尾辞, 都市名, 地域名

G. 主な自然名称

　南アジアの自然名をみる。北, 西, 東の境にはインド世界を取り囲む壁のような大山脈がある。南はインド洋である。北の境には「ヒマラヤ Himalayas」"雪の居所"山脈と, 「カラコルム Karakorum」"黒い礫"山脈がある。世界の最高峰「チョモランマ Chomo Lunma」"世界の女神"を含んでいる。西の境には「ヒンズークシ Hindu Kush」"インド山脈"山脈と「スライマン Sulaiman」"ソロモン王"山脈がある。東の境には「「アラカン Arakan」"アラカン族"山脈がある。これらの山脈は, 文化的にも完全にインド世界と他の世界を分離する役割を果たしている。大高原である「デカン Deccan」は"右の手"すなわち"南"を意味し, 半島部をほぼ独占する。「ヒンドスタン Hindustan」平原は"インドの大地"を意味し, ヒマラヤ山脈とデカン高原の間の大平原である。南アジアは, 大山脈と大平原と大高原から成り立っている。

　インドの河川名をみる。「インダス Indus」川は"川, 流れ"を意味する。「ガンガ Ganga」(ガンジス) 川の語源は"川"だが, "ガンガ女神"を表す。「ブラマプトラ Brahmaputra」川は"ブラフマー神"を, 「ナルマダ Narmada」川は"ナルマダ女神"を, 「クリシュナ Krishna」川は"クリシュナ女神"を, 「ゴダヴァリ Godavari」川は"牝牛の川"をそれぞれ意味し, 神聖でヒンドゥー教に係わった名称である。どれも水量が多い。南アジアの大河川は, 神と結びついているが, その理由は, ヒマラヤの大山脈かサバンナ気候の高原から流れくる水であるため, 一年の半分は周辺の土地も冠水し, また一年の半分は水量の減る河川となる。これらの河川は, 現実に人々に恩恵も被害も与え, 人の力では制御できず, 神としてあがめるのである。

　気候も熱帯中心で変化に富む。世界で最も降水量の多い「チェラプンジ Cherrapunji」("断崖の都") 市から, 西部の「タール Thar」("砂, 荒れ地") (大インド) 砂漠までみられる。ヒマラヤの高山には冷帯や寒帯もある。

　大山脈は天然の自然障壁を成すが, 民族構成上は, 北西部の峠から絶えず部族の侵入があり, インドの部族, 言語, 文化を多様なものにしてきた。

4. 国名・地名からみた特色

A. 国名からみた特色

① バーラト（インド），ドゥルック・ユル（ブータン），パキスタン，スリランカは宗教関連の国名である。さらにネパールとバングラデシュは地方名だが，地方名の語源は神話・宗教に由来する。そうすると7カ国中6カ国が神話・宗教に関連しており，神話・宗教の影響が強い文化圏といえる。

② 神話・宗教関連の国名は，パキスタンを例外として，バラモン教，ヒンドゥー教，仏教に関連する名称である。歴史的な国家表現名も同じである。これから判断して，南アジアは伝統的にインド発祥の宗教思想や文化，すなわちアーリア人の思想や文化が中心である事を意味している。

③ 南アジアのもう1つの特徴として，地方名を基本に国名を作成している。インド，ネパール，バングラデシュ，ブータン，モルジブの名称が該当する。パキスタンの由来も地域名の合成という主張もある。そうすると6カ国が該当する。これは地域重視思想の強い一面も持っている事になる。

④ イスラーム国家のパキスタンは，国名や首都名にイスラームの名称を用い，ムスリムの侵入者・移住者の勢力範囲であったことを間接的に表している。しかしバングラデシュの場合は，国名も首都名も仏教・ヒンドゥー教関連の名称で，仏教，ヒンドゥー教の思想・価値観・文化の下に信じられるイスラーム教であると判断できる。バングラデシュは，ムスリムが入植せずにイスラーム化した地域である。これからみて，バングラデシュのイスラーム化は，むしろ東南アジアと似たような特徴を持つといえる。

⑤ 「インド」という表現は，国名だけでなく文化名や宗教名や大陸名にも用いる。そうすると「インド」が多民族・多文化の共存社会の中心であることを間接的に示している。東アジアの「中華」と似た名称表現である。

国名・地名からみた特色

B. 王朝・王国名からみた特色

① 王朝・王国名は部族名・種族名が多い。この表現はマウリヤ朝とアーンドラ朝を例外として、西アジア・中央アジアからの侵入者の王朝・王国名である。その数の多さから、幾度となく部族侵入を受けた事が理解できる。

② インド世界では人名を用いた王朝・王国名もかなり多い。人名活用の多くはイスラーム系の王朝・王国名である。これも①の部族・種族名活用と同じ特色である。またこのような名称から推測すると、インド侵入王国は支配者個人の権限が大変強かったことも推察できる。

③ 家名を用いた王国名もみられる。家名はヒンドゥー系の王国に多く、しかもインド南部の小国に多くみられる。②と同じ発想の命名であるが、②との違いは地域に根付いた王国であり、幾代にもわたった伝統が推測できる。

④ 都市名が王国名に代用されている。都市名の殆どは王朝・王国の首都であった。首都が王朝・王国にとって極めて重要な役割を果たしていたことがわかる。インド世界の王朝・王国の中でも、特にイスラーム系の侵入王朝・王国名に都市名の活用が多い。部族名、人名と共通する命名手法である。

⑤ インド世界の王朝・王国名は2種類の呼び方を持つ国家が多い。これは、国号を正式に表明していなかったことを表している。それ故、現代の学者が王国の特徴を分析して、適切な名称を国号に代用したからである。

⑥ インド世界では、記載した以外にもよく分かっていない王国名も多い。それは、いつの時代でも多くの国家が乱立する群雄割拠が普通であった事と、永遠なる神話・宗教と違って、特定時代に繁栄する王国には関心が薄く、国王も中国のような崇拝の対象ではなかった事を間接的に示している。

⑦ ヒンドゥー系の王朝・王国名でも神話・宗教名は用いない。これはヒンドゥー教のバラモンと、王朝・王国のクシャトリアとの関係は無縁だったことを意味している。これに対しイスラーム系王国の場合は宗教と政治は一体化していた。王国の支配者はイスラーム教の権威者・指導者でもあった。ここにヒンドゥー系王国とイスラーム系王国の大きな違いがある。

C．市町村接頭・接尾辞，都市名，地域名からみた特色

① インド世界では，神話・宗教が重視され，それが地方名，自然名，都市名，農村名など，あらゆる種類の地名に用いられ，全土を覆っている。大半はインド発祥の名称である。宗教の重要性と社会浸透が明確に理解できる。

② サンスクリット系の地名接尾辞の pur 類や nagara 類が全土を覆っている。pur 類や nagara 類も神話・宗教地名も，アーリア人から発生しているので，セットにして扱うべきであろう。また南部にはドラビタ系接尾辞の patnam 類，palli 類などがあり，インド南部はアーリア文化と共に，ドラビタ系文化も栄える二重構造地域であることも理解できる。

③ Ābād, shahr などペルシア系接尾辞も多く，南部・東部の一部を除く南アジアの広域に活用されている。この特徴から，主に 13 世紀以降多くのムスリムの侵入があって，その影響はインドの大半に及んだ事がわかる。

④ 人名・部族名が活用され，人名は主要都市名に，部族名は州名に多く用いられている。そうすると，都市は王国，支配者の影響が特に強くでる場所であり，地域全体は部族の影響が強くでる場所であったことがわかる。

⑤ サンスクリット語からドラビタ語に入った接尾辞や地名をみると，上層関連の地名や高貴な地名に用いられ，ドラビタ語からサンスクリット語に入った接尾辞は下層関連の地名や卑しい地名に用いられている。これは間接的にドラビタ人がアーリア人の支配下に入っていたことを示す証である。

⑥ インド系の地名や接尾辞は，東南アジアにも広がっているが，北部や西部の遊牧地域には殆ど活用されていない。これは南アジアの人々の関心は，内陸アジアや西アジアより，熱帯の東南アジアにあった事を示している。

⑦ 行政区画を表す地名や地名接尾辞が出てこない。これはインド社会全域を網羅する政治力や組織力は充分発達していなかったことを示している。

⑧ インドとパキスタンにパンジャブとカシミールの地名があり，インドとバングラデシュにベンガルの地名がある。つまり 2 カ国に同一の地方名が存在する。これは本来同一文化・民族の地であったことを意味している。

5. 国名・地名からみた南アジア観

　地理的内容を扱う場合は「南アジア」という表現を用い，文化的・宗教的・民族的・歴史的内容などを扱う場合は「インド世界」という表現が適当だと考える。

A. インド世界の多様性

　インド世界の地名をみると，都市名には人名，州名には部族名が多く用いられている。それに加え，王朝・王国名には支配者名や部族名を持つ名称が大変多く，その名称は中央アジアや西アジアに栄えた部族名と同じ部族名が多数あり，関連性が強いことがわかる。中でも特に 13 世紀後半以降は，ムスリム（インド世界ではムサルマーンと呼ぶ）の侵入が激しくなった。侵入した多くのイスラーム系王国は，都市名に支配者名を用い，さらに abād の接尾辞を付けてイスラーム化の推進を図ったことも推察できる。侵入という行為に関していえば，今では南アジアの中心種族であるアーリア人自身も，古い時代に北西から侵入してきた部族の子孫である。そう考えれば，インド世界は古代から幾多の侵入部族によって創られた社会であり，文化であるとみることができる。

　またカースト[41]も種族的カーストと職業的カーストに大別されるが，種族的カーストは古代からの異民族侵入による支配，被支配の歴史的な過程が社会制度の中に残ったものといわれる（p384 のインド特有のカースト制度参照）。このように多くの部族侵入の歴史を持つがゆえに，インドは「8 里行けば言葉が変わる」とか，「179 の言語と 544 の方言がある国」（G・A・クリアソンの調査）となってしまった。インド紙幣のルピーをみると，17 種類の異なる言語と 13 種類の文字で記されている。当然現在のインド国は，言語，文字，部族，宗教，制度，文化などが大変複雑で，地方色の豊かな社会となっている。インド一国でもヨーロッパ全域に匹敵して余りある多様な構造を持っている。

このような現状から判断すると、インドは中小国家が数多く独立したとしても不思議ではない社会であるといえる。つまり、年代も出身地も言語も異なる多様な部族・民族の長年の流入は、政治的・社会的に不安定な要因を助長し、統一性のない割拠の社会状態をつくった。南アジアでは、古代から先住民同士の抗争、先住民と侵入民との抗争が、インド世界の歴史を作ってきたのである。これは南アジアの持つ本質的なDNAである。

B. インドの人々の関心と南アジアへ侵入した民族の関心

　地名をみると、インドは、基本となるアーリア系地名、最も古いドラビタ系地名、最も新しいイスラー系地名の3種類の構造になっている。部族も同様に三重構造である。サンスクリット系言語のpur, nagar, kotaなどは、インド世界全域と東南アジアに数多く命名されているが、北西のアフガニスタン、イラン、中央アジアには殆どみられない。あってもその数は東南アジアの比ではない。これからみて、インドの人々は西部（西アジア）や北部（内陸アジア）に移住しなかったことを示している。アフガニスタンや中央アジア（内陸アジア）に少し残るインド系の地名も、その語源から判断すれば仏教などの文化伝播によるものが多い。地名からみて、インド以西やインド以北の地は、インドの人々にとっては全く魅力の無い世界と映っていたと判断する。

　逆にインド系地名の多い東南アジアとの係わりをみると、東南アジアで用いるインド系地名の特徴や語源から判断するなら、インドからの多数の部族移住があったのではなく、文化の導入が中心であったように思われる。その根拠として、東南アジアの人々にとって都合の良い神話・宗教名や、権威あるサンスクリット系接尾辞などは多く借用したが、他の多様なインド系地名はあまり取り入れていないし、身分差別の強いカースト制度も取り入れていないからである。ちょうど、日本が中国の文化や地名を導入したのと似た状況が連想できる。このような理由により、インドから東南アジアへの移住は、平和的で、しかも小集団による各地域への入植程度であったと推察できる。

次にインドに侵入し，定住した部族に視点をあてて考察すると，インド系の人々と逆の価値観を西アジアや内陸アジアの侵入部族が持っていたことになる。西部や北部のオアシス地域・遊牧地域で，人口が増えて飽和状態になれば，軍事力をつけて南アジアに侵入し，そこに生活の場を求めたのである。つまり南アジアは西アジアや中央アジアの人口の受け皿だったといえる。

　Shahr, ābād, stan の使用や，歴史的な王国名の語源などを参考にして侵入者の故郷を割り出せば，西はおおよそペルシア系住民（イラン，アフガニスタン）の居住地域から，東はアルタイ山脈より西のトルコ系諸部族（現在の中央アジア）の居住地からの侵入であったことが推察できる。ちなみに，これより東部の現在のモンゴル系の遊牧民は，インドではなく中国に侵入している。

C. 神話・宗教の世界

　インドでは，図15のように独自の神話・宗教名を多く命名して今に残している。また「バーラト」をはじめとする現代の国名や，歴史的呼称名である「アーリアヴァルタ」「ジャンブドヴィパ」も宗教に基づく名称である。特に都市名や集落名もこの傾向が強く，ムンバイ（ムンバ女神），コルカタ（カーリー女神），ダッカ（ダケスクリー女神）などのように，多様な神々の名がそのまま都市名に用いられている。さらに人間の力の及ばない山河などの自然名称も神話・宗教関連[42]の名称である。インド国歌も宗教を意識して作成されている。これに加え，サンスクリット系接尾辞の pur や nagar などが，神話・宗教発祥と同時期から神話・宗教関連地名を補佐するように用いられてきた。

　これらは政治的に不統一の歴史を持つインド世界に，社会的な一体感を与えてきた。このように，宗教関連の国名や地名を多用してきたという事は，人々の生活や行事も神と結びつき，ヒンドゥー教に基づくダルマ（宗教思想や規律）を尊び，それと一体化して成り立つカースト制度の下で社会を律してきたことを間接的に裏付けているといえる。表現を変えれば，インドでは，人々の生活，社会，文化，芸術，経済活動などを神という形に変えて表したともいえる

だろう。つまり，インドの人々の生活そのものが宗教活動なのである。梅棹は『文明の生態史観』の中で，「インドの絵画は神様の絵，彫刻は神様の像，舞踊は神様の踊り，休日は神様との関係，商店街は神様と同盟であり，聖なるものと俗なるものが融合して分離できない。全ての社会現象は宗教的現象と結びついて成り立っている」と述べている。アル・ビールーニは「インド人はインドに匹敵する国も宗教も科学も無いと信じ，自負心が極端に強い」と述べている。これは神話・宗教が生活と一体化しているからである。

もし現在のインドが，宗教地名を国名とせずに，歴史的王国名のように部族・民族を基本に据えて国家の独立を望んだとしたら，インド1国だけでも現在の州の数29か，22の指定言語数か，インド紙幣の言語数17ぐらいの数の独立国が出来ていても決して不思議ではなかった。それほど多様性がある。

これらの条件を逆にして考えると，インド世界は軍事力や政治組織力によってまとまる文化圏ではなく，神話・宗教でなければまとまらない社会であると結論付けることもできる。これがインド世界の持つDNAなのである。

結論として，インド思想や価値観は，神話・宗教のような永遠なるものを重視するが，逆に俗世界の王国のような限りあるものにはあまり興味を示さず，高い評価を与えないともいえるだろう。インド世界は神話・宗教の価値観から成り立つ世界なのである。それゆえ，中華世界のように，政治的な安定を望むこと自体が本来無理な文化圏なのである。インドは20世紀になって，基本に戻って国造りを行ったといえる。

D．ヒンドゥー教とカースト制

神話・宗教の世界を，現在のインドの宗教で表せば，ヒンドゥー教の世界ということになる。ヒンドゥー教とは"インドで発生した宗教"という意味であるが，宗教だけにこだわらず，インド社会も，人々の生き方も，その文化も含めた存在を指す。もっと具体的に言えば，インドの神々は地名としても引き継がれているが，その中にはバラモン教から受け継がれた神々を中心に，ドラビ

ター系の神々や土着信仰の神々もある。当然カーストなどの社会制度も，習俗も，地方文化も，芸術も，法もあり，ありとあらゆるものを引き込んでいて，それを神という形にして，または神の行為として表現している。それゆえ今のヒンドゥー教は，宗教という一面だけでなく，むしろ生活法や生き方や信念に近い。それらを全て含めてヒンドゥー教と呼ぶのである。

　このようなヒンドゥー社会に入ってきて，イスラーム軍は13世紀以降，武力で支配して定住した。そして都市在住の商人，不可触民（カースト外の最下層民），下層農民などをイスラーム教に改宗させて取り込んだ。しかし絶対多数を占めるインドの農民層（ヒンドゥー教徒）は取り込めなかった。インド世界は，イスラームによる支配が700～800年の長期に及んだのに，侵略者が多く住み着いたインド西部と，仏教徒の多かったインド東部以外は，絶対多数を占める農民を改宗させる力もヒンドゥー社会[43]を変える力も無かった。

　逆にインド世界では，カースト制度の施行される社会，ダルマの価値観を持つ社会は，何の神を信仰しようがヒンドゥー教社会の範疇と見なされた。つまりアッラーも多様な神の1つとして扱われ，カーストを構成する宗教団体の1つとみなされたのである。英領からの独立にあたり，カーストやヒンドゥーの価値観・文化が社会全体を律している現状で独立すれば，ムスリムもいつかは古の仏教と同じように，ヒンドゥー教に飲み込まれてしまう結果になる。これを恐れ，ムスリムは伝統文化や人種・民族的共通性を犠牲にしてまで分離独立を求め，宗教対立に突入したのである。つまりヒンドゥー教は，他の宗教でも武力でも変える事ができない程の圧倒的な強さを持っているのである。と同時にヒンドゥー教を抜きにして，何も語る事ができないのである。

　ヒンドゥー教と共にあるカースト制は，3000年以上の歴史がある。おそらく，バラモン教の発生とほぼ同時代に形成されたと考えられている。カーストは，パンジャブ地方に侵入したアーリア人が，ガンジス方面に拡大していく過程で形成されたものといわれ，アーリア人と先住民の間のヴァルナ varna（"色""身分"で種族を区別）から始まったと推察されている。その後ジャーティー jāti "生まれを同じくする者"という職業集団の区別も加わって，カーストが

確立された。カーストは宗教（輪廻思想）や生活とセットにして形成されてきたので，一生変えられず，変わらない存在である。そして4世紀（グプタ朝時代）のヒンドゥー教確立の頃には，今のカーストの形になったといわれている。これが現在まで引き継がれ，インド社会を律してきたのである。

E．インド世界西部のイスラーム（教）

　インド国内の ābād の接尾辞をみると，サスクリット系の pur や nagar の数には及ばないが，図6のようにかなり命名されている。それも重要都市名に多い。インド国内における ābād の多さは，如何（いか）なる理由によるものかを推察すれば，インドに侵入したムスリム（イスラーム教徒）は，ペルシア語を公用語とし，都市を支配し，その都市を基盤にして勢力の拡大を図った。ただ侵入ムスリムは，遊牧生活やオアシス都市の出身者であったこともあり，インド世界の基本を成す農耕社会の制度や生活には慣れていなかった。それゆえ人口の大部分を占める自作農民の社会には入り込めなかった。

　これに加えインド世界は，古代から複雑多様な風土に根ざし，生活の全てがヒンドゥー教とともにあり，芸術や文化まで一体化した多様な神々を祀（まつ）る思想や価値観で成り立っていたので，これをイスラーム風の一神教的（いっしんきょうてき）・画一的（かくいつてき）・神を具現化（ぐげんか）しない性格に改めさせることは不可能だった。結局侵入者のムスリムは都市に集中して生活せざるを得なかったが，存在感を誇示（こじ）する1方法として，支配した重要都市に ābād の接尾辞や支配者名を命名したのであろう。インド世界のイスラームは，古（いにしえ）の仏教と同様に都市宗教だったのである。

　インド世界でのイスラームへの改宗者をみると，インド商人が多かった。それは，当時世界最高のムスリム商人と交易するには，改宗する必要があった。商人のほかに多数の改宗者を出したのは，カースト外の不可触民（ふかしょくみん）と貧農（ひんのう）であった。彼らは身分差別が厳しく，生活が貧しい社会環境の中で，平等を主張するイスラームへ改宗したのである。この改宗にはイスラーム神秘主義者（しんぴしゅぎしゃ）で敬虔（けいけん）な生き方を説くスーフィー集団の熱意ある勧誘（かんゆう）が大きかったといわれている。

F. インド世界東部のイスラーム（教）

　インド世界東部のバングラデシュの都市名をみると，西部のパキスタンで用いられる abād の接尾辞は無く，ムスリム支配者の地名化も無い。地名からみれば，パキスタンと大きく異なる特徴がみられる。そうするとインド東部のイスラーム化は，インド西部とは異なる改宗だったと捉えなければならない。

　そこで，バングラデシュをもう少し深く考察してみる。歴史書では，マウリヤ朝からパーラ朝まで，仏教理念に基づく王朝・王国が支配していて，仏教（密教）中心の社会であったと記されている。その後ヒンドゥー教理念のセーナ朝に支配されたが，仏教信仰は消え去ることはなかったという。ところがイスラームのムガール帝国の進攻にあうと，仏教僧侶はチベットやミャンマーなどへ逃避し，人々はイスラーム教へ改宗し，仏教がほぼ消えたといわれる。しかし，ムガール帝国の征服地が全てイスラーム化したわけではない。ヒンドゥー教徒はそれほど変わっていない。歴史書では，仏教徒消滅現象を，仏教集団の組織力が弱く，しかも仏教教義が難解だったので，民衆から離れていったからだと説明している。この背景は確かに強かったと思うが，この説明だけでは納得できない。組織力の弱さや仏教教義が難解という問題だけなら，以前から人心が仏教から離れていたはずである。イスラームへの改宗には，別の要因も存在したのではないかと考える。その要因を推察してみる。まず第1に，宗教形態面では，仏教は多神教だが，インド世界ではブッダ個人への信仰が強く，一神教に似た特徴があった。第2に，宗教理論(教え)面では，仏教の平等思想とイスラームの神の前の平等の教えに共通する思想があった。つまりブッダ信者には，アッラーの教えが受け入れやすかった。第3に，宗教社会面では，当時の仏教徒は最下位のカーストに入れられ，さらに政治的・社会的な庇護を失っていた。仏教信者は，平等，共同行動，王国の庇護のあるイスラームの方へ集団で改宗した方が得策と考えたのであろう。これらが，改宗した主な要因であろうと推察する。この改宗においても，スーフィー（ムスリムで敬虔な生活を送る人々）教団の誘いも，大きな影響を与えたという。

G．インド北西部で完成した大乗仏教

　インド北西部は，アケメネス朝ペルシア，アレクサンドロス大王，マウリヤ朝，クシャン朝など，多くの異文化部族の支配が繰り返された場所であり，地名でもインド系，ペルシア系，ギリシア系，内陸アジア系の影響が混ざり合った地域である。この地域は，古くは「ガンダーラ」と呼ばれていた。「ガンダーラ Gandhara」とは"香りただよう地域"（gandha "香り" と alaya "居所"）を意味するという説があるが，明確にはわからない。

　この北西部は，太古から4つの文化圏や部族の接合地域で，この接合点という地域性が重要な役割を果たしたのである。それは，インド東部から伝えられた思想・哲学・独自の宗教観を基礎として，西アジアや遊牧世界の共生思想や共同行動の価値観も入り込み，さらにギリシア彫刻などの芸術も加わった。その結果，仏像（ぶつぞう）が形成され，人々を救う事を優先する仏教になった。すなわちインド哲学・宗教観を精神的基盤とし，文字も読めない一般庶民に，仏像という形あるものにして示し，集団で信仰する形態を優先させ，最終的に個人を含めた衆生（しゅうじょう）（民衆）を救うという西アジアの共生思想も組み込んで，全ての階層の人々にも受け入れられる宗教に完成させたのである。

　この宗教観が東アジアに伝わったのである。それゆえガンダーラの大乗仏教（だいじょうぶっきょう）は，シャカの説いた仏教本来の多様な真理（しんり），人の執着（しゅうちゃく）や無知，縁起（えんぎ），悟り（さとり）に至る教えといった内容に加え，さらに一神教（いっしんきょう）的発想に近い仏による衆生（しゅうじょう）の救いを重視する宗教になっている。仏様（ほとけさま）も上座部仏教（じょうざぶぶっきょう）（スリランカや東南アジアに信仰）では，釈迦（しゃか）のみであるが，大乗仏教（だいじょうぶっきょう）は，多くの如来（にょらい），多くの菩薩（ぼさつ），多くの明王（みょうおう），多くの天神（てんじん）などがある。これは人々の多様な求めを受け入れて仏が形成された結果である。

　つまり，ガンダーラの大乗仏教の思想や価値観は，世界文化の融合の産物なのである。このような特徴があったため，ガンダーラの大乗仏教は，中国をはじめとする東アジアの国々に受け入れられた。ガンダーラの大乗仏教から，異文化の融合と宗教的完成度の高さが読み取れる。

国名・地名からみた南アジア観

H. インド世界の歴代王国の支配形態

　歴代の王国名を参考にして，インド世界を分析してみる。インドでは，1つの王国に2通りの呼び方をする王国もあって，王国名に曖昧(あいまい)さが感じられる。これは現代の学者が，王国の特徴を吟味して名付けたからである。そうすると歴代の王国は，国号を用いなかったか，強く表明しなかったものと推測できる。また歴史資料に，記録が残されていない王国名も多々存在した。これがインド世界の特徴である。またイギリスの支配下にあっても，保護国という形で多数 (500程) の藩王国も存在した。さらにインド世界には，中華世界のような行政区画接尾辞も，政治的意図を含む地名も命名されていない。これらを合わせて考えると，インド世界では末端まで支配権の及ぶ，中国のようなしっかりした政治支配組織は整った歴史が無かったという結論になる。カーストの順位をみても，精神面(心)を導くバラモン(僧侶階層)より下層にクシャトリア(王侯(おうこう)，武士(ぶし)階級)がある。これからみて，力で支配されても，人々は決して尊敬の対象者とは看做(みな)さなかったという事を意味する。

　そこで，この推測が正しいのか？インド世界に存在した王国の領土支配方法について調べてみた。歴史書では，インドでは自治組織をもつ村落の有力者にその支配の一翼(いちよく)を担わせ，カーストなどの社会制度を活用して支配したと記(しる)している。これはイスラーム系諸王国の支配時代でも同様であった。またインドの国王は，租税徴収の権限は持っていたが，土地や農民の支配権は耕作者か地主が持っていた。つまりインドの農村は，村自体が独立性を持ち，言い方を変えれば"小さな国"のような存在であったとも記されている。中国の王朝のように「王土王民(おうどおうみん)」「一君万民(いっくんばんみん)」という国土の隅々にまで力の及ぶ存在ではなかったと結論付けられる。そうするとインド世界は，国王の権限が弱くて，土着民の社会制度や宗教の力を借りなければ支配できない社会であった。侵略者の武力の強弱は別として，政治権力，支配者への尊敬，支配形態のどれをとってみても，中華世界の支配者とは根本的に大きな差があったと捉えなければならない。これがインド世界の持つ政治的DNAである。

第 3 章　南アジア文化圏

I．インド（バーラト）の特徴，国内事情，性格

　南アジアに命名されている多様な地名を頭に思い浮かべながら，インドという国を分析してみたい。まずインドという国家を外からみれば，連邦共和制の国家であり，連邦政府があり，連邦議会を持つ。国内は 29 の独自性の強い州に分かれ，州議会があり，州の内閣が組織されている。インドの行政権をみると，連邦議会が権限を持つ事項と，州議会が権限を持つ事項と，双方が権限を持つ事項の 3 種類に分かれている。しかし国家を左右するような政治，外交，軍事，経済，税関連などの権限は，全て連邦議会・政府が握っている。そうすると個性の強い州が集まる連邦国家であっても，EU（ヨーロッパ連合）と比べて，インドは政府の方が強い権限を持つ中央集権国家に似た特徴を持っていることになる。それゆえ，インドは対外関係（例えば，パキスタンや中国との紛争などに対して）では，アメリカと似た一枚岩のような国と写る。

　ところがインドという国を内からみれば，インドの使用言語は多様で，憲法第 8 附則(ふそく)で公認されている言語だけでも 22 種ある。紙幣のルピーには 17 種の言語と 13 種類の文字で表記されている。また一般には，179 の言語と 544 の方言があるといわれる。さらに別の数え方によると，細かなものまで全て数えると 2000 の方言から成るという説もある。これらの数字の信憑性(しんぴょうせい)の議論はここでは棚上げにして，これだけ複雑な民族構成を持つのがインドという国なのである。当然地域が違えば言葉は通じない。8 里行けば言葉が変わるともいわれる。それゆえ現在のインドの地方区分（州）は，部族の言語を基本にした「言語州」の理念の下で 1956 年に再編成された。当然，州と州の間の意志疎通や同胞意識らしきものは感じられない。すなわちインドは，各州の協調性より対立的性格の方が強い国なのである。これを裏付ける根拠の 1 つに，インドでは部族勢力が強くて，広大な州（マハラシュトラ，グジャラート，ラジャスターン，タミル・ナドー，ベンガル）と規模の小さな州（アッサム，ナガランド，ミゾラム）の中には，部族名を州名にあてているものがある。つまり部族主義が幅を利かせている国なのである。そのためインド社会は，伝統的に共通

国名・地名からみた南アジア観

性を重視せず，独自の様々な文化・生き方・価値観を大切にする社会へと進み，それがまた，地方色が豊かで，各州がそれぞれの州内で何でも賄ってしまう独立国に近い生き方をする方向に進んでしまっている。当然国家的まとまりも，国民としての意識もどんどん薄くなる。それゆえインド政府は，まとまりのある近代国家を形成するために，インド国内の公用語として「ヒンディー語」を指定したが，多様性という国柄もあって，幾つもの州の反発を受け，未だに全インドの共通語になり得ていないのが実情である。特にドラビタ系の州や人々には反ヒンディー語感情が強い。これがインド国内の特徴の1つである。今，現実のインド社会で，公用語の役割を担っているのは英語なのである。州の学校教育の時間割をみても，ヒンディー語学習より，英語学習に時間を多く充てる州が多いという。ちなみに中国では，共通語として北京語を指定したが，反発もあまり無く，北京語も学校教育でかなり普及し始め，それまで全く会話が通じなかった漢民族の間に，徐々に会話が通じるようになってきた。

　インドという国は，部族・民族構成，社会構造，政治構造，インド紙幣，州の個性のどれに視点を当てても，調べれば調べるほどヨーロッパをそのまま1つにまとめたような錯覚に陥る。つまりインドの州が国家であると思えるのである。インド全域を旅するのは，ヨーロッパ全域を旅するのと同じである。事実，第2次世界大戦前までのヨーロッパは，各国の独自行動，自立性，自給自足性が強く，協調性の少ない文化圏であった。第2次世界大戦前のヨーロッパと似た状態が今のインドであると感じる。インドを政治的に統合された国家として捉え，日本と同じような国家感覚で受け入れると，インドの実情を見失ってしまい，誤解を生む事になる。

　また別の視点からインドという国の特色を分析すると，英語重視という現象が今でも中心であることから，これを逆手に取って考えれば，現代のグローバル化にあって，インドの住民は英語という武器を持っていて，今後は世界各地に羽ばたく可能性を強く持った国であると捉えることもできる。これは欧米を除くと，日本や中国より有利な一面である。事実IT産業では，インドの技術者を抜きにしたら，アメリカでも日本でも，IT産業は成り立たないといわれ

るほど大きな人的影響力を持っている。これがインド国の別の顔である。もう1つは，国家を意識しないグローバル感覚もインドの人々は持っている。

　再度確認のために記しておくが，インドという国は，世界の国々のように民族・部族，文化，生活様式，価値観などの共通性から国家を建設したのではない。地方の複雑な特色をみてもわかるように，インドは宗教とそれに付随する社会的価値観を除いて，生活習慣，生き方，服装，建築様式，言語，多様な芸術，種族に至るまで地方の独自色が幅を利かせている国家であり，社会なのである。これがインド国の持つ基本的なDNAである。

J．集団の社会

　インド世界では，歴史上の王国名や現代の州名に部族名が多用されていることや，紙幣ルピーは多様な言語や文字で記されていることや（p328～329参照），地方はそれぞれが独自の特色を持っていることは先ほど述べた。またインド世界では，政治組織は伝統的に弱いことも述べた。さらに宗教地名が多く，宗教が生活と一体化していることも述べた。では，このようなインド世界の人々の生活は，実際どのような暮らしなのであろうか？また統一性の無いインド世界は，何を基準にまとまってきたのであろうか？結論から先に言えば，それは無数に存在する集団であるといってよいだろう。その集団とは，国家や各州の中に存在する宗教集団，部族集団，言語集団，職業集団，村落集団，共同家族集団等々である。そしてこれら集団内にも，さらに幾つものコミュニティー，階層，分化された団体，グループなどがある。そしてそれぞれの集団には独自のルールがある。その集団関係は，社会において，対立したり，融和したりしながら共存している。また何か特別な行動を起こす場合は，集団を結集させる力としてリーダーを必要とした。インド世界には，王国の建国者名だけでなく，独立の父ガンジー，財閥の創始者ジャムシェドなどのような多様な人名も地名化されて残っているが，国王以外の人名は各集団のリーダーの場合が多い。リーダーの全てが地名として残る訳ではないが，図16の地名は，その幾

国名・地名からみた南アジア観

つかが大地名の中に残ったものといえる。大きな動きになるが，第二次世界大戦後のジンナーによるパキスタンの独立，ラーマンによるバングラデシュの再独立といった動きも，集団行動の中の1つに含められる。インド世界では，社会の上部から末端まで多様な集団が組織化され，それぞれの価値観で活動している。そして集団内では強烈な仲間意識を持って助け合う。これがインド世界の持つ現実の顔であり，DNA である。しかし集団外はよそ者であり，かかわろうとしない。大げさな言い方をすれば，インド世界では集団を抜けては生きられない社会である。それゆえ「民族」という言葉（概念）も世界の定義とは異なり，共通意識を持つ大集団を指す。例えばイスラームのように。

K. パキスタンは南アジアか？西アジアか？

インド世界西部のパキスタンの気候は，西アジアと同じ乾燥気候が中心である。またパキスタンにはペルシア語接尾辞の ābād や西アジア・内陸アジア語源の地名もかなり多く命名されている。国名も「パキスタンイスラーム共和国」と名乗り，隣接する西アジアの「イランイスラーム共和国」や「アフガニスタンイスラーム共和国」と同様にイスラーム国家を名乗っている。この地で栄えた王国名をみても，西アジアや中央アジアと共通する名称がかなりある。パキスタンの国語のウルドゥー語（アラビア文字で表記）という名称も，中央アジアからの征服王朝の軍営地（ordo）に由来する。そして何よりも，ムスリム（イスラーム教徒）が住民の96.1%を占め，ヒンドゥー教徒の1.2%とは比べようがないほど多い。特定の地名や国名や王国名をみると，西アジアに含めた方が良いのではないかと思えるほど西アジアに近い。ただ一般の地名をみると，インド世界独自の地名を多く残している。これも事実である。

そこで視点を社会にあててみる。まずパキスタンの独立は，ヒンドゥー教徒との宗教的対抗心から分離独立したものであった。ちなみにインド世界でのムスリムへの改宗者は，商人（交易上必要）と不可触民（身分上カーストの枠外の最下層民）が多かった。不可触民の場合は，下層身分の差別社会に見切り

をつけて改宗した者が多いという。インドムスリムは，独立時に西アジアのような政教一体型の「イスラーム国家」建設の意図を持って独立を望んだ訳ではなかった。神の前の平等を唱える集団（アッラーの信者）として，身分制の強いヒンドゥー社会から分離することが目的であった。このように述べる根拠を挙げると，パキスタンでは，イスラーム法（シャリーア）だけではなく，イギリス統治時代の近代法やインドの慣習法も共に用い，西アジアのイスラーム諸国の社会慣習や価値観とは大きく異なっていた。

　またパキスタンの人々の実生活をみると，確かにアッラーの神を信仰し，シャリーア（イスラーム法），礼拝，断食，巡礼などを大切にする。しかしイスラームに改宗した都市在住の人々も，ヒンドゥー教時代からの集団社会の伝統の中で活動している。農村社会もインドとの相違点より類似点の方が強く，インド的な社会構造の中で暮らしている。相続でもイスラーム法よりヒンドゥーの慣習法が施行される場合が多いという。音楽や美術もインドのバラモン時代からの古典音楽や古典美術を継承している。食事もカレーであり，ヒンドゥー教徒の食事と何ら変わらない。またカシミール，パンジャブという州名はパキスタンの州名にも，インドの州名にも用いられ，同じ言葉を話し，価値観や思想も同じである。つまりパキスタンでは，宗教以外の社会現象はインドと共通であり，それが今も大変色濃く残っている。そうするとパキスタンは，インドのヒンドゥー社会と，慣習も，思想も，生き方も，文化もほとんど変わらないといえる。それゆえ，パキスタンはインド世界の国家といわざるをえない。違いは信仰神だけである。

　ムスリム国家バングラデシュ"ベンガルの国"もこの点では同様のことがいえる。バングラデシュは，インドのウエストベンガル（"西ベンガル"）州と，言語も，生活習慣も，社会構造も，思想も，生き方も，文化も，価値観もほぼ同じである。また同じイスラーム教信者とは言え，西アジアのムスリムとは，全く異なる生き方をしている。

第4章　東アジア文化圏

第4章　東アジア文化圏

1. 現在の国名

A, 方位を基本とする国名

a), 中国（中華人民共和国）

「中国（チュンクオア）」とは，"中央の領地（中原）"とか"天下の中心地"を意味する名称である。名称の発生は，封建制（ほうけんせい）をとっていた「周（チョウ）」代（前11世紀～前256）で，極めて古い。名称自体は優越思想を含み，方位（ほうい）を念頭に置いた表現であった。「中国」を，現代世界に当てはめて訳せば"世界の中心に位置する国"という意味になる。現政権の用いる「中華人民共和国（チュンホワレンミンクンハークオア）」の「中華（チュンホワ）」の名称も同じほど古く，"天下の中心で文化が最も栄える"という意味の政治的・文化的・権威的・領域的な名称である。「中華」については，司馬遷（しばせん）の『史記（シーチィ）』（前1世紀）には，四河川（黄河（ホワンホー）, 済水（チーショイ）, 淮水（ホワイショイ）, 長江（チャンチヤン））に囲まれた土地[44]と記されている。ここが中華の名の発祥地である。そしてその外側を「夷狄（イディ）」と記している[45]。中華の地を支配下に入れ，中華の権威をうまく活用して最初に統一王朝を築いたのは，夷狄（いてき）の地出身の「秦（チン）」であった。「秦」の後, 2千年以上も中華の思想や威厳は各王朝に連綿（れんめん）と受け継がれてきた。

しかし18世紀に欧米列強が侵攻し，20世紀初頭には世界政治の渦に巻き込まれ，伝統ある中国も多大の影響を受けた。と同時に，中国を中心に形成されてきた「中華世界」という交流圏も自然消滅した。そして中国自体も皇帝国家から国民国家へ切り替え，国名も漢字1字表現の伝統から多字表現へと切り替えた。中国は清の支配領域を引き継ぎながら，国民国家を建設するために，孫文は漢，満，蒙，ウイグル，チベットの五族は中華民族であると称し，毛沢東も清朝領内に住む全ての人民は中華民族であると称して，「中華」の名を民族名に代用したのである。そうすると，以前の「中華民国（チュンホアミンクオア）」や「中華人民共和国」という国名は，方位ではなく住民を優先した国名ということになる。

現在の国名

　なお「民国」「人民共和国」という表現は、和製漢語の借用である。清朝後の中国政府は、和製漢語であることを承知の上で活用したのである[46]。政治的対立時代でも、用語等々に関しては中国が日本から学んだのである。

　次に、国際呼称名について述べると、「China」という名称の発祥はインドである。インドでは、中国をサンスクリット語で「シナスターナ chinasthana」と記していた。このうちの china が西方（西アジア・欧州方面）に伝わったのである。なお sthana は"土地、国土"を意味する。ちなみに、インドより梵語仏典を輸入した中国人自身が、「chinasthana」を「秦地」とか「秦」と漢訳しているので、「china」は"秦"を意味したことになる。さらに東欧（ロシアやウクライナなど）や中央アジア諸部族は、中国を「キタイ Kitay, Khitai」と呼ぶが、これは遊牧民の「契丹 kitang」族の名に由来する。契丹族は、10～12世紀に現在の中国の華北からモンゴル地域にかけて「遼」を建国し、西方と交易した。それゆえ西方の国々から中国と思われ、用いられた名である。また中国に来て『東方見聞録』を著したイタリア（ヴェネティア）の商人マルコポーロの用いた「カタイ Cathay」の名も「契丹」に由来する。

b)，朝鮮（朝鮮民主主義人民共和国）

　「朝鮮」とは"朝が鮮やか"、すなわち"（中華の）東方"を意味する。方位を意識した名称である。現在使用する朝鮮の国名は、「李氏朝鮮」の国号の借用であり、「李氏朝鮮」はもっと古い「箕子朝鮮」の国名の借用である。李氏は、1393年に「明」にお伺いを立てて、「和寧」（李氏の出身地の旧名）と「朝鮮」の2つの名称から「朝鮮」を選定してもらった（授与された）経緯がある（伊東ほか，1986，p.468）。「朝鮮」という名称の活用は、今回が4度目（檀君朝鮮、箕子朝鮮、李氏朝鮮、現在の北朝鮮）となる。なお正式名「朝鮮民主主義人民共和国」の「民主主義人民共和国」も和製漢語である。当時の国家表現は、日本の作成した漢語を採り入れたのである。

　国際呼称名の「コーリア Korea」は「高麗」に由来する。「高麗」は中国を征服したモンゴル帝国に服従したので、モンゴルから西方に伝わった名である。

c), 日本

「日本」とは，中国を意識して方位から命名した国名である。『旧唐書』には，「日本国は倭国の別種である。その国が日（太陽）の近くに位置しているので，日本を名とした。或いは倭国は自らその名がうるわしくないのを嫌って日本に改称した‥」と記してある[47]。つまり，日本とは"日の昇る方"="東"を意味した表現である。「日本」の特色は，日本が中華王朝に認めさせた名称であり，中華王朝から与えられた名称ではないこと。その後政権変更があっても「日本」の名称を変えなかったこと。この点に日本の特色が出ている。

国際呼称名「Japan」は，マルコポーロが『東方見聞録』で伝えた「ジパング」に由来する。元朝時代（14世紀初頭），蒙古語で「日本国」を「ジブンクゥ Ži bun quу」と発音したので，「ジパング」は蒙古語に由来する可能性が高い。ただ元朝時代の華南語では「日本国」を「ジペンクォ」と発音していたのでこの説も有力である。現在でも華南では「日本」を「ザッパン」と発音する。

また9世紀半ば，ペルシア語やアラビア語では，日本を「ワークワーク Wāq Wāq」と呼んだが，この名は"倭国"に由来するという。

B, 部族・民族名を用いた国名

a), モンゴル

正式名の「モンゴル・ウルス」とは，"モンゴル族の国"を意味する。モンゴルの語源は mong "勇猛な" に gor, gar "人" をあわせたもので "勇ましい人" を意味するという（椙村,1985,p.248）。国名に活用されたのはチンギス・ハーンの時代で，「イェケ・モンゴル・ウルス Yeke Mongol Ulus」"大モンゴル国"と名乗った時である。そのため中国全土を支配して栄えたフビライの王朝は，「大元」とも，「大元ウルス」とも，「ダイオン・イェケ・モンゴル・ウルス Daion Yeke Mongol Ulus」"大元大蒙古国"とも呼ばれた。それゆえ現在の「モンゴル」政府は，今も伝統ある表現を重視して ulus を用いる。Ulus の語源は，モンゴル語で"人民, 民衆"を意味するが，転じて"部族集団"と

か"国家""領地"を表す。

　ただ，現在ではモンゴルの領土も縮小し，ハルハ族のモンゴル領だけが残った国土となった。中国では「ハルハ・モンゴル」の領域を歴史上「漠北蒙古(ばくほくもうこ)」と記した。またゴビ砂漠以南の内モンゴルは「漠南蒙古(ばくなんもうこ)」，ジュンガル地方は「漠西蒙古(ばくせいもうこ)」，チャイダム盆地周辺は「青海蒙古(チンハイもうこ)」と呼び，今は中国領となっている。またバイカル湖周辺の現在のロシア領は本来「ブリヤート・モンゴル」と呼ばれた。本来の「モンゴル」領は，そうとう広範囲だったのである。

b)．韓国（大韓民国）

　現国名の「大韓民国(テハンミングク)」の「韓」は，古代の韓族の名に由来し，"治める長"を意味するという（楢村,1985,p.16)。「韓」はモンゴルの用いるハーン khān と同類語である。以前の「朝鮮（李氏朝鮮）」は，日清戦争で清が破れたのを機に，もはや「清」の属国にあらずという意思表示を込めて，1897年に清の年号借用停止と，独自年号（光武）の作成と，「大韓帝国(テハンチェグク)」への国名の改名を断行した。「韓」の名は半島南部に興った名称で，使用は「三韓(さんかん)」（馬韓(ばかん)・辰韓(しんかん)・弁韓(べんかん)）時代が最初である。ただ韓の頭文字の（馬・辰・弁）という文字は，当時の漢の支配地（楽浪郡）からみた方角を表したので，三韓の名の興りも半分は方位を意識した国名ともとれる。「韓」の文字の使用は，今回が3度目（三韓，大韓帝国，大韓民国）となる。語尾の「民国(ミングク)」という表現も和製漢語である。第2次世界大戦後，北は中国共産党の援軍の下で「朝鮮」という名称を用いて国づくりを進めたこともあり，米国が後押しして形成した南は，中国の影響の少ない「韓」の名を用いて国づくりを始めた。国際名の「コーリア Korea」は朝鮮民主主義人民共和国と同じで，「高麗(コリョ)」に由来する。

　現在の大韓民国と朝鮮民主主義人民共和国は，同じ文化，同じ部族から成る国といえるが，対立が激しい。歴史をみると，朝鮮半島には北と南にそれぞれ独自の王国が誕生し，力をつけた方（王国）が後々朝鮮半島全土を統一するという歴史を歩んだ。現在の朝鮮半島の実情をみると，朝鮮半島における王国形成時の抗争過程と重なってみえる。

2. 王朝・王国名

　東アジアは国ごとに違いがみられるので，国ごとに考察する。王朝・王国名は，地域性，歴史的背景，他地域との関係などを読み解くために活用する。
A，中国の王朝（中華王朝）・王国名
B，朝鮮半島の王朝・王国名
C，日本の王朝・王国名
D，遊牧地域の王朝・王国名

A，中国の王朝（中華王朝）・王国名

　中国の歴代の王朝・王国名は，漢字1字で表した。中華王朝は，本土より格下とみなす周辺の王国名には2字を与えた。中国内に興った国号の由来を分類すると，①出身地名の活用，②封土（君主が認定した領地）名の活用，③物産名の活用，④文字の意味の4種類[48]に分けられるという。歴史からみて①と②は重なる場合が多く，どの時期で判断するかによって，①と表現しても②と表現しても良い場合がある。王朝名の「商」（シャン）（前16C-前11C,殷ともいう）や「周」（チョウ）（前11世紀～前256），江南地方の王国の「越」（ユエ）などは①の出身地名と判断した方がよい。次に王朝名の「秦」（チン）（前8c-前206），「漢」（ハン）（前202-後220），「魏」（ウェイ）（220-265），「晋」（チン）（256-316），「隋」（スウィ）（581-618），「唐」（タン）（618-907），「宋」（ソン）（960-1279）や，春秋・戦国時代（前770～前403）の地方王国名「燕」（イェン）「韓」（ハン）「趙」（チアオ）「衛」（ウェイ）「薛」（シェエ）「鄭」（チュン）「蔡」（ツァイ）「曹」（ツァオ）「呉」（ウ）などは，②の封土名といった方が適当である。春秋戦国時代の「周」は，一族・功臣などに領地（封土）を与え，世襲（せしゅう）の諸侯に任じて治めたからである。この他，王朝名で④（文字の意味）に該当するものに，「元」（ユエン）「明」（ミン）「清」（チン）がある。「元」（1271-1368）と「清」（1616-1912）は異民族（漢民族以外）の王朝であった。モンゴルの「元」は，

王朝・王国名

　モンゴル語では「Yeke Mongol Ulus」と名乗ったが，中国では「大元」を使った。「元」の名は，五経の1つの『易経』の中の「大いなるかな乾元，万物よって始まる」[49]から採った。「明」(1368-1644)の場合，開祖の朱元璋は，当時の仏教一派の白蓮教（明教）の信者から身を立てて権力を握ったので，「大明」を国名とした[50]。朱元璋は領土（封土）を持っていなかったからである。「清」(1616-1912)は女真（Djurchin＝満州族）族の建てた王朝で，以前に「金」を建てた経緯もあり，最初は「後金」と名乗った。しかし前の「金」は漢民族から嫌われ，満蒙漢の民の上に君臨するには不適当であった。そこで，女真族の信ずる文殊菩薩を祭る清涼山[51]の「清」を採り，「大清国 Daicing gurun」に改めた。グルン gurun は満州語で"国"を意味する。

　次に中国史上，分裂時代を3度経験した。1度目の春秋・戦国時代（前770-前221）の地方国名は，主に②の封土名を用いた。2度目の三国時代から隋の統一（220-581）までと，3度目の五代十国時代（907-960）の地方国名は，封土を与える王朝もなく，以前の有力王朝名か有力王国名にあやかって命名した。借用例として「漢」[52]の名称をみると，「劉」の姓を持つ支配者が国を建てれば，劉邦の「漢」王朝にあやかって「漢」と命名した。借用は9カ国もあった。「魏」の名の借用例も6カ国あった。そこで借用した国名には，地名詞（蜀漢）や方位詞（南漢）や時間詞（後漢）などを付けて違いを区別している。

　歴史的他称名も記しておく。ギリシア・ローマでは，古代の中国を，陸路経由名で「セリカ Serica」"絹の国"と呼び，海路経由名で「シナイ Sinae」"秦"と呼んだ。他にビザンチン帝国では中国を「タウガス Taugas」，アラビアでは「タムガージュ Tamghaj」と呼んだが，この両名は"唐家子＝唐の中国人"に由来した名称であるという。ペルシアは「ナンギアス Nangias」と呼んだが，これは"南家子＝南宋の中国人"を指した名に由来するといわれている。

B, 朝鮮半島の王朝・王国名

　歴代の王国の発祥は，南北にみられる。北方には「朝鮮」（前190以前），「高句

麗」(1c-668)，「高麗
リョ
コリョ
」(918-1392)が興った。「朝鮮」の名は最も古い王国名で，史上4度も活用された（国名参照）。「高句麗」とは"貊族の城塞"を意味する（金沢,1994再版,p.26)[53]。「高麗」の場合は，高句麗の後継者を自負して高句麗の前後2字からとった名である。「渤海
バルハイ
」(698-926)も北方に興ったが，「渤海」は現在の中国領に存在したので，中国系王国とも，朝鮮系王国とも主張されている。「渤海」とは"発族の海"を意味する(和泉,1997,p.330)[54]。

　南方には，「三韓
サムハン
」(3c頃)，「百済
ペクチェ
」(4c-660)，「伽倻（加羅）
カヤ　　カラ
」(4c-562)，「新羅
シルラ
」(4c-935)などが興った。この中で「三韓」すなわち「馬韓，辰韓，弁韓」の「韓」はモンゴルのハーンkhānと同じで"上，首長"を意味し，韓の頭文字（馬は十二支の馬の方向＝南方，辰は辰の方向＝南東，弁は己と同じで己の方向＝南南東）は，漢の楽浪郡からみた"方角"を表す(椙村,1985，p.16〜p.17)。「韓」の名称は，3度国名に活用されており，「朝鮮」と共に特別な名称といえる。また「百済」とは"貊族の国"を意味する（金沢,1994再版, p.24）[55]。「伽倻，加羅」は"城塞"を表すという説（金沢,1994再版,p.26）と"新開地"を表すという説（善生, 1994再版,p.250）がある。「新羅」も"新しい国"を表すという説と"金の村（国）"を表すという説がある（金沢,1994再版,p.9）。

C．日本の王朝・王国名

　中国の記録をみると，漢代から唐代までは「倭」という名称が使用されていた。語源は，『前漢書』の内容から判断して"柔順
じゅうじゅん
"を表すという説や，『後漢書』から判断して"伊都（倭土）"の略称であろうという説，他にも説があって不確定である（椙村,1986,p.306）。この記録に対し，日本の立場から考察すると，当時の日本の分裂諸集団は，正式名称を名乗っていたのか，統一意識を持っていたのかさえも不明である。日本が他国に対して，統一国名という意識を持ったのは，中華王朝に「倭」の使用をやめて「日本」と呼ぶように要求した時であると考える。この歴史的行為から判断すると，「倭」は日本が使った統一名称とは考えにくい。ただ「倭」の漢字は「ヤマト」の当て字に用いら

れた事もあり，地方豪族名であった可能性もある。これらをまとめると，「倭」とは，中華王朝に貢物を届けて認証を求めた日本の地方豪族名を，当時の中国の王朝が意図的に統一名として用いた可能性が高いと考えられる。

「琉球」の名も，中国の『皇明世法録』によれば，"海に浮ぶ龍の如き島嶼群の地勢"という意味[56]で，種子島から台湾までの漠然とした列島の総称として用いたものであるという。

D. 遊牧地域の王朝・王国名

遊牧地域には，「匈奴」(前4c-2c)，「柔然」(5c-6c)，「高車」(5c-6c)，「突厥」(6c-8c)，「吐蕃」(7c-9c)，「西夏」(1038-1227)，「オイラート瓦剌」(15世紀)，「タタール韃靼」(15世紀)，「魏(北魏＝鮮卑)」(386-534)，「遼(契丹)」(10c-12c)，「金」，「元」，「清」などが興った。

語源をみると，「匈奴」は"人間"を意味した。「柔然」は"礼儀，賢明"を意味した。「契丹」は"刀剣，切断する"を意味した。「高車」は"高い車輪"を意味した。「西夏」は宋代の地域名「夏州」からとった。「オイラート」は"森の民"を意味した。「タタール」は，"他の人々"を意味した。(以上が白鳥の説)。「吐蕃」は"高い所"を意味した(椙村,1985,p.27)。この中で「匈奴」「柔然」「突厥」「契丹」は，自称名を漢音表記したものである。「吐蕃」「瓦剌」「韃靼」は他部族の名称（他称名）を漢音表記したものである。ところが「魏(北魏)」「遼」「金」「元」「清」は，完全に遊牧民が中国式の表現名を用いた名称といえる。具体的にいえば，鮮卑族は中国王朝名を借用して「魏(北魏)」と名乗り，契丹族は鑌鉄が採れたので，中国式に「遼」と名乗った(呉晗,1991,p.141)[57]。ちなみに契丹族は，中国商品を西方に伝えたので，「キタイ」の名が中国名として代用された。女真族は，阿什川に砂金が採れたので，「金」を国名とした(下中,1984,三 p.1)[58]。「遼」と「金」は中国の国名分類方法に当てはめるなら③の鉱産物（物産）名にあたる。王朝の「大清(清)」と「大元(元)」の意味や由来については，中国の項で述べたので省略する。

3. 市町村接頭・接尾辞, 都市名, 地域名

　市町村名, 地域名は無数にある。これらを全て調べることは不可能である。しかし特色を大まかに捉える方法がある。それは市町村名に付ける接頭・接尾辞を分析する手法と, 主要都市名・主要地域名の語源・由来を特定のカテゴリーに括って分析する手法がある。この2手法をとる。東アジアは国別にみる。

A, 中国

a), 市町村の特徴から用いる多様な地名接尾辞

　中国では多様な接尾辞[59]が活用されている。自然発生の集落には「村ツォエン」「家チェア」「荘チョワン」「子ツ」「房ファン」「集チィ」「場チャン」「壚トゥ」などが用いられた。行政所在地の集落には「京ジン」「省シォン」「州チョウ」「県シエン」「府フウ」「鎮チェン」「郷シアン」「旗チー」などが用いられた。軍事・防御目的の集落には「屯トェン」「営イン」「城チョン」「堡パオ」「関コワン」「寨サイ」などが用いられた。交易場所の集落には「站チャン」「津チン」「浦プウ」「橋チャオ」「口コウ」などが用いられた。商業・市場の集落には「市シー」「店ティエン」「舗プウ」などが用いられた。現在, 都市には「市」が活用されている。漢民族領内では, 行政所在地の接尾辞は全国的活用だが, 他の接尾辞は地域性がみられる。例えば,「屯」なら東北に,「荘」「鎮」なら華北に,「店」「集」なら華北〜華中に,「舗」なら華中の長江中流に,「場」なら四川省に,「壚」なら華南に集中して活用されている。

b), 現代の行政区画接尾辞と以前の行政区画接尾辞

　『現代中国地名辞典』には,「中国の地名は行政区画と切り離しては考えられず, 行政区画は政治と密着している」と記している。現在, 省級(「直轄市ジーシアシー」「省シォン」「自治区ツチチュイ」), 地級(「市シー」「地区ディチュイ」「自治州ツチチョウ」「行政区ハンジョンチュイ」「盟モン」), 県級(「市シー」「県シエン」「自治県ツチシエン」「旗チー」「自治旗ツチチー」「特区トァチュイ」「工農区ゴンノンチュイ」「山シァン」「鎮チェン」)

市町村接頭・接尾辞，都市名，地域名

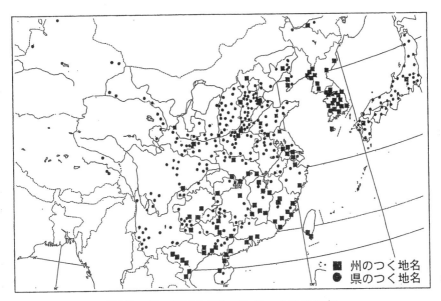

図17　東アジアの「州」「県」のつく地名分布
著者作成

といった区分がある。この中で数の多い「県(シェン)」は春秋時代から使われてきた。この他，以前には「国(クオア)」「州(チョウ)」「府(フウ)」「道(タオ)」「路(ルウ)」「庁(ティン)」「郡(チュン)」「軍(チン)」「監(ジェン)」「邑(イ)」も行政区画接尾辞として用いられた。また以前の行政所在地の中心的都市名に，今もその接尾辞が引き継がれて活用されているものも多い。その代表例をあげれば「州(チョウ)」であろう。「州」は伝説の王朝時代から幾度も用いられ，大変重要であり，今も地方の中心都市名に多く活用されて残っている。

c)．軍事関連（特に防衛のため）の接尾辞

図18のように，遊牧民との抗争地（万里の長城付近）の中国領内には「堡(パオ)」"砦"，「城(チョン)」"城壁"，「関(コワン)」"関所"，「口(コウ)」"出入場所"といった接尾辞の付く地名が特に多く残っている。それが万里の長城の内側に多いので，防御のための接尾辞であると推察できる。また"辺境の境，出入り口"を指す「門(メン)」の接尾辞は交易の最前線か城壁のある集落に多く用いられた。「門」は漢民族と異民族の接点だった場所に多くみられる。接尾辞の分布からみて，防衛線は華

第4章　東アジア文化圏

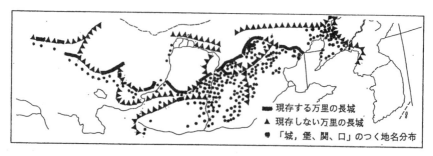

図18　農耕地域と遊牧地域の境にみられる防衛的接尾辞の分布
著者作成

北平原と関中盆地(渭水盆地(ウェイショイ))に到るルートが特に重視だったことがわかる。万里の長城からみて，明代まではこのあたりが漢民族居住の北限だった。

d)，政治的意図の地名

図19や図20のように，中国の都市名には好字や嘉字が用いられ，政治的願望を込めて命名された地名[60]が多い。その幾つかを挙げてみる。「北京(ベイジン)」"北の都"や「南京(ナンジン)」"南の都"。「重慶(チョンチン)」"喜ばしいことが重なる"。「安寧(アンニン)」"平和で安全"。「寧化(ニンホワ)」"平和に変える"。「和平(ホーピン)」"平和"。「互助(フウチウ)」"助け合い"。「興隆(シンロン)」"勢いが増し栄える"。「建徳(チェントー)」"徳（良い事）を起こす"。「泰順(タイシュン)」"従順で安らか"。「大慶(ターチン)」"大いなる喜び"。「懐化(ホワイホワ)」"慕うように変えていく"。「敦化(トンホワ)」"手厚く教化"。「開化(カイホワ)」"文化が開けていく"。「彰化(チャンホワ)」"明らかにしていく"。「鎮遠(チェンユワン)」"遠い地が鎮まる"。「鎮西(チェンシー)」"西域の安定"。「鎮江(チェンチャン)」"大河流域の安定"。「永康(ヨンカン)」"長くすこやか"。「遂昌(ソイチャン)」"栄えさせる"。「南昌(ナンチャン)」"南域が栄える"。「崇慶(チョンチン)」"たっとび喜ぶ"。「永寿(ヨンショウ)」"長くめでたい"。「長安(チャンアン)」"永遠の平和"。「長興(チャンシン)」"長く発展し栄える"。「広州(コワンチョウ)」"広布恩信の地"。このような政治支配願望を込めて命名した地名が数え切れないほどある。

列挙した地名から特色を分析すると，「化(ホワ)」の付く地名は，支配領地が中国王朝に従い，また中国化していくように願って用いられたもので，上記の「寧化」「懐化」「敦化」「開化」「彰化」が該当する。「鎮(チェン)」は，鎮圧やその後の服従を願って命名し，上記の「鎮遠」「鎮江」「鎮西」が該当する。「永(ヨン)」「長(チャン)」「広(コワン)」

市町村接頭・接尾辞，都市名，地域名

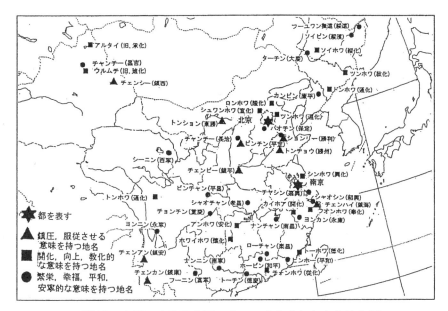

図19　中国の政治的意図によって命名された主な地名例

著者作成

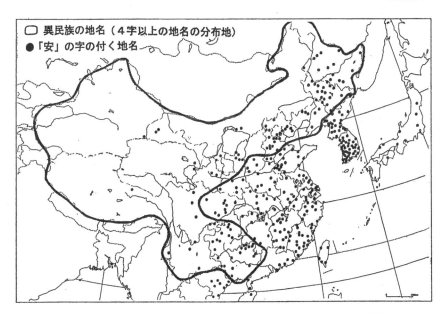

図20　東アジアにおける「安」のつく地名分布と異民族地名分布

著者作成

の付く地名の場合は，時間的・空間的な願望を込めて命名した地名であり，上記の「永康」「永寿」，「長安」「長興」，「広州」が該当する。

また特に数の多い「安(アン)」や「寧(ニン)」の文字は，国家や地域の平和や安定を願って用いた漢字の地名である。このような政治的意図による好字(こうじ)や嘉字(かじ)地名の代表として，図20に「安」の付く地名を挙げた。「安」は，地域や都市の平和や安全を願い，また支配下の地域が従順になるように願って与えたものである。歴史地図をみると，戦国時代あたりから「安(アン)」「安邑(アンイ)」「安陽(アンヤン)」「安陵(アンリン)」などの地名がでてくる。地名から判断して，古くは中央の重要都市，後には治安が不安定になりやすい遠隔地の地名，さらに行政区分名にも活用されたことが読み取れる。そして支配地の拡大や歴史の経過と共に「安」の字の使用範囲も拡大していった。現在では中国だけでなく，朝鮮半島や越南(ヴェトナム)にも多くみられる。

e), 政権交代による主要都市名の改名

中国では，政権交代の度に，都(みやこ)と各地方の中心都市（城市(チョンシー)），さらに行政区画（政治区分）名も頻繁に改名された。これが中国の地名の大きな特徴である。表5から大都市名の改名を判読すると，「北京」の場合，「薊(スゥ)，上谷(サングー)，析津(ザーチェン)，燕京(イェンジン)，南京(ナンジン)，中都(チョンドゥ)，大都(タードゥ)，京都(ジンドゥ)，北平(ベイピン)」などと改められている。つまり「北京(ベイジン)」「南京(ナンジン)」「開封(カイフォン)」「西安(シーアン)」など都の置かれた都市ほど頻繁に改名され，大都市では「蘇州(スーチョウ)」「武漢(ウーハン)」「揚州(ヤンチョウ)」など，都に匹敵するような重要都市ほど幾度も改名されている。また分裂時代より統一王朝時代の方が改名した地名は多い。特に秦，漢，晋，隋，唐，宋の時代は，地方城市まで大規模に改名を行

表5　中国における政治的意図による主要都市名の改名

～前256	前221～前206	前202～220	220～280	265～420	439～589	589～618	618～907	907～960	960～1279	1271～1368	1368～1644	1636～1912	1912～	時代区分	名称と語源
周	秦	漢	三国	晋	南北朝	隋	唐	五代	宋	元	明	清	現代	現在	王朝　語源
薊	薊上谷	薊	薊幽州	薊幽州	薊	薊幽州涿郡	幽州范陽	析津幽州	燕京南京中都	大都カンバリク	北京京師	北京京師	北平北京	ペイジン（北京）ペイチン	"北の都"

市町村接頭・接尾辞，都市名，地域名

周	秦	漢	三国	晋	南北朝	隋	唐	五代	宋	元	明	清	現代	現在	王朝／語源
金陵	秣陵	秣陵	建鄴 建業 揚州	建康	建康 建業 丹陽	江寧 建康	金陵 建康	金陵 江寧	建康	集慶 建康	応天 南京	江寧 南京 天京	南京	ナンジン（南京）ナンチン	"南の都"
豊京 鎬京	咸陽	長安	長安	長安	長安	大興	長安	長安	京兆	奉元	西安	西安	西安	シーアン（西安）	"西の安寧"
洛邑	三川	洛陽 雒陽	洛陽	洛陽	洛陽 東京 東都	洛陽 神都 東都	洛陽	洛陽	河南	河南	河南 洛陽	洛陽	ルオヤン（洛陽）	"洛水の北側"
大梁 浚儀	大梁	浚儀	浚儀 梁	浚儀 梁 陳留	浚儀 陳留 梁州	浚儀 陳留 梁州	開封	大梁 開封 汴州	東京 開封 南京 汴京	南京 汴梁	北京 開封	開封	開封	カイフォン（開封）	"国境を広げる"開拓封疆
広陵	広陵	広陵	広陵 歴陽	広陵	広陵	江都	揚州 平城	揚州	揚州	揚州	揚州	揚州	揚州	ヤンチョウ（揚州）江都	"陽気な江南人の地方"
	銭塘	銭塘	銭塘	銭塘	銭塘	杭州	杭州 銭塘	杭州	臨安	杭州	杭州	杭州	杭県	ハンチョウ（杭州）	「杭」は"渡る"銭塘江の渡航口
	平城	平城	平城	平城	平城	平城	雲州	大同	西京	大同	大同	大同	大同	タートン（大同）	"平らで広々とした地"
										海津 直沽	直沽	天津	天津	テンチン（天津）	"天子（永楽帝）の地の渡し場（港）"
呉 姑蘇	呉県 会稽 姑蘇	会稽 呉郡	呉郡	呉郡	呉郡	呉州	呉州 蘇州	呉州 平江	呉州 平江	呉州 蘇州	呉州 蘇州	蘇州 呉	蘇州	スーチョウ（蘇州）	"姑蘇山の地方"
鄞	鄞県	鄞県	鄞県	鄞県	句章	鄞県	鄞県 明州	慶元 明州	慶元	明州 寧波	寧波	寧波	寧波	ニンポー（寧波）	"波は穏やか"
会稽	山陰	山陰	会稽	会稽	会稽	越	越	紹興 越	紹興	紹興	紹興	紹興	紹興	シャオシン（紹興）	"紹興元年（1131）"
成都 益蜀	成都 益蜀	成都 益蜀	成都	成都	成都 蜀郡	成都	成都	成都	成都	成都	成都	成都	成都	チョントー（成都）	"川の合流するところ"
					上海（浦）	上海	上海	上海	上海	上海	上海	上海	上海	シャンハイ（上海）	"海へ"，"海外へ出かける（浦）"
	巴郡 江州	江	江	江	塾江	巴郡	巴渝	巴県 重慶	巴県 重慶	巴県 重慶	巴県 重慶	巴県 重慶	重慶 巴県	チョンチン（重慶）	"喜ばしい事が重なる"双重慶賀
大夏	晋陽	陽曲 太原 晋陽	太原	太原	太原	汾陽 太原	并州 晋陽	并州 太原	太原	太原	太原	太原 陽曲	太原	タイユワン（太原）	"大きく高い平原"
										盛京	瀋陽	瀋陽	瀋陽	シェンヤン（瀋陽）	"瀋水の北側"
												長春	長春	チャンチュン（長春）	"キンセンカ"の花
		沙羨	沙羨 夏口 江夏	沙南 沙羨 郢州	沙南 江夏	沙南 江夏 鄂州	沙南 鄂州	武昌 漢陽 鄂州	武昌 漢陽	武昌 漢陽 漢口	武昌 漢陽 漢口	武漢		ウーハン（武漢）	"武昌、漢口、漢陽"の頭文字
	長沙 臨湘	長沙 臨湘	長沙 臨湘	長沙	湘	長沙	潭	潭	潭 長沙	天臨	長沙	長沙	長沙	チャンシャー（長沙）	"長い砂丘"
	南昌 豫章	豫章	豫章	豫章	洪	洪	洪	竜興	南昌	南昌				ナンチャン（南昌）	"南の辺境地を栄えさせる"
番禺	番禺 南海	番禺 南海	番禺 広州	番禺	番禺	番禺 南海	番禺 広州 南海	番禺 広州	番禺 広州	番禺 広州	番禺 広州	広州 広東	広州	コワンチョウ（広州）	「広布恩信」より「広」は"恩と信を広く行き渡らせる"

注・下線のある地名（太字）は首都
中国歴史地図集第Ⅰ冊～第Ⅷ冊，中国地名辞典，中国古今地名大辞典，中国地名大辞典，東洋史辞典，世界歴史事典，アジア歴史事典，大漢和辞典，漢語林，中日大辞典などを参考に著者作成

注・下線のある地名は王朝の首都

い，元や清の時代は，遊牧地域も中華王朝の支配下に置いたので，遊牧地域まで含めた命名や改名が行われている。ただ改名されても以前の名称は消え去るわけではなく，後の時代に復活するか，歴史的名称として受け継がれている。

f），中国の行政区分名

現在の中国の行政区分名も挙げておく。漢族の領域では民族名は用いず，方位，地域名などを使用するという共通性が見られるが，異民族居住地の自治区は居住する部族名を挙げてその特徴を示しており，明確な違いがある。

表6　中国の行政区分名とその名称の由来

	名称	由来・意味・語源
4市	ペイジン(北京)	"北の都"を意味。"南の都"「南京」の対語。
	テンチン(天津)	"天子（永楽帝）の地の渡し場"を意味。北京の港。
	シャンハイ(上海)	"海へ""海外へ出かける"を意味。海への出口を指す言葉。
	チョンチン(重慶)	"喜ばしいことが重なる"を意味。意図的命名。
22省	ヘイロンシャン(黒竜江)	黒竜江の名より。黒竜江は満州語のサハリンウラ"黒い江"を中国語化。
	チーリン(吉林)	吉林市名より。吉林とは"沿う，ほとり"の意味。
	リヤオニン(遼寧)	遼河地域の安定。遼は"遠くにある，遥かに遠い"の意味。
	ホーペイ(河北)	黄河の北側。黄河とは"黄色く濁った川"。
	シャンシー(山西)	太行山脈の西側。山脈名は太行（"大きな一列になった"）山の名より。
	シャントン(山東)	太行山脈の東側。山脈名は太行（"大きな一列になった"）山の名より。
	ホーナン(河南)	黄河の南側。黄河とは"黄色く濁った川"。
	フーペイ(湖北)	洞庭湖の北。洞庭湖は湖中にある君山の古名である洞庭山の名から。
	フーナン(湖南)	洞庭湖の南。山名の洞庭は「洞府の庭」"仙人の住まい"から。
	チョーチヤン(浙江)	銭塘江の旧名浙（塘）江より。浙江とは"曲がりくねった川"。
	チンハイ(青海)	青海湖より。水の色から。海は中国語で"塩湖"を指す。
	スーチョワン(四川)	長江支流の四つの河川（金沙江，岷江，沱江，嘉陵江）域より。
	ユンナン(雲南)	"雲嶺より南"。雲嶺とは"彩雲がみられる山"。
	コワントン(広東)	「広州東路」="広州地方の東部地域"の意味の略が「広東」。
	ハイナン(海南)	海南島より。"海に面した地方"の意味。「海北海南道」の海南が残る。
	シェンシー(陝西)	"陝(三門峡)県西部"の意味。三門は「人門，神門，鬼門」。
	チアンシー(江西)	江南西道の地方名より。"長江の南の西方地域"の意味。
	コイチョウ(貴州)	貴山のある地方。古代の「鬼の国」，「鬼」を同音の「貴」に変えた。
	アンホイ(安徽)	安慶市と徽州市の頭文字。「安寧」は「平安吉慶」より。
	フーチエン(福建)	福州市と建甌市の頭文字。「福」は福山の名から。
	チアンスー(江蘇)	江寧市と蘇州市の頭文字より。「江寧」は現在の「南京」。
	カンスー(甘粛)	甘州市と粛州市の頭文字。「甘州」は甘淡山（甘くうまい水）から。
5自治区	コワンシーチョワン(広西壮族)	「広西西路」="広州地方西部地域"とチョワン("壮健")族の地の合成。
	ネイモンゴル(内蒙古)	ゴビ砂漠より中国側=（内）のモンゴル人の地。清朝時代の区分名。
	シンチャンウイグル(新疆維吾爾)	新疆"新しく開発された"，ウイグルは"Hun（人）とgur（外国人）"を意味。
	ニンシャホイ(寧夏回)族	寧夏"西夏の地の安寧"，回（ホイ）族は"イスラム教を信じる部族"を意味。
	チベット(西蔵)	"ポト（チベット）族の高地"の意味。
2特別区	ホンコン(香港)	"香木の港"を意味。
	マカオ	媽閣廟に由来。媽祖と呼ぶ女神を祀ることから呼ぶ名。

表1と同じ資料を用いて著者作成

市町村接頭・接尾辞，都市名，地域名

g)．方位を表す地名

　中国では，「東 (トン)，西 (シー)，中 (チュン)，南 (ナン)，北 (ベイ)」などの方位も多く用いている。方位は単に位置を示すだけでなく，陰陽五行説として括られる中国哲学の五方の考え方も含まれている。さらに物事を対比させる思想も生かされ，「陰と陽 (インヤン)」，「東 (トン)と西 (シー)」，「北と南 (ベイナン)」，「華と夷 (ホワイー)」，「内と外 (ネイワイ)」などとして活用された。方位では，「東北 (トンベイ)」「華北 (ホワベイ)」「華南 (ホワナン)」のように中華全体を意識して用いられる場合，「河北 (ホーベイ)」「河南 (ホーナン)」のように河川（自然）を基本とする場合，さらに「北京 (ベイジン)」「南京 (ナンジン)」「西京 (シージン)」「東京 (トンジン)」のように都の位置から命名する場合など，基準とするものは様々である。また表6から省と自治区の名称をみると，「東，西，南，北」の方位を入れた名称は13あり，ほぼ半分を占める。さらに「陰」「陽」を用いる地名は，「瀋陽 (シェンヤン)」「洛陽 (ルオヤン)」のように「陽」の活用が圧倒的に多い。「陽」は河川の北側で陽当たりが良い場所，山脈や山岳の南の陽当たり良い場所に用いられた。

h)．家名（一族名）の使用と人名・宗教名の不使用

　中国を中心とする東アジアの地名には，小地名は別として，主要地名に限っていえば，個人の名をあてた地名が出てこない。中国では，秦の始皇帝（政）も，漢の劉邦も，唐の李淵も，元のフビライも，明の朱元璋も，清のヌルハチも，中華人民共和国の毛沢東も，権力掌握中に，死後に，名誉をたたえて命名した地名はない。儒家の孔子や道家の老子の名さえ地名化されていない。これは朝鮮半島でも，日本でもおおむね同様である。しかし東アジアでは，一族（家族）集団の名前なら多く残されている。例えば中国で「家」の字の付く地名が多いが，「張家口 (チャンチャコウ)」は"張家 (チャン)"に，「石家荘 (シーチャチョワン)」は"石家 (シー)"に，「李家屯 (リィチェアトェン)」は"李家 (リー)"に由来する。ただ家名や現代中国の姓氏の名も，その語源を辿 (たど)れば彼らの出身地名からとったもので，地域名に由来するものが多いという。

　参考までに，南アジア以西の地名をみると，図10や図16のように古代から数多くの人名が地名化され，当時の権力者名や国家建設者名を権力掌握中か死後に地名に用いた。このような人名の地名化は現在でもみられる。特に移民の国アメリカでは約2000市町村の4割程が人名（大石,1981,p.31）の地名化で

ある。また社会主義国時代のソ連でも多くの人名を用いた。しかしソ連と同じ社会主義国家となった共産党主導の中国では，人名を地名に用いなかった。この現象をみると，地名に関しては社会主義より中国の伝統を尊重したことになる。中国では社会主義国家も歴史の一通過地点の出来事にみえる。

同様に宗教関連地名も，東アジアでは山岳などの特定の地形や寺院などの立地場所などに用いられても，大地名には殆ど用いない。しかし南アジア以西では，図11や図15のように重要地名に宗教地名が普通に用いられている。

i), 主な自然名称

中国の河川名をみる。大河には「江(チアン)」「河(ホォ)」が用いられ，一般の河川や流水全体を表す場合には「水(シウェイ)」を用いる。もっと小さな流れ（支流の支流）は「溪(シイ)」「渠(チュイ)」「港(カン)」など多様な表現が用いられる。「江」の代表は中国最大の「長江(チャンチアン)」"長くて大きな川"で，単に「江」といえば長江を指す。「江」は華中以南の主要河川名と東北北部の主要河川名に多く用いられる。朝鮮半島でも「江」を用いる。「河」は規模から言えば「江」に次いで大きく，「黄河(ホワンホォ)」"黄色く濁った大河"が代表で，単に「河」といえば黄河を指す。「河」は主に華北以北の主要河川や内陸の河川を指す場合に多く用いる。「水」は，例えば長江の支流の「漢水(ハンシウェイ)」などが代表である。「川(チョワン)」は中国では活用しない。日本では，河川は全て「川」を用いる。中国では「江」「河」「水」をはじめ，多くの表現を使い分けるが，区分の明確な基準はなく，地域によって違いがある。

中国の平坦地（平野）は広大で，幾つもの省にまたがることも多く，地名も大きな視点から命名される名称が多い。「中華」を意識して命名した「華北」平原は"中華の北部"を意味する。国家全体の位置から命名した「東北」平原は"中国の北東部"を意味する。大河川を意識した「長江中下游」平原は"長江の中流と下流に広がる"を意味する。高原はもっと広大で，「モンゴル」高原は"モンゴル族"の名に由来する。「チベット」高原も部族名に由来し"ボト族の高地"を意味する。「黄土(ホワンツー)」高原は"細かな黄色い砂"から呼ぶ名称である。「雲貴(ユンコイ)」高原は"雲南省と貴州省の頭文字"から命名し，両省にまたが

市町村接頭・接尾辞，都市名，地域名

ることに由来する。盆地も広大で，「タリム」盆地は，タリム河から呼ばれる名称で，ウイグル語で"河流が集まる"とか"耕作可能な地"を意味するという。「四川（シーチョワン）」盆地は"4つの河川の流域"を意味するとか，川は"区域"を表し，"4の地区からなる"を意味するという説などがある。「ジュンガル」盆地は"左翼（さよく）"の意味でモンゴル帝国の軍隊名から出た名称である。

　山脈は，中国の自然環境を大きく変える大山脈に絞ってあげてみる。東北平原とモンゴル高原の境で，農耕地域と遊牧地域の境でもある「大興安嶺（ターシンアンリン）」は，満州語で"金山"を意味するという。また黄土高原と華北平原の境である「太行山（タイハンシャン）」は"大きくて一列に並んだ山々"を意味する。華中と華南を区分する「南嶺山（ナンリンシャン）」の名は北嶺山（秦嶺）に対して呼ぶ名称であり，"南の山脈"を意味する。南嶺は5つの山嶺から成るので「五嶺」ともいう。異民族自治区にあって乾燥地域（中央アジア）や砂漠（タクラマカン）の水ガメである「天山（テンシャン）」は匈奴語で"天に至る山"を意味する。タクラマカン砂漠（タリム盆地）とチベット高原の境となっている「崑崙山（クンルンシャン）」はホータンの南にあり，ホータン地方の古語で"南の山"を意味する。モンゴル系とトルコ系の境の「アルタイ」山脈はモンゴル語で"金の山"を意味する。これらの大山脈は，大きく自然環境を変えるだけでなく，民族区分，地方文化区分の役割も果たしている。

B. 朝鮮半島

a), 多様な地名接尾辞

　朝鮮半島の主な地名接尾辞をみると，行政区画名には「道（ト）」「府（プ）」「郡（クン）」「州（チュ）」「面（ミョン）」「里（リ）」「市（シ）」「洞（トン）」などが用いられている。軍事関連名には「屯（トン）」「鎮（シン）」「堡（ポ）」「城（ゾン）」「営（ヨン）」「伐（ボル）」などが用いられている。交易関連名には「浦（ポ）」「津（チン）」「橋（キョ）」「口（ク）」などが用いられている。施設関連名には「堂（ダン）」「亭（チョン）」などが用いられている。集落の特徴によって使い分ける手法は中国と似ている。数からみて行政区画名の「面」「里」「洞」「市」「郡」「州」が特に多く使用されている。また接尾辞は，中国の接尾辞を借用したものが多い。

第4章 東アジア文化圏

b), 政治的意図の地名

朝鮮半島では，「道」(ト)(日本の都道府県にあたる)や「市・郡」(シ・クン)(市・郡にあたる)などの大地名や主要地名にも，図20のように政治的意図を含む「安」や「寧」の字を用いた地名が非常に多い。「州」や「安」の活用は本場の中国

表7　朝鮮半島の主要都市名と行政区分名

国名	都市名	由来・意味・語源
朝鮮民主主義人民共和国	ピョンヤン　平壌	"大きな平野"の意味。朝鮮半島最古の都市。古くは王倹城，大都護府，西京，鎬京などと呼ばれた。
	ケソン　開城	"開国都城"より開城の名が出たという説がある。高麗の首都。古くは松岳，開京，開州とも呼ばれた。
	ヘジュ　海州	"海(黄海)に面している行政府"の意味。古くは内米忽郡，瀑池郡と呼ぶ。
	チョンジン　清津	"清廉な港"の意味。旧称富寧と呼ばれた。
	シニジュ　新義州	"新しい義州"の意味。義州の下流域(鴨緑江)に国防目的と中国との交易のため建設。義州とは"君主に使える行政の地"の意味。
	ハムフン　咸興	咸州郡と興州が合併し，咸州郡と興州の1字をとって命名。
大韓民国	ソウル	ソウルは韓国語で"都"の意味。古くは慰礼城，漢州，楊州，南京，漢陽府，漢城府，京城などの名で呼ばれた
	インチョン　仁川	古料は買召忽ミスコル"水辺の村"。高麗の仁宗(1122〜46)の時，王の名にちなみ仁州の名を賜る。のち仁川と改名。
	プサン　釜山	釜山は"釜のような山"の意味。古くは富山浦と呼ばれた。
	チョンジュ　全州	新羅の支配が9州に及び，"完備=全備したから"の意味。百済の3州，高句麗の3州，新羅の3州の合計が9州
	テグ　大邱	新羅の達句火(タクブル)"軍営の村(城邑)"を同音異字の大丘に改め，さらに大邱の改名。邱に改めたのは，丘は孔子の名で失礼を避けるため。
	キョンジュ　慶州	"めでたい行政の地"の意味。新羅の王都。東京，安東都護府，金城などと呼ばれた。
	ウルサン　蔚山	"草木が茂る山"の意味。古くは鶴城，蔚州と呼ばれた。
	テジョン　大田	"大きな田(畑)"とか"広大な土地"の意味。朝鮮独自の表現は「ハンパ」。
	コンジュ　公州	百済の旧都の熊州に由来。熊(コム)="神コム"を意味。この名(熊コム)を公州と書く。
	モッポ　木浦	"木の繁る入江"の意味。
	クァンジュ　光州	武珍(百済時代)，武州(新羅時代)と呼ばれた。940年の高麗時代に光州に改名。"光の町"の意味。光州への改名理由は不明。
国名	行政区分名称	由来・意味・語源
朝鮮民主主義人民共和国	ハムキョンブグド(咸鏡北道)	咸興，鏡城の両市の頭文字。咸興は合併により咸州と咸南の頭文字。
	ハムキョンナムド(咸鏡南道)	鏡城は女真語モラング"鏡"の意味。"モラングの城塞"。
	リャンガンド(両江道)	鴨緑江(中国語"鴨の頭のような緑色の水")と豆満江(満州語"一万")。"2つの河川地域"。
	チャガンド(慈江道)	慈城，江界の両市の頭文字。慈城は"慈城江の川岸にある城塞"。
	ピョンアンブグド(平安北道)	平壌，安州の両市の頭文字。平壌は"大きな平野"
	ピョンアンナムド(平安南道)	平壌，安州の両市の頭文字。安州は"安寧な行政区"。
	ファンヘブグド(黄海北道)	黄州，海州の両市の頭文字。
	ファンヘナムド(黄海南道)	黄州，海州の両市の頭文字。海州は"大海(黄海)に臨んでいる"。
	カンウォンド(江原道)	江陵，原州の両市の頭文字。
大韓民国	カンウォンド(江原道)	江陵，原州の両市の頭文字。
	キョンギド(京畿道)	赤県(京畿)，畿県の頭文字。"都の周辺地域"。
	チュンチョンブグド(忠清北道)	忠州，清州の両市の頭文字。
	チュンチョンナムド(忠清南道)	忠州，清州の両市の頭文字。
	キョンサンブグド(慶尚北道)	慶州，尚州の両市の頭文字。慶州は"慶事を行う州冶=めでたい行政区"。
	キョンサンナムド(慶尚南道)	慶州，尚州の両市の頭文字。
	チョルラブグド(全羅北道)	全州，羅州の両市の頭文字。全州は，"(9州が)完備=全備したから"。
	チョルラナムド(全羅南道)	全州，羅州の両市の頭文字。
	チェジュド(済州道)	済州島より。済州とは"海のかなたにある州"。

表1と同じ資料を用いて著者作成

市町村接頭・接尾辞，都市名，地域名

より多い。この他「東(トン)，西(ソ)，南(ナム)，北(ブク)」といった方位や，位置を示す「陽(ヤン)」の活用も多い。これらも明らかに中国の地名命名方法を借用した例である。さらに韓国・北朝鮮では，現代の「道」（行政区分）の名は，表7のように合成地名（例，江原(カンウォン)道は江陵(カンルン)市と原州(ウォンジュ)市の合成）を多用し，有力都市名を単独で用いる方法はとらない特徴があるが，これも中国と似た命名手法である。

c), 朝鮮半島独自の地名

　朝鮮半島の現在の主要地名は，ソウルを例外として殆どが行政目的の公称であり，漢字の音読みの名称である。しかもその漢字は大部分がよき意味の文字（嘉字）をあてている。本来の住民の名づけた呼び方や意味とは無関係の漢字である。簡単にいえば，中国式の美しい地名である。現地の人々が名づけ，長く親しまれてきた本来の地名は俗称となり，それは漢字表記されず，地図に記載されていない場合がある。第二次世界大戦後，南北両国が独立してから公称のみが表記されている。それゆえ朝鮮半島の主要地名は，日本と違って朝鮮の人々の本当の事情を探る地名には成り得ていないものが多い。ただ「面(ミョン)や邑(ウブ)」（町村にあたる）・「里(リ)や洞(トン)」（大字(おおあざ)にあたる）の接尾辞の付く地名や更に小地域の極小の地名の中に，漢字の発音とは関係のない現地語由来の地名（朝鮮半島独自の呼び方をする地名）がある（善生,1994再版,p.237）。

　つまり，朝鮮半島独自の地名は，町村内部の小地名や自然名に多く，都市や広域を指す大地名（重要地名）や行政区画を表す地名は，中国の命名方法を借用している。以上のことから，国家造りや統治に必要な主要地名に関しては，中国の命名方式を積極的に取り入れたという結論になる。この点で日本の地名との大きな違いを感じる。簡単にいえば，朝鮮半島には漢字の訓読みはなく，朝鮮独自の地名を表記する方法を持たなかったからである。

d), 地名の改名

　歴史的動きとして地名をみると，中村（1925,pp.85-86）によれば，高句麗の地名は新羅時代に，新羅の地名は高麗時代に，高麗の地名は李氏朝鮮時代に

改名された名称が多い。例えば「ソウル」も「慰礼城(ウィレソン)、漢州(ハンジュ)、楊州(ヤンジュ)、南京(ナムキョン)、漢陽府(ハンヤンブ)、漢城府(ハニャンブ)、京城(キョンソン)」と変更された。改名行為も中国と同じ発想である。

C. 日本

a), 接尾辞と地名（中国の影響）

　日本では、律令時代以降の行政区画名に用いた「国、州、府、道、郡、市、郷、里」などの接尾辞は、中国の行政区画名を取り入れた表現である。日本は8世紀初めから全国を「国、郡、里(郷)」に区分して行政組織を整えた。行政区画名の活用だけでなく、行政区画名の前に付ける固有名詞にも改革が進められた。ただ基本となる固有名詞自体は、中国のように政治的意図の強い地名に切り換えたのではなく、自然発生の郷里の地名を昇格させて活用した。そしてその地名を中国式に嘉字化、二字化、統一化（以前は1地域に数種類の地名表現がみられた）したものであった。このような地名改革が行き届いたということは律令体制が行き届いたことを意味する。それはまた全国の人身を統制し、租税を納めさせることが可能になったことも意味する。すなわち初めて統一した国家組織や国家体制が完成したことを示している。日本最初の大地名改革は日本最初の行政改革だったのである。

b), 日本独自の地名

　日本の地名を、表8の47都道府県名と表9の都道府県名と異なる名称をもつ17の県庁所在地名の特徴から分類してみる。合計64地名の中で、半数以上が自然名称に関連する地名が占めている。具体的には、山地関連の地名では（岩手、静岡、松山）がある。丘・岡関連の地名では（岡山、和歌山）がある。河川関連の地名では（石川、香川、神奈川、札幌）がある。川の中洲関連の地名では（高知、広島、徳島、仙台）がある。平野関連の地名では（奈良、名古屋、長野）がある。農耕地関連の地名では（大分）がある。平野の中の小高い丘関連の地名では（福島）がある。坂関連の地名では（大阪、佐賀）がある。湿地

市町村接頭・接尾辞，都市名，地域名

表8　日本の都道府県名

地名	由来	意味・語源	地名	由来	意味・語源
北海道	蝦夷地	大和朝廷が名付けた蔑称の蝦夷(かい)の字の読み換えにあてて北海道とした	滋賀	古代からの郡名	"そこ"，"それ"を指す古代語のササナミノシガより，または砂州
青森	漁村名	"青々とした森"	京都	日本の中心，都	京は"みやこ"を，都も"みやこ"を意味
秋田	城下町名	"低湿地"	奈良	町村名	"平坦な土地"
山形	城下町名	"山の方に寄った地"	大阪	政経拠点，城下町名	平坦地の中にある"坂の土地"
岩手	古代からの郡名	"岩のむき出しになった地"	兵庫	港町	関を守る"兵器庫"の説，と武庫"向うにある"の転化説
宮城	古代からの郡名	陸奥の"遠の朝廷の城下"の地	和歌山	城下町名	岡山→若山→和歌山で，城のある丘の名
福島	城下町名	福は接頭語で敬称，島は"盆地内の丘"	岡山	城下町名	丘のような山
群馬	古代からの郡名	豪族の「車持君(くるまもちのきみ)」の名から	広島	城下町名	デルタの中の"大きく広い島"
栃木	町村名	"トチの木"，ほかに社殿の"10本の千木"	山口	城下町名	"山への入り口"
茨城	古代からの郡名	"イバラの木"	鳥取	城下町名	鳥を捕る職名から(和名抄の鳥取郷より)
埼玉	古代からの郡名	中山道経由からみて前多摩(さきたま"多摩郡の前方")，他にタマ"湿地"サキ"先端"の説あり	島根	古代からの郡名	"島"，"断崖"，"島嶺"などの説あり
東京	東の都	"東の都"	徳島	城下町名	河口の三角州の"島"，徳は接頭語で敬称
神奈川	港町	河川名の「上無川」より	香川	古代からの郡名	"草木の茂った所を流れる川"，"枯川"などの説あり
千葉	古代の郡名	葛の"葉が多く茂る"，または「ちはやぶる」の枕詞	愛媛	伝説名	古事記伝説の愛比売(えひめ)より
新潟	港町	"新しくできた潟の地"	高知	城下町名	"川の間の土地"
富山	城下町名	国府からみて"呉羽山の外"，他に"神宿める山"，または富山寺の寺号	福岡	城下町名	備前福岡"丘"に因む，福は接頭語で敬称
石川	古代からの郡名	"石の多い川"	佐賀	城下町名	"坂"，"河口の洲処(すか)"などの説
福井	城下町名	福は接頭語で敬称，城内にあった井戸	長崎	港町	"長い岬(崎)"
長野	町村名	"ひらたくて延びた原野"	熊本	城下町名	"崖下の低湿地"
岐阜	町村名	中国地名の借用。岐蘇川の字と，周王朝の故事と合わせて命名	大分	古代からの郡名	多説あり，"大きい田"，"大きく分けた田"，"刻まれたような地形"，"大きな段"など
山梨	古代からの郡名	"山を開いた土地"，または"ナシの木の山"	宮崎	古代からの郡名	"神社(宮)の崎(台地の端)"
静岡	城下町名	賤機(しずはた)山の当て字	鹿児島	城下町名	"カゴ(崖)の島"
愛知	古代からの郡名	"水の湧き出るところ"	沖縄	島名	"沖魚場(おきなば)"，または"沖ノ島"
三重	古代からの郡名	古事記では"足が3重に曲がるほど疲れた"，または"曲がりくねった道"			

表1と同じ資料を用いて著者作成

関連の地名では（秋田，熊本）がある。海岸地形関連の地名では（横浜，新潟）がある。島嶼関連の地名では（島根，鹿児島）がある。岬関連の地名では（長

第4章　東アジア文化圏

表9　日本の都道府県名と異なる県庁所在地名

都市名	由来・意味・語源
札幌	アイヌ語で"乾いた大きな川"の意味
盛岡	"森の丘"の意味、「盛」は好字化
仙台	"川に挟まれた地"の意味
水戸	"水門"とか"湖水や海水の出口"
宇都宮	二荒山（ふたらやま）神社を現宮（うつのみや）という。別説に「一の宮」の転化
前橋	厩橋（うまやばし）。古代の官道の"駅（うまや）のそばの橋"の転化
横浜	半島状に砂州が横に伸びた地形より。"横に延びた砂州"
金沢	金採掘の"金洗い沢"の意味。他に、兼六園内の金城霊沢（きんじょうれいたく）の短縮
甲府	"甲斐国の国府"の意味。甲斐は"山と山との間"の意味
名古屋	「なこ」は"おだやかな"＝"凪"とか、"なごやか"＝"平坦地"の意味。「や」は"処、場所"
大津	「逢津（あふつ）」が「大津」へ転化。逢は「淡海（あはうみ）」の「あは」より。"近江の港"
津	"港"の意味。古くは「安濃津」といったが、後に「津」だけを残して用いる
神戸	生田神社に由来。"神社の封戸"の意味
松江	中国浙江省の松江府に似ている。鱸とジュンサイの産地の中国の松江に似ている
高松	"大きな松の林"を指す
松山	"松林の丘"の意味。平野の中の城山に松があったことから。
那覇	那覇はナバの変形で"漁場"の意味

表1と同じ資料を用いて著者作成

崎）がある。山の出入り口を表す地名では（山口）がある。海への出入り口を表す地名では（水戸）がある。神社のある台地の末端を表す地名では（宮崎）がある。水の湧き出る所を意味する地名では（愛知）がある。森林関連の地名では（青森、盛岡、高松）がある。植物関連の地名では（茨城、千葉、栃木）がある。以上が自然関連の地名である。

　次に自然の特色以外の地名を挙げてみると、位置関連の表現では（埼玉、山形、富山）がある。軍事関連では（兵庫）がある。交通関連では（大津、津）がある。特産物では（山梨）がある。鉱産物関連では（金沢）がある。漁場関連では（沖縄、那覇）がある。地名の移転では（福岡）がある。蝦夷地の改名では（北海道）がある。施設設備関連名では（福井）がある。曲がった道に基づいた名では（三重）がある。伝説では（愛媛）がある。古代語から生まれたものでは（滋賀）がある。古代の駅の関連名では（前橋）がある。古代朝廷の職官関連名では（宮城）がある。古代の職業関連名では（鳥取）がある。氏姓制度関連名では（群馬）がある。荘園関連名では（神戸）がある。政治関連名では（京都、東京、甲府）がある。信仰関連名では（宇都宮）がある。中国の故事や中国地名に由来する名では（岐阜、松江）がある。

市町村接頭・接尾辞，都市名，地域名

c)．その他の特色

　日本史上，大掛かりな地名改革は2回あって，第1回目は律令時代，第2回目は明治の廃藩置県の時であった。第1回目は，国家組織を変える大改革であり，それに地名を大いに活用した。第2回目の明治の廃藩置県の時は，全国を府県名に編成し直したが，この時は，府県の前に付ける固有名詞は，府県庁所在地とした城下町名，郡名，町名などをそのまま用いた。日本の地名は，中国や朝鮮半島などに使用されている「安，寧，鎮，化，永，長，広」などと言った政治的・鎮圧的（軍事的）意図を含む文字使用の地名は非常に少なく，また方位地名も少ない。もう1つの大きな特徴は，日本の地名は漢字も音読みと訓読みに活用してきた。その地名の代表として，音読み地名は京都，東京などで，訓読み地名は大阪，金沢などである。東京のように，漢字の意味から命名した地名もあって，命名背景の明確な地名もある。また漢字からでは判断できないような地名も日本には大変多い。例えば愛知"水の湧き出るところ"は漢字からでは語源は想像できない。それゆえ意味を考察するにあたっては，漢字の持つ意味を無視して，漢字を表音文字的に捉えることからはじめなければならない。そして発音から語源を探れば，人々の生活，自然環境，地方の特色など，地名命名の背景がみえてくる。

　日本は地名に限らず，文字でも生活や思想に合うように，独自の文字（ひらがな，カタカナ）を作り出し，漢字と共用して日本文化を育ててきた。そして国民の全てが文字学習の時代に入ると，言文一致にして文化を発展させた。これが日本の特徴である。

　ちなみに周りの国々の文字をみると，現代に入ってからの変化ではあるが，現在のモンゴル国はキリル文字を使う。キリル文字使用は，1941年モスクワからの指示だが，言文一致の表記のため使いやすい。ソ連崩壊後に，元のモンゴル文字の公用化を決定したが，言文一致ではないため，中止されてしまった。ベトナムはフランスの植民地であったこともあって，漢字からラテン文字に切り替えた。朝鮮半島も日本の植民地政策から，ハングル使用が始まり，戦後にハングルへ切り換えた。これも言文一致で使いやすいからである。

D. 遊牧地域

a), 地名接尾辞

　東アジアに属する遊牧地域は, モンゴル系（山岳部はチベット系), ツングース系が中心であるが, ユーラシア全体の遊牧圏をみれば, 東からツングース系, モンゴル系, トルコ系となる。この3遊牧系に共通する接尾辞をみる（参考までにあげておくが, 高山系の部族としてチベット系がある)。

　1つ目に, 基本となる接尾辞に「アイル ail」がある。アイルは"天幕"を語源とし, これから"村落, 穹廬"を指し, 定住化によって"村"の意味も含む接尾辞となった。遊牧地域は村が基本なので, アイルが最も多い接尾辞である。ただ村のため地図に記載される事は殆どない。

　2つ目に, 「オルド ordo」類がある。これも遊牧地域には共通の接尾辞である。モンゴル語の「ordu」は"宮殿, 陣営"を意味し, ツングース系満州語の「ordo」は"宮, 亭"を意味し, トルコ系ウイグル語の「ordu」は"汗の軍営"を意味する。さらに西方に行くと, トルコ系キルギス語の「orda」は"宮殿, 城郭"を意味し, トルコ系オスマン語の「ordu」は"軍営"を意味し, トルコ系チャガタイ語とトルコ系アゼルバイジャン語の「orda」は"スルタンの牙城"を意味する。これらは遊牧系に共通する接尾辞である。

　3つ目に, アルタイ山脈以東のモンゴル高原や東北地方（満州）には, 「ホト khoto, hoto」, 「ホタン khotan」, 「ホトン khotun」の接尾辞が用いられ, これらは"垣, 城壁, 都城, 町"を意味する（図21）。中国化された満州地域や朝鮮半島には「屯」という接尾辞があるが, 「屯」は字義的に「khoto」類と同根語である。満州でkhotoと呼ばれていた名は, 中国人の進出と共に「屯」の文字に書き換えられた地名が多くみられる。さらに, 北海道のアイヌ語の「コタン kotan」は"部落"を意味するが, これも同根語である。この他, モンゴル語の「バリク baligh」"都城"もkhoto類と同根語である。Khoto類は, 遊牧地域に共通するが, 遊牧地域の東域に用いられ, モンゴル系とツングース系と東アジア農耕地域の東北部一帯で用いられる接尾辞である。

市町村接頭・接尾辞，都市名，地域名

b)．主要都市名

　遊牧文化圏は，砂漠かステップ地域か高山地域なので，人口も人口密度も少なく，当然都市の数も大変少ない。そんな中でも，都市はゴビ砂漠から華北平原にいたる山中や，天山山脈や崑崙山脈などの山麓にみられる。接尾辞との関連であげると，代表例として，オルド ordo 類の付く都市名では，黄河流域に「オルドス Ordos 鄂爾多斯」"宮殿の人々"という都市がある。またホト khoto 類の付く地名をあげると，内モンゴルの「フホホト Huhohaot´é 呼和浩特」"青い都城"や「ウランホト Ulan Khoto 烏蘭浩特」"赤い都城"，モンゴルの首都の旧表現名「ウランバートルホト Ulan Bator Khoto」"赤い英雄の都城"などがあり，また古名では旧満州の「ムクデンホト Mukden Khoto」があり，これらがホトの代表である。ムクデンホトは中国語で"盛京"と意訳されている。バリク Baligh の付く地名では，元代の北京の名「カンバリク Khan Baligh」"ハーンの都城"や，天山ウイグル王国（9〜13c）の都であった［ビシュバリク Bishbalik 五城］"5つの都城"が代表例である。

　接尾辞から離れて一般の都市名をみると，「ウルムチ烏魯木斉 Urmchi」はジュンガル語で"美しい牧場"を表す。「アコス―阿克蘇 Aksu」(アクス)はトルコ語で"白い水"を表す。「イリ Yili」はイリ川の名からでて，モンゴル語で"輝く"を表す。この都市を中国語では「伊寧」と表す。「カラマイ Karamai」はウイグル語で"黒い油"を表す。チベット仏教の中心地である「ラサ Lasa」とは，チベット語で"神の土地，"を表す。また旧満州（現東北地方）は古来遊牧・狩猟の世界であった。現在はその面影は消えているが，地名に残されている。「チチハル斉斉哈爾」はモンゴル語で"天然の牧場"を意味する。「ハルビン哈爾浜」は"平地とか魚網干場"を意味し，「チーリン吉林」は"河川の岸"を意味し，「ムータンチャン牡丹江」は"曲がりくねった川"を意味する。すべてが満州語に由来する。これらの名称は，どの名称をみても遊牧・狩猟地域の自然環境の特徴や遊牧民・狩猟民の持つ国家観や宗教観などを素直に表している地名といえる。(以上取り上げた都市名の出典については表10 に記載している)

4. 国名・地名からみた特色

A. 国名からみた特色

① 現国名を分類すれば、5カ国中、中国、朝鮮、日本の3カ国が方位に関連する国名を用い、モンゴルと韓国の2カ国が部族関連国名を用いている。方位名は農耕地域に、部族名は遊牧関連地域に主に活用されてきた。

② 東アジアの農耕地域は漢字文化圏である。そこで遊牧文化圏のモンゴルを除き、漢字文化圏に含まれる越南(ベトナム)を加えて分析すれば、5カ国中4カ国(中国、朝鮮、日本、越南)が方位に関連する国名を使用している。唯一例外の韓国も、三韓時代の三(馬、辰、弁)が方位なので、三韓の名を受け継ぐ韓国も何らかの関係で方位に関連した国名ということになる。中国は"中心"、周辺諸国は中国からみた"方位(方角)"を表している。

③ 清朝滅亡後、中華世界各国は、国家表現に和製表現(和製漢語)の「民国」「人民共和国」「民主主義人民共和国」「帝国」という表現手法を、自らの意思で採用した。つまり中華世界に含まれる国々は、20世紀には為政者も国民も、日本から学ぶという意識が自然に芽生えた時代であった。

④ 中国をみると、古くからの伝統である漢字一字の表現は、国名と政権名を兼ねて用いたものであった。20世紀に入り、伝統であった漢字一字から漢字4字や7字表現に国名を変えた。この背景には、国内の多民族を中華民族("中華国家の領域に住む民族"の意味)であると表現して抱き込んだ事、皇帝の専制政治から国民国家に変更した事、中華の伝統と名誉を残しつつ、新政治形態を取り入れて歩み始めた事が背景にあった。

⑤ 遊牧地域の国名は、基本的に古代から現代に至るまで民族名が用いられてきた。これは民族が全ての基本であり続けたことを意味する。本来の遊牧地域とは、東アジアの満州(東北地域)から北アフリカまでの地域を指す。

B, 王朝・王国名からみた特色

① 中国では，古代の王朝名と春秋戦国時代の主要国名は，封土名か出身地名を用いている。この命名行為からみて，地域重視の思想は国家形成時代から既に重要であったことがわかる。

② 中国の王国名の中で，三国時代，魏晋南北朝，五代十国の分裂時代は名門王朝名の借用が多かった。これは，伝統や権威に頼った事を意味する。中国は権威や伝統や名声を抜きにして語れない世界観を持っている。

③ 朝鮮半島も基本は出身地を尊び，それに伝統や名声を重視して国号を命名してきた。それと共に朝鮮，韓国，高麗などは，先の王国名との関連で国号を考案した。この命名方法は中国と同じ発想で，中国の影響を強く感じる。また，朝鮮王朝は中華王朝に国号の授与を求めたので，中華王朝に従属しながら生きる道を模索してきた王国であった事も理解できる。

④ 日本は，倭（委）からの改名後は，政権の変更があっても一度も国名を変更せず，同一名を千年以上にわたって用い続けてきた。このような国は世界でも殆ど例がない（フランスは日本と似ている）。また国名も日本から要求した名称である。同じ中華世界の中にあって，国号の授与を願い出た朝鮮やベトナムとは，逆の思想（独自性の強さ）が感じ取れる。

⑤ 遊牧地域では国名に部族・民族名を用いてきた。これは国家の基本を政治集団ではなく，民族集団においてきた事を意味する。しかし中華世界に侵入すると，中華式表現の国名に変えた。このような行為からみて，中華世界に侵入すれば，中華式に価値観を変えなければ支配できなかった事や，中華の高い文化に敬意を払っていた心理的背景も推測することができる。

C, 市町村接頭・接尾辞，都市名，地域名からみた特色

① 中国の地名命名手法は，漢字文化圏全域に広がっている。これは中国中心の文化圏であることを意味する。中国，朝鮮，日本の間には，軍事支配や

第4章　東アジア文化圏

　　大規模な民族移住も殆どみられなかった事から考えて，中国（中華）に対する敬意と中華文化に対する高い評価が各国に存在したことがわかる。
② 都市名・地方名・町村名には，「州」「県」など行政区画名の活用が多い。さらに政治的意図の地名の命名も多い。また政権が代われば主要都市名も地方区分名も頻繁(ひんぱん)に改名された。これらは全国的にみられた。この事実は国家権力が強大であった証拠である。これとは逆に，地方独自の接尾辞もある。これは，地方色もまだかなり残っていることを意味する。
③ 中国では，主要地名に限れば，人名や宗教関連地名は用いない。逆に「家」の付く地名や政治関連地名が多い。これから総合的に判断して，個人より家族・一族を，宗教より政治を優先する社会だったと推察できる。
④ 地名をみると，古くからの漢民族の居住地域は，異民族に支配されても異民族文字による表記は残っていない。つまり元や清が全土を支配しても，モンゴル文字や満州文字が定着せず，逆に支配者の方が漢字に切換えた。漢字の特色は，言葉が通じなくても意味は理解できる。漢字使用は，異民族を含めた統一支配や共通文化形成に好条件であったと考える。
⑤ 中国の漢民族地では，古くは地名を漢字1字で表したが，その後2字中心に変わった。また時代と共に接尾辞も加えて3字表現もかなり使用されるようになった。ただ異民族地では，漢字4字以上の地名が多く活用された。
⑥ 中国で，漢字4字以上で表す地名の場所と，漢字2字でも遊牧系の語源地名が残されている場所は，遊牧系と漢民族の混合居住地である。これに該当する地域は，東北地方，内モンゴル，チベット高原東部，華南西部である。この領域は異民族地だったが，漢民族地化したことを示している。
⑦ 主要地名から中国，朝鮮・韓国，日本の関係を比較すると，中国と朝鮮・韓国との間には共通性が多いが，日本の場合は地名接尾辞など一部を除いて，中国との共通性が少ない。日本は独自色の強い国であることがわかる。
⑧ 遊牧地域は農耕地域とは異なり，部族名がそのまま地名に用いられてきた。部族名であるが故に，政権交代によって伝統地名が消えるという特色もみられた。地名をみると，遊牧民と農耕民は価値観が異なることがわかる。

5. 国名・地名からみた東アジア観

　東アジアについて、地理的見方をする場合や国家領域を基準に扱う場合は、「東アジア」という表現が適当であるが、文化的・歴史的・宗教的な見方や農耕文化地域を扱う場合は、「中華世界」という表現の方が適切であると考える。

A. 中華世界の基礎を形成した漢字（漢字の世界）

　現在の「東アジア」の範囲は、中国、朝鮮半島、日本、モンゴルを指すが、伝統ある「中華世界」といえば、モンゴルを除き、中国、朝鮮半島、日本、それに越南(ベトナム)を加えた農耕地域を指す。この中華世界は、全ての国に漢字が使用され、漢字思考の世界であった。中華世界では、国名（中国、朝鮮、日本、越南）も、国名以外の地名も、漢字の意味に基づいて作成されている場合が非常に多い。各国の言葉も、漢字を用いたことで語彙(ごい)が増えた。日本語で例えると、漢字の音読(おんよ)み（発音）は漢字を使用することで生じたものである。さらに漢字の組み合わせによっても語彙が増えた。そうすると、現在我々の使う日本語の半分以上は、漢字から生まれたことになる。

　しかし現在では、漢字使用をやめて、朝鮮半島は韓文字(ハングル)（または朝鮮文字(チョソングル)）に、越南はラテン文字に切り替えている。これは第2次世界大戦後のことであるが、朝鮮語や越南語は、日本語以上に漢字によって形成されてきた言葉であることを理解しておく必要がある。それゆえ、戦後に漢字以外の文字に切り換えても、朝鮮半島も越南も漢字文化圏であることに変わりはない。仮に中国に、西アジア、ヨーロッパ、南アジアのような表音文字が作られていたと仮定したら、かなり違った中華世界観、国家観、社会思想、言葉、文化ができ上がっていたはずである。

　ここで漢字の特徴を簡潔にまとめてみる。まず亀の甲羅や牛の骨に刻まれた

第4章　東アジア文化圏

　甲骨文字は，殷墟（3000年以上前）から6万点ほど出土した。その中には現代でも読める文字があり，古代から引き継がれている文字であることがわかる。そして漢字は，「音・義・形」の特徴を持っている。すなわち漢字は音を表すだけでなく，意味を表す文字であることに特徴がある。また組み合わせ方によっては新たな意味を作り出せる特徴も持っている。さらに文化の進歩に合わせて新たな漢字自体を作り出せることも可能である。さらに加えて，各国の言葉にあわせて読み方を変えることもできる。そして漢字の意味を知っていれば，相手の話し言葉が解らなくても，相手の思いが理解できる。それだけに数も多く，大変難しい文字である。

　では実際に，漢字使用圏ではどのようなことが起こったかを，歴史的動きから一例を述べてみる。女真族（満州族）が建国した清朝では，支配当初は表音文字の満州文字を使ったが，支配下の多様な言語部族を束ねることができず，結局4代目の康熙帝の頃に，漢字を前面に出して諸地域を支配した。それ以後，清朝は安定して国家を収めることができたという。

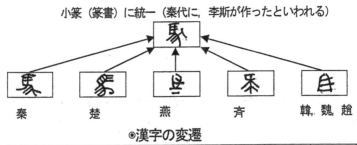

◉秦代の漢字の統一

小篆（篆書）に統一（秦代に，李斯が作ったといわれる）

◉漢字の変遷

甲骨文字	殷墟より	占い文	二	艸	陽
金文（青銅文字）	周代	公式文	二	艸	陽
篆書（大篆，小篆）	春秋戦国代	公式文	下	字	陽
隷書（八部）	秦代	一般文	下	友	陽
楷書（行書，草書）	後漢代	公式一般文	下	友	陽
簡化字（簡体字）	現代	公式一般文	下	友	阳

国名・地名からみた東アジア観

　次に，視点を変えて世界の3大使用文字であるラテン文字，アラビア文字，漢字から文字の特徴と役割を比較してみる。ヨーロッパをみると，ラテン文字（全世界に活用）が使用されている。ヨーロッパが規律ある文明地域となったのは，ラテン文字（キリル文字も含む）とキリスト教のおかげである。文字の普及が文化も宗教も広めた。しかし，ラテン文字が地名をつくったとか，大ラテン民族を統一したとか，大ラテン国家を形成したということはなかった。またアラビア文字は，西アジア・北アフリカの文字を統一し，イスラーム教を広める手助けをした。ただイスラーム世界の形成は，アラビア文字よりイスラーム教の力の方が大きい。イスラーム教の拡大と共に，西アジア・北アフリカを中心にアラビア文字が使用された。このアラビア文字も，ラテン文字同様，地名を作成したとか，アラブ民族を統一したとか，統一国家を形成したということはなかった。ラテン文字もアラビア文字も，使い勝手は漢字より優れている。それは，両文字とも表音文字だからである。これに対して表意文字の漢字は，ラテン文字やアラビア文字とは大きく違う。それは中国をみると，漢民族の作成した地名は，漢字の意味から命名された場合が大変多い。漢字文化圏の中で，住民の話し言葉から地名が生まれた場合が多い日本でさえ，東京，京都などの地名は漢字の意味から作成されている。さらに別の視点から漢民族をみると，今では漢民族はヨーロッパ全人口の2倍程の数に膨らみ，広大で変化に富む地域に居住している。当然漢民族内での話し言葉は，地方ごとに異なっていて通じない。しかし漢民族は1つにまとまっている。ではなぜ1つにまとまったのか？　この背景を探ると，漢民族には古くから中央集権制度，中華思想，政治色の強い地名，価値観などを共有しているという心理的柱があり，その心理的柱の根源には，漢字使用，漢字思考，漢字文化という共通意識があったからだと推測する。つまり漢字が，言葉の違いや地域差も吸収して，政治集団意識，民族集団意識を形成した主原因になったのである。ただ漢字自体は難しく，言文一致には成らない面も含んでいて，現在漢字のみを使う国は，中国だけとなった。日本も漢字を使うが，独自のかな文字も使う。朝鮮半島や越南は，今は漢字を捨て，言文一致の文字を使うように変えた。しかし歴史をみると，漢字

が基礎となって，中華世界の交流や秩序は平和的に数千年も続いた。漢字は中国と中華世界の国々の独特のDNAを形成してきたのである。

B．中華世界にみられた伝統的特色

　中華世界の国名は，方位（中国，朝鮮，日本，越南）を基本に作成し，方位は中国を中心に命名している。つまり中華世界は，中国を中心に成り立ってきた文化圏であることを意味している。ちなみに中国国内でも，行政区分名も主要地名も，根幹になる地名を基本に置き，その方位を用いて作成している。

　また歴史をみると，中華王朝は「朝鮮」（明朝が与えた）と「越南」（清朝が与えた）に国号を授与した。倭（日本）にも『漢委奴国王』や『親魏倭王』などの称号を与えた。国号授与という行為や，与えた称号の中に「漢」や「魏」の文字がある事から判断して，歴代の中華王朝は，盟主としての自覚と同時に，朝貢国の領土も「中華王朝の版図」と考える独特の政治思想と世界観を持って歩んできた事がわかる。そして中国からみた周辺諸地域（中華の外側）を，東夷，西戎，北狄，南蛮に区分し，まとめて夷狄と呼んできた。

　また中華領域内には，行政区画接尾辞を多用し，政治的意図の地名を多用し，政治的意図を含む漢字を多用し，政権交代の度に主要都市名の改名や行政区画接尾辞の変更を多用してきた。これらを可能にしたのは，政治権力は"天が与えたもの"と表明し，威厳を持ち，国内や周辺諸国から"崇拝"される行動をとってきたからである。皇帝（皇＝煌々と輝く，帝＝北極星）という表現がこれを表している。もう1つ，「中華」の「華」の意味からわかるように，"文化の高さ"とそれに付随する"尊厳・栄光・品格"といった尊敬の念の享受も重視してきた。国名・地名から判断して，この価値観（政治的権威，文化の高さ，精神的尊厳）は数千年にわたり，国家維持の根幹になってきた。

　次に周辺諸国の立場からいえば，朝貢国としての認定をもらい，漢字や漢文や中国仏教・儒教・道教などの宗教も学んで自国文化の発展に活用してきた。さらに，中国の行政区画接尾辞や政治的意図の強い地名を見習い，律令などの

国家制度も学びながら，国づくりに励んできた。中国と周辺諸国は，"教え"，"学ぶ"という交流が平和的に行なわれてきた世界であった。このような独特の国家間交流が古代から行われてきたのは，中華世界だけの特徴である。

C．政治最優先の中華世界

中華世界の中国をみると，図17のように，「州」「県」などの行政区画の接尾辞を付けた地名が多い。また図19のような，鎮圧・服従・教化・繁栄などを願って命名した政治的意図の強い地名も大変多い。さらに，図20のような「安」などの政治的安寧を意図して活用した漢字地名も極めて多い。これらは漢民族の居住地の全域にみられる。さらに加えて，政権交代が起これば，表5で示したように，「北京」「南京」をはじめとして全国の主要都市名の改名も盛んに行ってきた。都市名の改名は，皇帝が古代から強い権力を利用して，王朝の交代を全土に表明してきた証であるといえるだろう。他に中国の大都市名の特徴をみると，宗教関連地名や人名の地名化は殆どみられない。これは，皇帝の政治力が宗教力より強力だったからである。また個人より集団を優先する思想が強かったからである。これらも加えて中国社会の総合判断を下すと，漢民族の皇帝時代でも，異民族の王朝時代でも，今の共産党の時代でも，国家権力が非常に強く，中央集権的な専制政治は国家の基本であり続けた。中国の歴史をみると，政治権力優先の思想・価値観は，古代から育ってきたDNAであると感じる。

中華世界の中の越南や朝鮮半島や日本では，多くの中国式の地名や政治制度（律令制など）や文化を取り入れたので，多少の差はあっても，政治的・行政的影響力を持つ地名は，中華世界全体に共通する特徴となっている。そうすると，中華世界全体も政治優先の社会だったといえるだろう。中国では，文化も宗教も経済も，政治の手の中で発展してきたので，越南や朝鮮半島や日本でも政治が誘導してきたと判断してよい。漢人，日本人，朝鮮人，越南人といった民族さえも政治によって形成されたと考える。

D. 中華世界の中の中国という巨大国家の形成

　最初に，中国国内の漢民族対異民族という立場から考えてみる。中国の王朝・王国名や図18（万里の長城と防衛的接尾辞）をみると，中国の農耕地域と遊牧地域との関わりは，朝鮮半島や日本とは比較にならないほど深く，激しいことがわかる。これが中国の持つ宿命であった。また図18と図20（安の字と異民族地名）と図21（khoto類，屯の地名）を合わせて分析すると，現在の中国領の中で，漢民族からみて確実に夷狄（異民族）の領土であったのは，東北地方，内モンゴル，チベット高原全域，タクラマカン，華南西部だった。それは，これらの地に異民族語源の地名や，漢字4字以上の地名（異民族地名を漢字に置き換えて表現）が多く残っていることから断言できる。

　そこで，この異民族地が中国に取り込まれていく実態に視点を当てて地名から推測すれば，皮肉にも異民族の建てた王朝・王国時代の方が，中国化への進展が早かったという結論にたどり着く。その理由は，「北魏」「遼」「金」「清」のような異民族出身の侵略国家は，支配後に国名や地名までも積極的に中国化し，領域に蔑視的地名は用いず，異民族自ら中華的な王国に変えた。例えば，女真族（満州人）の建てた「清」の場合をみても，満州文字から漢字に切り替え，中華の制度を取り入れ，中華王朝の発展に力を尽くした。また中国をはじめて1つにまとめたのも，実は夷狄（西戎）出身の「秦」であった。

　逆に漢民族の王朝時代をみると，異民族地を支配下に入れた場合，支配地には漢民族に都合の良い政治的意図の強い地名か，権利主張の強い地名か，蔑視的な意味を含む漢字を多くあてた。この地名命名心理の奥には，自尊心の強さと，異民族への差別意識の根強さが感じられた。これは上からの目線で，地名からみて同胞意識は感じ取れない。

　現在の広大な中国領土をみると，満州族の建てた異民族王朝の「清」が，「中華帝国」として異民族地も含めて総合的に支配したから，ロシアの強烈な侵略にもかかわらず，新疆ウイグル，東北（満州），内モンゴルなどが残ったと判断する。もしこれが「漢民族の王朝」の時代だったら，異民族地は簡単に明け

渡し，中国の領土もはるかに狭くなっていたと推察する。そうすると現在の中国の広大な領土は，異民族王朝「清」の置き土産であるといえる。

　次に，漢民族の立場に視点を当てて，巨大国家の建設を考察してみる。漢民族だけで約12億強の人口を持ち，居住領域も広大である。言語をみても，大きく分類して9種類の話し言葉[61]があるといわれる。漢民族居住地の北と南，西と東では日常会話が全く通じないという。しかし漢民族には言葉の違いによる分国活動は殆ど起こらなかった。この根源には漢字の力が大きかったことは先に述べたが，漢字だけでなく，中国歴代の王朝の行為や思想にも大きな原因があったと考える。この背景を地名からみると，まず中国では「州」「県」などの行政区画名が多い。さらに，政治的安寧を願う「安」や「寧」，鎮圧的な「化」や「鎮」などの付く地名も全国に命名してきた。また政権交代の度に，主要都市名の改名を行って，為政者の権力を人々に誇示してきた。さらに地名以外でも，統一王朝時代が長く続き，王朝は地方色が発生しやすい分権的な封建体制をとらなかった。中国では，中央集権制度は秦以降2千年以上受け継がれてきた支配制度である。秦の採った中央集権制と郡県制，官僚組織制度の形成，度量衡の統一，漢字の使用と統一などが，巨大政治圏の形成に繋がったと推察する。これによって漢民族の一体感が出来上がった。

　最後に，現在の中国は一党独裁の国家となり，清朝の領域を受け継ぎ，国内56の民族・部族を「中華民族」と称して国名を作成した。これは教固な一枚岩の国家形成が目的ともとれるが，見方によっては，歴史が示すように長い時間をかけて異民族を漢民族化していくという意味にもとれる。近年，中国の中でも部族独自の文化を持ち，独自の文字があり，漢民族の王朝に直接支配された経験の無いチベット族やウイグル族に，分離独立の動きが出てきた。

E，中華世界の大変化，2極化の文化圏へ

　「中国」や「中華」という表現は，本来国名に相当する。また「秦」「漢」「中華人民共和国」といった名称は，本来政権名である。中国では，古代から政権

第 4 章　東アジア文化圏

名で国号を含む全てを表す習慣があった。ところが，18 世紀から欧米が侵攻してきて，20 世紀には「清」が滅亡して伝統的皇帝政治は消滅し，同時に中華世界の盟主という立場も関係も自然消滅し，領土の一部さえ失う経験をした。この時，中国はもはや自尊心だけでは成り立たず，政治改革の必要性を心底認識したのである。当然国名も世界の中の一国家として変更せざるを得なかった。この危機にあたり，「中華」という名称を国内の異民族を含めた人々にも当てはめて，清朝領域の保持と共に，国民国家の樹立を目指したのである。

　この時代の中国の激動の様子は，国名表現にしっかり表れている。それは 4 千年の伝統を破り，漢字 1 字表現（漢，清など）の伝統から，漢字 4 字（中華民国）や 7 字表現（中華人民共和国）に変え，しかも，「民国」「人民共和国」という表現を用いた事にある。朝鮮半島でも，独立後に「民国」「民主主義人民共和国」などの表現を用いたが，実はこれらの表現手法は，日本が作成した和製漢語なのである。国名に限らず，学問などにも多くの和製漢語が中華世界の国々に入った。この時点で，中華世界の夷狄の国と格付けしてきた日本の文化を学ぶことになったのである。和製漢語を用いたという事は，20 世紀初頭には，日本が政治力・軍事力・経済力・文化の高さにおいて，東アジアの中心に成長した事を周辺諸国が完全に認めた事になる。ただ精神面（政治的崇拝・精神的尊厳）は未完であった。そうすると，この時点で数千年続いてきた中華世界の政治システムや伝統が，完全に崩壊した事になる。それと共に，東アジアの文化圏，または中華世界には，中国と共に日本というもう 1 つの核が形成され，2 極化の時代に入ったことを意味する。東アジアは，文化圏内の 2 極化，中華世界という交流圏の消滅，国家権威の変更，国民国家の形成，という面で史上最大の変革を体験したのである。

F，家族（一族）・宗家と地縁重視の社会思想

　中国歴代の王朝は，天下を取ると，政権名には封土名・出身地名を用いた。地方王国名も，春秋戦国時代は封土名・出身地名を用いることが多かった。と

ころが三国時代以降になると，封建制度を採らなくなったので，名門王朝名・名門王国名などを借用するように変わった。また中国の市町村名の中には，「張家口」や「石家荘」などのように「家」の付く地名が多い。「家」の付く地名の多くが，家族・宗家（族）を表している。宗家の「宗」は"先祖信仰"や"ものの始まり"を表す。さらに歴史的な国名に，西アジア諸国の用いた「タムカージュ」"唐家子（唐の中国人）"や「ナンギアス」"南家子（南宋の中国人）"の名があり，双方に「家」が付くので，一族・宗家重視思想が王朝内にも存在したことが理解できる。朝鮮半島でも，以前の王国名（朝鮮，韓）の借用が幾度かみられ，また国内では，両班（ヤンバン）などの一族・宗家制度が大変強かった。

このような家族（一族）・宗家重視思想とは逆に，中華世界の地名では人名を主要地名に用いないという特徴もあった。人名を地名に用いないのは，中華世界だけの特徴である。他の文化圏では人名を多く用いる。

視点を変えて，現代社会に目を向ければ，今も中国南部に「客家」（ハッカ）（"よそ者"の意味）集団が居住し，団結力が強く，大きな1つの建造物を建て，集団で暮らしている。海外では，華僑・華人が「郷幇」（きょうぱん）"出身地の地縁集団"や「業幇」（ぎょうぱん）"職業的連帯集団"という協力組織を形成して活動している。日本でも神戸や横浜などに「中華街」を形成しており，団結心が強い。地名や組織以外でも，中国人の姓氏の名称の発生源を調べると，郷土名に由来するものが多いという。内容は地名からそれるが，現在の中国の法に，"親を大切にしなければならない"『高齢者法』がある。この法は，中国の伝統を重視して作成されたものであり，その奥には伝統的一族重視の思想があると判断する。

以上の内容を総合して中華世界を分析すれば，中華世界の価値観は，個人より一族を重んじ，名門を尊敬し，郷土・地縁・組織を大切にする伝統思想で成り立っていると判断する。これも中華世界の重要なDNAの1つである。そして個人はどういう扱いかといえば，集団の中の一員であり，先祖まで含めた集団の中に個人を位置付ける思想が強いと推察する。そうすると，欧米風の個人優先主義思想は，最重要の価値観にはまだ成り得ていないことになる。

第4章 東アジア文化圏

G，中国（中華世界）特有の歴史観

　表5の主要都市名の改名と，行政区画接尾辞の変更と，その他の文化的資料や伝統思想も参考にして，中国の持つ歴史観を分析してみたい。

　歴史をみると，主要都市名の改名を幾度も行ってきたのが中国である。主要都市名の改名という行為は，イスラーム世界などでもみられ，いっけん同じ現象が起こっているようにみえる。しかし他の文化圏での改名をみると，異民族が侵略してきて，支配民族の交代が起こって改名された場合が多い。中国のように，同じ民族内の政権交代による変更ではない。中国と似た変更例を探せば，ソ連形成時代「ペトログラード（現サンクトペテルブルク）」を「レニングラード」へ，他にも多数の都市名や地名を人名に改名したが，これが唯一中国の改名思想に似ている。また中国の行政区画接尾辞をみても，王朝によってたびたびその表現を変えている。「道」「路」「庁」「軍」などのよく知られた行政区画接尾辞は，今は使われていない。これも都市名改名と同じ理由である。これは世界的にみても大変特殊な現象である。

　中国の歴代の政権は，なぜ主要都市名を改名するのか？ なぜ行政区画接尾辞を変えるのか？ この点に着目すると，その名称が悪いからではなく，その根底には中国独自の歴史観が潜んでいるからだと判断する。つまり都市名や行政区画接尾辞の変更の裏には，単純に考えても3つの理由が思い浮かぶ。1つ目は，新王朝に変わり，天下人が変わった事を民衆に知らしめるため。2つ目は，新王朝は"正しい政権"＝"天下の政権"で，前王朝は"悪の政権"だと宣伝して葬り去り，住民を従わせるため。3つ目は，新王朝は強力な政権であり，反逆の芽を摘み取るため。これらが主目的であったと推察する。

　この思想や歴史観は，地名に限らず，他の文化的資料や伝統思想からも探ることができる。例えば歴史からみて，秦が最初に中国を統一したが，武力だけでは支配下の人々は従わなかった。そこで秦は，中華（最初の王朝「夏」の文化領域）であると名乗り，中華の権威を利用し，しかも支配下に入れた地域の重要人物を婚姻等によって中華の仲間に抱き込み，権威や自尊心も与えながら

支配した。しかし秦は中華の出身ではなく，当時の西戎(せいじゅう)の地の出身で，中華は支配下に入れた領域であった。秦は都合の良い部分だけを活用し，支配に利用したのである。このような思想は，劉知幾(りゅうちき)の『史通(しつう)』[62]の歴史観《相手が悪者でその事実を認めさせ，屈服させるのが歴史の意義》の中にも読み取れる。さらに孔子(こうし)の『論語(ろんご)』の中の教え《親は子の，子は親の悪事を隠すもので，むしろこの行為こそ親・子としての行為の正しさに繋がる》にも通じる思想がある。これに加え，中華世界の一族・宗家重視という社会思想《一族の優秀さや宗家の偉大さを誇示し，それを受け継ぎ，一族の心の支えとし，悪いことは消し去る》の中にも同じような歴史観が脈々と受継がれている。

　これらの事柄を総合して結論を出せば，現政権にとって都合の良いことは多様な方法を使って宣伝し，浸透させる努力をするが，都合の悪いことは諸々の理由を付けて葬り去ることなのである。これが受け継がれてきた中国の歴史観であり，価値観であり，伝統的DNAであった。この思想は現在も生き続けており，多様な手段を使って中国を正当化していくという点に歴史的意義を置いている。周辺諸国との領土紛争などでも，この事が明確に出ている。この価値観は朝鮮半島のDNAでもあり，朝鮮半島の歴史観は中国以上といえる。

H．社会主義国家の成立

　第2次世界大戦後の東アジア（中華世界）は，社会主義国家中心の文化圏に変わった。この変化を，中国を例にみていく。共産党は，政権獲得以前はソ連を見習い，「中華ソビエト」などと呼んで，ソ連をモデルとした時期があった。国内闘争の結果，1949年正式に「中華人民共和国」が建国された。共産党政権が誕生してから，徹底した共産主義化，社会主義化に切り替え，一党独裁の政治と，経済面，社会面，思想面で社会主義化を進めた。しかし，権力獲得後の中国を地名から判断すると，ソ連とは違った国家運営や思想や価値観をもって進めたようにみえる。ソ連と同じ国家建設に邁進するという確証が全くみえてこない。さらに建国20年後，「反ソ」と「近代化」が基本となった。

第4章　東アジア文化圏

　ソ連では，政権獲得後にレーニンなど共産党関係者の地名化で，主要都市名が人名に改名され，さらに「クラスノ〜」，「コムソモル〜」，「オクチャブル」，「ペルヴォマイ」，「コミンテルン」などの地名が大変多く活用されて，社会主義化の推進が地図上にも表わされていた。しかし中国では，人名の地名化も共産主義関連名称の地名化も行わず，王朝時代の伝統をそのまま残した。

　この違いの根底にあるものを考えてみる。ソ連の場合は，資本主義化の進んだヨーロッパで，一部の大資本家の為ではなく，共産党員が権力を握った労働者階級（プロレタリア）の国家建設を目指した。しかし中国では，階級闘争ではなく，別の問題が重要だった。別の問題とは，①「共産主義」を活用して天下を取ること。②国内から外国勢力追放すること。③国内産業構造を改造することにあったと推察する。この根拠をあげてみると，①の場合，共産党員の数は現在でも人口の僅か6%で，94%の人々は政治的に蚊帳の外である。つまり天下さえ取れば良い訳で，共産党員の数は最初から重要ではなかった。②の場合は，外国勢力追放のためなら，国内の反勢力の中国国民党とも協力した。③は権力を集中させるために，農業分野では「人民公社」を結成させたが，効率が悪ければ早々と解体し，「農業生産責任制」に切り換えた。工商業分野でも「国営企業」化を進めたが，生産性や技術が悪ければ「改革開放」を導入し，堂々と資本主義の理論や政策を取り入れ，株式会社も認めた。これらの事から判断して，中国では一党独裁政権は絶対放棄しないが，現実に合わなければ，欧州型の社会主義理論や価値観は放棄しても構わない考えである。見方を変えれば，中国は「一君万民」の「一君」が，「共産党主席」に変わっただけなのである。中国共産党は，皇帝政治と変わらない権力を握った政権なのである。人の平等，搾取の禁止，共同作業，資本の共有化や国有化といった社会主義の表看板より，権力集中型の巨大国家建設の方が重要だったと推察する。

I. 現在の中国の行動（活動）

　Bの項の「中華世界にみられた伝統的特色」，Cの項の「政治最優先の中華世

界」，Dの項の「中華世界の中の中国という巨大国家の形成」，Gの項の「中国（中華世界）特有の歴史観」などの考察内容を参考にして，現在の中国の行動を分析してみる。中国は一時期の半植民地状態から脱し，今では世界第2の経済大国，高度な工業国にのし上がってきた。A・Madison（フローリンゲン大名誉教授）の研究によれば，世界の経済力は，紀元1年以降インドが世界第1位で，中国は第2位であり，1500年以降は中国が世界第1位（世界総生産の3分の1〜4分の1）でインドが第2位であったという。中国が世界1から退いたのはアヘン戦争以降の混乱に巻き込まれた19世紀以降である。そうすると，現在の中国の生産力の急成長は，ごく自然で当然の現象とみるべきである。近い将来に，再び世界1に躍り出るだろう。

今の中国は，14の国家と国境を接している。中央アジア，西アジア，ヨーロッパ，南アジア，東南アジアの国々とである。近年，中国の歴史や地理的位置を基礎にして，中華世界の復活を夢見ていると想像できるような発言や行動が目に付く。その根拠は，①中国主導のAIIB（アジアインフラ投資銀行）の設立。②「一帯一路」構想（帯＝内陸国を通る交通網の建設や地域開発，路＝海洋航路を結ぶ地域開発）の実行。③南シナ海（南沙諸島）での中国の「九段線」（9本の境界線）という範囲の設定と占拠。④米国と太平洋での影響力の分割提案。これらを唱えているからである。一時期半植民地状態におかれたが，力がつけばまた元の思想や価値観に戻っていく。中華思想や価値観は2000年以上の伝統がある。これが近現代の短期間で完全に放棄したとは考えにくい。さらに加えて，現代世界の思想は欧米の理論であって，中華の思想や価値観ではない。また国内をみれば，14億程の人口を抱え，これを束ねていくには，中華思想と伝統的価値観に基づく強力な政治権力がなければ維持できないと信じて国家運営にあたっている。周辺国から，中国はこのように見える。

さらに深く考察すれば，周辺国の目には，中国政府の思惑は，以前のように中国中心で，世界最高の権力国家として君臨することが最終目標であるように映る。それはまた，現代の欧米風の国家平等論，自由で平等な国際交流，民主主義政治施行，全国民による多数決の原理，国民の権利や個人の尊重といった

内容とは異なる価値観を今も持ち続けているように思える。もう1つの特徴として，中国の為政者は，国家権力維持と中華世界の範囲を世界に拡大すると共に，中国国内の問題点を外に向けさす戦略の1つであるともとれる。

J．朝鮮半島の生き方と国家思想

　歴史的背景から，朝鮮半島の国家と国民性を考察してみる。朝鮮半島では部族名（高句麗，三韓，百済）を語源とする名称が多い。この背景には部族主義思想が強く，中国に吸収併合されてはならないという意図（危機感）が強く感じとれる。ところが併合されないと判断すると，明王朝から「朝鮮」という国号を授かり，朝鮮半島各地の主要地名に中国式地名命名手法を殆どそのまま取り入れ，年号も中華王朝の年号を借用して，中華王朝に従属の礼を尽くす行動をとった。さらに加えて『朝鮮王朝実録』をみると，その中に「野人(女真族＝満州族)と倭人（日本人）は我領域であり，我臣民」[63]などという中国と同じ中華思想的な記録も残している。内容からみて，周辺国に対する傲慢さは説明するまでもないが，野人，倭人という既に使われていない古い表現を使うこと自体が，相手を見下す価値観で固まっていたといえる。これだけでなく，新羅と高麗は仏教を国教としたが，李氏朝鮮は仏教をやめ，儒教を国教に変えた。政治権力は，人々の信仰心まで簡単に操り，国民性もそれに従う特徴を持っていたと判断する。これらを総合してみると，朝鮮の王朝は，自己顕示欲が大変強い国で，次のようにまとめることができる。
　①属国であっても独自の政権をもつことを絶対条件とする。
　②中華王朝には事大主義で対応する。すなわち全てに従う。
　③中華王朝以外の国には中華思想で対応し，上位の立場から交流する。
　これが朝鮮半島の長年の国家思想であり，国民性であり，朝鮮半島のDNAである。朝鮮半島の各王国は「中華」には逆らうことはしないが，逆に中華と直接領土を接しない日本や周辺諸国を，尊敬に値しない文化的劣等国として長く位置づけてきた。これが数千年にわたって形成された伝統である。

K．朝鮮半島の地名と文字

　朝鮮半島の地名をみていて気付くことを記してみる。朝鮮半島では主要地名は漢字で表記したが，その地名は漢字の音読み(漢字発音の変形)だけである。地名は普通，呼び名の発祥が先で，漢字は後から当てはめられた。そうであれば朝鮮語による発音地名が多いはずだが，主要地名に限れば朝鮮語独自の発音地名は殆どみられない。例外的に「ソウル」は現地語地名だが，それゆえ漢字が当てはめられていない。主要地名が音読みの漢字である状況から推測すると，1つには，長く中国の従属国であったこと。もう1つは，朝鮮の王国自身は中華の一部に位置するという自負心が強く，そのため漢字使用にこだわり，体裁に気遣い，表面を飾る思想の大変強い国柄であったからだと考える。この推測の裏付けとして，日本統治時代，朝鮮の地名には漢字発音と地域特有の発音の両方の呼び名を持つ都市や町がかなりあったという。例えば，現在「大田」を漢字発音で「テジョン」と呼ぶが，当時の現地語では「ハンパ」という呼び方をした(『地球』第四巻，第一号)。つまり現在の朝鮮半島の主要地名は，生活から生まれた地名ではなく，政治から生まれた地名なのである。それゆえ主要地名の特徴は，尊大な意味を持ち，優雅で，きれいな地名となっている。

　地名からみえてくることをさらに進展させて考察すれば，1970年頃から漢字からハングル(韓文字)・チョソングル(朝鮮文字)に切り替えた。この両文字は同じである。2千年近く使ってきた漢字を，なぜこの時期にハングルに切り替えたのか？ 朝鮮ではハングルは15世紀に考案されたが，1506年にハングル使用を廃止し，それ以降漢字のみを使用してきた。ところが日本統治時代に庶民まで文字を学ぶようにさせた。しかし漢字では自国語を的確に表す事が難しく，使い辛かった。ハングルを正式に教え始めたのは日韓合邦後の1911年からである。朝鮮半島は，日本がきっかけとなり，言文一致で的確に表現できる文字に切り換えたのである。もし漢字使用にこだわっていたら，朝鮮半島の発展はもっと遅かったと推察する。ベトナムが漢字からアルファベットに換えたのも，モンゴルがキリル文字を使用し続けるのも，同じ理由からである。

第4章　東アジア文化圏

L，日本の生き方

　日本の場合は，「倭」といった時代は，「倭」の名の由来や日本に与えた称号の中に「漢」や「魏」の名がみられることから，中華王朝と君臣関係を望んだが，「日本」と改名した後は，徐々に君臣関係は望まなくなったといえる。その根拠は，日本各地の地名をみると，律令時代（国家統一推進の時代）は中国の地名命名手法を手本としたが，その後は風土や生活中心の日本独自の地名を命名し，中国の影響はみられなくなった。そのため現在の日本国内に用いられている地名は，多様性があって，政治的意図・行政区画関連の多い中国や朝鮮半島の地名とは違いが感じられる。日本は，早くから中国を頂上とする「中華世界」から半分以上離脱していたことを，国名・地名から推察することができる。その後，日明貿易の一時期のみは形式的に朝貢の形をとったが，それ以外は中華王朝とは単なる貿易（日宋貿易など）へと変化した。すなわち「倭」から「日本」への国名変更は，日本人の自立心の強さを示す前触れだったと捉えることができる。ここに朝鮮半島との大きな違いを感じる。

　そして「日本」への改名後は，どの政権も国名変更は行わなかった。この思想の奥には，古くから島国日本対海外の諸国家という意識が，為政者にも一般人にも常に存在したからではないかと推察する。もう1つの特徴は，日本は鎖国をしても海外には大変敏感であったということである。古代・中世の中華王朝や朝鮮との交流に始まり，近世は鎖国中でも南蛮（オランダなど）との交流に目を向け，近現代は欧米中心の交流へシフトし，欧米型の民主主義を身につけた。日本は時代に応じて状況を見極め，交流の比重を変えながら生きてきた国で，ここに日本人の持っているDNAを感じる。

　日本とは逆に，中国や朝鮮半島は，海洋を通じた交易・交流を内陸の交易・交流ほど重視せず，近現代の世界史の流れに対応できなかった。中華世界，漢字文化，儒教（儒学）思想，大乗仏教重視といった共通の基盤を持っていても，日・中・韓（朝）の政治理念，外国への対応意識は大きく異なっていた。日本の地理的位置は，海外に対して独自の見方や対応策がとれたのである。

M，日本の文字と特徴

　文字の特徴は国家の特徴である。同じ漢字文化圏の中で，日本と中国の文字の使い方を比較し，そこから国民性を推察してみる。日本の文字には，漢字のほか，カタカナ，ひらがながある。日本は，表意文字として漢字を使うだけでなく，漢字の読み方も音読みと訓読みにする。例えば東京や京都や兵庫は音読み地名であるが，大阪や横浜や金沢は訓読み地名である。さらに表音文字として，ひらがな，カタカナを使う。これらを使いこなすことで，日本語を思いのままに表記してきた。言文一致である。さらに日本語表記の特徴は，外国語を意訳するだけでなく，外国の言葉の概念をそのまま表現することも可能である。つまり，他国の発音や意味や情景などをそのまま日本語に取り込めるのである。例えば，英語の「fashion」を"流行，はやり"と意訳するだけでなく，そのまま「ファッション」と表記し，英語のイメージのままで日本語に取り込むことが可能である。漢民族は漢字のみの使用で，漢訳して用いている。例えば，中国で「fashion」は，その意味を考慮し，「時尚」と表現することになる。そうすると英語本来のイメージが狭まり，単語によっては意味がそのまま伝わらないことも起こる。また中国では，世界の国名表現などは漢字を表音文字の形にして使用している。「ドイツ」は「德意志」と表記する。そうすると漢字の持つ意味が邪魔をして，異なるイメージが形成されることも起こり得る。漢字は当て字にはむいていない。さらに日本語の特徴をあげれば，擬態語も表現できる。「しとしと降る雨」「ザーザー降る雨」などの表現は得意である。これらは，状況を感情豊かに表現した使い方である。こういう表現も漢字だけでは難しい。ここに日本という国の文字の特徴がみられると共に，日本と中国の文化の基本的違いを感じる。参考までに，このような多様な使い分けは，朝鮮半島や越南でもみられなかった。ここに古代から中国や朝鮮半島や越南と日本との国家，民族の違いを感じる。日本が近現代に急成長を遂げ，中華世界を2極化する力をつけ，世界のトップリーダーに躍り出たが，この根源には自国語を多彩に，自由に表現できる文字を持った事が理由の1つではないかと推察する。

第4章　東アジア文化圏

N．東アジアの遊牧地域（遊牧世界）

　東アジアの遊牧地域に栄えた歴代の王国は，殆どが民族名を基本に国号を作成した。これは，国家の基本は領土でも文化でもなく，部族・民族であることを示している。東アジアに含まれる遊牧国家はモンゴル1ケ国なので，中央アジア5カ国の現国名や歴代の王朝・王国名を加えて判断しても，やはり基本は部族・民族名である。これは領土や文化レベルや伝統に価値基準を置く農耕文化の「中華世界」とは異なる価値観を持っていたことを意味する。

　また遊牧民内部の性格をみると，2つの特徴がある。1つ目は，モンゴルの用いた ulus にある。ulus は"部族の衆，部族集団の国家"の意味をもつ。つまり支配者に従えば異部族でも同士であり，同士なら部族はもちろん，部族の文化や宗教にも干渉しなかったことを示している。モンゴル帝国が短期間で大国家になり得たのも，従う部族を同士（同胞）として尊重したからである。

　2つ目は，遊牧地域の支配者名・部族名は，そのまま国名であり，地域名であった。ところが「匈奴」「車師」「柔然」「契丹」「西夏」などの名を，今は地名から全く知ることができない。地名が消された背景を考えると，ordo や khoto "軍営，陣営"の意味の地名接尾辞があることから推察して，征服者に敵対すれば徹底して叩き，一瞬にして民族も国家も地名も消滅させたことを意味している。つまり支配者への服従を重視した社会であった。そして消滅させた地には，新民族，新国家，新地名を形成していったのである。このことを地名が間接的に教えてくれている。

　別の視点から遊牧世界をみると，遊牧民は交易を重視してきた。交易は単に商品を運ぶだけでなく，異文化に触れ，その技術や思想や価値観を知り，高度な異文化を自らの武力強化に生かした面もある。その結果，モンゴル軍に至っては軍事力でユーラシアの大部分を支配下に置き，結果的に異文化地域を結び付けて，世界の一体化，グローバル化の先駆けを成し遂げた。異文化を遊牧民の発想や価値観で組み合わせたことが，グローバル化に繋がったのではないかと考える。この部族重視と交易重視の思想は遊牧民のDNAであるといえる。

第5章　内陸（中央）アジア文化圏

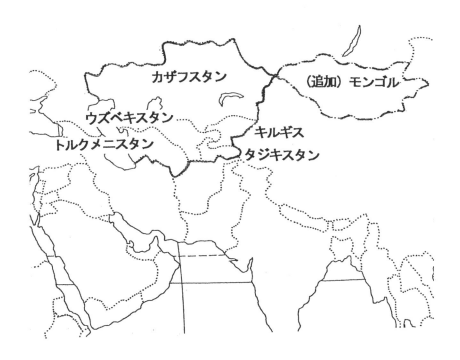

第5章　内陸（中央）アジア文化圏

1. 現在の国名

　中央アジアの国家として扱えば，1991年にソ連領から独立した国々である。この地域を，遊牧文化の国家として扱えば，現在は東アジアに含めているモンゴルも東アジアから削って，遊牧文化圏に含めて扱う方が，共通性が多く，理解しやすい。内陸アジアの国々は全て部族・民族名を用いている。

a), ウズベキスタン

　「ウズベキスタン」の正式国名「オズベキスターン・レスプブリカス O´zbekistan Respublikas」は，"ウズベク人領域の共和国"を意味する。なおウズベク人（族）の名はウズベク Uzbeke という支配者名に由来し，その語源はチュルク語でウズ uz は"自分"を，ベク bek は"統治者，支配者，族長"を意味する（召ほか,1983,p.55）。ウズベクはキプチャク・ハン国（キプチャク族）から分かれて14世紀以降に形成された比較的新しい族名である。

b), カザフスタン

　「カザフスタン」の正式国名「カザクスタン・リスプブリカシー Kazaqstan Respublikasy」は，"カザフ人領域の共和国"を意味する。カザフ族は，15世紀にアラル海からバルハシ湖あたりのキルギス草原と呼ばれた地域に住むウズベク族の一部が分離した集団名で，Kazaq はチュルク語で"部族から分かれたもの"，"離叛者"あるいは"冒険者"を意味した（Adrian,1974,p.115）。ウズベクもカザフも，部族の分離自立という歴史的出来事を示した名である。

c), トルクメニスタン

　正式国名「テュルクメニスタン Türkmenistan」は，"トルクメン人の領土"を意味する。11世紀頃からトルコ系のオグズ族が侵入して先住民と混血し，

現在の国名

16世紀頃にはトルクメン人と名乗る集団が形成された。「トルクメンTurkmen」とは、チュルク語で"トルコ人と同様の"という説や、"トルコ人地区"という説、"良いトルコ"という説などがある (Adrian,1974,p.198)。トルクメンの名は、ウズベクやカザフとは逆で、大民族名を活用して、民族の一部となっていく過程を示す地名である。

d), キルギス

「キルギス」の正式国名「クルグス・レスプブリカシーKirgyz Respublikasy」は、"キルギス人の共和国"を意味する。Kirgyzとは"草原の遊牧民"を意味する (Adrian,1974,p.117)。8世紀の突厥碑文にもqirqizと記されている。ウラル南麓からアルタイ山脈の間の広大な草原地帯は、「キルギス・ステップ」"キルギス草原"とか「ダシュトイキプチャクDasht-i-Qipchaq (ペルシア語Dashtは"塩分のある荒地"、Qipchaqは"草原")」と呼ばれてきた。この名は自由奔放な遊牧民の活動地を指した名に由来する。

e), タジキスタン

「タジキスタン」の正式国名「ジュムフーリーエ・タージーキスターンJumhūrī-i-Tādzhīkistān」は、"タジク人領地の共和国"を意味する。タジクの名は、最初はここに来たアラブ人を指し、後にはイスラーム教徒となったイラン系の人々を呼ぶ名称である。語源はペルシア語の taj "王冠"という説が有力である (Adrian,1974,p.190)。遊牧集団の民族帽からでた名称である。

(追加), モンゴル

東アジアと重複するが、再度内陸アジアとして採りあげておきたい。「モンゴル・ウルスMongol Ulus」は、"モンゴル族の国"を意味する (p146を参照)[64]。1206年、草原の諸部族がチンギス・ハーンの軍門に下り、軍団名や国号として用いたのがモンゴルの名である。現在の「モンゴル国」の領域は、ハルハ族のモンゴルの居住地域だけとなった。ハルハ族の名は河川名に由来するもので"防壁、つい立"を意味した。1946年中華民国から独立した。

2. 王朝・王国名

　地理的に，中央アジア（西域）という場合は，旧ソ連領のトルコ系の王国が中心となる。もっと広く，内陸アジアという場合は，西域に加えて東域の王国も含める方が自然である。東域とは，モンゴル系の王国，チベット系の王国，ツングース（満州）系の王国を指す。西域も東域も遊牧文化から始まり，遊牧文化の時代が長くて基本だったので，合わせて内陸アジア，または遊牧文化圏と表現する。ここでは，遊牧地域を大きく2つに区分して述べる。

A，西域の王朝・王国名
B，東域の王朝・王国名

A，西域の王朝・王国名

　西域（中央アジア中心）とは，大きく分類してアルタイ山脈以西の地を指す。この領域に興った王朝・王国を由来の特徴から分類してみる。

a)，人（支配者）名に因む王朝・王国名

　西域（中央アジア）に興った王国は，支配者名に因んだ名称が多いという特徴がある。「サーマーン朝」(875-999)は，イスラーム教に改宗したサーマーン Sāmān に因んだ。「セルジューク朝」(1038-1194)は，トルクメン族の族長セルジューク Saljūq に因んだ。「チャガタイ・ハン」(1227-14世紀後半。チャガタイ・ウルスとも呼ぶ)は，チンギス・ハーンの2男のチャガタイ・ハーン Chaghatai Khān に因んだ。「オゴタイ・ハン」(1225頃-1310。オゴタイ・ウルスとも呼ぶ)は，チンギス・ハーンの3男のオゴタイ・ハーン Ogodei Khān に因んだ。「ティムール帝国（朝）」(1370-1507)は，帝国創始者のティムール Timur に因んだ。「ジョチ・ウルス」(1243-1502)は，チンギス・ハーンの長男

のジュチ Juchi に因んだが，ジョチ・ウルスは後に「キプチャク・ハン」と呼ばれた。「フレグ・ウルス」(1258-1353) は，チンギス・ハーンの孫のフラグ Hulagu に因んだが，別名「イル・ハン」"部族民の君主"とも呼ばれた。このような創始者関連の名称は，支配者の権力の強さを表しているといえる。

b), 支配者の称号に因む王朝・王国名

「ハン，ハーン，カン，汗，khān」("支配者，首長"の意味)という称号を付けた国号も多い。khān は支配が行き届いた後に，ペルシア系のシャー shāh "首長，支配者" やトルコ系のベク beg "首長，支配者" の上に立つ最高の君主の称号となった。これらの名を付けた王国名を挙げれば，「チャガタイ・ハン国」，「オゴタイ・ハン国」，「キプチャク・ハン国」，「イル・ハン国」，「カラ・ハン国」(10世紀中頃-12世紀中頃)，「ヒヴァ・ハン国」(1512-1920)，「ブハラ・ハン国」(1505-1920)，「コーカンド・ハン国」(1710頃-1867)，「カザン・ハン国」(1445-1552)，「アストラハン・ハン国」(1466-1557)，「クリム・ハン国」(1430頃-1783)などがある。ハーン khān は，本来モンゴル系の君主に与えられた称号なので，最初は支配者のみに用いられたが，後には地方名や都市名に付け加えて王国を表す名称にも活用された。また地域でいえば，モンゴルの支配地ばかりでなく，中央アジア，西アジア，ヨーロッパに建国したトルコ系の王国名にも採用された。

c), 集団を表す王朝・王国名

モンゴル族の支配以降，遊牧民の王国名に"部族の衆，部族集団の国家"を意味するウルス ulus やイル il が用いられ，この組織名をつけて呼ぶ王国名もみられた。「イェケ・モンゴル・ウルス」，「チャガタイ・ウルス」，「オゴタイ・ウルス」，「ジョチ・ウルス」，「フレグ・ウルス」，「イル・ハン」，「イリク・ハン(カラ・ハン)」，「イリ・カガン」が該当する。この名称をみると，遊牧文化圏の王国は，集団行動の意識を強く持っていたことが理解できる。

d), 部族・民族名に因む王朝・王国名

　民族集団や部族集団に因んだ名称がある。「キプチャク・ハン」の場合は，初期は「ジョチ・ウルス」といったが，支配者のモンゴル族は次第に数が少なくなり，王国住民はトルコ系のキプチャク Kipchak 族が中心を占めたため「キプチャク・ハン」[65] が代表名に代わった。「エフタル Ephtal」（5世紀中‐6世紀中）の意味は不明だが，中国では「白匈奴」と呼び，インドでも「セベタフーナ Sveta Huna」"白フン"と呼んでいたので，匈奴（フン）と血縁関係があった部族であることは確かである。「カラ・キタイ Kara Kitai」（12‐13世紀）は，トルコ語で"黒い契丹"を意味する（下中,1984 五,p.208）。キタイ Kitai 族は征服民であったのでイスラーム史家がこのように名づけたという。中国はこれを漢語で「黒契丹」と呼んだり，さらに「遼」は契丹族の建てた王国だったことから「西遼」とも呼んだりした。「月氏 Yüeh Chih」とか「大月氏 Da Yüeh Chih」（前140頃‐後1世紀）という名は，ヘロドトスおよびプトレマイオスの記した Issedon 民族であるという。民族帰属も語源も不明である（白鳥,1910,1986 再版,p.511）。イリ河流域，後にはアム川上流，モンゴル高原西半分に活動した。「スキタイ Scythae」（前8‐前3世紀頃）は，遊牧系の中でも最も古い王国の1つである。スキタイはギリシア語表現名である。伝説では，ヘラクレスと土地の蛇娘との間に3人の男子が生まれ，この中で三男のスキュテス Skythes が部族を継いだので，彼の名からスキタイと呼んだのだという。スキタイはウクライナからボルガ流域に活動した部族なので，北からの侵入者のヴァイキングと混血してスラブの元になった可能性もある。

e), 都市・地域名に因む王朝・王国名

　都市名を活用した王国名がある。遊牧民の活動地域にあった都市のカザン"大鍋"，アストラハン"明星の市"，ブハラ"僧院"，ヒヴァ"甘い水"，コーカンド"猪の村"の名に，モンゴル語のハーン khān "支配者"を加えて「カザン・ハン」，「アストラハン・ハン」，「ブハラ・ハン」，「ヒヴァ・ハン」，「コーカンド・ハン」などと呼んだ王国が栄えた（語源の出典は，表10参照）。さ

王朝・王国名

らに都市名ではないが，都市名と同じ命名方法を採った例もあり，「クリム・ハン」（クリム Krim・クリミア Krimea はモンゴル語で"城塞"）は，半島名にハンを加えた王国名である。「ホラズム・シャー」(1077-1231)も，地方名ホラズム Khorezm（ペルシア語の khvar "低地"にゼミ zemi "土地"を加え，"低地の国"）にシャーを加えた名称であるが，中央アジアでは珍しくイラン系のシャー shāh（ペルシア語で"支配者，王"）を名乗った王国である（召ほか,1983,p.1182）。「フェルガナ」の場合は，盆地名 Fergana（"僅かに水のある土地""湿っている土地"）のみで呼んだ名である（召ほか,1983,p.317）。

今述べた西域の王国名については，その名称は遊牧系の特徴を守りながらも，ペルシア系の影響が強く感じられる。当然文化も西アジア，南アジアの影響を強く受けている。

f), 特徴に由来する王朝・王国名

チュルク系の「高車 Kaochê」は，彼らが高々とした車輪の乗り物を使用したことから呼ばれるようになった名称であるという。そのため別名として「高車丁零」とも呼ばれた（白鳥,1986 再版,p.516）。

なお，a) から e) の王朝・王国名は，一カ国に 2 種類の呼び方がある場合が多いので，ここでは重複させて記載したことを付け加えておく。

B, 東域の王朝・王国名

東域の王朝・王国名は，東アジアの項で記載しているが，遊牧文化圏としては外すことができず，また西域との関係も深いので，再度記載する。

東域とは，地理的に大きく区分すると，アルタイ山脈以東を指す。ここには「匈奴」（前 4 世紀末-後 1 世紀），「北魏（鮮卑）」(386-534)，「柔然」(5・6 世紀)，「突厥」(552-744)，「吐蕃」(7・9 世紀)，「渤海」(698-926)，「オイラート瓦剌」(15 世紀)，「タタール韃靼」(15 世紀)，「遼（契丹）」(916-1125)，「西夏」

(1038-1227)，「金
き ん
」(1115-1234)，「蒙古
も う こ
」(1206-1271)，「元
げ ん
」(1271-1368)，「清
し ん
」(1616-1912)などの有力な王朝・王国が興ったが，これらの王国は中国との交流が深かったので，歴史書ではほとんどの王国名を漢字で表記する。この国名をその特徴から分類する。

a)．自称名の王朝・王国名

　遊牧民の自称名を漢音表記したと考えられる名称がある。「匈奴」は Hiung nu と発音し，また「胡」と記して Hu と発音した。ラテン語表現では Hunni といい，現在の西洋でも Hun と発音することから，Hiung nu, Hunni, Hun という発音に近い自称名に対して，中国の王朝が「匈奴」という蔑視的漢字をあてたことが推測できる。Hiung nu や Hu の語源は"人，人間"を意味する
べ っ し
という（白鳥，1910,1986 再版,p.491)。また「胡」から判断して「東胡 Tung Hu」という部族名の場合は，"東の匈奴"を意味することになる。

　「柔然 Zou Zan（Jou-Jan）」は「蠕蠕 Zuan Zuan」「檀檀 Tan Tan」「茹茹 Zo Zo」などとも記され，発音に共通性が感じられるので，これも部族の自称名を漢音表記したと考えてよい。柔然の語源は，ju jen "礼儀" か，žu žen "賢明" の意味であろうという（下中,1984,四,p.295)。

　「突厥 Tu Que」はチュルク語の漢音表記である。『周書』や『隋書』の記載には，チュルクとは居住地の山の形から民族名を作成したとある。チュルクの意味は "兜
か ぶ と
" を指す。トルコ帽もこの名に関係がある（国名トルコも参照)。「丁零」とか「鉄勒」の漢字も充てられている。

　「契丹 Qi Dan」は突厥の Kül Tägin 碑文に Kytay と記され，Tonjukuk 碑文には Kytang と記されているので，これも間違いなく自称名を漢音表記したものである。契丹の語源は "鑌鉄
ひ ん て つ
" を意味することから，これは "刀剣，剪刀" を表したのだという（白鳥,1910,1986 再版,p.243)。重要な資源を部族の名称に当てたものと思われる。

王朝・王国名

b), 他称名を漢音表記した王朝・王国名

「吐蕃 Tu Bo」は「チベット Tibet」の漢音表記である。Tibet とは現地の人々の表現名ではなく，北北西のヤルカンド（トルコ系）の人々の使った名称で，"ボト族の地"を意味した（椙村,1986,p.26）。住民を指した名称が4千m級の高原を指す名称に代用された。

「オイラート瓦刺」(わら)（12 世紀以降，15 世紀頃活躍）は他称名で"森の民"を意味した。「オイラート」は，モンゴルに従った当時の自称名（Oirat "森の民"の意味）をそのまま活用した王国名である（下中,1984,二,p.1）。また現在ロシアの住むブリヤート人は，オイラート系部族の一種族を指す。

「タタール韃靼」(だったん)は他称名で，チュルク語で"他の人々"を意味する。この場合のタタールは，モンゴル高原の部族を指すが，同じ名称でもヨーロッパで使われるタタールは，この部族名とは違い，モンゴル軍の集団を指し，"悪魔，破壊者"を意味する。

c), 中国式国名を名乗った王朝・王国名

遊牧民が，中華の農耕地に侵入して，積極的に中国式表現を名乗るようになった名称がある。「渤海 Bo Hai」（ツングース系靺鞨人）(まっかつ)，「魏（北魏）Wei」（モンゴル系鮮卑族）(せんぴ)，「遼 Liao」（モンゴル系契丹族）(きったん)，「金 Jin」（ツングース系女真族）(じょしん)，「元 Yuan」（モンゴル民族），「清 Qing」（ツングース系女真族）が該当する。これらは東アジアの項で説明済みなので，中国の項で説明しなかった「西夏」を述べる。「西夏 Xi Xia」はタングートの一部の拓跋部(たくばつぶ)が建てた国で，支配者の李元昊(りげんこう)は，中国式に皇帝を表明し，中国式表現名を用いて「大夏 Da Xia」と名乗った。「夏」を用いた背景には，唐の命名した夏州の地名と，夏州一帯に居住した部族を，平夏部と称したことに基づいて「大夏」と名づけたといわれる（下中,1984,二,p.87）。ただ「大夏」は西域にあるので，宋王朝はこの王国を「西夏」と呼んだ。

3. 市町村接頭・接尾辞，都市名，地域名

ヨーロッパと同様の分析手法をとる。(接頭・接尾辞，地名のカテゴリー化)

A．遊牧地域の基本単位であるail類の接尾辞

アイルail類は，モンゴル系，ツングース系，トルコ系に共通する接尾辞であり，語源的には生活基盤である囲いの柵や遊牧民の天幕を指していた。モンゴル系の中では，ハルハ語とバラガンスク語のayl，ダグル語のaile′，モンゴル語の文語のailは"村落"を意味する。ツングース系では，ソロン語のailも"村落"を意味する。さらにトルコ系では，ヤクート語のial，テルグート語のayil，チュワシ語のyatも"村落"を意味する。またトルコ系のキルギス語とカラ・キルギス語のail，アルタイ語のail'は"天幕"を意味する。同じトルコ系でもオスマン語，アゼルバイジャン語のagilは"欄柵＝囲いの柵"を意味する（以上，白鳥1986,p.271）。ただail類の活用の変化をみると，柵や天幕だけでなく，村落にも用い，そこに住む仲間にも用いるようになり，さらに最小の政治集団まで表すようになった。このailをモンゴル軍はそのまま軍事の最小単位として活用した。例えばチンギス・ハーンは，ailを基本に10 ail毎にリーダーを定め，さらに1000 ail（千戸制）によって軍事組織をつくってモンゴル帝国を築いたといわれる。ただ遊牧民は移動を伴うので，ail類は町にも都市にも発展しない。そのため，あまり表記されない接尾辞である。

B．Ordo類の接尾辞と地名

オルドordo類も，モンゴル系，トルコ系，ツングース系に共通した接尾辞である。本来ordoは，王侯貴族の住む大型のゲルの集落を指し，極めて政治・

市町村接頭・接尾辞，都市名，地域名

軍事色の強い名称であり，遊牧民特有の機動力と軍事力の下に呼ばれた表現である。具体的に，満州語の ordo は "宮，亭" を意味する。モンゴル語の ordu は "宮殿，陣営" を意味する。トルコ系をみると，キルギス語の ordo は "宮殿，城郭" を意味し，アゼルバイジャン語，チャガタイ語，タランチ語の orda は "スルタンの牙城" を意味し，ウイグル語の ordo は "汗の陣営" を意味し，オスマン語の ordu は "軍営" を意味する（白鳥 1986,p273）。ちなみにカザフの旧首都の「クジルオルダ kzyl-Orda」とは "赤い首都（都城）" を意味する。

C．Khoto 類の接尾辞と地名

コト（ホト）khoto 類は，主にモンゴル，ツングース系部族地域，中国北東部（満州）や朝鮮半島，日本の北海道といった東アジア北東域一帯に用いられる接尾辞で "城，城塞集落，城塞都市，都城，村，町" を指す（椙村 1992,pp.162-171）。khoto 類と同類の屯も含めて拾いあげると，図 21 のようになる。モンゴル語の khoto, hoto, khotun, khotan は，"垣 fence"，"城壁 castle" や "壁 wall" を意味する。この呼称名は，満州語では haotan（好旦）

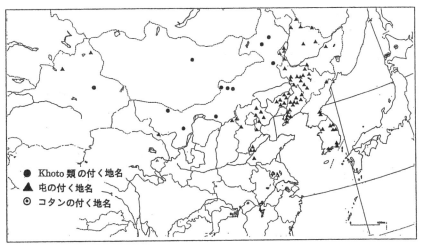

図 21　Khoto 類，屯，コタンのつく地名の分布

著者作成

として用いられ，さらにカルカ語にはkhoto，ギリヤーク語にもhotonとして使われている。また，漢語に「屯(トェン)」"防衛目的の村"という表現があるが，この表現も同類である。朝鮮語にも「屯(トゥン)」"防衛地"が用いられていて，やはり同類である。さらに数は少ないが，北海道のアイヌ語にコタンkotan[66]があるが，これは単に"村"を意味する（善生,1933,p.311）。これらは全て同じ源語から生まれている。ただ現代のモンゴルでは，khotoは地名から省略する傾向にある。また満州（東北地方）では，khotoは小地名に用いられてきたため，地図には表記されない場合が多い。そのため使用されていること自体がわかりにくい。さらに加えて，中国東北地方（旧満州）では，漢人（民族）が入植すると，満州語のkhotoは意訳され，漢語の「屯」に置き換えられた例が幾つもみられた。朝鮮半島の「屯」の場合は，都市名の中の一地区名に用いられ，地図上に表記されないものが多い（善生1933,p.311）。hoto類や屯をみると，古くから人々の移住を含めた文化交流があった事が推測できる。

都市名では，図21のように，モンゴル国に「ウランバートルホト Ulanbatar Khoto」，内モンゴル自治区に「フフホト Huhohaote」，「ウランホト Wulanhaote」，「シリンホト Hsilinhuote」，「エレンホト Erhlienhaote」，「パエンホト Payenhaote」などの地名があり，ホトの付く都市や町が，今も分布している。遺跡名にも「ハラホト Kharakhoto」，「ヤールーホト Yarkhoto」などの名称がある。

D, ペルシア系接頭・接尾辞と地名

アルタイ山脈以西の都市には，ペルシア語接尾辞が用いられている。Kandやkent（"町，市"），ābād（"人の集まるところ" = "町，都市"），stan（"土地，領土"）などは，西アジア文化地域と同じように大変多く活用され，接尾辞からでは西アジアとの区別がつかないほど一般化している。例えば「タシケント Tashkent」，「サマルカンド Samarkand」，「アシガバード Ashkhabad」，「トルケスタン Turkestan」といった地名が，ペルシア系接尾辞を用いる代表

市町村接頭・接尾辞，都市名，地域名

といえる。タクラマカンの「ヤンギヒサル Yangi Hissar」のようにアラビア系の hisar（"砦，都城"）までみられる。その範囲は，西はトルコ共和国から東はタクラマカン（東トルキスタン）の西半分まで広がっている。ペルシア系接尾辞を付けた西域は，西アジアと共通する典型的なオアシス都市であるという特徴がある。

E．主要都市名

満州（現在の中国の東北地方）では，狩猟・遊牧時代から連続する都市は殆ど無く，現在の都市基盤は中国（漢人），ロシア，日本が建設したものが多い。表10に，先住民の言語を受け継ぐ主要地名をとりあげた。満州は，現在は農耕文化圏に変わり，狩猟・遊牧文化圏ではなくなってしまったが，地名をみれば，狩猟・遊牧文化圏であった特徴をある程度読み取ることができる。

表10 モンゴル系，ツングース系，トルコ系の主要都市名

都市名	由来語	語源	正称，別称，旧称，古称	形成年代	特色	出典
ウランバートル Ulanbator	モンゴル語	赤い(ulan)英雄(bator)	正ウランバートルホト，旧ウルガ	17世紀中頃	モンゴルの首都	(1)p199
ウリヤスタイ Uliastay	モンゴル語	柳の多い土地	旧ジブホラント	18世	モンゴル西部の中心	(8)p30
アルタンブラク Altanbulag	モンゴル語	黄金の泉	旧マイマチン	1727	モンゴル北部の中心	(13)p38
ホブド Khbobd	モンゴル語	喜びのある	旧ジルガランダ	17世紀末	清朝時代のモンゴルの中心	(15)p288
フフホト Huhehoto	モンゴル語	青い城	ククホツン，帰化城	16世紀中	内蒙古自治区の都	(5)p163
ウランホト Ulanhoto	モンゴル語	赤い城	旧，ワンイエミャオ(王爺廟)	1659	内蒙古自治区の東部の中心	(24)p235
ハイラル Hailar	モンゴル語	溶けて流れる		1731	内モンゴル自治区北東部の主要都市	(17)上 p67
チチハル Tsitsihar	ダフール語・モンゴル語	辺境，境界，天然の牧場		17世紀	東北地区北部の工業都市	(24)p255
ハルビン Harbin	満州語，ツングース語	平地，漁網干場，渡し場		1898	黒竜江省の省都	(24)p254
チーリン 吉林	満州語	岸，河岸	チーリンウラ	1658	河口の大都市	(24)p204
ムータンチャン 牡丹江	満州語	湾曲の川		19世紀	工業都市	(24)p260
ターリン 大連	満州語	岸，河岸	旧リュイター	1898	大貿易港	(5)p99
ラサ 拉薩	チベット語	神の土地		7世紀前半	チベットの都	(5)p162
ウルムチ Urumchi	モンゴル語	美しい牧場	旧，迪化城	18世	西部最大の都市	(8)p30
トルファン Turfan	トルコ語	町	別，火州	5世紀前	海面下15m.	(8)p133
ハミ 哈密	ウイグル語	低地	別クルム	漢代	東西交易の中継地	(5)p112
アコスー Aksu	トルコ語	白い水		漢代	東西交通の要衝	(15)p51

第5章　内陸（中央）アジア文化圏

ホタンKhotan	サンスクリット語＋ペルシア語	城塞		前2世紀	インド・ペルシアの東限	(5)p120
ヤルカンドYarkand	ウイグル語	崖の町	古, 莎車国	漢代	天山南路の要衝	(8)p238
アルマティAlmaty	カザフ語	りんごの	旧アルマアタ, 古ヴェールヌイ	1854	旧カザフの首都	(1)p30
ビシュケクBishkek	ペルシア語	太守	旧フルンゼ	1825	キルギスの首都	(8)p410
タシケントTashkent	トルコ語＋ペルシア語	石の町	古チャチャ, 旧ビンケント	前2世紀	ウズベキスタンの首都	(1)p191
サマルカンドSamarkand	サンスクリット語＋ペルシア語	人々の遭遇する場所(町), 人口密集地	古マラカンダ	前5世紀前	チムール帝国の首都, ソグドの中心	(2)p213
ブハラBukhārā	サンスクリット語＋ペルシア語	僧院		前2000年	古くから中央アジアの宗教の中心地, ブハラ汗国の首都	(15)p270
クジルオルダKzyl-Orda	カザフ語	赤い首都(宮殿)	ペローフスク	19世紀	古カザフの首都	(18)p61
コーカンドKokand	ペルシア語	猪の村(町)	現地フク・ケン	1732	コーカンド汗国首都	(7)p120
フェルガナFerghana	ペルシア系言語	湿った土地, わずかに水のある土地	旧スコベレフ	1876	漢代の「大宛」の地	(8)p414
ドシャンベDushanbe	タジク語	月曜日		20世紀	タジキスタンの首都	(1)p82
アシガバードAshkhabad	ペルシア語	愛の町, 快適な町	旧ポルトラツク	1881	トルクメニスタンの首都	(1)p37
タシュクルガンTash-Kulgan	トルコ語	石の城塞(丘)		不明	山岳交通の要衝	(8)p119
ペンジケントPendzkent	ペルシア語	五つの町		6世紀	ソグド文化	(15)p284
カザニKazani	トルコ語	カザンカ(大鍋)川より	カザン	13世紀	カザン汗国とタタールスタンの首都	(8)p44
サラトフSratov	モンゴル語	黄色い丘, 黄金の丘		1590	州都, 商工業都市	(3)p371
アスタナAstana	カザフ語	首都	旧アクモラ, 古チェリノグラード	1824	カザフスタンの首都	(25)p784
カラガンダKaraganda	カザフ語	黒いアカシア		1931	石炭の産地	(7)p111
セミパラチンスクSemipalatinsk	ロシア語	七つの宮殿の都市	旧カメニエメチエト	1778	原水爆実験場	(7)p132
サライ　Sarai	ペルシア語	宮殿		13世紀	キプチャク汗国の首都	(14)⑫p333
アストラハンAstrakhan	タタール語	尊敬される人の都市称号, 明星の都市		13世紀	アストラハン国の首都	(1)p38

表1と同じ資料を用いて著者作成

　内陸アジア全体では, 遊牧文化圏の特徴が明確にでてくる。その中でも, アルタイ山脈以東のモンゴル高原の主要都市は, 西方と比べて歴史は新しく, 都市は, ゴビ砂漠南端の中国農耕地域への移行地帯に立地している。もう一ヶ所は, ゴビ砂漠の北側のタイガ（針葉樹林帯）への移行地帯に立地している。
　アルタイ山脈以西では, 西方地域へ行くほど都市の数が多くなり, しかも歴史が古い。西方は特にペルシアの影響が強く, 都市の殆どはテンシャンやクンルンの山麓か, 山脈から流れ出る河川沿いに立地している。

市町村接頭・接尾辞，都市名，地域名

F，トルコ（チュルク）系地名

　西域の都市をみると，表10からみて「タシケント」(tashはトルコ語で"石"を，kentはペルシア語)，「アルマティ」，「トルファン」，「ハミ」，「アコスー」，「ヤルカンド」，「クジルオルダ」，「カザン」，「アスタナ」，「カラガンダ」などの主要な都市名は，トルコ系部族の語源による地名である。図8をみても西域の自然名にはトルコ系言語の地名が多く，遊牧地域の西域はトルコ系遊牧民の文化圏であることがわかる。図8をみると，トルコ系住民は中央アジア，新疆ウイグル，ロシア，トルコ，カフカス地方にも居住することがわかる。

G，その他（インド系地名）

　内陸アジアには，数は少ないがインド系の地名もみられるので，代表的な地名をあげておく。ウズベキスタンの「ブハラ Bukhara」は，サンスクリット語のビハーラ vikhara "仏寺，僧院"の変形（椙村,1992,p.351）で，紀元前後に命名したものという。中国の新疆ウイグルの「ホータン和田」も，サンスクリット語の kota "都市"に由来する。「アクス阿克蘇」はサンスクリット表現では「バルカ Baluka」といい"居留地"を意味する（椙村,1992,p.120）。これから判断して，タクラマカン西方がインド系地名の用いられる限界である。歴史と地名からみて，仏教文化伝来との結びつきが感じられる。

H，地域名と自然名

　内陸アジアは，地方名の数が少ない。それは，遊牧地域は砂漠地域や草原が広く，水が得られず，変化に乏しく，さらに移動中心であるため，人々は定着せず，それが地域名の数の少なさになって表れている。内陸アジアは，西からカラクーム Karakumy "黒い砂"，キジルクーム Kyzylkum "赤い砂"，タクラマカン Takla Makan "入ったら出られない"，ゴビ Gobi "草木の育ちにく

第5章　内陸（中央）アジア文化圏

い土地」の大砂漠と，カザフ Kazakh などの広大なステップが大半を占める。

　西域の基本は，民族・部族名を当てて地域名とした。トルコ系諸部族の居住地の総称名は「トルキスタン Turkestan」"トルコ族の地"と呼んだ。その中のサマルカンド周辺は，ソグド人の居住地だったので，特に「ソグディアナ Sogdiana」と呼ばれた。ただ内陸アジア（遊牧民）以外の人々による別の呼び方もあり，その場合は自然名を中心に呼んだ。例えば歴史的に，アムダリア以東の地は，ギリシア語では「トランスオクジアナ Trans Oxuziana」"オクソス川（アムダリア）を越えた地"と呼び，アラビア語では「マーワラーアンナフル Māwarā'al Nahr」"川向こうの地"と呼び，ペルシア語では「トゥラーン Turān」"蛮族の地"と呼んだ。更に遠いシルダリア川以東・以北の草原地域は，ペルシア語では「ダシュトイキプチャク Dasht-i-Qipchāq」"キプチャク（草原）の荒地"と呼び，ヨーロッパでは「キルギス・ステップ Kirgiz Steppe」"キルギス草原"と呼んだ。トルコ系の最も東にあるウイグル族の地は「東トルキスタン」と呼んだが，異文化圏の人々は「タリム」とか「タクラマカン」と呼んだ。タクラマカンの南の地域名や高原名も，部族名から「チベット」To Bhod "高地ボト族"と呼び，これを中国語では「西蔵」と表わした。

　東域（アルタイ山脈以東）のモンゴル系部族の住む地域名も，トルコ系やチベット系と同様に部族名が用いられた。例えば中国語では，ゴビ砂漠以南の地は「内蒙古」"中国に近いモンゴル"とか「漠南蒙古」"ゴビ砂漠以南のモンゴル"と呼んだ。ゴビ砂漠の北の「ハルハ・モンゴル Halha Mongol」"ハルハ族のモンゴル"の地は「漠北蒙古」と呼び，「ジュンガル Junggar」（モンゴル部隊の"左翼"の意味）盆地は「漠西蒙古」と呼び，チャイダム盆地あたりは内陸の大湖に因んで「青海蒙古」と呼んだ。草原より北の森林地帯は「ブリヤート・モンゴル Buryat Mongol」"ブリヤート族のモンゴル"の領地だったが，ロシア領になってからモンゴルという表現は使わなくなった。

　ツングース系の現中国の東北地方の旧名は「満州」であった。「満州」の名は曼殊師利(まんじゅしり)の曼殊より採ったもので，曼殊師利は清の太祖の称号でもあって"文殊菩薩(もんじゅぼさつ)"を意味した。

4. 国名・地名からみた特色

A, 国名からみた特色

① 現在独立している6カ国は，全て部族名・民族名を国名としている。ここに最大の特色がある。この中で，ソ連から分離した西域の5カ国の領域と中国のタリム盆地を含めて，古くは「トルキスタン Turkistan」"トルコ人の土地"と総称されていた。住民もパミール高原あたりを占めるタジクを除くと全てがトルコ系の部族国家である。

② ロシア・ソ連支配時代には，ulus, il, khān, stan といった遊牧系住民の伝統的表現や，「トルキスタン」という統一（団結）を表すような用語は抹消され，ロシア表現の，しかも分割した部族名が用いられた。

③ ソ連崩壊後には，再びペルシア的表現や歴史的背景を前面に出し，部族名に stan を付けるようになった。Stan の表現は，歴史上西アジアやイスラーム系諸国との関係が深いことと，領土を強く意識するようになったことを間接的に表しているととれる。

④ 西域のイスラーム国家は"共和国"を語尾に用いるが，東域のモンゴルだけは，伝統的遊牧の表現を生かし，今も ulus を国名に用いる。

B, 王朝・王国名からみた特色

　西域はペルシア語の影響が強く，中央アジアとして別個に扱われる。東域は中華の影響が強く，東アジアに含める。ここでは東域と西域に分けて述べる。

西域の特色

① 多くの王国が，Khān, shāh, beg "支配者"などの尊称を付けて国号を表現した。また直接支配者の名も多用した。これから判断して，支配者が

極めて強い権限を持って国家をまとめていたこと，さらに国家建設者の力が遊牧地域ではいかに重要であったかが伝わってくる。

② 部族・民族名も王国名として活用している。これは中心となった民族・部族が，周辺の多くの部族を統率し，国家を組織する原動力となっていたことを表している。

③ さらに遊牧地域では，ulusやil "民衆，部族連合" が多く使われていることから，一つの国家内に多くの部族が存在したことを示している。また部族集団の結束力が重要だったことも理解できる。遊牧の世界では，集団の数と結束力がそのまま国力であったと考えられる。

④ 小王国の場合は，地域名を国名に当てている。これは小地域が自立して生き残るには，地域との密着度が特に重要であったことを示している。しかし遊牧の世界では，このような小地域名称はむしろ例外に属する。

東域の特色

① モンゴルやチベット地域の王国名は，遊牧民の自称名や他の遊牧系部族の呼んだ他称名を，漢音訳した名称にして用いている。また基本的に人名は用いない。これは人名の多い西域の王国・王朝名と際だった違いを示している。また遊牧国家に与えられた漢語をみると，中国では遊牧国家を夷狄(いてき)として捉えていたことがわかり，蔑視的(べっしてき)漢語表現を多く用いている。

② 遊牧民が中華領内に侵入して王朝・王国を建てた場合は，中国の伝統地名を借用するか，中国式表現の名称を積極的に用いた。このような事実をみると，東域の遊牧民の王朝・王国名は，中国と深い関わりを意識しながら歩んできたことが理解できる。また地名からみて，遊牧民と中華の大まかな境は，長く万里の長城であった。

C，市町村接頭・接尾辞，都市名，地域名からみた特色

① 遊牧や狩猟の文化圏では，都市の数そのものが農耕文化圏と比べて少ない。少ないながらもオアシスを中心に散在している。表10に遊牧地域の都市

国名・地名からみた特色

名をあげたが，その中で東域のモンゴル系やツングース系部族の建てた都市は，殆どは19世紀以降であり，古くても16~17世紀以降で，建設年代が新しい。しかもその新都市は，農耕民族が入植して建設したものが多い。

② 一般的な都市名に関しては，ツングース（満州）系の中国領は，現在ほぼ漢民族化され，ツングース系のロシア領はロシア化されてしまった。その結果，狩猟・遊牧地域であったツングース系の領域は，伝統的な面影が消え，ほぼ農耕文化圏に変わってしまった。

③ 西域の都市をみると，「サマルカンド Samarkand」，「ブハラ Bukhara」，「ホータン Khōtan」など，紀元前から存在する古い都市があり，年代的には東域と対照をなす。特に歴史の古い都市の語源は，ペルシア語，ペルシア語接尾辞が使用された。またサンスクリット語を用いた地名もある。

④ 都市の接尾辞をみると，西域では ābād，kand など"都市"を表すペルシア系の接尾辞が中心を占め，東域ではモンゴルから満州，朝鮮半島や華北一帯にかけて khoto "都市"類の接尾辞が用いられていた。遊牧の文化もアルタイ山脈を境にして大きく二分されていることがわかる。

⑤ 1991年までソ連の構成国であった関係上，中央アジア5カ国には「セミパラチンスク Semipalatinsk」"七つの宮殿の町"などのように，スク sk "町，都市"の付くロシア語表現の地名がかなり残っている。

⑥ 内モンゴル，チベットなどにも漢語表現の地名が多くみられる。ただ近年の世界的な民族・部族尊重思想が重石となり，それが中国の地名政策にも影響を与え，漢民族の入植地であっても，あえて漢語地名に変えることなく，部族発音の地名をそのまま残す傾向が多くなっている。

⑦ タクラマカン砂漠をみると，トルコ系地名を中心に，西方ではペルシア系地名がみられ，さらに数は少ないがインド系の地名もみられる。また隣接するチベット系の地名も少し入っている。東方ではモンゴル系の地名と漢語地名が入っている。つまりこの地は，五民族系の地名が共存する世界でも珍しい地域である。住民はトルコ系なのでウイグル語が多いが，五民族の中でもペルシア系と中国系の地名の影響力が強いことが理解できる。

第5章　内陸（中央）アジア文化圏

5. 国名・地名からみた内陸アジア観

モンゴル・チベットを含めた場合は「内陸アジア」、旧ソ連領を指す場合は「中央アジア」、歴史・文化などの内容を指す場合は「遊牧の世界」と表現する方が適当と考える。内陸アジアは一部だが東アジアと重複させながら記載する。

A，遊牧世界の相違点

遊牧文化圏内は牧畜という共通性がある。しかし地名をキーワードにして遊牧地域の特徴を分類すると，大きな地域差がある事に気づく。

まずモンゴル高原（現在のモンゴル国＝ハルハ・モンゴル地域）には，古代から現在まで連続する都市は殆どない。つまり一面の草原であるモンゴル高原は，本来都市文化が発達しない典型的な遊牧の世界であった。現在の都市は，ウランバートルでもフフホトでも16〜17世紀以降の建設である。

次にモンゴル草原より東と北に住むツングース系部族の名称をみると，「オロチョン Orochon」とは"トナカイ（oron）を飼う人々"を意味する。「エベンギ Evenki」とは"大きな山林に住む人々"を意味する。「ブリヤート Buryat」とは"テンの狩猟者"を意味する。トゥバ Tuva 族の中国名「ウリャンハイ烏梁海 Uriyanghai」とは"山林の民"を意味する。このような語源を持つツングース系の種族が居住していた。さらに「ツングース Tungus」という総称名自体もトルコ語の軽蔑した表現であり"ブタ"を意味するという。豚は草原ではなく，森林地域に生息する。これらの名称から判断すると，草原から森林中心へと景観が変わり，遊牧から狩猟へと生き方が変わっていく様子が連想できる。すなわち，大興安嶺(ターシンアンリン)を境として，山脈以東と山脈以北は，半狩猟・半遊牧が本来の姿だった。ここにも古くからの都市は見当らない。満州語を語源とする都市名をみると，北のハルビンもチーリンもチチハルもモンゴル高原と同じ17

世紀以降の建設である。また満州の南半分は，古くから開発が進み，本来の満州語源地名を訳して漢語地名に変えている地名が多数ある。

　これに対し，モンゴル高原より西＝「アルタイ」(モンゴル語では Altan Uhla, トルコ語では Altun Tagh, 共に"金の山"を意味) [67] 山脈以西の地は，遊牧と共にオアシスが多くなる。オアシスは灌漑農業の適地であり，高度な水管理の技術で定住化が進み，そこには高い都市文化が育まれた。中でも「テンシャン」("天の山"を意味) [68] 山麓の「タリム盆地」[69] や「フェルガナ盆地」，「クンルン」[70] 北山麓の「タリム盆地」，さらにシル・アム両河の間の古代名「ソグディアナ Sogdiana」[71]，アムダリア下流域の「ホラズム」地方，それにシルダリア流域や支流域などに，「サマルカンド」，「ブハラ」，「ホータン」，「タシケント」，「ヒヴァ」，「ヤルカンド」，「トルファン」など多数のオアシス都市が古代から発達し，西アジアと同じ都市がみられた。特にテンシャン山脈やヒンドゥークシュ山脈は遊牧の人々にとっては巨大な水瓶であり，生命線であった。さらにその南側をみれば，インド世界との境に，空気が薄く，植物のあまり育たない高山地域特有の遊牧がみられる。当然都市は発達していない。

　そうすると，遊牧文化圏として扱われる地域も，家畜飼育や村での生活という条件においては共通性があっても，東(東北東)から西(西南西)に向かうに従って，①狩猟と遊牧中心の地域→②遊牧中心の地域→③遊牧とオアシス地域→④南の高山地域(チベット高原)の遊牧となる。つまり4つの異なる遊牧社会に分けられる。このように変化に富んだ遊牧文化の姿が浮かび上がってくる。さらにその西には，都市が主で遊牧が従の地域(西アジア)になる。ここに遊牧文化圏の DNA の一端をみることができる。

B．部族・民族の連合体

　内陸アジアの現在の国名は，民族名・部族名を用いている。さらに接尾辞をみると，モンゴル語の ulus・トルコ語の il (el) は"部族の衆，部族集団の国家"を表している。この2つから遊牧国家の基礎的特色が読み取れる。

第5章　内陸（中央）アジア文化圏

　ここで遊牧国家の組織を,「モンゴル帝国」を例にみる。「モンゴル」という国号表現は, チンギス・ハーンの「モンゴル部」から知られるようになった名称である。モンゴルの組織はail "村"を単位とし,「千のail＝千戸制度(せんこせいど)」で軍隊を組織していた。勿論, 国家組織にはulus "部族(ぶぞく)の衆(しゅう)"を用いた。これはモンゴル帝国に従う部族には寛大であり, モンゴル化を強要しなかったことを意味する。事実, 帝国内ではオイラート, キプチャク, ウイグルなど多様な部族名が使われ, ラシード・アッディーン（13〜14世紀）の『ジャーミー・アッタワーリフ』＝『集史(しゅうし)』の『部族誌』にも部族の記載(きさい)がみられた。さらに13世紀にヨーロッパに攻め込んだモンゴル軍が, ヨーロッパ人からタルタルと呼ばれた。これはモンゴル軍の一部のタタール部が自らの名をヨーロッパでも使っていたという事実に他(ほか)ならない。これから判断すると, 各氏族・部族はかなり自由だったことになる。このような支配形態を採ったため, チンギス・ハーン一代で大帝国が建設できたのである。

　次にモンゴル帝国のウルスulusを分析すると, 国家とは領土を指すのではなく部族・民族集団を指していた。また, 一口に部族・民族と言っても, 支配民族・部族だけが優遇されるというのではなく, 支配下に入った部族集団も含めて"国家＝国民"とみなしていた。飯塚（1975,p.155）も, モンゴル帝国は支配下の部族の宗教や風俗・習慣に干渉せず, 寛大であったと述べている。杉山（2003,pp.341-362）も, モンゴル帝国は, 内では氏族・部族の集団であるが, 外に対してはモンゴル帝国としての統一した軍団や国家であったと述べている。地名をみても両氏の意見と同じことが言える。

　モンゴル帝国は, 遊牧国家の特徴を全て持ち合わせた国家であった。しかし従わねば強い姿勢で臨み,「西夏(せいか)」を徹底して破壊したように, 地名までも抹消する強い姿勢で臨んだ。これからみて, 遊牧国家は農耕国家が持つ領土支配や民族差別や身分制度を重視する価値観とは異なる価値観と厳しさを持っていたことがわかる。これは内陸アジアの持つ価値観であり, DNAである。

国名・地名からみた内陸アジア観

C, 民族の移動

　遊牧民には，歴史的に2種類の大きな動きがあったことが推測できる。1つ目として，遊牧文化圏内での動きである。それは古くから「エフタル」，「大月氏」，「カラ・キタイ」，「トルコ」など，東域に興った王国が，西域や西アジアに移動して栄えた。また「タタール」[72]，「クリミア」，「カザン」[73]，「アストラハン」などの東方系遊牧民の地名が，今もヨーロッパロシアに使われている。さらに「ハンガリーHungary」[74]という国名もフン Hun 族にかかわるので，東アジア系遊牧民の名である。つまり遊牧の世界では，東から西に向かって民族移動が行なわれたことがわかる。そうすると一言で遊牧地域といっても，どちらかといえば西方ほど住みやすくて，豊かだったことが理解できる。

　2つ目として，遊牧圏から農耕圏への移動である。農耕文化圏は3か所ある。インド世界，中華世界，ヨーロッパ世界である。遊牧地域から南アジアへは，主なものでもアーリア人，クシャン朝，ティムール帝国，デリー・スルタン五王朝，ムガール帝国など多数の部族が侵入して大いに栄えた。東アジアへは，北魏，金，遼，元，清などが侵入し，これも大いに栄えた。ヨーロッパへは，スキタイ，フン，モンゴル系，トルコ系の遊牧民が侵入している。これらは乾燥地域から湿潤地域への移動である。この動きは，農耕文化地域が遊牧文化地域より豊かだったことを意味している。移動は全て武力行動を伴う侵略であるが，農耕地域の支配者となった遊牧民は，その後遊牧の特徴を捨て，自ら農耕民に同化・吸収されている。ここに遊牧民の「移動によって生きる道を探す」というDNAを知ることができる。

　遊牧民の移動の凄(すご)さについては，ゲルマン民族の大移動を誘発(ゆうはつ)した Hun (匈奴) 族の侵入，さらにヨーロッパで使われるラテン語のタルタル tartar "地獄"（タタール人）という表現だけをみても，遊牧民への恐怖，遊牧民の当時の行動の凄まじさを知ることができる。ただ遊牧系部族侵入はその地を荒らしただけでなく，そこに定住し，多くの異文化を持ち込んで，侵入地の発展に間接的に貢献したことも忘れてはならない。

D．文化（文字・宗教）の伝達

　文字をみると，西アジアのアラム文字が東に伝わってソグド文字が生まれ，ソグド文字が東に伝わってウイグル文字が生まれている。ウイグル文字がさらに東に伝わってモンゴル文字が生まれ，モンゴル文字が東に伝わって満州文字が生まれている。内陸の草原と砂漠は，西アジア系の文字が基本にある。もう1つのインド系文字は，チベット高原に伝わってチベット文字が生まれ，チベット文字が東南アジアに伝わって，ビルマ文字，タイ文字，クメール文字，ラオ文字，ジャワ文字が生まれた。大まかには西から東への伝達である。

　宗教も文字と同様で，ガンダーラの大乗仏教は，タクラマカン経由で東の中国へ伝わって中国仏教（国家仏教）となった。参考までに，大乗仏教（中国仏教）は，その後朝鮮半島や日本やベトナムに伝わった。東方の仏教は，国家仏教から民衆仏教に発展していき，中国，朝鮮，日本，ベトナムの人々の精神文化を形成した。またインドからチベットに伝わった仏教は，チベット固有の宗教と合流して，チベット仏教（ラマ教）が生まれた。イスラーム教も東方の中央アジアやインド世界に伝わった。伝達した遊牧民は，文字も宗教もただ伝えるのではなく，異文化圏の人々や文化に合うように伝えている。

　文化（文字・宗教）の伝達をみると，西から東へ伝わり，民族の移動とは逆方向である。これらをみると，世界の文化の発展という意味では，遊牧民の果たした役割は大変大きい。イスラーム教の場合は，イスラーム商人によって，熱帯の東南アジアまで伝えられ，そこで根付いたことも付け加えておく。

E．生きる手段

　遊牧民の持つ伝統生活をみると，ail 類"村"の地名がモンゴル系，トルコ系，ツングース系の各部族に共通して用いられている。これから推測できることは，家畜の移動と天幕を利用した生活，すなわち水や草の得られるところに数軒のゲル（トルコ語ではユルト）を建てて暮らす ail の生活形態は，広大な

国名・地名からみた内陸アジア観

遊牧地域の人々にとって，共通した生き方（DNA）であったといえる。

　Ordu 類"軍営"という接尾辞もみられるが，これから判断して，遊牧民は武力を保持し，軍備を備え，異民族地域や異文化圏へ進攻するという一面も同時に持ち合わせていたことを物語っている。Ordu は東のツングース系，モンゴル系，西のトルコ系の部族にも使用されていることからみて，ail と共に遊牧民に共通する生き方・考え方であり，DNA であった。これは遊牧民にとっては，生産も交易も侵略も，生きるために必要な手段だったといえるだろう。欧州の歴史家の著書をみると，遊牧民は破壊者であるというレッテルをはり，侵略という一面ばかりを強調している。しかし，それ以上に交易を通じて各文化圏の発展に寄与したという点を評価しなければならないだろう。農耕民も遊牧民以上に，各地を侵略した歴史をもっている。農耕文化圏の人々はこの事実を真摯に受けとめる必要がある。

F，タクラマカンはブラックホール

　遊牧地域に用いられる多様な地名の分布状況をみると，地名伝播がタクラマカン砂漠＝タリム盆地で止まっている。この「タクラマカン」（ウイグル語で"入ったら出られない"）[75] は，現在ではトルコ民族の東端にあたり，モンゴル民族の南端にあたり，チベット人の北端にあたる。古来シルクロード（"絹の道"）[76] の通路として紹介されるタクラマカンには，西方からトルコ系言語やペルシア語が入り，東方からモンゴル語や漢語が入り，南方からチベット語やインド系言語が入ってきて，多様な言語地名の集合地を形成していた。

　このような地名語源を，伝播という立場からみると，タクラマカンが多様な地名や言語伝播の，それぞれの終結点にあたっていた。地名が終結点であるということは，文化の直伝もここが終点の地となる。そしてここで新たなフルイにかけられてから，再度異言語の地域に伝わったのではないかと想像する。つまり，ペルシアから直接中国に運ぶのではなく，また中国から直接ペルシアに運ぶのでもなく，オアシス都市で，西アジアと中国の物品や情報の交換が行わ

れたのではないかということである。例えば、仏教の伝来をこれに当てはめてみると、タクラマカンには両方の特徴がみられるが、タクラマカンの西はインド仏教の特色が強くなり、タクラマカンの東部では中国仏教の特色が強くなる。それは仏像や仏画の違いではなく、西方では地域集団の信仰宗教が中心で、東方では国家宗教へと主目的が変わっているように感じる。砂漠という強烈な障害と、民族・文化圏の境という条件が、ここで直通の伝達を弱め、フルイにかけて、新たな社会体制に合うものを伝えたのだと推察する。

G. 世界の一体化の始まり

　現代社会は、世界の出来事が一瞬(いっしゅん)にして伝わり、1～2日もあれば世界の殆どの地域へ行くことも可能になった。またインターネットを通じて、世界の会話に参加することも可能になった。すなわち地球一体化(ちきゅういったいか)の時代である。一体化の先導者となったのが13世紀のモンゴル帝国であった。それ以前の各文化圏は独自の価値観や思想を持ち、共通性の無いそれぞれの生き方をしていた。

　古くから内陸の遊牧世界は、生活の単位であるアイル ail ("天幕""村") が基本となっていた。モンゴルは、この ail を単位として、10ail でリーダーを定め、1000ail で1つの軍事組織をつくった。これは部族単位を解体して集団化した軍隊であり、千戸制(せんこせい)という。この軍事組織集団こそが、大帝国の建設の原動力となったのである。この軍隊には腹心(ふくしん)の部下を長（千戸長）として派遣したので、中央集権体制の確立でもあった。遊牧地域を統率したモンゴル軍は、草原の道やシルクロードを押さえ、そこを拠点として、西はペルシア領までを支配下に入れると共に、イスラームの交易路と結びつけ、北方においてはキエフ公国を支配してヨーロッパへのルートを確保し、東は中国を支配して中国の道路・運河・海路とも結びつけて、連続する一大道路網を建設したのである。ここにユーラシアを一体とする世界規模の道路網が初めて完成した。そして幹線道路には、約40キロごとに駅（站）を置き、人馬・食料・物品を備え、軍事目的だけでなく、通行証も発行して商人も往来させた。これによって、各文

化圏の物品や文化や人的交流が急速に進んだのである。

　遊牧民は，伝統的に商品の流通能力だけでなく，文化の融合や文化の選択もうまい。しかも，伝える地域が必要とするものにアレンジして伝える優れた才能も持っている。例えば，近代ヨーロッパの3大発明の火薬，羅針盤，印刷術は，当時の遊牧民が，中国からイスラーム世界へと伝えた商品であった。このように重要であった内陸路も，ヨーロッパ人の15世紀後半の海路発見によって，無用の長物と化した。

　今後中央アジアが再度浮上するには，人口，資本，技術等を呼び込み，中華世界，インド世界，ヨーロッパ世界，イスラーム世界を結びつける情報基地，物流センター，生産基地などの地理的位置の要の役割を発揮する以外に方法はない。この需要は必ずある。地理的位置の優位性を生かさない手はない。このための人材は，中華世界，インド世界にあり余るほどいる。

H, 支配者・遊牧民中心思想から領土中心思想へ

　遊牧文化圏で栄えた王国名の特色は，13世紀以降，国家名称の語尾にハーンkhānの称号を付けることが多くみられた。称号の使用は，5世紀頃に蒙古系の柔然（蠕蠕）の社崙が用いたのが最初といわれる。広まったのは，チンギス・ハーン（チンギスは"光の神"の意味）がユーラシア大陸の大部分を支配し，ハーン（カン）と名乗ると共に，モンゴル帝国を幾つかに分割して，その支配者に子孫を配置し，彼らにもハーンを名乗らせてからである。なおハーンは，モンゴル語で軍事的，政治的な"支配者，王"を意味する。その後モンゴル族の支配が薄れて，支配者がトルコ系の部族に代わっても，遊牧民の国名や支配者名にはハーンが用いられた。これは，モンゴルの影響力が遊牧全体に浸透したことを示すと共に，その支配体制が遊牧の世界に共通性を与え，また遊牧世界の秩序維持に合理的であり，さらに権威を示すのにも有効であったからだと考える。ちなみに，トルコ系の称号にはベクbeg, bek（"トルコ族の首長，支配者"）があり，イラン系の称号にはシャーshāh（"ペルシアの王"）が

第5章　内陸（中央）アジア文化圏

あった。ただこの両称号は消え去った訳ではなく，ハーン khān（君主＝国王）の下級称号として活用された[m]。遊牧の世界では，本来「国家」とは領土を指すのではなく，部族・民族の集団とその支配体制を指していた。それゆえ，最高指揮官であるハーンの称号と，ハーンに付随する権威は大変重要だったのである。

　しかし帝政ロシアの支配下に入ると，遊牧民の称号であるハーン khān，シャー shāh，ベグ beg はもとより，それまでの国家形態を示したウルス ulus "部族の衆＝国家" やイル il "人間の集団＝国家"，さらにイラン系の stan "土地＝国土，領土" という表現まで用いられなくなった。これはロシアが遊牧国家の価値観を排除し，ロシア式に変更させ，ロシアに吸収しようとしたからである。ところが1991年にソ連が崩壊し，遊牧民が解放されて独立すると，西域の国家は stan を，東域のモンゴルは Ulus を活用し始めた。この中で，Stan の使用は，ソ連からの遊牧民の独立という意思表示だけでなく，新たに遊牧民が領土を意識し始めた事への意思表示でもあった。つまり農耕のロシアが支配したことで，遊牧民の定着化，遊牧地の農業生産地への切り替え，地下資源の採掘などへと，生き方そのものが大きく変化したことを意味していた。

　このような遊牧社会の変化，すなわち農耕への産業の切りかえは，ソ連領であった西域の遊牧諸国に限らず，現在東アジアの中国領となっている満州（東北），内モンゴル，ウイグル，チベット地区などでも同様に起こっている。現在，伝統的遊牧の生き方は，どこもみられなくなった。カザフスタンなどは，大穀倉地帯に変わっている。これが今の中央アジアの姿である。遊牧生活や交易といった生き方は，過去のものとなってしまったが，その精神は今も地名や文化に受け継がれている。

第6章　東南アジア文化圏

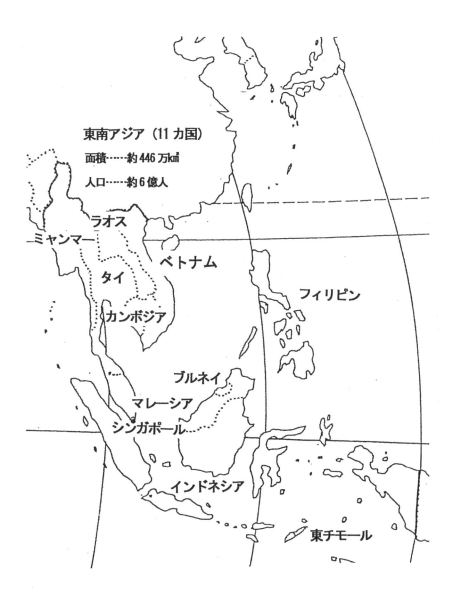

第6章　東南アジア文化圏

1. 現在の国名

A, 部族・民族名を用いた国名

a), タイ

「タイ」の正式国名「ラート・チャ・アーナーチャック・タイ Rhart Tya Ahna-tyakku Thai」は，"タイ王領"を意味する。ラートは"王"，アーナーチャックは"領土"を意味する。11世紀頃から他部族よりパーリ語で「シャム Siam」"浅黒い"と呼ばれた（河部,1978,p.120）。ちなみに，ミャンマーのシャン族の名も語源はシャムと同じである。「シャム」は第二次世界大戦中に日本と同盟し，大タイ主義（タイ諸族の大同団結）をかざして自称名「Thai」"自由"に改名した（Adrian, 1980,p.192）。戦況が不利になると再び「シャム」に戻し，戦犯のほとぼりが冷めた戦後に再度「タイ」に改名し，現在にいたっている。

b), ラオス

「ラオス」の正式国名「サーターラナラット・パサーティパタイ・パサーソン・ラーオ Sāthālanalat Paxāthipatai Paxāxon Lāo」は，"ラオス人民民主共和国"を意味する。Sāthālanalatは"共和国"，Paxāthipataiは"民主主義"，Paxāxonは"人民"を意味する。ラオ lao とはタイ系種族の諸派の名で"人間"（スsは複数形）を意味する（下中,1984,九,p.146）。ラオ族の名を国名とした。

c), ミャンマー

「ミャンマー」の正式国名「ピダウンズ・ミャンマー・ナインガンドー Pyidaungzu Myanmar Naingngandaw」は，"ミャンマー連邦共和国"を意味する。「ミャンマーMyanmar」の語源説をみると，サンスクリット語のブラーマ brāhma に由来し，"バラモン braman"の転訛であるという説と，"ブラフ

マーbrahma" というヒンドゥーの神に因むという説がある。両名ともインドの宗教関連の名称である(和泉,1999,p.109)。「ミャンマー」の名を聞いて、ヨーロッパ人が「バーマ Berma」とか「ビルマ Burma」と発音した。

d), マレーシア

「マレーシア Malaysia」が正式国名である。マレーシアは、1957年の独立時は「マラヤ連邦」と名乗った。「マラヤ Malaya」とはタミル系の言語のマライス malais "山"に由来するという(召ほか,1983,p.14)。これはスマトラから移住してきたインド系住民が先住民の山間部族に与えた名であった。1963年、マレー半島地域に、同じ英領の「シンガポール」と「サバ sabah (現地語で"風下の地")」と「サラワク sarawak (現地語で"小海湾")」(召ほか,1983,p.213)を加えたとき、ia を付け、ギリシア・ラテン語表記にして「マレーシア」と改名した。合併の背景から考えると"マレー系の人々の国"という意味になる。

B, 自然的要因（方位名、地域名）による国名

a), ベトナム

「ベトナム」の正式国名「コンホア・シャーホイチュニヒーア・ヴェトナム Công Hoá Xã Hôi Chú Nghĩa Viêt Nam」は、"ベトナム社会主義共和国"を意味する。Công Hoá は"共和"、Xã Hôi Chú Nghĩa は"社会主義"、「Viêt Nam 越南」はベトナム語でも中国語でも"越の南"を意味する。ベトナムの阮 朝は、清朝に「ナムヴェト Nam Viet 南越」と国名認可を願い出たが、「南越」は秦～漢（武帝まで）代に番禺（広東）を都として栄えた「南越国」と重なるので、清朝は1804年に南と越を逆転させ、「越南」の名を授けた。

b), インドネシア

「インドネシア」の正式国名である「レプブリク・インドネシア Republik Indonesia」は、"インドネシア共和国"を意味する。Indonesia とは、ギリシ

ア語の indos "インド" と nesos "島々" に地名接尾辞 ia "地域" を加えた造語地名で "インド諸島域" を意味する(Adrian,1974,p.107)。

以前は「蘭領東インド」とか「インディアン・アーチペラゴ Indian Archipelago」"インド諸島" などと呼ばれた。古称にはサンスクリット語で「ヌサンタラ Nusantara」"島の間"(石井ほか,1994,p.219)と呼ぶ名称もあったが，これは島嶼全域を指した名称ではなかった。独立に際し，歴史的に支配したことのない領域までも統合したため，多民族を含む多様性の統一をスローガンにして「インドネシア」を国名に選んだ。

c)．東チモール

「東チモール」の正式国名「レプブリカ・デモクラティカ・ティモール・ロロサエ Republika Demokratika Timor Lorosáe」は，"東チモール民主共和国" を意味する。2002年インドネシアより独立。古ポルトガル領の Timor とはマレー語やインドネシア語で "東"（召ほか,1983,p.310)を，Lorosáe は "大いなる夜明け(日の出)＝東" を意味し，合わせて "チモール（東）島東部" を指す。

C．文化的要因（旧王国名，神話・宗教名）による国名

a)．ブルネイ

「ブルネイ」の正式国名は「ネガラ・ブルネイ・ダル・サラーム Negara Brunei Daru Ssalam」である。このうちの negara はサンスクリット語で "国" を，brunei は旧王国名（旧首都）に由来し，語源はマレー語で "野生マンゴスチン" を意味する（他説あり)。語尾の daru salām ダルサラームはアラビア語で "平和の土地" を意味する(和泉,1999,p.140)。インド系，先住民系，アラビア系の言語を用いて表現する特殊な国名である。島名のボルネオは brunei に由来。

b)．カンボジア

「カンボジア」の正式国名「プリア・リアチアナッチャクル・カンプチア

現在の国名

Preăh Réacheanachâkr Kâmpŭchea」は，"カンボジア王国"を意味する。Preăh は"王の称号"，Réacheanachâkr は"王国"を意味する。「カンボジア Canbodia」とは，6世紀後半の建国神話によると，バラモン（僧）のカンブーKambu と，この土地の竜女ナーギ Nagi との間に生まれた子が民族の祖で，"カンブーの子孫達 (ja)"を意味するという。これがカンボジアの語源であり起源説である(河部,1978,p.66)。他に「クメール Khmer」という自称名もあり，1970年のロン・ノル政権時代は「クメール共和国」という名称を用いた。

c), シンガポール

「シンガポール共和国」の正式国名表現は，英語，中国語，マレー語，タミル語の4言語表現とされている。Singapore とは，サンスクリット語の singa "ライオン"と pura (pore) "城市，町"の合成語で"ライオンの城市"を意味する(Asimov,1962,p.185)。中国語では「新加坡」(シンチャーポー)と呼ぶ。イギリスが無人島に近い密林の城址跡と文献を見つけて命名した。14世紀頃まで「トゥマセク Teumasek」(マレー語"海の町")と呼ばれていた土地である。

D, 人名による国名

a), フィリピン

「フィリピン」の正式国名「レプブリカ・ナン・ピリピーナス Republika ng Pilipinas」は，"フィリピン共和国"を意味する。フィリピンとは，1565年レガスピがスペイン皇太子に因んで「ラスイスラスフィリピナス Las Islas Filipinas」"フェリペの島々"と命名したのがおこりである。その後アメリカの支配下でミンダナオ島まで統治領域が拡大した。最初にこの地に来たマゼランは，1521年の発見日（ロザリオの祝日）から「聖ロザリオ諸島」と記した。

ただ「フィリピン」という名は，植民地支配国の人名なので，「ラプラプ」（酋長名），「マハルリカ」（高貴な生まれ），「ルズビミンダ」（諸島名の合成）などへの改名を幾度か考案したが，結果的にフィリピンのまま現在にいたっている。

2. 王朝・王国名

　東南アジアに興った王朝・王国を，名称の由来と特徴から分類する。
A，インド系名称の王朝・王国名。
B，中国系名称の王朝・王国名。
C，部族名に因む王朝・王国名。
D，理想名・文化的要素に因む王朝・王国名。
E，特産物に因む王朝・王国名。
F，自然的特徴に因む王朝・王国名。
G，軍事的名称に因む王国名。
このほか，A～Gの分類を別の視点からみると，次の2つに分類できる。
別の分類1，　都市名として受け継がれる王朝・王国名。
別の分類2，　接頭・接尾辞からみた王朝・王国名。
以下この区分に従って説明する。

A，インド系名称の王朝・王国名

　現在のベトナム中部あたりに栄えた「チャンパーChampā」(2c-17c)の名は，古代インドのアンガ国の首都名より採った名称である。その首都名は宮殿の香り高い"チャンパカ樹"から命名された名であるという(下中,1984,六,p.177)。タイの「アユタヤAyuthaya」(1351-1767)も古代インドのコーサラ国の首都「アヨディーヤ」"難攻不落の城"から採った名称である(召ほか,1983,p.6)。「イシャーナプラIśānapura」(6c-9c)は「真臘」の別名であり，首都名であるが，この名はサンスクリット語で"イシャーナ・ヴァルマン1世の国(都市)"を意味する(下中,1984,五,p.93)。カンボジアの「アンコールAngkor」(802-15c)はサンスクリット語のnegara"町"のクメール訛りであるといわ

れる。9世紀末の「アンコール・トム Angkor Thom」は"大きな都（町）"を意味し，12世紀前半の「アンコール・ワット Angkor Vat」は"都の寺"を意味する。古代に栄えたタイ南部の「ドバーラバティー Dvāravatī」(6c-8c)は語源不明だが，この名もインド系であることは明確である。ラオスの「ルアンプラバン Luang Prabang」(1707-1778)はサンスクリット語で"偉大で輝かしい光"を意味する（和泉,1999,p.139）。ミャンマーの「パガン」の別名である「アリマダナプラ Arimaddanapura」(1044-1287)はサンスクリット語で"勝利者の国（町）"を意味する(下中,1984,七,p.336)。スマトラの「シュリーヴィジャヤ Śrī Vijaya」(7c-14c)はサンスクリット語で"聖なる勝利"を意味する（下中,1973,一四,p.490）。ジャワの「シャイレンドラ Śailendra」(8c-9c)もサンスクリット語で"山の支配者"を意味する(下中,1984,四,p.217)。

B, 中国系名称の王朝・王国名

中国を意識して命名した名称がある。「ダイコウヴェト大瞿越」(968-1054)も「ダイヴェト大越」(1054-1804)も，全て中国華南で栄えた「越」を意識して命名した国名である。ただ東南アジアでは，中国系名称の数は少ない。

C, 部族名に因む王朝・王国名

部族名を王国名とした名称がある。「パガン Pagan」(1044-1287)はビルマ語で pu-gāma の変形で"ピュー族の村"を意味する。なおパガンは，仏教寺院を多く建立したので「建寺王朝」とも呼ばれる(下中,1984,七,p.336)。スマトラ北端の「アチェ Aceh」(16c-20c)は"アチェ族"の名に由来する。

D, 理想名・文化的要素に因む王朝・王国名

理想名や文化的要素を用いた王国名として，タイ中央部に栄えた「スコータ

イ Sukhothai」(1257-1350) があるが，これはタイ語で"自由快楽"を意味する (召ほか,1983, p.319)。ジャワの「マタラム Mataram」(7c-8c,16c-18c)は"平安にする"という王の称号に由来する (河部,1978,p.297)。ミャンマーに栄えた「アラウンパヤ Alaungpaya」(1752-1885)も"若い仏陀"という王の称号に由来する(下中,1984,一,p.91)。ジャワの「クディリ Kediri」(928-1222)はマレー語で"偉大な，勢力のある"を意味する (B・B・ウォンチ・平岡閏造,1940,p.408)。ラオスの「ランサン Lanexang」(14c-18c)はラオ語で"百万頭の象"を意味する (河部,1978,p.342)。

E，特産物に因む王朝・王国名

「マラッカ Malacca」(1400-1511)は"マラカの木"に因んだ名である(高橋,1928,p.319)。「ジョホール Johore」(1511-18c)は"カシア肉桂の木"を意味する(蟻川,1993,p.101)。「マジャパイト Majapahit」(1293-1520)は"苦い果実"を意味する(石井ほか,1994,p.291)。以上の3王朝名の語源はマレー語である。「ビエンチャン Vientiane」(1707-1829)はラオス語で"白檀の木の城"を意味する(召ほか,1983,p.5)。「バンコク Bangkok」(1782-現在) はタイ語で"木(マコーク)の村"を意味する(下宮ほか,1990,p.41)。

F，自然的特徴に因む王朝・王国名

「扶南 Funan」(1c-7c)はカンボジアに栄えた王国で，神の降下する山を崇拝し，山の麓の都をクメール語でプナム pnam (プノム phnom) "山"と呼んだが，これを漢音表記したのが「扶南」であるという(下中,1984,八,p.150)。「タウングー Toungoo」(1531-1752)はビルマ語で"大きな山"を意味する(召ほか,1983,p.72)。「アヴァ Ava」(1287-1555)はビルマ語で"河口"を意味するという説，"魚池の国"を意味するという説がある(召ほか,1983,p.219)。「トンブリー Thonburi」(1768-1782)は"森の町"を意味する (蟻川,1993,p.386)。

G. 軍事的要素に因む王朝・王国名

　ミャンマーの「ペグーPagu」(1287-1539)は，ビルマ語でpayku(pago)"奇知をもって奪い取る"という意味に由来する。9世紀にインド軍を追い払ったのでこの名があるという。別名は「ハンタワディーHanthawati」"白鳥の町"と呼ばれ，ペグーとは逆の平和的な名称である(和泉,1999,p.112)。

別の分類1．都市名として受け継がれる王朝・王国名

　今ここで説明した27王国名の内，クディリ，パガン，ペグー，アヴァ，スコータイ，アユタヤ，タウングー，トンブリー，バンコク，ビエンチャン，ルアンプラバン，マラッカ，ジョホール，アチェ，マジャパイト（現マジャケルト）の15王国名が，現在も都市名として受け継がれている特徴がある。そうすると，東南アジアの王国は都市（首都）中心の王国であったことがわかる。

別の分類2．接頭・接尾辞からみた王朝・王国名

　歴史的国名の中で，タイ系の影響が強い国はムアンmuangかナコンnakhon（negaraの変形）を，インド系はプラpuraを，マレー系はネガラnegaraを付ける傾向がみられた。3語とも，本来は"村，町，都城"を意味したが，後に"国"の意味にも用いるようになった。Muangの例として，「ルアンプラバン」は8世紀頃には「ムアン・サワー」と呼ばれ，後に「ムアン・シェントーン」と呼ばれた。Puraを用いた例としてはパガンの別名の「アリマダナプラ」，真臘の別名「イシャーナプラ」，チャンパーと同格とみられていた首都の「インドラプラ」などがある。Negaraの例では「アンコール」はnegaraのクメール訛りであり，ネガラそのものを王国名に用いた例である。この思想は現在も受継がれ，「ムアン・タイ（タイ国）」，「シンガポール（獅子国）」，「ネガラ・ブルネイ・ダルサラーム（平和の土地ブルネイ国）」として用いている。

3. 市町村接頭・接尾辞，都市名，地域名

南アジアと同様の分析手法をとる。(接頭・接尾辞，地名のカテゴリー化)

A．現地語による接頭・接尾辞

a)．タイ系接頭・接尾辞

　現地語による接頭・接尾辞をみると，図22のようにタイ語のムアン muang がある。muang は"町，市，郡，県，都城"，さらに"国，世界"の意味に用いる。同系統の接頭・接尾辞をみると，ベトナム語とラオス語に muong がある。中国ユンナン（雲南）には meng がある。ビルマ語にも mong がある。

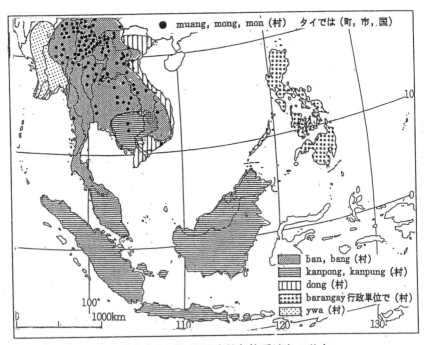

図22　東南アジアの代表的部族系地名の分布

著者作成

市町村接頭・接尾辞，都市名，地域名

これらの接尾辞は，タイ以外は"村，町"を表す(椙村,1992, p.380)。Muang類の分布をみると，タイ系民族の言語は，中国西方＝チベット言語系列に含まれるという見方をすることができる。

この他にもタイ系諸族にban, bang（例，バンコク）の付く接頭・接尾辞もある。バンban類は"村，町"を表す。バンban類は，タイ，ラオス，ベトナム北部，ミャンマー北東部の山岳地域，中国西方の雲南に活用されている

b)，マライ（マレー）系接頭・接尾辞

カンボジアとマレー系部族の接尾辞には，カンポンkampong（カンボジア，マレー半島）やカンプンkampung（東インド諸島西域），カンプエンkampueng（スマトラ）がある(阿部,1978,p.69)。これらの接尾辞は数え切れない程多い。kampongの語源は"集まり"で，一定の家屋の集合体を指すものだが，現在は"水路沿いの高台の集落＝村"を指している。kampungは村落の単位であると共に，"地元の人の住む場所＝区域"も表す。スマトラのカンプエンは，主に"単系的な血縁集団＝村"を指す場合に用いる。kampong類はインドシナ半島の南部から東インド諸島西域一帯に用いられている。この他に，カンボジア全土に同類のプウムphum"開拓地，小村"という接尾辞もある。

ちなみに，Muang類やkampong類の分布範囲をみると，国家の範囲を超えて広がっていることが理解できる。

c)，その他の現地系接頭・接尾辞

フィリピンの大部分にはバランガイbarangay"氏族の集団＝小村"がある(石井,1994,p.232)。バランガイの語源は"帆船(ほせん)"を意味し，南方からきたマライ族が船で移住してきたことを表している。スペイン人の渡来以前から，移住民（先住民）による社会構造の基本単位が形成されていた。

ミャンマー中南部には，ワーンwānが用いられ，これらは"村"を表す(椙村,1992,p.381)。使用はビルマ族の居住地のみである。分布から判断すれば，現国家全域にビルマ族の文化が浸透していないことがわかる。

第6章　東南アジア文化圏

B．海外から導入された接頭・接尾辞

a)．インド（サンスクリット）系接頭・接尾辞

　東南アジアは，四大文化圏の接頭・接尾辞が全て導入されている珍しい地域である。その中で，最も古くから導入され，最も多くて重要なのがインド系の接尾辞である。図23の主なインド系の地名をみると，東南アジアで，negaraやnegeriは"国，地方，市，町"を，Puraやporeは"市，港"を，dessaやdesaは"田舎，国，地域"を，kotaの変形kartaは"城塞，港"を，jayaは"勝利，希望"を，rajaは"王，支配者"をそれぞれ表す。さらにnegaraの変形のnakhonは"町，市"を表す。これらの接頭・接尾辞は東インド諸島東部とインドシナ半島南部に多く残されている。使用例としてnegara類ではボルネオの「ネガラ」，nakhonではタイの「ナコンプノム」「ナコンラッチャ

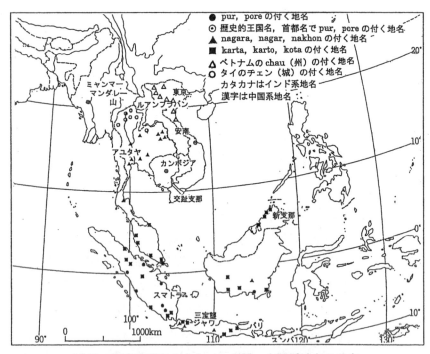

図23　東南アジアの主なインド系，中国系地名の分布

著者作成

シマ」「プラナコンシアユタヤ」, pura では「シンガポール」やスマトラの「マルタプラ」, karta ではジャワ島の「ジャカルタ」「スラカルタ」「ジョクジャカルタ」, jaya では「イリアンジャヤ」をそれぞれ代表例としてあげておく。

b), 中国系接頭・接尾辞

図23をみると，漢語由来地名はベトナムを中心に用いられている。現在ベトナムでは，伝統の漢字をやめてアルファベットを用いるが，日常会話の6割と，新聞や科学雑誌の分野では，7割以上を漢語由来名称が占めると言われる(李, 2000, p.8)。例えばベトナム語の接尾辞で，châu は"州"を, huyēn は"県"を, quan は"郡"を, thi は"市, 都市"を, thôn は"村"を, ty は"里"を, dông は"洞"を表す。さらに地名に用いる文字(漢字)の中でも, an "安"や, hóa "化"や nam "南"などが多い。これらはベトナム住民の言語であることは間違いないが，朝鮮半島や日本と同じで，漢字を借用し，漢字からベトナムの語彙が豊富になっていった歴史的背景も知ることができる。

さらにタイ語のチェン chiang "城市, 都市"も中国語の「城 cheng」と同根である。Chiang の例では，「チェンマイ」「チェンライ」などがある（椙村, 1992, p.376）。

c), イスラーム系接頭・接尾辞

図24のように，イスラーム教徒の多いマレー半島や東インド諸島には，アラビア語・ペルシア語関連の地名もある。例えばバンダル bandar "港, 商業地, 海岸沿いの町"や，パサル pasar "市場"の付く地名がこれに該当する。アラビア語やペルシア語は，イスラーム商人によってもたらされたが，パキスタンのように征服によって命名されたものではないため，接頭・接尾辞の数も地名もそれほど多くはない。Bandar の使用例では，ブルネイの首都「バンダル・スリ・ブガワン」や，マレー半島の「バンダルマハラン」などがある。Pasar の例では，スマトラ島の「パサルピノ」や「パサルアラス」などがある。

第6章　東南アジア文化圏

図24　東南アジアの主なイスラーム系，欧州系地名の分布

著者作成

d)，欧米系接頭・接尾辞

　図24をみると，地域によっては欧米系地名も多く，中でもスペイン語とポルトガル語の地名が多く残っている。フィリピンでは san, santa "聖" の付く宗教関連地名が多く，また宗教聖人の名称も多い。フィリピンがカトリック信仰国家であることは地名からでも充分理解できる。san類の例ではフィリピンの「サンカルロス」「サンフェルナンド」などがある。東チモールではポルトガル語系の地名が用いられ，nova "新" や vila "町, 村" がある。Novaの例では「ノヴァ・サグレス」，vilaの例では「ヴィラ・デ・リキカ」がある。

市町村接頭・接尾辞，都市名，地域名

C．主要都市名

　表11に，東南アジアの主要都市名をあげた。表をみると，都市名の語源はベトナム語，タイ系言語，マレー系言語，ジャワ系言語，タガログ語が多いのは納得できるが，東南アジアでは，導入語であるサンスクリット語を語源とする都市がかなり多い。都市の語源をみていると，インド文化圏ではないか？と間違えるほど多い。都市名をみただけでも，インド文化に大いに敬意を払っていたことが推測できる。もう1つの大きな特徴が，産物名が多いことである。さらに歴史上の王国名と同じ名称の都市名が多いという特徴もある。

表11　東南アジアの主要都市名

都市名	由来語	由来・意味・語源	正称，別称，他称，旧称，古称	形成年代	特色	出典
ハノイ河内 Hanoi	ベトナム語	川の中の土地	古タンロン(昇竜)，トンキン(東京)	6世紀	ベトナムの首都，	(3)p275
ホーチミン Ho Chi Minh	ベトナム語	ホーチミン大統領	旧サイゴン	17世紀以前	旧南ベトナムの首都，クメール人が建設	(4)p134
フエ 順化 Hue	ベトナム語	化(ホアhoa)の変形，従順	ベトナム名トゥオン・ホ	紀元前より	1307順州と化州とし，順化となる。阮朝の都	(3)p300
ダナン Da Nang	ベトナム語	大きな川	旧トゥーラーン	16〜17世紀	軍事都市，ベトナム第4の都市	(4)p135
ハイフォン Haiphong	ベトナム語	海防		1874年	ハノイの外港，貿易港	(3)p354
ビエンチャン Vientiang	ラオス語	白檀の城	旧チャンダブリ	12世紀	ラオスの首都，ビエンチャン王国，ランサン王国の都	(3)p5
ルアンプラバン Luang Prabang	ラオス語	大きな黄金の仏像	古ムアンサワー，旧ムアンシェントーン	9世紀	ルアンプラバン王国の都，ランサン王国の都	(4)p139
プノンペン Phnompenh	クメール語	ペンの山		1371年	カンボジアの首都	(7)p34
バンコク Bangkok	タイ語	マコークの村(森)	正クルンテプ	1782年	タイの首都，バンコク朝の都	(10)p41
アユタヤ Ayuthaya	サンスクリット語	難攻不落	正プラナコンシアユタヤ	14世紀	アユタヤ王国の都	(3)p6
チェンマイ Chieng-Mai	タイ語	新しい城(城壁都市)		13世紀	タイ内陸部の中心都市	(5)p376
ヤンゴン Yangon	ビルマ語	戦いの終わり	旧ラングーン	1755年	ミャンマーの首都	(1)p168
マンダレー Mandalay	サンスクリット語	マンダラ(輪廻)		1857年	ミャンマー内部の中心都市	(4)p110
トンブリー Thonburi	タイ語	豊かな町		1767年	トンブリ朝の都	(4)p117
スコータイ Sukhothai	タイ語・サンスクリット語	自由快楽		13世紀	スコータイ朝の都	(3)p319
ペナン Penang	マレー語	ビンロー樹	旧ジョージタウン	1786年	マレー有数の貿易港	(8)p288
イポー Ipoh	マレー語	イポーの木	旧パロー	19世紀	錫鉱山の中心	(4)p121
ジョホールバル Johore Bahre	マレー語	新しいカシア肉桂の木		19世紀	大貿易港	(8)p101
マラッカ Malacca	マレー語	メラカ(椰子)の木	別メラカ	14世紀	半島大この都市	(9)p319

第6章　東南アジア文化圏

クアラルンプール Kuala Lumpur	マレー語	泥の河口		1857年	マレーシアの首都	(8)p185
クチン Kuching	マレー語	猫（マタクチン"猫の目"という果実）	旧サラワク	1841年	サラワク州の州都	(8)p62
コタバル Kota Bharu	マレー語	新しい町	別コタバハル	15世紀	ケランタン州の州都	(4)p123
シンガポール Singapore	サンスクリット語	ライオンの都市	古トウマセク	1819年	シンガポールの首都	(1)p185
マニラ Manila	タガログ語	ニラ潅木のある場所		1571年	フィリピンの首都	(1)p134
ケソン Quezon	タガログ語	ケソン大統領		1940年	旧首都,マニラ大都市圏	(4)p156
セブ Cebu	セブアーノ語	セブアーノ族		16世紀	スペイン最初の植民地	(8)p111
ダバオ Davao	バゴボ語	盛んな炎	旧ヌエバ・ベルガラ	1849年	フィリピン南部の中心都市	(4)p159
バンダルスリブガワン Bandar Seri Begawan	マレー語・サンスクリット語	華麗なる聖者の港	旧ブルネイ,別ダラール・サラーム	7世紀頃	ブルネイの首都	(5)p390
ジャカルタ Jakarta	サンスクリット語	勝利の都市	旧バダビア,古スンダカラパ	1527年	インドネシアの首都	(1)p110
バンドン Bandung	ジャワ語	山の連なり		1810年	高原都市	(3)p5
スラバヤ Surabaya	ジャワ語	勇敢なワニ		15世紀	インドネシア第2の都市	(3)p275
ジョクジャカルタ Yogyakarta	サンスクリット語	アヨドヤ（古代インド）の都		1755年	一時インドネシアの首都,マタラム王国の都	(4)p110
スラカルタ Surakarta	マレー語・サンスクリット	英雄の町	旧ソロ	1746年	中部ジャワの歴史都市	(4)p143
スマラン Senarang	中国語	三宝の墓地		1678年	ジャワ第2の港,華人が多い	(4)p144
パレンバン Palembang	マレー語	川の集積地	三仏斉	7世紀頃	シュリビジャヤ王国の都	(4)p146
メダン Medan	マレー語	平原		17世紀	デリー王国の都	(3)p139

表1と同じ資料を用いて著者作成

D. 特産物（熱帯産品）に因む地名

　東南アジアでは，主要地名に特産物名や植物名が地名化されている。その内の代表的な25の地名を図25に記した。図25に記した地名はどれも東南アジアではよく知られた重要地名である。この中で，首都名では「バンコク」，「マニラ」，「ビエンチャン」，旧南ベトナムの首都「サイゴン（現ホーチミン）」が熱帯産品や植物名に由来した名称である。インドネシアの首都「ジャカルタ」の旧名は，「スンダカラパ」"スンダ人の椰子（の港）"という特産品の積み出し港であった。「ジャカルタ」"勝利の町"と改名したのはイスラーム教徒である。また錫鉱石採掘のために建設されたマレーシアの首都「クアラルンプール」は"（採掘のための）泥の河口"という意味だが，特産品という意味ではこの

市町村接頭・接尾辞，都市名，地域名

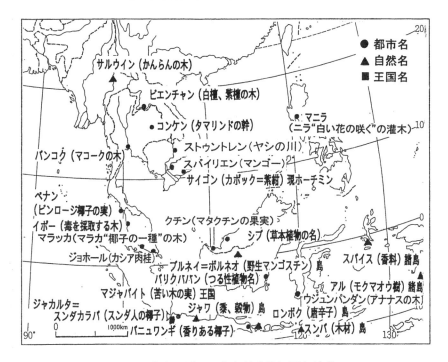

図25　東南アジアの主な特産物に因む地名
著者作成

範疇に含まれる。さらにマレーシアの州都の1つであり，歴史的に東南アジアの要であった「マラッカ」（ムラカ）や，サラワク州の州都「クチン」は，共に果樹の名に由来するという。首都，州都に限らず「ジャワ」「ボルネオ」「ロンボク」などの主要な島名，「サルウィン」といった河川名など，重要な自然地名にも特産物名や植物名が用いられている。ちなみに，「カリマンタン」島も一説ではマレー語で"マンゴーの島"の意味であるという（以上 Adrian, 1974, より）。またスマトラ島の名は，サンスクリット語の Suvarna dvipa のスバルナ"黄金"を現地表現化した名称という説があり，この名称が正しければ両島も特産物名ということになる。これらの名称をみていると，このあたりは熱帯の気候で，うっそうとしたジャングルかサバンナであることや，熱帯産品の生産地であることが，地名をみると誰でも思い浮かんでくる。

このような自称の地名に加えて，異文化圏の人々からも同様の見方をされて

きた。例えば、東南アジアを呼ぶインドの古い名称に「カルプーラドヴィーパ」"樟脳の島"、「タコーラ」"ショウズク（の島）"、「スバルナドヴィーパ」"黄金の島"、という表現（以上、石井ほか、1994、より）があった。古代ギリシアのプトレマイオスは、マレー半島を「アウレアケルソネス」"黄金の島"と記し、ジャワ島を「イアバディオウ」"大麦の島"と記している。また現在のマルク諸島は、世界から「スパイスアイランズ」"香料諸島"としてその名が知れ渡っていた。インドも、古代から東南アジアを鉱産物や熱帯産品の供給地という見方をし、世界でも同じ見方をしてきたことがわかる。東南アジアで共通点を見出すとすれば、特産物（熱帯産品）名や植物名を地名化していることである。

E. 主な自然名称

地名というものは、ある特定地域のみの名称や事象であったものが、誰かによって地域を代表する名称に代用され、いつしか大地名となる。このことを念頭に置きながら、東南アジアの主要な自然名称について述べてみたい。

東南アジアは「インドシナ」半島と「東インド」諸島からなる。この両地名に「インド」の名称がみられる。これは歴史的に、インドIndia世界の影響を最も強く受けてきた地域であったことを意味している。もう1つ、「シナ」の表現も含まれているが、これは中国Chinaの影響を受けたことを意味する。「東インド」諸島とは他国の使った表現であり、現地語に従うと「マレー」諸島となるが、ここにもインドの名がある。

インドシナの北部の「シャンShan」高原は、"シャン人"に因んで呼ぶ名称であり、シャンは"山の住民"を意味する。東部の海岸沿いに延びる「アンナンAnnam」山脈は、ベトナムの旧国名「安南」"平安な南の国"をそのまま当てはめた名称である。インドシナ半島から南に長く延びる「マレーMalay」半島は、サンスクリット語で"山"を意味し、森に住む先住民を指した名称である。東南アジア全体では、〈山への信仰〉が広く普及しているという特徴を持つ。これが東南アジアの特色の1つである。それゆえ、王国名にも山関連の名

市町村接頭・接尾辞，都市名，地域名

称がみられる。

　これらの間を水量の多い大河が流れている。「メコン Mekong」はラオス語で"川"を意味する。「エーヤワディー Ayeyarwady」はミャンマー語で"大きな川"とか"象の川"を意味する。またベトナムの「ホン Hông」(ソンコイ"大河"ともいう) はベトナム語で"紅い川"を意味する。「チャオプラヤ Chao Phraya」はタイ語で"最大，第1"を意味する。チャオプラヤはタイ語だが，外国人はメナム Menam "川"とも呼ぶ。

　次に熱帯雨林中心の島々の名称をみる。東インド諸島の中で，スマトラ島からチモール島までを「スンダ」列島と呼ぶ。「スンダ Sunda」とは，先住民の"スンダ族"の名に由来する。列島の中の「スマトラ Sumatra」島は，サンスクリット語の Suvaruna "黄金"の変形といわれる。「ジャワ Java」島は，サンスクリット語の Yava "大麦"="穀物"に由来し，"穀物の島"を意味する。「バリ Bali」島は，パーリ語で神々への"供え物"を意味する。さらに東部の「ロンボク Lombok」島は，ジャワ語で"唐辛子"を意味する。スンダ列島以外では，「カリマンタン Kalimantan」島は，"マンゴーの島"という説と"大きな川"という説がある。「スラウェシ Sulawesi」島は，マレー語で"鉄の島"を意味する。他にイスラームの影響を受けた「マルク maluku」諸島とは，アラビア語で"王"を意味し，また「スパイスアイランズ Spice Islands」"香料諸島"とも呼ばれた。フィリピン諸島の中の「ルソン Luzon」島は，タガログ語で"臼"を意味し，「ミンダナオ Mindanao」島は，"湖沼の多い土地"を意味する。ルソンとミンダナオの中間に広がる「ビサヤ Visayan」諸島の名は，"ビサヤ族"に由来する。また半分がインドネシアであり，半分がパプアニューギニア (オセアニアに含まれる) である「ニューギニア New Guinea」島は"新しいギニア"を意味する。ニューギニアはスペイン人が，ここの自然がアフリカのギニア地方に似ていたので命名したといわれる。パプアはマレー語で，"縮れ毛"を意味し，現地人の特徴から命名した名である。自然的特徴から分類するなら，インドシナ半島とオーストラリア大陸の間の島々は，本来東インド諸島であるので，ニューギニアも東南アジアに入れるべきであろう。

4. 国名・地名からみた特色

A. 国名からみた特色

① 東南アジア11カ国の国名をみると，現地（先住民）系言語の名称を用いるのは，タイ，ラオス，東チモールの3カ国である。このうちタイとラオスは部族名であるが，チモールは方位を表している。

② マレーシアの場合は，基本は現地語（マライ）だが，これにヨーロッパ系の接尾辞（ia）を加えた国名である。ブルネイに至っては，現地語系，インド系，イスラーム系名称を組み合わせて国名としており，東南アジアの辿った歴史的過程の複雑さが読み取れる国名である。

③ 隣接する文化圏の影響を受け，その文化圏の言語を活用した国名がある。インド系名称を用いたカンボジア，ミャンマー，シンガポールは，インドとの関係が深く，漢語（中国）系名称を用いたベトナムは中国との関係が強かったことを裏付けている。

④ 遠く離れ，人種・民族的に無関係であるヨーロッパ系の名称を語源とする国名がある。フィリピンはスペイン系，インドネシアはラテン系の言語である。近代に欧米に植民地化されたことが国名命名の要因となっている。

⑤ 東南アジアの国名は，民族系，インド系，中国系，欧州系，一部イスラーム系と多様であり，国名からは文化圏としての共通性は全くみられず，また繋がりもない。国名からみて，多文化受容地域であった姿が推測できる。

⑥ 第二次世界大戦中にタイが，戦後にはミャンマー，カンボジア，マレーシアが国名を変えた。またフィリピンやラオスは実行しなかったが国名の変更を計画した。国名の変更という行為は，国の顔を変えることである。これは，独立後も国家が不安定であったことを意味する。

B，王朝・王国名からみた特色

① 東南アジアの王国名には，インド系語源を用いた名称が多い。地域的にはインドシナ南部と東インド諸島の西域地方の王国に多い。しかも古い時代の王国名ほど，この傾向が強い。このことから，東南アジアでの国家形成初期はインドに学んだことが理解できる。欧州では東南アジアをファーザーインディア Further India "インドの彼方" と呼んだが，これはまさに東南アジアの歴史の成り立ちをしっかり理解して呼んだ名称であり，インド文化の東端として古くから認知されていたことが理解できる。

② 理想・文化的要素を含む名称が多く活用されている。文化的なものでは，仏教に絡んだ名称が多いのが特徴である。見方を変えると，王国名は1つの尊厳や権威を表すものであったと考えられ，それをインドに求め，同時に高い文化をインドから積極的に導入した姿勢も推測する事ができる。

③ 東南アジアの王国名の多くは，現在の都市名に引き継がれている。これは都市（首都）が，歴史的観点からみても，政治，文化，宗教，精神面の全てにおいて中心であったことを意味する。見方を変えれば，都市は国家に近い性格を持っていたことを裏付けているともいえるだろう。特にインドシナ（"インドと中国" の意味）半島に興った王国にこの傾向が強い。

④ 東南アジアでは，muang 類，pur 類，nagar 類を付けて "国家" を表した。これらは，本来 "都市" を表す接頭・接尾辞なので，③と同じように都市と王国の区別が明確でなかった事を意味し，これも都市自体が国家的存在であったことを裏付けている。

⑤ ベトナムの王国は，国家形成の時期から一貫して中国を意識して国名を命名してきた。文字，文化，宗教等々，中国との関わりの中で国家が存続してきた事を意味する。本来は中華世界に入れるべきである。

⑥ フィリピンの領域には王国が成立しなかった。それ故インド系地名も中国系地名も充分伝わっておらず，スペインが来るまで先住民中心の部族社会に留まっていた。王国名の無さはこのことを間接的に示している。

第6章　東南アジア文化圏

C, 市町村接頭・接尾辞, 都市名, 地域名からみた特色

① 東南アジアの民族系接頭・接尾辞の中で，muang類はタイとラオス全土とミャンマーとベトナムの山岳地域とカンボジア北部にみられる。すなわちインドシナ半島の東西の海岸沿いを除く大半に分布している。

② kampong類は，インドシナ半島ではカンボジアからマレーシアにかけて，島嶼域(とうしょいき)ではスマトラ，ジャワ，ボルネオ（カリマンタン）などのマレー系人々の住む島々に用いられている。

③ その他，barangayはフィリピンで用いられている。ミャンマーではwānが用いられている。そうすると，東南アジアを細かく表現すれば，民族系地名としては図22のようになり，民族を5つの言語系統にまとめることができる。

④ muang類とkampong類は，部族や国家の範囲を越えて拡がっているので，分布からみれば東南アジアの二大先住民の用いた言語と判断できる。

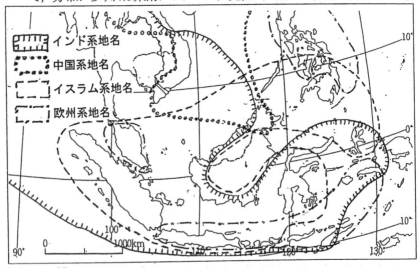

図26　東南アジアにおける四大文化圏の地名分布

著者作成

国名・地名からみた特色

⑤ 東南アジア全域に熱帯産品の名称が地名化されている。熱帯産品地名は，現地語だけでなく幾つかの異文化言語でも命名されている。中でも特にインド名が多く，しかも古代から熱帯産品に因んだ地名がみられた。この事実は，住民も異文化圏の人々も同じ見方をしてきたことを意味する。

⑥ 4大文明地域から入った地名の中でも，インド系の地名が特に多く中心である。それは pur, nagar, kota 類という接頭・接尾辞だけでなく，ジャカルタ，スラバヤなどの主要都市名，ジャワ，スマトラなどの主要島名にも普及しており，東南アジアにおける骨格的な地名の役割を担っている。

⑦ Dong や thon などベトナムの地名の大半は漢語発生地名であり，ベトナムは完全に中華世界の延長といえる。またタイ系地名は東アジア南東部の少数民族との共通性があり，また中国語の影響もみられる。例えばチェン chiang の接尾辞も中国語に関連している。タイ系部族は，東アジア南西方面からの南下部族である事を間接的に示しているといえる。

⑧ フィリピン全土には san をはじめとするカトリック関連の地名が命名され，その数は南米と変わらないほど多い。フィリピンにはインド文化も中国文化も殆んど定着していないので，急速にスペイン文化や宗教が浸透していった。この現象からいえば，スペイン文化の導入によって基盤が形成されたといっても過言ではないだろう。

⑨ 東南アジアのイスラーム教信仰地域は，ムスリムの軍事支配や多数のムスリム侵略や移住が行なわれなかったので，政治・軍事的意味を持たない地名や接尾辞が用いられている。そのためイスラーム関連の地名の絶対数も少ない。この点がパキスタンやインドとの違いである。

⑩ 東南アジアには，四大文化圏の地名が図26のように全域にわたってかなり多く用いられている。特に主要地名にこの傾向が強い。4つの文化圏の地名が同時に用いられる文化圏は東南アジアだけである。

⑪ 東南アジアの地名は，他の文化圏には活用されていない。つまり地名的には他の文化圏に影響を与えていない。これは異文化圏に部族が移住や進出をしなかった事を表している。

5. 国名・地名からみた東南アジア観

A. 新文化圏の形成

　文化圏と呼ぶ地域には，核になる国があるか，国名・地名に共通性がみられるものである。例えば，東アジアで核になる国は中国で，「中華世界」とも言い，共通性は方位を表す国名，政治関連の地名，漢字である。南アジアで核になる国はインドで，「インド世界」とも言い，共通性は神話・宗教関連の国名や地名であり，ブラフミー系文字である。西アジアで核になるのはアラブ系とイラン系の国家で，「イスラーム世界」とも言い，共通性はイスラーム教，アラビア文字，ペルシア系とアラビア系の接尾辞や地名である。内陸アジアは「遊牧世界」とも言い，共通性は民族名を用いる国名と遊牧関連の接尾辞である。ヨーロッパの共通性は，「キリスト教世界」であり，部族・人・宗教関連の地名である。しかし東南アジアには核になる国も，地名や言語の共通性も見当らない。また本来中華世界に属するベトナムが東南アジアに含まれている現実や，古代から東南アジア領域全体を指す別の統一名称が存在しなかったことから判断しても，東南アジアを一つの文化圏とする見方・考え方は存在しなかった。つまり「東南アジア」は意図的に作り出されたもので，それは20世紀中頃以降のことであった。植民地化した欧米列強は，植民地支配によって文化圏の勢力範囲を変更させただけでなく，新しい文化圏まで形成したことになる。

B. 熱帯産品の地名化と社会への影響

　東南アジア全体の特徴をみると，図25のように，各地の主要地名に多様な熱帯植物名や特産物名が用いられている。もう1つは，世界の四大文明圏の語源を持つ地名が活用されている。この2つの地名の特徴より考えられることは，

国名・地名からみた東南アジア観

東南アジアは世界的な熱帯産品の生産地であって，四大文明の人々が，この熱帯産品を求めて，はるばる東南アジアに遣(や)って来たことを意味している。当然この時に文化も流入した。古くはインド文化と中華文化，その後イスラーム文化，最後にヨーロッパ文化が入ってきた。仮に，東南アジアに多種多様な熱帯産品が無かったなら，異文化圏の人々が積極的に来ることもなく，また交易のために異文化を持ちこんだり，改宗させたり，あるいは華僑(かきょう)や印僑(いんきょう)のような人々が住み着くことも無かったか，あっても少なかったであろう。具体例としてマラッカ市をみると，本来マライ人の町だったが，交易立地上の良さもあって熱帯産品を求めてインド系，中国系，イスラーム系，欧州系の人々が来て住み着いた。移住者は本国の生活習慣や宗教を持ち込み，移住後もそれぞれが伝統的な生き方や価値観をまもりながら暮らし，影響も与え合っている。マラッカ市は東南アジアが辿った歴史を凝縮(ぎょうしゅく)したような文化の町である。そうすると，熱帯産品の生産地という地理的条件が，東南アジアの人々の生き方を決定する核心的役割を担ったことになる。すなわち熱帯産品は，生活を支える商品としての役割だけでなく，間接的に東南アジアの人々の生活形態，思想，文化，宗教，民族構成，国家形態に至るまで大きな影響を与えたことになる。このような地名をもつ文化圏は世界に例が無い。これは東南アジアの DNA である。

C．縦のつながりの強い歴史を持つ東南アジア

東南アジアは，熱帯産品の生産地，海のルート，この2つの条件で交易が行われた。ただこの交流の特色は，相互互恵ではなく，相手側の交易の都合から行われたもので，言わば一方的な縦のつながりであった[78]。当然異文化言語地名も一方的に入ってきた。特にインドネシア，フィリピン，ブルネイ，マレーシアなどの異国言語を活用した国名は，このような歴史的背景の下で作成されたのである。ただ地名・国名をみると，東南アジアの人々は異文化や宗教を一方的に押しつけられたのではなく，積極的に受け入れ，またそれを生かした点に特徴がみられる。しかし，結果的に東南アジアの国々は，朝貢国となったり，

従属的立場であったり，最終的にヨーロッパの植民地になったりした。

　もう1つは，東南アジアの地名は，周辺の異文化圏に一切使われなかった。これから判断して，東南アジアの人々は積極性に欠け，外に出向く行動をとらなかったことも推察できる。これは，異文化圏に影響を与えるだけの高度な文化，政治組織，宗教などは育たなかった地域だったと捉えることもできる。

D．本来の国家形態

　東南アジアは，地理的に熱帯雨林かサバンナの気候帯に属し，開発の難しい土地が多い。このような自然環境の中に，古い王朝・王国名と同じ名称で都市が残っている。さらに東南アジアで"都市"を表す karta, pura (pore), negara はインドからの導入語である。導入はインドの方がはるかに高度な制度や文化を持っていたからであろう。さらに加えて，本来インドで"都市"を表す negara や pura は，東南アジアでは"都市"だけでなく"王国・国"の意味にも活用された。以上の自然環境や地名活用の特色を組み合わせて分析すると，東南アジアの王国は，山間の小王国か，沿岸地域周辺のみに支配権が及ぶ港市的レベルの国家だったのではないかと思える。飯塚（1975, p.277）はジャワの desa（サンスクリット語で"村"を指す）の調査の中で，隣村はすでに異郷，異国である述べている。またR・ハイネ・ゲルデルン（1956）[79]は，東南アジアの王国の首都は呪術的中心地で，首都そのものが1つの宇宙観を持ち，そのまま国家であると述べている。地名から東南アジアをまとめると，両氏の学説とほぼ一致する。しかし，東南アジアにはアンコール・ワットやボロブドゥールなどの巨大で立派な遺跡もある。これらは，小王国や港市レベルの王国が建設できる建造物とは思えない。これらを総合して考えると，東南アジアは，基本的には異文化導入の小王国，港市的レベル国家の地域だったが，アンコール朝やシャイレンドラ朝などのような例外的な王国も現れ，しかもインドから伝わった神々への信仰心を支配者も住民も強く持っていて，長い時間をかけ，信仰心が壮大な建造物を造営した主要因になったのではなかろうかと推察する。

E，3つの基礎グループ（部族）

　東南アジアの先住民言語の村落接尾辞をみると，現在の国家区分から想像するイメージとは異なり，3つのグループから成り立っていることがわかる。

　第1のグループは，kampong類の使用地域で，これらはインドシナ半島南部から島嶼域西方に至る地域にみられる。半島南端には先住民のクメール人が，マレー半島にはマレー人が暮らしているが，双方ともkampongを用いている。同様にインドネシアのマライ系の人々の暮らす諸島域でもkampong類を用いている。インドネシアには，広範囲に用いる他部族の接尾辞もみられないのでマライ系種族中心の土地であることを示し，また大規模な部族・民族的侵入を受けなかった地域であったことも間接的に推察することができる。kampong類の使用から想像すると，クメールとマライ系は本来共通性の強い部族であったと考えられる。この領域にはインド文化の影響が強く入っている。

　第2のグループは，タイ，ラオス，ベトナム，ミャンマーの領域である。タイを中心に周辺国の山岳部一帯に住むタイ系種族に共通する表現にmuang類やban類がある。タイ系のmuangやbanは，中国の雲南方面に今も活用されている。ミャンマー系のwānの接尾辞もチベット言語との共通性がある。さらにベトナムで用いるdongやchiangなどは，中国の接尾辞をそのまま活用した表現である。これらの接尾辞から推察して，彼らの先祖はそれぞれ雲南・チベット・中国華南から時間をかけて南下してきた集団であるという歴史的背景も知ることができる。そして現在では，東アジア方面からの南下部族は，インドシナ半島の大半を占めるに至っている。

　第3のグループは，barangayを用いるフィリピンで，この接尾辞は小舟で移住してきた人々の村落を指している。フィリピンにはインド系接尾辞も中国系接尾辞も入っていない。このことから推察して，フィリピンは孤立に近い未開の社会であった。すなわちフィリピンの領域は，パプアニューギニアなどと同じく，欧州人が来るまで，組織的に先進文化の入らなかった地域だった。

　東南アジアを考察するうえで，この3パターンの土着民とその文化が基本に

あり，これにインド系・中国系の移民と，高度なインド，中国，イスラーム，ヨーロッパの文化が加わって現在の東南アジアが出来上がっている。先住民文化，移民文化が複雑に絡み合って東南アジアのDNAを形成している。

F．国名変更と分離独立の動きから知る部族主義社会

　東南アジアの国々は，独立後に国名を改名したか，改名を検討した国が多い。改名した国名はインドシナ半島を中心に4か国もある。具体的には「シャム」が「タイ」へ，「クメール」が「カンプチア」や「カンボジア」へ，「ビルマ」が「ミャンマー」へ，「マラヤ」が「マレーシア」へ変えた。他にも「ラオス」が「ランサン」への改名を検討し，「フィリピン」も「マハルリカ」，「ルズビミンダ」，「ラプラプ」などへの改名を幾度も考慮した。つまり11か国中6か国が国名で悩んだ。改名の問題だけでなく，国内には分離独立を求める動きも根強く残っている。まず「シンガポール」がマレーシアから分離独立し，「東チモール」もインドネシアから分離独立を達成した。この他，「アチェ」，「イリアンジャヤ」，「南マルク」はインドネシアからの分離独立を求め，フィリピン南部でもモロ族の分離独立運動が激しかった。さらにインドシナ半島のミャンマーが連邦制を採るのも，少数部族の分離独立運動（カレン族，シャン族，カチン族など）が根強く残っているからである。このような分離独立運動がおこっている地域をみると，大まかに言えば国家主要部族の村落接尾辞（例，インドネシアのkampung，フィリピンのbarangay，ミャンマーのwān）の用いられていない地域か影響の大変薄い地域で発生している。

　国名の改名や国内に独立運動が起こる背景をみると，国内には多部族が住んでいるという事実がある。そして各部族間の交流は殆ど無く，歴史的に統一された事も無く，政治権力が国土の隅々まで及んだ経験も無い。それゆえ，東南アジアの国々はどこも部族主義優先の社会となり，各部族間の信頼関係が形成されないまま1国家として独立するに至った。当然同じ国民であるという意識や部族同士の協調性も大変薄く，お互いに異国民・異部族的な見方が優勢で，

不信感の方が強かったのである。それが独立後も続き，分離独立運動や国名の改名問題へと発展したのだと推察する。つまり国家の抱える部族問題を，新たに分離独立を達成する事で解決するか，国名を改名することで政治内容と国内の人心を変えさせるか，どちらかの方法で乗り切ろうとしたのである。現在のインドネシア，フィリピン，ミャンマーに起こっている分離独立運動も，東南アジアの持っている地域性を考えれば起こって当然の現象と考える。東南アジアは，古くから大領土国家とか国家優先の政治思想は，似合わない社会であった。つまり東南アジアは，基本的に地域主義・部族主義中心の社会なのである。

G, ASEAN からみる東南アジアの結束

　東南アジア諸国は，第二次世界大戦後に ASEAN を結成して大同団結を表明した。しかし地名からみると，東南アジアの歴史の中でも，王国の連合や大同団結の動きは全くみられず，隣国との交流や友好関係さえ殆どみられない地域であった。国名をみても文化圏としての共通性は無い。そうすると ASEAN 結成自体が不自然な現象と写る。それなのに結成された背景には，どの国も古代から高い異文化に敬意をはらい，異文化圏に対して受け身であったが，その受け身の行為が裏目に出て，たやすく欧米の植民地となり，歴史上経験した事のなかった苦汁を味わったのである。つまり第二次世界大戦後の ASEANN 結成は，大国，軍事強国からの集団防衛・集団対応の意味合いが強かったといえるだろう。各国が連合して強国になろうとか，統一国家形成が目的というものでは無かった。その証拠に，統一貨幣の作成，統一行政府の設立，統一軍結成といった動きは全くない。また政治体制や経済体制の異なる，資本主義国も社会主義国も加盟している。つまり ASEAN の結成は，EU のような統一国家，統一経済，世界の強国と言った国家論があって結成したわけではなかった。東南アジアは，今も各国内に分離独立問題を抱えていて，部族主義国家や地域集団の域を超えていない国家の集まりなのである。このような特性を抱えながら，連合という行動を取らねばならないのが東南アジアの弱さなのである。

第6章　東南アジア文化圏

H. 世界宗教の共存できる文化圏

　東南アジアには，世界宗教といわれる仏教，キリスト教，イスラーム教がしっかり根を張って信仰されている。他に世界宗教に匹敵するヒンドゥー教も導入されている。これだけ多くの宗教が集まっている地域は，他の文化圏にはみられない。インド世界は，インド発祥のヒンドゥー教とイスラーム教の信仰世界であるが，宗教対立は激しい。中華世界は中国仏教と儒教思想が中心であるが，政治の力が強すぎて宗教は弱く，出番もほとんど無い。また西アジア・北アフリカにいたっては，イスラーム一色といえるほど宗教色は強いが，宗教対立は最もすさまじい。内陸アジアの西方は西アジアと同じイスラーム一色で，東方は仏教である。これがアジアの宗教の特徴である。ヨーロッパはキリスト一色である。東南アジアの宗教をもう少し詳しく説明すると，インドシナ半島の大部分は仏教信仰地域となっている。そして仏教・ヒンドゥー教関連の地名が，重要地名に活用され，文化として根付いている。またマレー半島とインドネシアにはイスラーム教が信仰されている。地名では大きな影響は与えていないが，それは，他のイスラーム信仰地域と違って，武力侵略ではなく信仰中心の伝達だったからである。フィリピンにはキリスト教（カトリック）が信仰され，キリスト関連の地名で覆い尽くされている。

　世界の3大宗教を受け入れている東南アジアでは，世界各地でみられるような宗派対立や宗教対立，あるいは宗教を基にした国家対立のような現象はほとんど無い。むしろ共存関係にあるといえる。その代表がマラッカ市といえるだろう。ここに東南アジアの宗教的特徴がにじみ出ている。それは純粋に宗教を心の支えとして導入しているからではないかと推察する。宗教を，政治や軍事の道具として活用しないところに東南アジアの特徴がみられる。マラッカ市にみられるような異なる宗教の尊重や，排斥のない交流が現代世界の宗教観に必要ではないかと思える。

　世界には宗教対立や宗派対立が多く発生しているが，世界は東南アジアの人々の宗教観をもっと見習わなければならないだろう。

第7章　国名・地名からみた文化圏の比較

1. ヨーロッパと西アジア・北アフリカの比較

　伝統的にみて，ヨーロッパは農耕文化中心地域，西アジア・北アフリカは遊牧・都市文化中心地域である。またヨーロッパはキリスト教の世界である。西アジア・北アフリカはイスラーム世界である。この両文化圏を比較してみる。

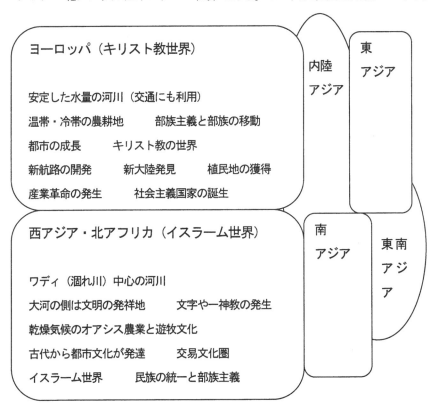

第7章　国名・地名からみた文化圏の比較

A．温帯地域関連の地名と乾燥地域関連の地名

　ヨーロッパと西アジア・北アフリカの自然関連地名を比べてみる。ヨーロッパの河川名では，ドナウ Donau（"強い流れ"の意）川，ライン Rhein（"流れ"の意）川，エルベ Elbe（"川"の意）川，ボルガ Volga（"湿った""白く輝く"の意）川，セーヌ Seine（"ゆるやかな流れの川"の意）川，ロアール Loire（"水"の意）川，ローヌ Rhône（"瀑流（ばくりゅう）"の意）川，ガロンヌ Garonne（"速やかな流れの川"の意）川など，安定した水量の多い河川であることがイメージできる。またどれも交通の大動脈としても活用された。この他，シュバルツバルト Schwarzwald（"黒い森"の意），チューリンゲンバルト Thuringenwald（"チューリンゲン族の森"の意），ベーマーバルト Böhmerwald（"ボヘミア人の森"の意），ジュラ Jura（"森"の意）山脈，レマン Léman（"ニレの木"の意）湖，コルシカ Corsica（"森のある島"の意）島などという地名もあり，これらを総合して考えると，地名から受けるイメージとして，水の豊かな穏やかな気候で，大森林地帯の環境であることを連想させる。

　西アジアや北アフリカをみると，河川の大部分は，固有名詞にワディ Wadi（"河谷（かこく）"が語源で"涸（か）れ川"の意）が付き，雨の降ったときのみ水が流れる河川である。絶えず水の流れるナイル川やチグリス・ユーフラテス川のような河川は，大変まれである。これに加え，サハラ Sahara（"砂漠"の意），ルブアルハリ Rub al Khali（"空白地域"の意），ネフド Nefud（"大きな砂丘"の意），ダハナ Dahanah（"赤褐色の砂"の意），カヴィール Kavīr（"塩分のある荒れ地"の意），ルート Rūt（"荒れ果てた地"の意）といった大砂漠が西アジア・北アフリカの面積の大部分を占める。さらにアラビア Arabian（"荒野の地"の意）半島，ペルシア Persian（"騎馬民族（きばみんぞく）の国"の意）湾といった地名，ベドウィン Beduin（"砂漠の住民"の意）やクルド Kurd（"羊飼い"の意）といった部族名もみられる。これらの名称は，乾ききった厳しい砂漠地域の環境を連想させる。このように両文化圏は，全く異なる自然環境であることが地名から理解できる。当然人々の生活も，思想も，価値観も大きく異なる。

B. 文化圏の共通性と異質性

　両文化圏の共通性と異質性をみる。共通性の1つ目に，両文化圏とも一神教を信仰している。ヨーロッパはキリスト教で，西アジア・北アフリカはイスラーム教である。まず信者数の割合から比較すると，ヨーロッパ45カ国の総人口は7億1000万人，この中でムスリム人口の方が多い国は，アルバニアとコソボで，この合計が370万人，ロシアに1180万人，西ヨーロッパ諸国に1000万（難民）強のムスリム等が住んでいて，ヨーロッパ全体で2500万人程のムスリムが居り，全人口の3.5%を占める。西アジアと北アフリカをみると，西アジア19カ国の総人口は3億5500万人，この中でアルメニアとジョージアがキリスト教の多い国で，イスラエルはユダヤ教徒中心の国である。3カ国の合計は1193万人程で，西アジア全体の3.4%を占める。北アフリカ6カ国の総人口は2億1300万人，全てイスラーム信者の多い国である。ただエジプトにコプト教徒（キリスト教の一派）が1260万人程居住するが，北アフリカ全体の6%である。人口数からみると，ヨーロッパはキリスト教一色の世界，西アジアと北アフリカはイスラーム一色の世界といっても過言ではないほど圧倒的多数を占める。特定宗教が圧倒的多数という点では共通性がある。

　2つ目に，多くの独立国が存在する。ヨーロッパは45カ国，イスラーム世界は25カ国である。現在，国家数の多さでは共通性がある。ただヨーロッパの国家数の多さは，ヨーロッパの価値観から生まれた現象で，それは部族主義が強く，統一支配を嫌う価値観からである。これに対し，イスラーム世界の国家数の多さは，現代に表れた特徴で，これはヨーロッパ列強がイスラーム世界に入り込み，オスマントルコに反抗させるために，地域集団や部族を取り込んで独立させたからである。イスラーム世界は大国でまとまってきた歴史をもち，これだけ多くの国家が存在した時代も，部族国家が独立していた時代もみられなかった。国家数の多さは共通でも，形成背景や国家思想は違いがある。

　3つ目に，気候からみた両文化圏の共通性は，地中海周辺の地中海性気候である。この自然環境によって古代の文化に共通性が生まれ，文化の伝導と一体

化がみられた。地中海周辺を完全に支配したローマ帝国などはその代表例といってよい。ローマ帝国は地中海の帝国だった。

　異質性として，地中海の外側の地域をみると，ヨーロッパの北西側は温帯の西岸海洋性気候で，北東側は冷帯湿潤気候が大半を占める。共に森の自然環境であった。一方西アジア，北アフリカをみると，地中海岸のすぐ南から全てが乾燥気候で，しかも大部分が砂漠気候となる。世界で最も乾燥の厳しい地域である。当然農業にも生き方にも違いが生まれた。ヨーロッパのキリスト教世界は，森を伐採して畑地をつくり，農耕文化を発達させた。西アジア・北アフリカのイスラーム世界は，水の確保できる地域で，灌漑農業を行い，そこに人口が集中し，都市を発達させた。それと共に乾燥地域の遊牧民は，その特徴を生かして，西アジアの北部では陸路を通して交易を発達させ，南部では海と結びつけた交易を栄えさせた。ここにヨーロッパとの生き方の大きな違いが生じた。宗教もイスラームは厳しい環境を生き抜くため，宗教，政治，軍事，経済，日常行動等で一体行動をとるが，キリスト教は心の教え中心である。

　ヨーロッパと西アジア・北アフリカは，本来共通した文化圏から出発した。そして古代は共通の文化圏であった。一神教も，文字も，技術も，芸術も，学問も，文学も同じか同種のものであった。これが自然環境，居住環境の違いから，生き方に違いが生じ，宗教にも違いが生じ，明確な価値基準や文化の違いに発展していった。諸々の地名から，このように両文化圏を分析する。

C．文化圏の交易と商業

　乾燥地域のイスラーム世界は，古代から，交易，商業活動，手工業が重要な産業だった。これを基本にして，異文化地域との交易で生きてきた地域であった。交易の中心となったのは都市である。都市の立地は，水が充分の得られる場所，交易の要衝，後背に農業地域のある場所，防衛に便利な場所という条件が必要だった。さらにその主要都市の内部をみると，市場，商隊宿，馬小屋，工場（手工業），公衆浴場，病院，マドラサ（学院），祈りの場などが整えられ，

ヨーロッパと西アジア・北アフリカの比較

道路の整備と住宅の建設，さらに城や宮殿・庭園などの建設もみられた。そして交易を基本にして富を蓄積し，世界の文化，技術等の集積や発展に寄与してきた。一神教（キリスト教，イスラーム教）も都市文化の中で生まれたのである。これが西アジアの特徴だった。このような事が可能となったのは，交易の工夫だけでなく，地理的位置も重要な要因であった。つまり西アジアは，インド世界，内陸の遊牧世界とその延長線上の中華世界，ヨーロッパ世界，アフリカに接し，各文化圏の分岐点にあたっていたからである。そしてこの位置は絶対変わらないものと信じて疑わなかった。この地理的優位性が，ヨーロッパの新航路の発見で失われた時，イスラーム世界の凋落が始まったのである。

　ヨーロッパでは，商業や手工業は中世までは，最も重要な産業ではなく，農業が主要産業だった。商工業が発展し始めたのは，十字軍の遠征後である。商業のうまみや新技術などを，この遠征を通してイスラーム世界から学んだのである。当時，異文化商品がイスラームの都市商人を幾度か通ると，いつの間にか数100倍や1000倍近くになることを知り，西アジア（イスラーム商人）を通さずに手に入れる方法を考え出したのが，ヨーロッパの商人だった。それゆえ，イスラームの影響を強く受けた地中海沿岸の商人が，先頭を切って活動を始めた。そして国の後押しもあって，最終的に新航路の発見，未知の大陸の探検に結びつけたのである。もう少し具体的に述べると，ヨーロッパは羅針盤をイスラーム世界から学んでこれを改良し，南回り，西回りの航路を開拓し，西アジアを経由することなく，南アジアをはじめ，世界中に出かけることが可能になった。また火薬もイスラーム世界から学んで武器を作り，軍事力を付けて世界の各地を武力で植民地化していった。もう1つ重要なものとして，イスラームから導入した印刷術も，ヨーロッパ文化・科学の発展や宗教改革をもたらす基礎となったことを付け加えておかねばならない。ただ羅針盤も火薬も印刷術も，中華世界からイスラーム世界に伝えられた技術である。

　この間，西アジアのイスラーム世界では，商工業や交易に関して特別な改良も工夫も行われなかった。そして短期間の間に，キリスト教世界とイスラーム世界は，技術も交易の立場も逆転してしまったのである。

第7章　国名・地名からみた文化圏の比較

D, 一神教の世界（発展初期の社会背景と特徴）

　ヨーロッパ（キリスト教）と西アジア・北アフリカ（イスラーム教）の宗教を比べてみる。教義的にみて、双方とも神は絶対神の一神教であり、ほぼ似た内容の教えを説く。イスラーム教では、ユダヤ教のモーセも、キリスト教のイエスも預言者であり、最後で最大の預言者がムハンマドであると説き、ユダヤ教もキリスト教も認めている。当然、旧約聖書（ヘブライ語聖書）も新約聖書もクッラーン（コーラン）も聖典である。本来3宗教の関係は深い。

　そこで最初に、形成時代初期の社会に視点を当ててみる。イエスは、神の教えのみを説き、政治や軍事、経済活動などは説いていない。それゆえ人々にも社会にも受け入れやすい宗教であったが、実際はローマ帝国に受け入れられるまでに300年ほどかかっている。なぜローマに浸透するのに長い年月がかかったのかを考えてみると、一神教は他の神や他宗教を認めない性格だけでなく、他の宗教や神を否定する性格も合わせ持つ。ローマにはローマの人々に親しまれ、崇拝されてきた神々があった。キリスト教よりずっと古くから信仰され、社会に溶け込んでいた。キリスト教の特徴である他宗教の否定が、布教のネックになったのではないかと推察する。ローマの神々を否定する事は、ローマの人々を否定することに繋がる。しかし徐々に信仰が拡大すると、ローマの為政者は、民衆をまとめ、国家を安定して治めるために、信者数の多さを重視してキリスト教を認めたのである。いわゆる国家運営のしやすさを天秤にかけて決断したものと考える。ただローマで認められたのは、あくまでも人々を導くための精神的役割の為だった。その後、キリスト教は国教に変わったが、この時点で大きく変化し、社会活動や政治的内容にも権限が与えられ、政治全般にも口出しするようになって、キリスト教の影響力が急速に増した。

　同様にイスラーム教をみると、発生当時（622年）のアラビア半島は、多神教中心で、一神教も信仰され、政治も社会も不安定でまとまりがなく、人々の生活も飢えや貧困や餓死がはびこる社会であった。このように断言するのは、イスラームの教えの内容を吟味すると、当時の社会が連想できるからである。

ヨーロッパと西アジア・北アフリカの比較

　具体的にあげると，まず一神教を採用したのは，当時のアラビアは多神教優位の社会で，宗教が絡む紛争や対立も多く，社会的混乱がみられたものと推察する。宗教紛争や社会紛争を止めるには，一神教が最も便利で，対立を防ぐことが可能であった。さらに五行の教えの中の，① 信仰告白と ② 礼拝（1日5回の祈り）は，神を毎日何回も認識させ，同じ行動で人々を連帯化させ，イスラームの教えを忘れず，離れさせずにつなぎ止める手段であった。③ ザカートと呼ぶ喜捨（救貧税）の教えは，当時の乾燥地域の生活の不安定さを物語るものであり，この税を強制的に納めさせることによって，社会の底辺の餓死者や貧困層を救おうとしたのだと推察する。④ 1か月の断食は人間の欲望を抑えると同時に，苦難の共有を高める行いであった。⑤ 一生に一度の巡礼は，イスラームの教えの最後の義務と総まとめとして求めたと推察する。このように，イスラーム「5行」の内容から，当時のアラビア半島は不安定で政治的統一の無い社会だったことを逆算して推測することができる。またジハード（聖戦）を正義とするが，これは力で統一しなければまとまらない社会であったからだと推察する。もしジハードで命を落としても，それは必ず天国に導かれると説き，積極的に参加させている。さらにイスラームは，シャリーア（イスラーム法）で，人々の日常生活まで統制した。イスラームの教えとは『精神面の導き，国家運営の手段，人々が餓死せず生き抜く経済手法，規律ある日常生活と行動』を含んでいた。言い方を変えると，生きることが大変な砂漠気候でも，全ての人々が生きられるために考え出されたもので，これを絶対神の言葉として定めた。結局，乾燥地域はイスラーム一色に変わった。

　このまとまりによって大発展したイスラームとは，宗教集団であり，政治活動集団であり，軍事活動集団であり，社会活動集団となった。人間の全ての活動に関係を持つ特殊な組織であると結論付けられる。それゆえ当然の事だが，イスラーム世界は大国家主義思想が強くなった。現代はこれが崩れた。

　キリストの教え"一匹の迷える羊を救う"に例えると，イスラームの教えは"99匹の羊を救う"という例えになる。ここにキリスト教社会とイスラーム社会の明確な違いが表われている。

第7章　国名・地名からみた文化圏の比較

E．文化圏に共通する拡張行動

　ヨーロッパは，古代から領土拡張の思想や価値観を持ち，侵略の行動をとってきた。まず地中海沿岸から始まって，アルプスを越え，ドナウ川やカルパチア山脈を越えて領土化していった。西方のアルプスの北側は，ケルト系の人々の住む大森林地帯であったが，この地にローマが進出し，地名を命名し，支配も土地開発も進めていった。ここは地中海とは異なる西岸海洋性の穏やかな気候で，森を開発すれば農業に適していた。そして開発の領地が無くなれば，船団を組んで，南北アメリカ大陸やオーストラリア大陸にまで移住地を広げた。また東方のカルパチア以北は大森林地帯と草原の広がる地域だったが，この地は東からの侵入者の方が優勢で，遊牧民の文化が早く入ってきたが，のち北のスラブ系のロシアが力をつけ，逆に遊牧の世界を征服して拡大していった。ロシアはその後太平洋岸まで探検し，領土を拡大させた。このようにヨーロッパ系の人々は，古代から未開地の開発や新天地の移住に大変熱心であった。

　新天地への移住という点では，西アジアの人々も同じである。ペルシアはインドや内陸アジアに侵入して領土を拡大し，ペルシア文化をひろめた。アラブ人は，砂漠から砂漠へと進出し，北アフリカをはじめ，ヨーロッパのイベリア半島まで進出して王国を建て，アラビア語や文化をひろめた。また双方はイスラーム化も進めた。両文化圏の違いは，ヨーロッパは，東部の一部で遊牧民の侵略にあい，西部の一部でイスラームの侵略にあったが，これは一時の出来事で，異民族の侵略に悩まされる経験が少なかった。むしろ侵略はヨーロッパの人々の間で行われたのである。これに対し，西アジアは周辺の異民族に侵略された歴史を幾度も持つ。それは地理的位置の関係であり，侵略すると共に，侵略される事への対応が，古代からの課題であった。民族拡大と新天地の獲得は，両文化圏にとって共通した発想であり，行動であった。

　ちなみに，サハラに囲まれ，ナイル川沿いに発展したエジプト文明は3000年に及ぶ発展を謳歌したが，この地は民族侵入にそれほど神経や財力を投資しなくても自然環境（砂漠）が防御し，安全だったからである。

ヨーロッパと西アジア・北アフリカの比較

F．文化圏がからむ紛争

　ヨーロッパはキリスト教世界であり，西アジア・北アフリカはイスラーム教世界であり，イスラエルはユダヤ教国であるが，共に一神教である。一神教は3宗教とも西アジアに生まれた。イスラームの教えによれば，ユダヤ，キリスト，イスラームの3宗教とも，同じアブラハムを共通の祖とする宗教であると説き，ヘブライ語聖書（旧約聖書）も新約聖書もクッラーン（コーラン）も聖典であると説く。またエルサレム旧市街地には，嘆きの壁（ユダヤ教），聖墳墓教会（キリスト教），岩のドーム（イスラーム教）とそれぞれの聖地がすぐ側にある。歴史をみると，ユダヤ教からキリスト教が，キリスト教とユダヤ教からイスラーム教が生まれた。これからみて3つの宗教は，祖母，母，娘にあたり，最も近い関係の宗教である。家族関係なら，わが身を犠牲にしてでも守るという間柄である。ところがキリスト教社会，イスラーム社会，ユダヤ教徒の国となれば大変仲が悪い。世界を見渡せば，どこでも隣国同士は仲が悪いが，近い宗教同士も仲が悪い。この3宗教も古くから対立関係にあった。

　しかし現在の対立の主な原因をみると，第1次世界大戦でオスマントルコに対し，アラブ統一独立をアメ（餌）に内部反抗（独立運動）させ，成功後に今度はアラブ地域の分割をヨーロッパ列強の都合で行ったからである。そしてヨーロッパの価値観である部族主義までイスラーム世界に導入させた。宗教対立に加え，領土問題，政治問題，部族・民族問題まで絡ませてしまった。これに加えて，ヨーロッパで発生したユダヤ人の虐殺問題を，第2次世界大戦後に，パレスチナでユダヤ人の国イスラエルを建国し，そちらに移したことでさらに火をつけた。ユダヤ人は，"約束の地"パレスチナで建国する夢を，世界の同情もあって認められたが，逆にパレスチナのアラブ人は，国家建設はおろか，土地まで奪われる状況となった。これが4次にわたる中東戦争となった。アラブの分割独立とパレスチナ問題は，現在のイスラーム世界の紛争の根源になっている。そしてそこには汎アラブ主義ではなく，部族主義，イスラーム原理主義等が台頭し，取り返しのつかないアラブ分割対立に発展している。

第7章 国名・地名からみた文化圏の比較

2. ヨーロッパと南アジアの比較

　ここでは，ヨーロッパ（キリスト教世界）と南アジア（インド世界）の基礎的な出来事と地名に視点を当てて比較してみる。

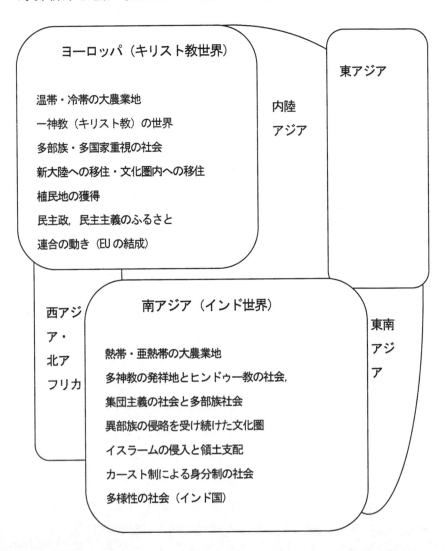

A. 文化圏の自然環境

　ヨーロッパと南アジアの自然関連の地名から，両文化圏を比較してみる。河川名と特色を比べると，ヨーロッパの河川はライン，ドナウ，エルベ，ロアール，ローヌ，ドンなどは"流れ，水，河川"を意味する。どれも水量の豊かな安定した流れの河川である。それゆえヨーロッパの主要河川は，古くから河川交通や輸送に活用されてきた。大水害を与えることもまれである。これに対しインドのガンジス，ブラマプトラ，クリシュナ，ナルマダなどの大河川名は，インドの"神の名"が充てられている。この名称表現の裏には，人間の力では制御不可能で，水量の増減や荒れ狂う状況は神そのものの行為のように人々の目に映ったことを意味する。インドの河川は，人間の手に負える代物ではない。雨季には，耕作地も家屋も沼地か浅い湖のように変わるほど水量が増す。家も耕地さえも洗い流すほど荒れ狂う時もある。

　地形的条件から比べると，ヨーロッパは，アルプス山脈以北は平原とゆるやかな高原が入り混じり，カルパチア山脈以北は大平原が広がる。面積の3割強が耕地である。人間の居住には大変適した領土といえる。インド世界は，北に世界一の大山脈であるヒマラヤ山脈がそびえ，その南にはアラビア海からベンガル湾にいたるヒンドスタンの大平原がひろがる。平原の東半分は湿潤地域で，西半分は半乾燥地帯か砂漠になっている。ヒンドスタンの南の半島全体が，ほぼデカン高原で畑作中心の耕地が広がる。インド国は5割，インド世界全体でも4割5分が耕地であり，ヨーロッパ以上に農耕に恵まれた環境である。

　農業をみると，ヨーロッパは冷涼な農耕地域で，麦類を中心とする畑作であり，耕地面積に関しては南アジアの2倍弱の広さがある。南アジアは，熱帯性の農耕地域で，水の多い地域には稲作が行われ，稲作は連作も，2～3期作も可能であり，それゆえ面積に対する人口維持能力が古代から高かった。水害は多いが，恵みも極端に多い。これを裏付けるものとして，インド世界はヨーロッパ世界の2倍以上の人口を維持し，文化圏の中では中華世界と並んで，極端に人口が多い。面積の割合からみれば，中華世界を抑えて世界で最も人口維持

力の高い文化圏となっている。ただ現代になって，農業技術は以前の農業生産量を大きく様変わりさせる進歩を遂げており，今ではヨーロッパは世界最高の高い生産性と技術を持った地域に変貌している。

B，侵略や移動を行った文化圏と侵略を受け続けた文化圏

　ヨーロッパでは，古代から住民の移動が盛んだった。古代のケルト系の人々の住むガリアの地にローマ帝国が侵入し，そこをローマの属領とし，人々も移住し，文化も伝えた。少し後に，ゲルマン系部族の大移動がみられた。ゲルマン諸部族の動きは，西ヨーロッパ一帯に広がった。一部は北アフリカにまで侵入している。その後，北のヴァイキングも北欧を中心に，地中海にも移動し，北アメリカまで到達している。これら古代ローマ，ゲルマン，ヴァイキングの活動は，各地に地名という形でその痕跡を残している。さらにその後，イスラームから羅針盤を学ぶと，これを改良して，今度はアフリカの南を経由してインドまで到達し，一方では西回りで，新大陸（南北アメリカ）に到達している。これは未知の領域であり，命がけの探検であった。こういう事を好んで行うのがヨーロッパの人々の気質であり，DNAである。その後新大陸に移民した人々は，そこで新国家を建設し，ヨーロッパの伝統を受け継ぎながら，ヨーロッパとは少し異なる混合の新文化を築いた。そしてその1つであるアメリカ合衆国は，今は世界のリーダーになっている。またその後のヨーロッパ各国は，世界各地を植民地化していった。移動行為の最終段階といってもよいだろう。

　インド世界の人々をみると，これとは全く逆の生き方をしており，侵略を受け続けた文化圏となった。インド世界へは，北のカイバー峠を通って多くの部族が侵略してきた。前1500年頃のアーリア人の侵入に始まり，その後この侵略がいつの時代も続いた。特に13世紀以降はイスラームの侵入が激しくなった。インド1カ国だけでも179の言語と544の方言があるとも，さらに細かく数えれば2000の言語があるともいわれるが，この多くは侵入部族の言語が残ったものと推察する。世界の中で，最も民族・部族侵入を受けた文化圏であ

る。表現を変えれば,大変多くの異文化が入ってきて受け継がれている文化圏と言いかえることもできる。また中心地域の移動という視点からみると,インドはインダス流域からガンジス流域と南部のデカン高原へ拡大し,一部は東南アジアへも進出している。この歴史過程の拡大は,侵略というより,人口増による拡張である。インド世界の人々は,異文化圏への侵略行為や軍事攻撃はほとんど行っていない。それは定着型の農耕文化だからである。このような複雑でまったく異なる人々を,一つの文化圏としてまとめてきたのは,宗教の統率力と社会制度であった。つまりそれは,宗教（バラモン教→仏教→ヒンドゥー教）とカースト制度で,3500年間に及んだ。それゆえ,その後7～800年に及ぶイスラームの支配があっても,インド世界のヒンドゥー教とカースト制度は変わることがなかった。インド世界は,宗教と社会制度によって多部族で複雑な社会をまとめあげながら,独自の世界観を形成してきたのである。ここにヨーロッパ世界と,インド世界の根源的な違いが出ている。

C, 一神教の世界と多神教の世界

　ヨーロッパ（キリスト教世界）と南アジア（インド世界）との宗教地名を基礎にして,宗教の特徴を比較してみる。

　ヨーロッパでは,キリスト教が入ってくる以前は多神教の世界であった。ギリシア時代はオリンポスの神々が,ローマ時代は同じ性格のローマの神々が信仰されていた。これらの神々の名は,都市名,自然名,天体名などに,今も受け継がれて残っている。1世紀に,西アジアのエルサレムにキリスト教が生まれ,それが伝えられてローマの市民にも徐々に信仰されるようになった。キリスト教は一神教の教えで,ローマの神々とは全く性格が異なっていた。それゆえローマ帝国に公認されるまでに300年ほどかかった。しかし,公認され,その直後に国教となると,急速にキリスト教の性格が変わり始めた。また地名にも,キリスト教関連名称が各地に命名されるようになった。国教となった後は,人々の心の救いのみを説いていたキリスト教が,社会の規範や国内の統率など

第7章　国名・地名からみた文化圏の比較

も託され，それを優先する宗教に変わり，社会的指導や，国家的権力にも影響を与えるようになった。国内を統率するには，一神教のもつ性格の方が多神教より便利だったのであろう。キリスト教は権力を握ったがゆえに，どんどんエスカレートし，後に十字軍を派遣し，免罪符発行などの行為も行った。その結果，カトリックは一部の人々から信頼を失っただけでなく，カトリック批判も起こり，宗教改革へと進んだ。そして信仰以外の権力を失っていくことになったのである。逆に科学，社会学，文学等が，宗教という重石から解放されて発展し始め，ヨーロッパは科学優先の社会に変わっていった。

　これに対し，インド世界の宗教をみると，宗教関連地名は，国名，州名，都市名，自然名とほぼ全ての分野に用いられ，その数も多い。国歌さえ宗教関連である。宗教は人間の活動だけでなく，自然現象も神の行為として認識し，河川名や高山名にも神の名が多く当てられている。これは山河自体を神として，あるいは神の化身として崇めているからである。すなわちインドでは，人の力で解決できないこと，人の力の及ばないことを，全て神の行為として捉えてきた。それゆえ神も多様で，無数（一説には3億3千万ともいう）に存在する。これだけ多いと，インドの人々の毎日の生き方も，社会のルールも，商業活動も，芸術も，文化も，全てを神と結びつけていると理解しなければならない。当然これらの神々は，インドに発生した神々である。またヒンドゥー教は，カースト（インドではヴァルナとジャティー）と結びついており，カーストはヒンドゥー教以前のバラモン教の時代から宗教とセットになって社会を律してきた。バラモン教がヒンドゥー教に発展しても，カーストと一体である事は変わらなかった。インドの宗教が無くならない限り，カーストも無くならないと思えるほど結びつきが強い。インド世界は神話・宗教の世界なのである。宗教改革を行ったり，宗教の権限を少なくしたりすることは，現在の段階では考えられないことである。インド世界ではヒンドゥー教の他に，イスラーム教が3割程信仰されている。イスラームもヒンドゥーに負けず劣らず厳格さを持っており，内部からの改革は考えにくい。この点でもヨーロッパ文化圏とインド世界の宗教観は，大きく異なる特徴を持つ。

D, 宗教の役割（社会的価値観・社会思想の形成からみて）

　両文化圏とも，宗教の強い統制によって社会がまとまり，発展してきたという点では共通性がある。ヨーロッパはキリスト教，インド世界はヒンドゥー教である。ヒンドゥー教の社会では，13世紀以降にイスラーム教が入り，イスラームの影響も受け続けてきた。

　キリスト教の思想は，一神教の価値観で，善か悪かが明瞭で，どちらかの価値観に分ける特徴がある。また神の前では人々は皆平等で，生前の行為によって死後に天国と地獄に分かれる教えを説いている。キリスト教より古くからみられたヨーロッパの価値観である民主政・民主主義の思想は，キリスト教の教えと，それほど矛盾しなかった。"平等" という価値観は，政治と思想と宗教の間でも理論的に共通する。それゆえ，ヨーロッパにキリスト教が受け入れられ，文化圏全体がキリスト教化しても，大きな矛盾は生じなかった。ただヨーロッパの社会では，意見が合わず，利害関係や信念がこじれると，いつの時代でも紛争に発展した。ヨーロッパの戦争回数が他の文化圏より圧倒的に多いのは，一神教の思想，民主政，民主主義思想が強かったからだと判断する。一神教も民主政も民主主義も，不利益を受けると，力で退ける思想が強い。

　インド世界は，ヒンドゥー教の社会であり，インド思想には六道輪廻の思想が基本にある。六道輪廻とは，人々の前世の行いによって，来世（人生）で報いを受け，今とは別の六道のどれかに生まれ変わることをいう。そして今の時代を正しく生き，自分たちの置かれた立場・場所で努力し，次に生まれ変わる時に夢を託すのである。それゆえ大まかにいえば，対立や紛争やテロなどの行動は好まない。奨励もしない。仏教も世界宗教であるが，この思想基盤は同じである。インドでは，幸せは人の努力によってつかむという教えは，いつの時代でも，どの宗教でも共通だった。ヒンドゥー教はカーストとセットにして受け継がれて，今を生きることを説き，対立を嫌う教えである。このインドに，13世紀以降，イスラーム教が支配者として入ってきた。そしてインド世界にも紛争，対立，善悪の明確な価値基準を持ち込んだ。一神教のイスラームがイ

ンド社会に与えたのは，神の前の平等という思想と共に，絶対，対立，紛争，戦争の理論だった。これはヨーロッパの思想と似ている。少し乱暴な言い方になるが，イスラームは，人の平等思想と争いの思想をインド世界に植え付けたのである。ヨーロッパとインド世界を比べると，宗教観も，宗教観から生まれる価値観や生き方も基本的に全く違うものなのである。

E．EU とインド国

　連邦制という点において，ヨーロッパもインド国も共通性を持っている。ここでは，EU とインド国の連邦制を比較してみる。

　まずヨーロッパは，独立した多くの都市国家から出発した。また大国であった古代ローマ帝国も，地方の独自性をある程度認めた国家であった。そしてこれ以降も，この伝統が引き継がれ，部族を優先する文化圏となった。現在，ヨーロッパには 45 カ国の独立国が存在する。この事実は，ヨーロッパという文化圏は，統一より分離・独立の性格を強く持つ文化圏であることを示している。この思想や価値観は，第 2 次世界大戦まで変わらなかった。しかし第 2 次世界大戦後に，ヨーロッパの強国は，自国の本当の実力を知ったのである。その結果，共同体，連合，連邦国家という発想を持つようになった。なぜなら一国では，発展性も，世界第 1 級の強国としての立場も維持できなくなったからである。その結果，団結して EU 結成にこぎつけた。現在，EU の加盟国は 28 カ国，イギリスが脱退すれば 27 カ国になる。これは，全ヨーロパの実に 6 割の国家が加盟していることになる。EU は各国の独自性を尊重しながら，弱点を克服すべく連邦結成に目標を変更した。これがグローバル化の進んだ時代では，最善の道と判断したのであろう。もう 1 つの変更点は，ヨーロッパ各国の目指す目標を，国力・軍事力の強さにおくのではなく，人々のハイレベルの生活水準，安定した社会，高度な文化・技術の育成，信頼される国家形成に舵をきったのである。つまり国民の幸福と国家の安定に目標を大きく変えると共に，失った大国としての権威については，EU という連合で復元させたのである。

インド国は，独立にあたり，部族の言語を基にした「言語州」の理念の下で地方区分（州編成）が行われたが，1947年の独立時から，形式的にはほぼ現在の EU に似た国家運営の形態をとっていた。この制度を採ったというより，採らざるを得なかったのであるが，それは，インド世界は多部族社会で，多言語の社会で，文化的多様性を持つ社会だったからである。このような社会をまとめるには，部族や言語を基準とした州編成を行い，各州に自主性や自治権を認めて，その連合で国家をまとめる以外，方法が無かったからである。それでも宗教の違いから，イスラーム教徒のパキスタンやバングラデシュは，ヒンドゥー教徒と分かれて別の国となって独立する道を選んだ。

EU をみると，現在公用語は 24 の言語が認められている。インド国の連邦公用語はヒンディー語で，準公用語は英語だが，州の公用語（準公用語）も含めて，22 言語を認めている。多言語，多文化，各州による独自の政府の連合国家という形態でみるなら，EU もインド国もほぼ同じである。ヨーロッパは連合にあたり，独自色を持つ国の連合が良いと判断し，その制度を採ったといえるだろう。インドの場合は事情が違い，22 言語の公用語と準公用語は，最小限にまとめたものである。なぜならインドには 179 の言語と 544 の方言が存在する国だからである。インドは 1947 年に独立したので，1993 年に結束した EU より，半世紀も早くから自主性の強い連合政府を形成していたことになる。EU とインドは，似た国家形態だが，形成背景は全く異なっている。

F，人々の気質（民主政とカースト制）

民主政の根源には，人は平等という思想がある。ヨーロッパは，古代の都市国家の時代から民主政をとる国がみられた。その後，部族中心の国家が多く建国され，ここでも部族独立の思想が強かった。大領土国家や多部族支配国家は，ローマ帝国，ロシアを除いて成立しなかった。統一されることを嫌ったからである。この考え方は，古代ローマの政治システムにも，地方を尊重する思想が存在していた。また現在，スイスの州の直接民主政にも，形は異なるが部族尊

第7章　国名・地名からみた文化圏の比較

重の精神が含まれている。ヨーロッパは，現在でも小国家やミニ国家が大変多い文化圏となっているが，これも形を変えた民主政の1つのタイプだと判断する。ただ一面において，民主政や民主主義は，対立・戦争と結びつく性格がある。ヨーロッパの人々のDNAには，支配下に置かれて安定するより，紛争に巻き込まれたとしても自由である社会を好む思想が強いと推察する。ただ支配されるのは極力嫌うが，支配する立場は大いに好む。支配する側として，大航海時代以降のヨーロッパの列強は，世界各地を競って植民地化していったことがこれを物語っている。近代に入っても，なお黒人を奴隷として使った。ヨーロッパの人々は，ヨーロッパで実現できない夢を海外で実現した。

　これに対し，インド世界の人々の行動をみると，古代のアーリア人の侵入に始まり，いつの時代も部族侵入に見舞われてきた。そうすると，現在のインドの大部分の人々の先祖は，どこかの時代で侵入して来て，支配者となった人々の子孫であるということになる。見方によってはこの逆説も成り立ち，インドの人々は全てが支配を受けたか，侵略にあった人々の子孫であるともいえる。この両方の性格をインドの人々は持っている。その結果インドの思想には，支配者意識と被害者意識の両方が染み付いているように思える。インドの人々は，このような歴史的過程や社会を，カーストに変えて表してきたと推察する。カーストは身分制度だが，一面では社会制度でもあり，社会の秩序と安定をもたらす制度でもある。大まかに言えば，新しい支配者がカーストの上位に座り，幾度となく支配を受けた人々はカーストの下位か，アウトカーストに属したのであろう。ただ社会をまとめたバラモン階級は別である。これは視点を変えてインドをみた大まかで雑な捉え方である。インドではカーストは3000程に分かれ，さらにその下にはアウトカースト＝アチュウート＝ダリット＝不可触民（カーストに含まれない低身分）が存在する。2500年以上にわたる被侵略の歴史が，いつしかカースト，アウトカーストの階級とその数の多さになって表われたのではないかとも想像する。カーストは，生活の中では職業と結びついた形となっているので，簡単に言い切ることはできないが，根底には，この歴史的支配者と被支配者の関係が深く関わりあっていると推察する。

3. ヨーロッパと東アジアの比較

　ヨーロッパは伝統的に農耕地域で，東アジアは伝統的に農耕地域と遊牧地域の2つの特色を有する文化圏である。ここではヨーロッパ「キリスト教世界」と東アジアの農耕地域「中華世界」に視点を当てて比較してみる。

```
┌─────────────────────────┐
│ ヨーロッパ              │
│  (キリスト教世界)       │ ┌─────────────────────────┐
│                         │ │ 東アジア                │
│ 温帯・冷帯の農耕地      │ │  (中華世界中心)         │
│ 多い (45カ国) 独立国    │内│                         │
│ 地方分権的社会          │陸│ 温帯・冷帯の農耕地と遊牧地│
│ 部族名と人名の地名      │ア│ 少ない (5カ国) 独立国   │
│ 宗教関連名と共産主義関連地名 │ジ│ 中央集権的社会          │
│ キリスト教一色の世界    │ア│ 一族 (家族) 名の地名化  │
│ ラテン文字とキリル文字  │ │ 政治関連地名と政治的意図の地名│
│                         │ │ 多宗教・多神教の世界    │
│                         │ │ 漢字と漢字から考案した文字│
└─────────────────────────┘ └─────────────────────────┘
┌─────────────────────────┐ ┌─────────┐
│ 西アジア・北アフリカ    │ │ 南アジア│  東南アジア
│  (イスラーム世界)       │ │(インド世界)│
└─────────────────────────┘ └─────────┘
```

第7章 国名・地名からみた文化圏の比較

A. 文化圏の比較

　ヨーロッパのキリスト教世界と，東アジアの中華世界（ベトナムを含む農耕地域のみ）を中心にして，基本的な特徴を比べてみる。

　最初に両文化圏の環境をみると，両文化圏は，人間の活動にとって最も住みやすい温帯と冷帯がほとんどを占めている。この点では共通性がある。しかし自然環境をよく吟味すると，ヨーロッパの西側は西岸海洋性気候で，冷涼で降水量もほどほどある土地が広い面積を占める。その南の地中海性気候も広いが，夏季に降水量が少なく，暑く，農耕にはそれほど好条件とはいえない地域である。東側は冷帯湿潤気候となる。それゆえヨーロッパは麦類中心の畑作である。これに対し中華世界は，亜熱帯性の温帯冬季乾燥気候と温帯湿潤気候の降水量の多い地域が広い面積を占める。そこには稲作（米）が可能である。ホワイ河以北の冷帯に近い温帯冬季乾燥と冷帯冬季乾燥の気候地域は畑作となる。

　ここでちょっと視点を変えて，両文化圏の主食となる米と小麦を比べてみる。米は連作が可能（2000年以上同じ場所で生産）で，2〜3期作もできる。小麦は連作ができないので，作付け場所を変える必要がある。ヨーロッパでは，近現代以前は耕地を3つ（三圃式）か2つ（二圃式）に分け，作物を変えて生産してきた。また1ha当たりの収穫量は，米（4.56 t）の方が小麦（3.11 t）より多く，また100g当たりの栄養価も米（343カロリー）の方が小麦（233カロリー）より高い。耕地面積に至ってはヨーロッパの方が中華世界の2倍以上広い。それなのに人口数は逆転し，ヨーロッパが7億，中華世界は約16億と，2倍以上の差ができてしまった。人口差は，長年の積み重ねによる主要穀物の差が主要因と考える。米は主食としては麦類より大いに優れていることになる。

　別の視点で人々を比べてみると，ヨーロッパの人々は移動を好む特徴を持っている。ヨーロッパの場合は，まず文化圏内（ヨーロッパ内）で移動が繰り返えされた。例えばゲルマン系部族の大移動は，その痕跡として各地に多くの部族名を残している。ヴァイキングも北欧を基準にして各地に移住した。そしてヨーロッパで移住地が無くなると，船団を組み新大陸にも移住した。ここにヨ

ーロッパの人々のDNAがみられる。しかし中華世界の場合は，農民を土地に定着させる政策（律令制もその1つ）を重視したこともあって，急速な大移住は起こしていない。中華世界では，ジワジワといつの間にか移住がみられ，漢民族が拡大した。文化圏内の端にあるイギリスと日本を比べても，イギリスは民族侵入に何度も出会ったが，日本は民族侵入を受けた経験がない。移動に伴って発生する戦争の回数を比べても，ヨーロッパの多さが際立っている。イギリスは6年に1回，日本は50年に1回の戦争をした歴史を持つという。

　もう1つ，移住に関して付け加えると，大変荒い捉え方だが，ヨーロッパの人々の移住先をみると，本国と比較的似た自然条件の地域に移住していることに気づく。ヨーロッパの中で，スペイン人の移住は本国と似た中南米の高原地域の乾燥地がメインで，その延長上に熱帯や温帯があった。ポルトガル人の移住は温帯の中でも比較的暖かな地域で，その延長上の奥には広大な熱帯地域があった。またイギリス人の移住やフランス人の移住は，温帯から冷帯にかけての地域で，その延長上の付属地に寒帯や亜熱帯があった。ロシア人の移住は，自然環境の厳しい冷帯地域と寒帯地域と乾燥地域であった。どの国も本国と似た環境の地へ入植している。これは人間の持っている本能ではないかと考える。漢民族やモンゴル民族の場合は，陸続きの土地への拡大，すなわち国土の延長地域へ拡大している。どちらかと言えば耕作優先の定着型の価値観を持つ。

B, 民主主義思想（小国家主義）と全体主義思想（大国家主義）

　ヨーロッパには，部族単位かそれより小さな地方単位の国が多い。政治制度も地方分権や封建制が大変強い地域であった。この背後にあるのは，民主主義思想であると考える。民主主義を優先させるから，部族はそれぞれ独自の道を歩み始め，部族国家となって独立する。民主主義の考え方をさらに優先させれば，部族の中の一部の特定地域が独立し，極小国家となる。また民主主義思想は民主政治と繋がる。民主主義は，見方を変えれば自己主張の強い思想ともいえる。相手の意見を聞く以上に，真っ先に自己主張をするのがヨーロッパの

第7章　国名・地名からみた文化圏の比較

人々の，ヨーロッパの国々の特徴である。超ミニ国家であるヴァチカン，モナコ，サンマリノ，リヒテンシュタイン，アンドラ，マルタなどは，ヨーロッパの国家観の代表といえる。またこの思想が通らないと，武力行動に訴えるのもヨーロッパ人の気質であった。ヨーロッパの歴史は戦争の歴史であった。

　中華世界の中心である中国は，多くの部族を抱き込んで1つの国，1つの民族形成を目指してきた。ヨーロッパは多国家に分かれ，大きくなれば連邦制を採る国もあるが，中華世界の国ではそういう考えはなく，中央集権で，大国家形成を目指した。当然国家数は少ない。中国では漢字使用によって，共通性を保ち，中央集権制度や統一地名によって政治的統一を図ってきたが，それでも国内を詳しくみれば，大きな違いが生まれた。中国では，風土も，言語も，食生活も，文化も，価値観も地方によって違いがある。しかしこの違いより，統一国家・統一民族としての価値観を優先させてきたのが中国である。この思想は個人にも当てはまり，中華世界では個人より一族優先で，個人は先祖まで含めた集団の中の1人として扱う価値観が強かった。ヨーロッパの個人主義との大きな違いである。当然のことだが，地名をみると，この背景が推察できる。ヨーロッパは部族名や人名が多いが，中国は政治的意図の強い地名が多く，また一族名も多い。ただ現在の中華人民共和国をみると，西部・北部に部族名の自治区があるが，ここは力で支配下に入れた所で，本来の中華世界ではなく，遊牧の世界であった。中国の統一思想は，秦代からの伝統である。

C, 一神教の文化と多神教・多宗教の文化

　ヨーロッパ世界と中華世界の宗教を，地名を通して比べてみる。ヨーロッパの主要地名や国名に，キリスト教関連地名が活用されている。中華世界の主要地名には，仏教関連の地名も儒教関連の地名も道教関連の地名も出てこない。せいぜい山岳の寺院の存在場所に宗教関連名称が残されている程度である。それさえ命名されていない場所が多い。この違いはどこにあるのだろうか？
　ヨーロッパは，一神教の絶対的価値観を基準とするキリスト教の文化圏であ

ヨーロッパと東アジアの比較

る。一神教で絶対神であるがゆえに，宗派が違えばお互いが非難し合い，妥協や協調は一切なく，認め合うこともない。そして最終的決着として，対立や戦争へと進む。宗派の違いでもこのようであり，宗教の違いに至っては否定・拒否以外の何物でもなかった。それゆえ，ヨーロッパでは幾度となく宗教戦争が行われた。何のための宗教なのか？　と疑いたくなるような事件が歴史上多く残っている。例えば歴史に残る大事件を採りあげてみても，イスラーム教徒との戦いである十字軍の遠征，プロテスタント（"抗議する者"）の分離独立の戦い，フランスの新旧両派の対立であるユグノー（"同盟者"）戦争，オランダの独立戦争（新教による旧教への反抗），ドイツの30年戦争（新旧両派の宗教対立）などがある。キリスト教自体も，教えのみの宗教から権力保持宗教に変わり，さらに政治も左右させる性格の宗教に変貌した。しかしその後の混乱によって政治力を失い，現在に至っている。一時期だが，ヨーロッパでは宗教と政治と戦争という相容れないものをセットにして考えないと，歴史は語れない状態であった。これがヨーロッパの中心思想であり，文化であり，代表的なDNAであった。このような絶対的宗教観に関しては，西アジア・北アフリカのイスラーム社会やインド社会と似たような行動がみられた。

　これに対し，中華世界の宗教はどうか？　という視点で述べてみると，宗教は一神教ではなく多神教で，多様な思想や考え方を持つ。また宗教地名は主要地名にほとんど用いられていない。中心である仏教を例に述べると，多様性を説き，仏様も数多くある。他宗教や他宗派に対しても敵対関係で接することは殆どみられなかった。釈迦も，弟子から《他宗教からの仏教批判にどう対応すべきでしょうか？》と問われた時，その返事は《放っておけ，信じる道をひたすら歩め》と答えられたという。仏教には，対立や戦争や反論や批判は，教えの中に無い。日本の大乗仏教を例にみても，宗派は多数存在するが，敵対関係や戦争は起こしていない。他の宗派をそれぞれが認めあっている。これが仏教の持つ特徴であり，DNAである。儒教や道教もそういう意味では仏教の立場と同じで，宗教が政治を行ったとか，混乱させたとか，宗教戦争を起こしたこともない。行政上，宗教の良さを社会に生かす目的で活用されることなら

多々みられた。仏教も儒教も道教も，人々の生き方，生活，社会の規律等を導く存在でしかない。このように中華世界は，宗教を含めて相対的価値観を重視する社会である。このあたりに両文化圏の大きな違いを感じる。

D. 部族・人名関連の地名と一族（家族）関連の地名

　ヨーロッパ（キリスト教世界）と東アジア（中華世界）の地名からみて，ヨーロッパは部族名に由来する地名が多いことが特徴としてあげられる。それは特に国名や地域名や都市名に多くみられる。中でもアルプス以北の地方名は，部族名が基本になっているといっても過言ではない程多い。特に中世のゲルマンの活動地域やスラブの活動地域に部族名が多く用いられた。このような名称から判断して，ヨーロッパは部族単位で行動した歴史を持つ事が読み取れる。少し表現を変えれば，ヨーロッパでは，国家ごと，州ごと，地域集団ごとで，政治システムも，活動も，法も，行政も異なる組織であることを間接的に表明しているともいえる。例えば，スイスでは，今でも直接民主制を採用している州が2州ある。他の24州は間接民主制である。面積の狭いスイス1国をみただけでもそれぞれの州で別々の個性的な政治を行っている。ヨーロッパでは，部族の伝統や慣習が今も国策として引き継がれている。もう1つの特徴は，人名が地名に多く用いられているが，それは個人の活動が，地域社会に与えた影響が強かったことを示すと共に，個人の活動を評価し，重視する思想が強いことも示している。さらにヨーロッパ社会は，個性を大切に守ってきた社会であったことも理解できる。そうすると，ヨーロッパは1つの価値観だけで，文化圏全体をくくることのできない生き方をしてきたといえる。

　東アジア（中華世界）をみると，中国では「家」の接尾辞の付く地名が多くみられる。特に小都市，町，村の名称に多い。大都市にも幾つかみられるが，「家」は一族（家族）を表す場合が多い。そして「家」の接尾辞の前にある文字は，一族の姓を示す。例えば「張家口」「石家荘」「李家屯」の「張」「石」「李」は一族の姓氏（家名）である。東アジアの中心である中国では，一族の発展を

重視する思想が強い。これは歴代の王朝名や王国名にもみられた現象である。中国人がこの思想を持って海外へ出かけ,「業バン」や「郷バン」という組織を結成して,助け合っている。この行動も,一族宗家思想の延長線上にあると考える。中華世界では,個人より一族（家族）,あるいは地域集団などが重要なのである。そして個人の活躍は一族の名誉であり,一族への評価にも繋がる。一族とは先祖まで含み,その中の1人として個人を評価する伝統があった。逆に一族への高い評価は,個人の誇りでもある。その代り部族は重視せず,漢民族として一体化する思想が強く,周辺諸部族を漢民族として取り込んできた歴史が強い。中国の部族名は,完全な異民族だけに用いる。

E.　西端（イギリス）と東端（日本）の産業革命

　ヨーロッパ（キリスト教世界）西端のイギリスと,東アジア（中華世界）東端の日本を比べてみたい。両国は周辺諸国にも,文化圏の中でも,世界史の中でも大きな影響を与えた国である。

　イギリスの先住民はケルト人であり,そこにラテン系ローマの支配が入り,ローマ撤退後,アングル人,サクソン人,ゴート人,さらにノルマン人などのゲルマン系が入植してきて定住し,現在のイギリスが出来上がった。それゆえ地名をみても,ケルト系地名の上にローマ系の地名が上塗りされ,さらにゲルマン系の地名が命名され,混合状態になっている。地名だけでなく接頭・接尾辞をみても,ゲルマン系だけでなく,ラテン系やケルト系から生まれた接頭・接尾辞があり,どれも影響を与えている。また英語をみても,ゲルマン系言語であるのは間違いないが,純粋に近いゲルマン系のドイツ語と比べると,違いが大きい。言語も混合なのである。生き方も文化もゲルマン系の特徴を基本とするが,正確に言えば混合である。つまりイギリスは,ヨーロッパでは混合の文化を持つ国家なのである。もう1つは,混合でありながら,独自の文化を形成しているという特徴もある。例えばキリスト教をみると,ヨーロッパ諸国とは少し違い,イギリス国教会がある。これはイギリスの事情に合わせた独自の

宗派で，プロテスタントでありながらカトリックの要素を持ち，イギリス王室との関係も強い特殊な存在である。イギリスは混合の良さを生かし，その中から新しいものを形成する国民性を持っている。

同様の視点で日本をみる。民族に関しては，イギリスとはかなり事情が違い，周辺諸地域からの部族侵入はみられなかった。侵略できなかったといった方が良いかもしれない。それゆえ東アジアの東端でありながら，ほぼ純粋に近い人々で構成されている。これはドーバー海峡の距離と対馬海峡の距離の差が大きかったと考える。ドーバー海峡はトンネルで結べる距離だが，対馬海峡はトンネルで結べる距離ではない。昔は命がけで航海にあたらねば渡れないほど遠い距離と，海流の激しさと台風の影響が強かった海峡だった。それゆえ国家形成（飛鳥）時代以降の，ごく少数の大陸からの入植者は，日本の民族や伝統や文化や言語を変えるほどの影響を与えなかった。この点がイギリスと異なっている。文化に関しては，日本が中国から学び，文字は漢字を取り入れて基本とし，語彙も増やしてきたが，それだけでなく独自の文字もつくった。日本の仏教も，日本国内で宗派が生まれ，また日本独自の神道とも結びつけ，中国や朝鮮半島とは趣の異なる宗教に変えている。イギリス国教会と日本の神仏集合は宗教的個性において，一種の共通性を感じる。

イギリスと日本は違いもあるが，総合的にみてどちらかといえば大変似ている点が多い。イギリスは，世界で最初に産業革命を行った。日本は，ヨーロッパ系以外の国では，世界で最初に産業革命を行い，近代化した国である。イギリスは，ヨーロッパの中でも一線を引き，完全な統合を求めない国であり，一定の独自色を貫く国である。EUからの離脱決定がこれを示している。日本も中華世界に完全に融合する考えを持たない国である。そういう意味では，日本も独自性の強い思想を持っている。おそらく将来も独自の道を歩むだろう。

F．社会主義国家の相違（ソ連と中国を中心に）

ヨーロッパ（キリスト教世界）の東端のロシアに，1922年に世界最初の社

ヨーロッパと東アジアの比較

会主義国家が誕生した。第2次世界大戦後になると、ソ連の影響で東ヨーロッパに社会主義国が8カ国も誕生し、ソ連も含めて合計9カ国となった。ソ連が誕生させたと言い換えても良い。ソ連の影響力は中華世界にもおよび、社会主義国家が誕生した。ただ両文化圏の社会主義には違いがある。中華世界の社会主義国は、ソ連の軍事侵入によって形成されたものではない。理論に共感し、中華世界の共産党員が内戦で樹立した国家である。中国、北朝鮮、ベトナムが社会主義国となった。社会主義国は、ヨーロッパで9カ国が独立し、ヨーロッパ全面積の約6割を占め、人口数では4割強を占めた。中華世界では、全面積も人口も9割以上が社会主義国となった。圧倒的多数である。社会主義国は東ヨーロッパと中華世界を中心に勢力を伸ばし、世界の勢力を2分した。

しかし、1991年に本家本元のソ連が崩壊した。ソ連はわずか69年で社会主義を放棄し、軍治力で建国させられた東ヨーロッパの社会主義諸国も、当然のごとく社会主義体制を放棄してしまった。今は、ヨーロッパに社会主義国は1カ国もない。崩壊と共に、国家数でソ連は15カ国に分裂し、ヨーロッパの領域内だけでも7カ国に分かれた。チェコスロバキアも2カ国に、ユーゴスラビアも7カ国に分かれた。社会主義国の崩壊によって、ヨーロッパ全体で16カ国が分離独立し、数では13カ国も増えた計算になる。これに対し、主体的に社会主義国を建国した中華世界の場合は、共産党政権も国家数も変わっていない。今も共産党や労働党政権は国家権力をがっちり握っている。

ソ連を含む東ヨーロッパ諸国は、全てが社会主義を放棄し、政権は崩壊したが、中華世界の社会主義国家はそのまま残っている。この差は一体どこにあるのだろうか？ その差を考えてみる。

要因の1つ目に、国家建設思想にあるのではなかと考える。ソビエトの建国は、学問上の理論を現実の国家に当てはめたものであった。また東ヨーロッパの社会主義諸国は、ソ連の占領によってつくらされた傀儡政権だった。そこには希望も理論も経験も無く、多くの国民の要求も入っていない。これに対し中華世界の社会主義国は、国内から興った共産党員が、ソ連の政治体制や国家を模倣し、混乱する国内において、権力争いで奪い取った政権である。ソ連の武

力によって与えられた政権ではない。ここに東ヨーロッパとの違いがある。

　要因の2つ目に，中華世界の社会主義政権は，集団化や国営化がうまく機能しなければ，政策や方針を変えてでも政権を維持しようと努力した。例えば人民公社とした農業も，うまくいかなければ，生産責任制（生産請負制）に変えて，農民の意欲と生産力の向上を試みた。工業も伸びなければ，改革開放政策で，資本主義（先進）国に頭を下げて資本や技術を導入する道を選んだ。理論より実益を優先したのが中華世界の社会主義である。共産党政権は，労働者階級（階級闘争）のためではなく，為政者(いせいしゃ)（権力保持）のための政権で，国家を統一支配し，維持するところに政権の価値と意義を置いていたのである。それゆえ，政権だけは譲らないが，農業，鉱業，工業，商業等の分野でうまくいかなければ，市場経済制度を導入して，社会主義の理論から外れることを行うこともやぶさかではなかった。現在，経済面では社会主義国とは言えないほど自由化が進み，人々の所得格差も資本主義諸国なみに広がっている。このような中華世界に対し，ヨーロッパの社会主義国家をみると，生産性向上の改革の努力は殆んどみられなかった。むしろ社会主義体制に疑問を持ち，成長著しい西欧の豊かな資本主義社会に目が向いてしまっていた。この差である。

　耕地の国有化・共有化，農業の共同化，鉱工業の国営化，資本の国有化という視点からいえば，ヨーロッパの社会主義国は全滅であり，中華世界の社会主義国も北朝鮮を除いて崩壊の状態に近い。もはや元に戻すことは不可能である。皮肉にも，中華世界では共同化（社会主義化）をあきらめて，個人の請負に任せたら，生産が大きく向上する結果が出た。結局，人間の心理における共有化や共同化は，血族すなわち家族や親族では通用しても，一般の人間社会では通用しないシステムである事を裏付（証明）けたといえる。中国は，国家を社会主義思想から，人間の心理（本性）に合わせた形態に，一部分だが変更したので，一党独裁政権が残る結果となった。中国では，中央集権や独裁政権は，古代からの伝統であり，ヨーロッパのような拒否思想は少ない。中国という国家をみていると，社会主義の良し悪しより，国家としてのまとまりや，その支配体制を重視しているように思える。これが現在まとめられる結論である。

4. ヨーロッパと内陸（中央）アジアの比較

　ヨーロッパは世界的な物産の大生産地域，大商業圏である。内陸アジア（中央）は伝統的に遊牧と交易の地であった。また宗教からみると，ヨーロッパは「キリスト教の世界」という特徴を持ち，内陸アジアは「イスラーム世界と仏教の世界」という特徴を持つ。何かにつけて対照的な両文化圏を比較してみる。

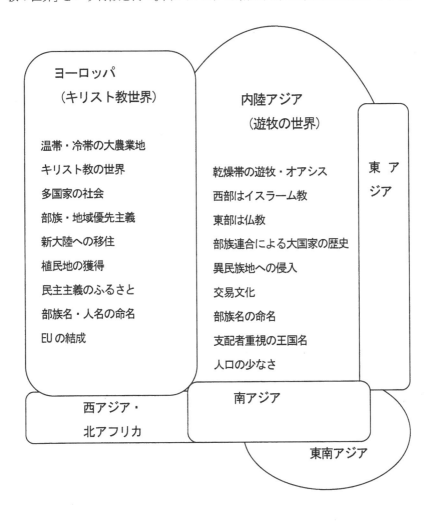

第7章　国名・地名からみた文化圏の比較

A．文化圏の異質性と文化圏の関係

　まず両文化圏は，自然環境の違いが大きい。ヨーロッパの範囲となるウラル山脈以西は，三方を海に囲まれ，言わば海洋の影響の強い文化圏である。ここには砂漠を表す地名はみられず，当然砂漠はない。耕地と森と山岳氷河の世界である。ヨーロッパでは，森に関する地名はそれなりに残されている。当然大農業の文化圏となっている。農業生産力も極めて高い。ヨーロッパ東部は，歴史的に東方からの遊牧文化圏の影響を直接受け，それによってヨーロッパの社会も大きく変化を受けてきた。スキタイの影響，フン族の影響，モンゴルの影響，トルコの影響である。ヨーロッパに起こったゲルマン民族の大移動もフン族の影響であるといわれる。農耕文化のヨーロッパは，大航海時代以降自らも大きく変わると共に，世界も大きく変えた。また産業革命を行って機械化し，武力も開発して世界の流通や政治や軍事を変える大発展を遂げた。つまりヨーロッパの行動は，世界中の生き方を変えた。またヨーロッパは，間接的だが内陸アジアの内陸交易が寂れる原因をつくった。東方のロシアは伝統的に遊牧からの侵略を受けてきたが，後に遊牧地を侵略し，逆転した民族に変貌した。

　内陸アジアをみると，全く海洋に面していない。気候は温度差が激しく，しかも降水量の大変少ない乾燥地域となっている。内陸アジアには，キジルクーム，カラクーム，タクラマカン，ゴビなどの大砂漠があり，水の確保が古代からの課題であり，水の確保できる量が，人の住める数であった。それゆえ異文化圏への進出を絶えず考えてきた文化圏であった。そして異文化圏進出で，遊牧民の生きる道を見出してきた。進出には交易と侵略があった。交易はいつの時代も行われたが，侵略は軍事力を蓄えることによって，中国，インド，ヨーロッパ，西アジアへ侵入し，多くは失敗を繰り返し，時には成功した。成功すれば，そこで支配者として定住し，異文化の住民になって，いつの間にか吸収されている。特に西アジアに近いトルコ系の内陸アジア（現在は中央アジアという）は，都市文化やオアシス文化が古代から発達し，西アジアの延長のような特色を持っていた。環境も似ていて，アムダリア，シルダリアのような大河

もある。西方は地名も文化も宗教もペルシアの影響が強く，ābād や kand などの接尾辞も多く入っている。ロシアに占領されるまでは，アムダリアやシルダリア流域は西アジアに含めるべきであるほど文化的共通性が強かった。内陸アジアの中でも，アルタイ山脈を越えた東方，すなわちモンゴル系の部族の領域に入ると，中華世界の影響が強くなり，都市文化がみられなくなって遊牧中心となる。地名も人名が用いられなくなり，中国の影響が強く出てくる。遊牧文化圏といっても，生き方が西方と東方では大きく異なってくる。

　ヨーロッパと内陸アジアは，自然環境，産業構造，人々の生き方，価値観で全く異なる文化圏なのである。

B．文化圏の共通性

　まったく異なる文化圏といっても，ヨーロッパも内陸アジアも部族主義の強い文化圏という共通性がある。ヨーロッパでは部族主義の強さが根源にあって，独立国が多くなり，しかも部族名が直接国名に充てられている場合もかなりみられる。地方名にも部族名が多い。また地方名を国名に用いる国も多いが，これは部族の中の一部の地域集団が独立した国々である。内陸アジアも同様に部族主義思想が強く，現在の国名の全ては部族名である。内陸アジアの領土は，古くから部族の活動範囲を持って領土と定めてきた。それほど部族優先の文化を持っている。この点で両文化圏は共通する価値観を持っている。

　移動を好む思想も，ヨーロッパと内陸アジアは共通する価値観といえるだろう。ヨーロッパは，文化圏内の移動だけでなく，その後に南北アメリカ大陸，オセアニア，南アフリカに移住し，そこをヨーロッパ化して国家をつくり，また世界各地に出かけ，世界中を植民地化した。そして各地にヨーロッパ系の地名を大変多く命名して今日に残している。

　内陸アジアをみると，東ヨーロッパ，西アジア，インド世界，中国に侵攻すると共に，その地に居付いたケースが多くみられる。例えば，西アジアでは現在のトルコ共和国やアゼルバイジャンは内陸遊牧民の子孫の国である。ヨーロ

ッパでは，ハンガリー，フィンランド，エストニアが，遊牧系・アジア系の子孫の血を受け継ぐ国家と考えられる。ロシア領内では，クリミア，カザン，アストラハン，タタールといった地名や共和国名がみられるが，これらの語源からみて，侵入遊牧民の名称が引き継がれて残ったものといえる。インド世界へは，クシャン朝，ティムール帝国，デリー・スルタン五王朝，ムガール帝国等々が侵入し，インドになじみ，インド化していった。中華世界へも，遊牧民はかなり多く侵入して国家を建てた。元，清も遊牧民の国家であり，他にも北魏，遼，金なども遊牧民の建てた国家であった。侵入して定住した遊牧民は漢字を使い，中国語に切り換えて，漢民族化してしまって，今は足跡をたどることはできなくなっているが，中国の文化にも多大の影響を与えた。中国でみられた律令制も，仏教も，遊牧民の価値観や制度の伝達から興ったものである。このように，部族主義という価値観と，他の地域に移って発展するという価値観では内陸アジアの遊牧民は，民族・部族は違っても共通性を持っている。

C．モンゴル帝国とロシア・ソ連

　13世紀の内陸に，モンゴル帝国が誕生した。モンゴルは生活の単位であるail"村"を基準に，10ailでリーダーを決め，100ailで1つの軍事組織を作った。このやり方は，それまでの部族単位の組織を解体し，数を基本とした集団化であった。そしてリーダーには直属の部下を任命して中央への権力集中体制を整えたのである。簡単にまとめれば中央集権に当たる。そして瞬(またた)く間に，北はロシア，ウクライナあたりまでを支配し，西は西アジアの北半分を支配下に入れ，東は中国を完全に支配下にいれた。ロシアには，クリミア，カザン，アストラハン，タタールという地名が今も主要地名として残されているが，これは当時の遊牧民が支配した定住跡に残った名称である。モンゴル帝国は，その後4カ国に分裂するが，4カ国の協力関係は続いていた。当時，ロシアはモンゴルの支配下に置かれ，「タタールのくびき」と呼ばれて，属国化していた。

　遊牧の支配から脱したロシアは，17世紀ごろ，抵抗の無いシベリアに進出

して支配下に入れ，19世紀には統率力の弱まっていた内陸アジアを侵略し，大領土国家を形成した。モンゴルの行った大領土支配を，ロシア帝国とその後のソ連が再現したのである。大きな歴史の動きで眺めると，モンゴル帝国の行った行動とほぼ同じである。ロシアは，東方では清の領土を脅（おびや）かしてかなり広い領土を奪い取り，西ではソ連が東ヨーロッパを奪って，社会主義国を建国させた。内陸アジアやシベリアには数多くのロシア語地名が命名され，今に引き継がれている。地名の多さからロシア化・ソ連化を推進したことが読み取れる。モンゴルの一体化と権力の集中する制度を，ロシア，ソ連は帝国主義，社会主義という形で実現した。強力だったソ連も建国後69年弱で崩壊し，ソ連は15カ国に分裂し，現在全ての国はロシアから離れていった。遊牧民の侵略や支配を体験したロシアは，同じことを繰り返しているように思える。

　モンゴルとロシアは，軍事力にものを言わせ，抵抗力の弱い地域から順に支配下に入れ，徐々に価値ある地域に侵略の手を伸ばすという戦法を採って，領土を広げた。13世紀のモンゴル帝国は2400万km²，20世紀のロシア（ソ連）は2240万km²の領土を支配した。ただモンゴルは，中国全土を支配下に入れたので，ソ連よりはるかに大国であり，支配当時の世界に占める影響力は，圧倒的に大きかった。元（モンゴル）は，当時世界1の巨大帝国となり，今までに見られなかった世界の一体化を進めた。ソ連は東ヨーロッパを支配し，世界初の社会主義国を形成して，歴史的にインパクトを与え，世界史に1つの国家モデルを示したが，長く続かなかった。歴史上，最初に新モデルを示した国（例えば最初に中央集権制度をとった秦）は長続きしないのが常である。モンゴル帝国もソ連も同じである。ソ連はアメリカ合衆国と世界を2分させたが，世界1にはなり得なかった。そして崩壊した。早く分裂する過程も，その後の縮小（しゅくしょう）過程（かてい）も，モンゴルとロシアはほぼ同様の道を歩んでいるように映る。

D．集団化と将来のみち

　ヨーロッパは，第2次世界大戦までは，集団化や統合化を極力嫌った文化圏

第7章 国名・地名からみた文化圏の比較

であった。部族主義を優先し，多国家に分かれ，お互いに戦争を繰り返してきた。これがヨーロッパの歴史であり，価値観であった。しかし，第2次世界大戦後の世界状況の変化から統合の道を選ぶようになった。EU（ヨーロッパ連合）がその代表である。EUでは，イギリスのような離脱を求める動きもあるが，むしろ加盟希望の方がいまだに多くて，結束・拡大の方向に向いている。おそらく情勢が安定すれば，東ヨーロッパの未加入の国々は，加盟を希望する可能性が高い。EUは大結束を目標としながらも，歴史を配慮して各国の自主性は尊重している。今のところ，中央集権的な独裁国家は目指していない。今までの行動で判断すると，歴史的にも例のない方向で結束を目指したといえる。ただヨーロッパの将来に関しては，未知数な面も多い。

　これに対し，遊牧部族は，結合の方向に進む傾向が伝統的に強かった。そして発展し，生きる道を見出してきた。最も代表的といえるのは，13世紀頃のモンゴル帝国で，集団化も，世界の一体化も最初に進めた。モンゴル帝国の一体化が行われなかったら，世界文化も，文化の伝導もかなり遅れていたであろうと推察する。ところがこのような歴史に反して，現在の遊牧地域の国々は，今も集団化，共同行動，統一国家の形成等の動きは見せていない。遊牧文化圏の最も得意とする集団による行動は，現在のところ行われていない。行う気配も感じられない。遊牧文化圏の伝統的価値観を忘れてしまったかのように映る。そして歴史的動きとは逆の行動をとり，単独国でいることを優先させている。内陸アジアの遊牧地域では，現在遊牧はほとんど行われなくなったが，その地理的優位性は変わることはない。ヨーロッパ，西アジア，インド世界，中国を結びつけられる内陸の位置は，西アジアと共に特権である。むしろ西アジアより，直接中国と接しているという有利さもある。ただ西アジアより，海洋の地理的位置という点では大きく劣る面がある。そこで強いて言えば，ここを物流の基地，情報や地域開発の基地に変えると，昔のように発展が見込まれるのではなかろうか？と考える。中国とヨーロッパ，中国とイスラーム世界，ヨーロッパとインド，これらの内陸交易や資源開発の基地，人的移動の基地としての重要性は，計り知れないほど大きいものがある。

5. ヨーロッパと東南アジアの比較

　ヨーロッパは、伝統ある温帯・冷帯の農工商発展地域である。東南アジアは、伝統的に熱帯産品を特徴とする熱帯農耕地域である。ヨーロッパは現代文化の発信地である。東南アジアは世界文化の受信地である。何かにつけて性格の異なる文化圏を比較する。

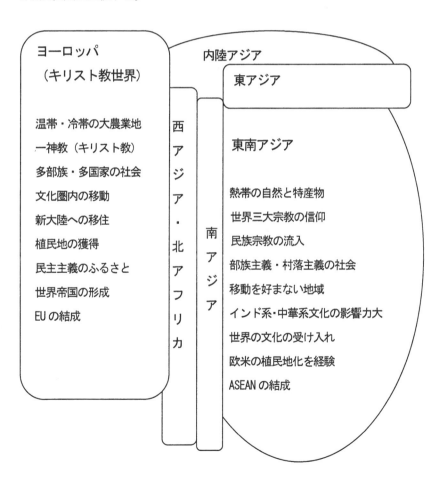

第7章　国名・地名からみた文化圏の比較

A．自然環境と作物

　ヨーロッパは，三方が海に面した比較的冷涼な温帯と冷帯の気候である。東南アジアも，海に面した半島部と島嶼部（とうしょ）から成る亜熱帯と熱帯の気候である。
　ヨーロッパは，古代は自給自足の農業国で，食料生産はインド世界や中華世界と比べて，やや少ない生産量であったが，いつの時代も世界3大農耕文化圏の1つであった。ヨーロッパは森を切り開いて農地に変え，人口数においても世界の3大居住地であった。ヨーロッパは冷涼な気候なので，作物は気候に耐える麦類の生産が中心となった。後にじゃがいもが新大陸からもたらされ，準主食に加わった。ヨーロッパの作物はどれも連作が利かなく，古くから土地を3区分して2種類の作物と牧草地（休耕地）を植え替える三圃式農業を行ってきた。また麦類は栄養価が低くて，他にも栄養を求めねば生きられないので，三圃式農業の一端として牧畜が盛んとなった。農業に関連する地名は残されていないが，気候条件から農業の様子を推測する事ができる。今はこれを科学的に発展させた混合農業が中心である。混合農業は，作物栽培と家畜飼育を兼ねた農業である。これがヨーロッパの農業の基本形である。
　東南アジアは，インドシナ半島地域と東インド諸島地域から成るが，両地域とも熱帯産品の生産地であった。島嶼地域は熱帯雨林で，農耕は一部の島々に行われ，他の大部分がジャングルであった。インドシナ半島は，サバナ気候が広く，平原部では稲作，他は焼畑のイモ類が中心となった。この地域では熱帯性の特産物，すなわち特殊な香辛料や香木や果実などを多く産出したという特色がある。それは地名からも知ることができる。例えば都市名では，ビエンチャン"白檀の城"，バンコク"マコークの森"，ペナン"ビンロー樹"，イポー"イポーの木"，ジョホールバル"カシア肉桂の木"，マラッカ"マラガの木"，マニラ"ニラ灌木"，コンケン"タマリンドの幹"，ウジュンパンダン"アナナスの木"，クチン"マタクチンの果実"などがあり，島名ではジャワ"穀物"島，ロンボク"唐がらし"島，スンバワ"木材"島，ブルネイ＝ボルネオ"野生マンゴスチン"諸島などは熱帯産品を意味した地名である。東南アジアの熱

帯産品は，古くからインド，中国，西アジア，ローマに伝えられてきた。ヨーロッパの人々も，生活や工芸に必要な香木などを，交易地西アジア経由で東南アジアに求めたが，そのうち直接購入するようになった。インドネシアのマルク諸島は，ヨーロッパの人々からはスパイスアイランズ Spice Islands "香料諸島"と命名された。また東南アジアあたりを呼ぶインドの古い名称に，カルプーラドヴィーパ "樟脳の島"，タコーラ "ショーズクの島" という名称表現があったが，インド自体も東南アジアを熱帯産品の重要な供給地とみていたことが理解できる。この熱帯産品を求めて，世界各地から商人が交易にきた。自然環境や産物に関しては，両文化圏は全く異なる特色を持っていたのである。

B. 文化圏の宗教の在り方

　宗教をみると，ヨーロッパはキリスト教一色といってよい。東南アジアは，世界の3大宗教と，ヒンドゥー教，儒教，道教という民族宗教も受け入れ，世界の主要な宗教の殆どが入ってきて信仰されている。この差をみると，宗教の受け入れ思想に大きな違いがあるのではないか？と思えてくる。
　キリスト教やイスラーム教は一神教である。一神教の特徴は，他の宗派や宗教を否定する。ヨーロッパはキリスト教の思想や価値観で統一されている。統一された思想や価値観には変更や妥協はない。ヨーロッパには宗教地名も多く命名されている。ヨーロッパでは，宗教による戦争や宗派対立は自然の出来事であった。また日常でも，宗派の違いが，非難や暴力と結びつく場合も多くみられた。ヨーロッパの歴史にみられる戦争の多くは，宗教がからんでいる点に注意する必要がある。一面それだけ厳格に宗教を受け入れ，絶対神として信じてきたということでもある。このような画一性は，文化圏の形成や民衆の統一性，共通性の形成には大きな威力を発揮した。ヨーロッパ文化は，キリスト教によって形成された社会である。
　東南アジアは，多様な宗教を信仰する特徴を持つ。例えば，マレーシアはイスラーム教中心である。イスラーム教は最も厳格な一神教である。それなのに

第7章 国名・地名からみた文化圏の比較

宗教対立はほとんどみられない。具体的にマレーシアの宗教信者の割合をあげてみると，イスラーム教6割，仏教2割弱，キリスト教1割弱，ヒンドゥー教6.3%，儒教と道教の合計で2.6%である。イスラーム教一色ではない。マレーシアのムスリムは，以前から信仰する宗教も拒否せず，争いもしていない。マレーシアのイスラーム教徒の行動は，西アジアのムスリムからみれば，考えられないことである。マレーシアの古都で港町のマラッカ市を歩くと，モスク（イスラーム寺院）のすぐ近くにヒンドゥー寺院や道教や仏教の寺院がある。他宗教の寺院がすぐそばにあっても，宗教抗争は起こしていない。そしてそれぞれが，それぞれの教えの中で活動している。協力も干渉もしない。つまり自らの信仰する宗教は，精神面の安定にのみ，活用しているように映る。キリスト教社会やイスラーム社会のように，神の教え（エホバやアッラー）が唯一絶対で，異教は潰すというような感覚はみられない。中世までのキリスト教世界や，現代も続くイスラーム世界は，宗教や宗派の違いは人々の否定そのものとみなすが，このような思想は東南アジアの人々には無い。その思想の根底には，何があるのか？それは一神教より先に入ってきて，宗教的価値観を形成した仏教思想が，民族性の根源に深く浸透していたからではなかろうか？と考える。簡単に言えば，信仰する神を変えたという感覚である。これがインドネシアも含めた東南アジアのイスラーム教徒の特徴である。他の東南アジアをみると，フィリピンはカトリック一色であり，ベトナムは社会主義政権の国家なので，無宗教者が8割を占めるという特徴がある。ただベトナムの場合は，無宗教者といっても，根底に大乗仏教の思想や価値観が深く浸透している。タイとミャンマーとカンボジアとラオスは上座部仏教思想が基本である。このようにみれば，東南アジア文化圏には，統一された宗教上の共通価値観はない。東南アジア全体としてみれば，仏教（インド）思想が下地として残り，信仰心は強く，心の安定や救いを宗教に求める。それ以外の事は，宗教に求めないのが仏教の特徴であり，これが東南アジアの人々の宗教観の根源になっていると考える。東南アジアの人々の方が，宗教の本来の役割を，正しく捉えているのではないかと思える。これが東南アジアの人々に共通する宗教観である。

C. 移動を好む民族性，異文化を受け入れる民族性

　地名全般からみて，ヨーロッパと東南アジアとの部族の特徴に大きな違いがみられる。その代表的な違いは，部族の移動という行為である。

　ヨーロッパは，古くから移動を好んだ。古代，アレクサンドロスが東方遠征をおこなった。そして移動先には，都市「アレクサンドリア」が西アジア・北アフリカに 70 程も建設された。次にローマ帝国の拡大によって，地中海一帯にローマの地名や文化が広く普及した。中世にはゲルマン系部族の大移動によって，ヨーロッパ各地にゲルマン系の部族名が地方名として残された。また北欧のヴァイキングの活動と探検によって，北欧はヴァイキングの地名中心になった。十字軍以降，ポルトガルやスペインを筆頭に，新大陸発見の行動とその後の移民活動によって，南北アメリカやオセアニアは欧州系の地名や宗教地名が命名された。例えばブラジルのサンパウロなどのようなカトリック系の地名も，南北アメリカには数え切れないほど命名された。その後世界各地を植民地化して，アフリカをはじめ世界各地にもヨーロッパ系の地名を命名して残した。ヨーロッパ東部のロシアも，シベリアや内陸アジアを侵略し，ロシア語の地名を数多く命名している。これら世界各地に残るヨーロッパ系の地名は，ヨーロッパ系の人々の拡大行動の歴史の痕跡である。

　逆に，東南アジアの部族言語による地名は，東南アジアを離れると，他の文化圏ではいっさい見当たらない。異文化圏に地名の影響を残していない文化圏は，東南アジアだけである。これは珍しい現象である。逆に東南アジアには，異文化圏の地名があふれている。最も多いのはインド系の地名で，インドシナ半島西部，インドネシアの島々，マレー半島に多い。次に多いのは中国系の地名である。中国系はインドシナ半島に多い。また東インド諸島には，イスラーム系の地名もみられる。この東南アジアに，大航海時代以降ヨーロッパの人々がやってきて，地域の小部族国家を支配し，欧州列強の植民地としてしまった。ヨーロッパ列強が勝手に形成した領土区分は，そのまま現代の国家の基本となっている。東南アジアという文化圏自体も，ヨーロッパによって形成されたも

のである．これによってフィリピンでは，カトリック系の地名が多く，それもスペイン系の地名が多く残った．このように東南アジアの部族は，いつの時代も異文化を受け入れてきた特徴を持つ．ここに東南アジアの異文化受け入れ心理を推察することができる．そして現在の東南アジアは，宗主国の領域区分を土台にして独立したため，1国の中に幾つかの部族を含む状況が生まれた．本来は部族中心の王国であったが，ヨーロッパ列強によって多部族国家に変えられ，部族紛争と部族独立要求が絡む文化圏へと変貌したのである．

D，EU と ASEAN

EU（European Union，ヨーロッパ連合）は，政治統合，通貨統合，経済統合を目指している．言わば世界に影響を与える米国，ロシア，中国に堂々と対抗するための連合国家設立が目的である．国際政治でも，国際経済でも，軍事でも，外交でも，世界の先頭を走る事を目標の1つと考えている．それには連邦制の統一国家となることが必要だった．当然，行政，立法，司法，治安などの組織が必要となる．具体的には，EU の本部（行政府）はベルギーのブリュッセルに，EU の議会（立法府）はフランスのストラスブールに，EU の裁判所（司法）はルクセンブルクに，EU の中央銀行（財政の要）はドイツのフランクフルトに，EU の警察（治安）はオランダのハーグにそれぞれ置かれていて，国家としての形態を整えている．1つの国家を目指すので，EU 内の関税の撤廃や自由な人々の往来は当然の処置だが，居住地選択の自由，EU 内の就職選択の自由，資本投資や工場建設の自由，さらに統一した社会制度まで整えられた．ヨーロッパの伝統は，部族主義を尊重するという価値観が基本にあり，各国の自主性は尊重するが，状況によっては各国の独自性を制限していくことも起こってきた．確かに今まで起こしてきた部族間，国家間の戦争や対立は収まる形になったが，人口の移動が進みすぎて，ヨーロッパ各国の伝統や文化や生き方が崩壊しかねない状況もみられるようになった．イギリスが EU から抜ける決断をしたのも，イギリスへの入国定住者が多く，イギリスの伝統文

ヨーロッパと東南アジアの比較

化が失われつつあることが大きな理由の1つである。イギリスという国は，EUだけでなく，旧英国植民地の国々からも，多くの人々が入国してきて定住している。その結果，イギリス本来の伝統文化や生活が失われていくという不満が生まれ，それならばEUから抜けて，イギリス1国で生きていくという決断を優先したといえる。イギリスは経済的打撃を犠牲にしても，EUから抜けて自立することを，国民も政府も心のどこかで保持していたからであろう。むしろ統合による煩わしさを敬遠した部分の方が大きい。国家・国民に暗黙の自信がなければ，EUにしがみつくはずである。実際，ヨーロッパの主要国が，貨幣をユーロに変えても，伝統あるイギリスはポンドを変えなかった。そうするとEUはまだ完全に成熟し切っていない組織であるとも考えられる。

　アセアンASEAN（東南アジア諸国連合）は，EUに似た形で文化圏内での連合を発足させた。ASEANは，EU以上に東南アジアのほぼ全ての国が加盟している。東南アジアの項目で述べたごとく，ASEANは地域内の経済発展や援助，文化の発展を前面に出しているが，本心は世界の列強に対しての集団防衛，集団対応の意味合いが強く，統一国家形成が本来の目標ではなかった。その証拠に，統一通貨，統一政府，統一軍は無く，中央事務局がジャカルタに置かれているだけである。各国の行動も問題によってはバラバラの対応である。例えば南シナ海の中国の支配と基地建設問題においても，ベトナムやブルネイなどは強く抗議するが，多くのASEAN諸国は知らぬ顔である。カンボジアやラオスやミャンマーなどは，何かにつけ中国寄りの行動をとる。当然ASEANに加盟している国家間に人々の移住はおこっていない。もちろん周辺国への就職は難しく，投資も活発ではない。ただASEAN内では，関税等が有利であるとか，天然資源の活用に融通性を持たせている点では，連合の有利さが働いている。これらの行動からみて，ASEANN各国は，国家統合などは全く頭にないと判断する。ただこれによって，各国間の紛争はほぼ起こらなくなった。ASEANにみられる紛争は，各国内の少数部族の紛争である。各国内の少数部族の独立闘争は，ヨーロッパの宗主国が，部族の居住地に関係なく領土化したために，発生する問題なのである。EUとASEANの違いは大きい。

6. 西アジア・北アフリカと南アジアの比較

　両文化圏とも古代文明の発祥地であり、先進文化地域であった。両文化圏は隣に位置し、何かにつけ影響を与えあってきた。両文化圏を比較する。

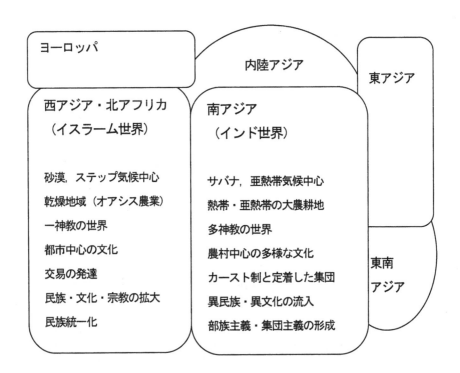

A．現国名と王朝・王国名からみた文化圏の変遷

　古代からの先進文化地域であるが、両文化圏とも西欧列強の植民地・半植民地の状態に置かれ、第二次世界大戦後に独立を達成したという共通性を持つ。
　西アジアの場合は、王朝・王国の殆どが大領土の大国であり、名称には文明

西アジア・北アフリカと南アジアの比較

発祥期を除くと，古代から人名や部族・民族名を多く代用した。人名活用は国家建設における為政者の功績が大きいことを意味し，部族・民族名の場合は部族・民族集団を中心にした国づくりが行われたことを意味している。しかし現国名をみると，アラブ諸国は，王朝・王国名とは大きく異なり，地域名や自然名を取り入れている国がかなりみられる。なぜだろうか？ それは近現代の欧州列強の植民地政策によって，オスマン帝国に反逆し，小部族が欧州列強の保護の下で独立させてもらったという政略的背景があったからである。アラブ系の小国は，民族名では国名が作成できず，地域名や自然名を用いて国名を作成したのである。その結果，アラブ民族系の国家は 17 カ国も誕生した。また西アジア・北アフリカ全体で 25 カ国も誕生した。西アジア・北アフリカに，これだけ多くの国家が独立した時代は歴史上ない。

　南アジアの王朝・王国名から文化圏の歩みをみると，神話・宗教名を用いた王国名は無く，主に人名，種族名，家名，都市名などが用いられた。そして領域には，中小王国が群雄割拠していた。王国名の由来語も，アーリア系，ドラビタ系，ペルシア系，トルコ系と様々であった。これは多くの部族が，異文化圏である西部や北部から侵入してきてインド世界に住みつき，非常に複雑な部族混合社会を形成したからである。しかし，第 2 次世界大戦後の独立時の国名をみると，南アジアは宗教を基に国名を作成した。これは宗教を前面に出して国家領域を確定したことを意味している。その結果，南アジアは少ない数の独立国でまとまり，ヒンドゥー教徒中心のインドは大国となって独立する事ができた。現国名と王朝・王国名を比べてみると，第 2 次世界大戦後の独立にあたって，大きく宗教に舵を切った事がわかる。

　ここで，西アジア・北アフリカがヨーロッパ列強の干渉を受けずに，伝統的な民族主義を基本に独立を達成したと仮定したら，多くてもアラブ系，イラン系，トルコ系，カフカス系，クルド人，それにヨーロッパからの移民によるユダヤ系の国家の 6 カ国程度になり，少なければアラブ系，イラン系，トルコ系の 3 カ国程度にまとまったと推察される。民族ごとの独立であれば，今のイスラーム世界はもっと平和で，経済力も強くなっていたであろう。また西アジ

第7章　国名・地名からみた文化圏の比較

ア・北アフリカが，今の南アジアのように宗教を基本にすえて独立していたなら，細かく区分してもイスラーム教，キリスト教と2つ程度で，イスラーム教をスンニー派とシーア派とに分けたとしても，独立国の数は3つ程度にしかならない。場合によっては，イスラーム1国となって独立できた可能性もある。さらに西アジア・北アフリカが，王朝・王国の伝統を引き継いで独立したなら，アケメネス朝ペルシア，ウマイヤ朝，アッバース朝，オスマントルコなどのように，1カ国かせいぜい2～3カ国程度の国家数の文化圏となっていたであろう。しかし欧州列強の植民地化にあい，宗主国のオスマントルコに反乱し，欧州の基本思想である部族優先思想を入れたために，小国家がひしめき合う，不安定で紛争の多い地域に変貌したのである。これに対し，もし南アジアが現在の西アジア・北アフリカのような背景で独立したと仮定したら，今のインド一国だけでも民族・部族・言語を基本に区分した州の数が29も存在するので，南アジア全体としてみれば，少なく見積もっても35程の国家が形成されていた事になるだろう。そうすると，現在の国家は，両文化圏とも歴史上経験したことが無い基準で国造りをした事になる。すなわち，南アジアは宗教による統一化であり，西アジア・北アフリカは部族による分裂化であった。これは歴史的流れとは全く逆の動き（価値観）である。

　次に，西アジアと南アジアの境について触れてみたい。南アジアのパキスタンはイスラーム国家であり，インドとの対立がひどい。歴史をみても，西アジアにアケメネス朝ペルシア，アレクサンドロス帝国，ササン朝ペルシア，ウマイヤ朝，アッバース朝などの大帝国が建国された時代は，インダス川あたりがインド諸王国との境界になっていた。そうすると現在のパキスタンの領土は，西アジアに含めても良いのではないかという考えが浮かんでくる。しかしよく吟味すると，宗教以外の地名，文化，社会制度，家族制度などは，パキスタンはインド世界の特徴を強く残している。例えば，パキスタンにもカースト制を基本とする集団制が残っていて，これによって人々の生活基盤が成り立っている。また食文化，一般の文化，民族性，社会制度はインドと同じである。結論的に言えば，パキスタンはインド世界の国家ということになる。

西アジア・北アフリカと南アジアの比較

B. 地名からみた民族の移動

　西アジアと南アジアの地名全体を，総合的にみて比較してみる。南アジアをみると，ābād やstan などといったペルシア系の接尾辞や地名が多く命名されている。地名をみると，一方的に流れ込んできた事がわかる。これは，西アジアや中央アジアから部族・民族が侵入してきた事を意味している。地名をみていると，南アジアにはこれを防ぐ手だてはなく，為すがままの状態であり，西アジアや中央アジアの人口の受け皿になっていたといえるだろう。この逆の現象，すなわち南アジアの地名や地名接尾辞は，西アジアには殆どみられない。また南アジアの部族が西アジアを征服して王国を建てたという歴史もない。南アジアの地名が，西アジアや内陸アジアにみられないということは，南アジアの人々が，西アジアや内陸アジアに移住しなかったことを示している。つまり南アジアの人々にとって，西アジアや中央アジアは魅力ある土地とは映らなかったのであろう。その代わり，南アジアの地名は東南アジアに用いられた。そうすると，南アジアの人々の関心は西アジア・中央アジアよりむしろ東南アジアに向けられていた事になる。地名からみて，南アジアは異民族に侵略された地域であり，西アジアは異文化の地を侵略した地域であった。

C. 地名からみた宗教の特性

　世界宗教の発祥地は，南アジアと西アジアである。南アジア発祥の仏教は，東アジア，東南アジアといった東方に広まって世界宗教となっている。西アジア発祥のキリスト教は，西方のヨーロッパを中心に広まり，ヨーロッパの世界進出と共に世界各地に信仰されている。イスラーム教も西アジアに発祥し，アフリカ，内陸アジア，南アジア，東南アジアに広まり，多くの人々に信仰されている。現在の西アジア・北アフリカ一帯は，イスラーム信仰一色になったと言っても過言ではないほど信者数は多い。現在，南アジアも西アジア・北アフリカも共に宗教活動が盛んで，宗教と共に生きる生き方は，共通性があるよう

第7章　国名・地名からみた文化圏の比較

に映る。南アジアには，バラモン教，仏教，ジャイナ教，シク教など幾つもの宗教がインド世界の風土の下で生まれた。今はインド発祥の宗教の総称であるヒンドゥー教が中心である。インド世界の宗教地名とヒンドゥー教との間には一体感がある。このヒンドゥー教の地に，主に13世紀以降，ムスリムが侵入してイスラーム教を広め，今では二大宗教となっている。

　しかし地名から両文化圏を比べてみれば，大きな違いを感じる。まず，西アジア・北アフリカをみると，宗教地名の活用は南アジアほど多くない。図11と図15を比べるとその差は歴然としている。また西アジア・北アフリカに用いられている宗教関連地名は，今は信仰されていない古代のエジプト，フェニキア，ペルシア，ギリシアなどの多神教の神々が地名化されたものが多く，逆に現在信仰されているイスラーム教関連の地名は非常に少ないという特徴がみられる。信者数の多さやムスリムの活動の活発さを考えると，イスラーム関連地名の少なさは不思議な現象に映る。そこでこのような宗教地名の違い，すなわちイスラーム関連の地名の少なさは，何に原因があるのだろうか？　地名を分析し，判断すれば，布教初期の目的意識や布教手段の違いにあったように思える。イスラームが誕生する7世紀当時のアラビア半島の乾燥地域（砂漠）には，主権国家は存在していなかった。それゆえイスラーム教を興して広めたアラブ人は，布教活動以上に領土支配や政治的統率に熱意をみせ，自らの征服地には宗教関連地名ではなく，qasr（城塞）やqal`a類（砦）やmisr（軍営都市）といった軍事関連の地名を多く命名しながら布教拡大と国家建設を進めていった。地名をみていると，アラブ人は領土を支配し，国家建設を主目的とし，その大義名分にイスラーム教を活用したように思えてくる。この行動は，18世紀の国家統一の原動力となったサウジアラビアのワッハーブ派の活動をみても，イスラーム初期の行動と同じ性格が感じとれる。ちなみに，イスラーム教の創始者であるムハンマドは，宗教家（預言者）であり，軍の指揮官であり，立法官であり，裁判官であり，政治家であった。イスラーム教は，教義的には神への絶対信仰，人の平等，全ての人に共同行動（礼拝，信仰告白，断食，喜捨，巡礼など）を強く要求する宗教である。社会的見地からみれば，発生

当初から宗教・政治・軍事・社会を一体とする性格を持っていた。この本質は現在も変わることが無い。このような特徴を持つがゆえに，イスラーム教には宗教のみを扱う専門職（牧師，僧侶など）は必要とせず，宗教，政治，軍事も担当できる指導者が必要だった。すなわち，イスラーム教は，厳しい自然環境の下で，全員が共に生き抜くために，絶対必要な共同生活，共通意識，共同行動のために生まれ，広まったものと考える。イスラーム関連地名の少なさは，宗教だけにこだわらない点に原因があると推察する。

　同様の視点で南アジアをみると，宗教地名があらゆる種類の地名に用いられ，神話・宗教地名で覆い尽くされている。古代のバラモン教から引き継がれた神名などは，そのままヒンドゥー教の神名になっている。その数は数えきれないほど多い。例えばマナスルなどの山岳名，ガンジス川やクリシュナ川などの大河川名は，それ自体が神の化身として崇められている。またムンバイ，コルカタ，ダッカのような巨大都市から地図にも記されない小さな農村に至るまで，独自の神が祀られ，神名が都市名や村名を表す名称となっている場合も多々ある。これは神と人間社会が一体化していることを示すものである。以上の内容をまとめるなら，インドの宗教は，自然環境，自然への畏敬（いけい），人々の生活，生き方，人生観などを，神（宗教）という形に変えて表現したものといえる。すなわち，生き方そのものが宗教なのである。それゆえ政治より重要で，しかも不変なのである。地名からみても両宗教発生の根源は大きく異なっている。

D．地域差による宗教の相違（文化の多様性）

　「地域差による宗教」に触れる前に，宗教をみるにあたり，なぜ地域性にこだわる必要性があるのか？　インドを例にあげて考えてみたい。インドの思想は，永遠なる宗教的価値観のようなものは大変重視する。つまり宗教と結びついた人々の生活や慣習はとても大切にする価値観がある。そして神話・宗教と一体となって形成されたカースト（ヴァルナとジャティー）という身分制度は，インド社会の規律としての役割を果たし，これも大変重視されてきた。インド

第7章 国名・地名からみた文化圏の比較

世界の人々は，いずれかのカーストに属しているが，カーストに属していればヒンドゥー教徒の範疇とみなすのである。カーストは，ヒンドゥー教社会であることを示す標識の1つなのである。また各カースト集団は，インド経済の基盤でもある。そうするとインド世界では，イスラーム教に改宗しても，カーストに属していれば，ヒンドゥー教社会のカテゴリーに属することになる。インド世界でのイスラームの立場は，ヒンドゥーの神々の中に，新たにアッラーの神が一つ進入してきたという扱いになる。ただ，このような価値観や見方は，インド世界だけに通用する特徴である。インド世界を出れば，インド発祥のヒンドゥー教でさえ，一宗教に変わる。当然カーストも無力となり消滅する。

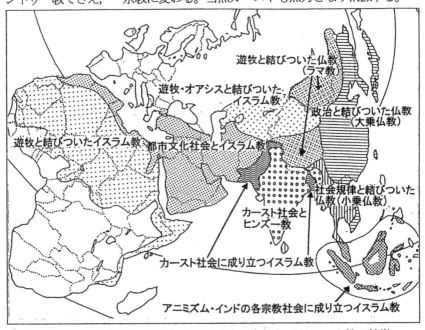

図27 地理的視点から見たインド発生の宗教とイスラーム教の特徴

著者作成

このようなインド世界をみていると，宗教を知るうえで地域性の果たす役割というものが，非常に重要な要因になってくるのではないかと感じる。現代世界の宗教観は，どの宗教も宗教の違いや派閥の違いの分類は行うが，地理的条件を視野に入れた分類は行わない。そこで仏教とイスラーム教を例に，地理的

条件，歴史的背景，信仰の特徴などといった地域的特性に視点を当てて分類してみると，図27のようになる。信仰する神，戒律，経典は同じでも，決して同一視して扱う事が出来ないほどの違いが生じていることに気付く。

具体的に挙げれば，インド発祥の宗教は，南アジアに根付いたヒンドゥー教，仏教では，熱帯アジアの辺境地域（スリランカ，インドシナ半島）に生き残った上座部仏教，遊牧の社会でアニミズム信仰の強いチベット高原の世界に受け入れられたラマ教，儒教や道教の発展する温帯の東アジアに受け入れられた大乗仏教に大別できる。仏教も全く違う宗教となって発展している。

同様にイスラーム教を分類すると，西アジア・北アフリカの乾燥地の都市文化地域に発展したイスラーム教，中央アジアのオアシス・遊牧社会に受け入れられたイスラーム教，南アジアのカースト社会に信仰されるイスラーム教，アニミズムとインド文化・宗教を土台とした東南アジアに信仰されるイスラーム教，サハラ以南のステップ・熱帯アフリカの黒人社会に受け入れられたイスラーム教などに分けられ，これも大きな違いがみられる。以上の条件から，宗教は宗教名や宗派名が同じでも，各地の宗教はそれぞれが異なる価値観を持って活動している。このような見方をすれば，宗派の分類だけでは理解できない価値観の違い（ズレ）も理解しやすい。今後，もう少し地域性からみた宗教に重きを置いて研究する必要があるのではなかろうかと考える。風土（自然環境）の違いは，宗教まで大きく変えることを，しっかりと念頭に置くべきである。

E．都市の重要性

表2と表3で示した都市を比べてみると，西アジア・北アフリカは52市中35市が紀元前から継続する都市で，南アジアでは51市中9市が紀元前から継続する都市である。これは，西アジア・北アフリカの都市の6割5分，南アジアの都市の1割8分が紀元前から存続する都市ということになる。扱う都市によってこの比率は多少変わるとしても，古代からの伝統を受け継ぐ都市の数の多さに大きな差があることは確実である。両文化圏は共に文明の発祥地であり，

第7章 国名・地名からみた文化圏の比較

都市国家も文明発祥の頃から存在していた。それなのに，この大きな差は一体何が原因なのであろうか？

地名をみていて気付く事は，西アジアは古代から，都市は同じ場所で発達している。その理由を探してみると，西アジアの都市は乾燥地域にあり，まず豊富な水が確保できるという絶対条件[80]が必要であり，さらに内陸交易または海洋交易の通路に位置するという立地条件に恵まれる必要があった。事実，この条件に合う場所に都市[81]が生まれ，長く交易に携わり，発展してきた。都市の人口規模は，アッバース朝（750～1258）の都バグダッドが100万以上で，他にイスタンブール，カイロ，イスファハーンなどといった大都市は，数十万の人口を有していた。当時の西欧の大都市であったパリやロンドンが5万程度だったことと比べてもその発展ぶりが理解できる。西アジアへ侵入した各民族・部族も，都市の重要性は認識しており，破壊するどころか，都市を支配下に置く事を主目的に侵略した場合が多かった。そしてこのような都市が，高水準の異文化や技術を取り込み，富を蓄え，新たな文化や高度な商品を創造したのである。例えば，17世紀のサファビー朝の都イスファハーンは，「世界の富の半分が集まる」とまで言われる繁栄ぶりだった。すなわち西アジア・北アフリカの領域には，多民族による王国の興亡が繰り返されたが，主要都市の多くは長く存続したのである。ただ支配民族が入れ替わると，都市名の表記は改名されたか，発音が変形された場合が多かった。西アジア・北アフリカに存続する伝統ある都市というのは，現在のアラブやトルコといった主要民族の歴史よりも，はるかに古い歴史を持っているのである。

これに対し，南アジアの場合は，古代に栄えた都市の多くが今は消滅し，また新たな都市が生まれていて，都市の重要性は地域開発の進展と共に入れ替わり，場所も移動している事に気づく。南アジアにおける都市の位置的重要性は，北部から南部・東部への通路にあたる一部の都市（ペシャワル，ラホール，デリーなど）を除いて，決定的な立地条件とはなっていない。むしろ都市の興亡は，王国の興亡が左右していた[82]。つまり王国の発展によって，都市の重要性が決定されたと言える。南アジアの都市は，西アジアとは大きく異なっている。

F. 接頭・接尾辞からみた都市の特徴

　図6,図7,図12,図13,図14から,接頭・接尾辞とその分布状況を比較する。西アジア・北アフリカをみると,ペルシア系の都市名の接頭・接尾辞には ābād, kand, 地域や国では stan が用いられた。またアラビア系の都市では, qasr, qal`a 類の軍事系の接尾辞が大変多く用いられた。アラビア系の qasr, qal`a, misr は,イスラームの布教拡大と一体化して用いられた。ここにイスラーム世界の性格の特徴がでている。この他,この地域には madīnah, dar "都市,国"の接頭・接尾辞も多いが,これは西アジア・アフリカという地域は,イスラーム教発生以前から,伝統的に独立性の強い都市国家的性格の都市が数多く栄えていたことも意味している。つまり接頭・接尾辞を分析すると,都市の成り立ちと地域的特性が理解できるものが多い。また西アジア・アフリカには,ヨーロッパ系や内陸アジア系の地名も多く残っているので,インド世界と同様に,異文化の影響を強く受けた文化圏であった事も示している。

　これに対し,インド世界には pur 類の付く都市が極めて多い。サンスクリット語の pur 類や nagar 類の付く都市は,ヒンドゥー文化中心の都市である。これがインド世界から東南アジアにかけて分布している。もう1つの特色は,ペルシア語源の ābād もかなり多いという特徴がある。Ābād は,侵入したイスラーム教徒が用いた接尾辞で,民族でいえば,主にイラン系,トルコ系であった。そうすると,ペルシア語源の地名や ābād を付ける都市は,イスラームの政治拠点か軍事拠点であり,ムスリムが住み着き,イスラームの影響力が強かった都市だったことがわかる。ābād は新建設の都市だけでなく,支配したヒンドゥー文化の都市の改名にも用いられた。ただイスラーム系支配下の重要都市でも,pur 類や nagar 類の接尾辞をそのまま変えずに活用した都市も多くみられた。またインド南部には,ドラビタ系の patnam 類も多いので,インド世界という文化圏は,アーリア系,ドラビタ系,ペルシア・トルコ系と多様な民族による都市文化が重なるように開花したことを裏付けている。

　接尾辞だけでも,部族・民族の歴史的動きと思想が推測できる。

7. 西アジア・北アフリカと東アジアの比較

　西アジア・北アフリカは乾燥地域の交易文化圏であり，東アジアは温帯・冷帯の大農耕文化地域である。全く性格の異なる2文化圏を比較する。

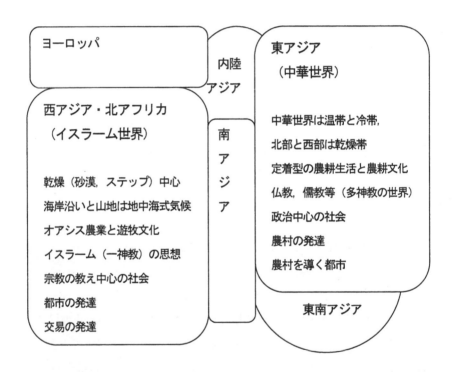

A. 文化圏の領域の変更

　現在の文化圏の区分は，国家を基本と考えるため，国家領域に変更が生じれば，文化圏の範囲にも変更が生じてくる。

　西アジア・北アフリカの地名をみると，歴史的・文化的な地域と現在の領域

との間にズレがみられる。例えば地名からみて，アムダリア以東の地をペルシア語で「トゥラーン」"蛮族の地"，後の時代ではアラビア語で「マーワラーアンナフル」"川向こうの地" と呼んだ。これらの地名から推測すると，アムダリア以東は異文化圏と思えるが，アムダリア以西の地は，古くから西アジアの領域として認知されていたことになる。そうすると，山岳地域の「タジキスタン」，乾燥地域の「トルクメニスタン」，「ウズベキスタン」の一部がロシアによって西アジアから削られたことになる。また19世紀のロシアの支配から20世紀のソ連崩壊までの間，カフカス3国の領域も西アジアから削られ，一時期ヨーロッパの範疇に入れられていたが，ソ連崩壊後は，「アルメニア」，「ジョージア」，「アゼルバイジャン」は再度西アジアに属することになった。

　逆に北アフリカのアルジェリア以西は，ギリシア人から「バーバリ」"蛮族の地" 地方と呼ばれ，異民族・異文化の地域であった。また現在の小アジア（アナトリア地方）は，アラビア語で「ビラドゥアスルーム」"ローマの地" と呼ばれ，長くビザンチン帝国の領土であった。ビザンチン（東ローマ）帝国は，キリスト教の帝国で，イスラームからみて異教徒・異宗教の王国であった。このような表現名から判断して，バーバリ地方はアラブ人が獲得し，小アジアはトルコ人が獲得した領域ということになる。

　次に東アジアの範囲を，漢字文化圏の人々の住む地域とモンゴル系・満州（ツングース）系の人々の住む地域とみた場合は，ここも範囲は大きく異なるものとなる。例えば，「バイカル」"豊かな湖"，「イルクーツク」の基のイルクート "急流"，「ウランウデ」"赤いウダ川" などという地名は，モンゴル系のブリヤート語であり，モンゴルの北の森林地域にはブリヤート系の地名が多数ある。また「シホテアリン」"海岸山脈"，「オホーツク」の基のオホタ "川"，「サハリン」"黒い"，「アムール」"黒い川" などといった主要地名は満州系の言語であり，その周辺には満州系地名が多数ある。そうするとバイカル湖周辺はモンゴルの延長であり，スタノボイ山脈以南の地は旧満州の延長であって，東アジアに含まれることになる。これらの広大な地域は，ロシアによって東アジアから削られた領土となる。「ベトナム」も，図20のように政治的意図を持つ「安」

第7章 国名・地名からみた文化圏の比較

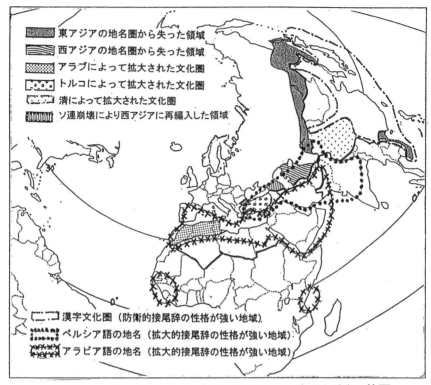

図28 東アジアと西アジア・北アフリカの領土変遷と地名の範囲
著者作成

や，図17のような行政区画接尾辞の「州」などが用いられ，その他の地名も漢語を基本とする地域なので，東アジアに入ることになる。

逆に現在は中国領である「チベット高原一帯」と「新疆ウイグル」は，言葉も文字も異なり，「東アジア」に編入した領域である。図28でこの範囲を図式化してみたが，これらは現代の政治区分ではわからなくなった領域の変更地域であることを地名が教えている。文化圏の核心地域は変わる事が無いにしても，周辺地域は歴史と共に絶えず変化していることを理解しておく必要がある。

B．乾燥文化と農耕文化

西アジア・北アフリカの河川名をみると，それは水の有無を大いに意識して

表現する。中でもワディwadiと呼ぶ河川が大部分を占め，"涸れ川"を意味し，まれに降水のあったときのみ水が流れる。イスラーム世界で，絶えず水の流れているナイルやチグリス・ユーフラテスなどのような河川は，バハルbahar，ナハルnahal，シャットshattなどと表現し，これらは例外に属する。

これに対し中華世界では，河川は水の有無ではなく，水量の多さ，川幅の広さ，本流か支流によって表現名を変えている。例えば，本流には「江，河」，支流には「水」を多く用い，支流のさらに支流には「溪，渠」などの表現も使う。中華世界にはwadiは殆どみられず，水の有無は眼中にない。

地域名に目を向けると，西アジア・北アフリカは，面積の大部分をサハラ，ネフド，ルブアルハリ，ダハナ，カヴィール，ルートなどの砂漠名が占め，西アジア・北アフリカは大乾燥地域（砂漠）であることを明確に示している。あとは大山脈で，この山腹には降水がある。そしてその山脈の麓には水が得られるので，そこには宿場町を表すrabad，都市国家を表すmadīnahやdar，さらに"都市"を表すābādなどの接頭・接尾辞の付く都市が栄えている。

これに対し，中華世界は湿潤地域で，砂漠名も乾燥を表す地名もない。そして中華世界には，農耕地域特有の農村集落を表す，村，家，荘，子，房，集，場，墟などの接尾辞が大変多い。ただ東アジアという区分に従えば，西部にはタクラマカン，北部にはゴビといった大砂漠もある。

これらの自然地名や地名接尾辞を分析すれば，西アジア・北アフリカは乾燥地域で生きる価値観を前面に出す文化圏であるといえる。宗教は唯一絶対の神で，政治・軍事・社会の一体化と共生の思想を持ち，さらに都市生活と都市文化が基本であり，そして交易や異文化交流を重視する地域となっている。これに対し，中華世界は完全に農耕文化の世界であることが地名接尾辞などから説明できる。そうすると中華世界は，生き方も文化も宗教も思想も全て農耕地域の価値観で構成されている文化圏であるといえる。そしてそこは多様な考え方，多神教の宗教観，多様な価値観を重視する地域となっている。

地名からみて，イスラーム世界と中華世界は，自然環境も社会環境もまったく異なる世界であることが理解できる。

C. 攻撃的性格と防衛的性格

　西アジア・北アフリカと東アジアに用いられている地名接尾辞を中心にして，文化圏の性格を比較してみる。

　西アジアをみると，地名接尾辞の種類はかなり多い。Rabad "町" や図6の中の ābād や kand "町，市" などと言った接尾辞は，商業や交易を主体とする集落に多い。図7の中の qal`a "砦"，qasr "砦も兼ねた城" などの接頭・接尾辞は軍事目的の集落であり，misr "軍営都市" の付く地名に至っては政治と軍事を兼ねた集落である。これらは全て西アジア発祥の接尾辞である。また shahr, madīnah, dar などの接頭・接尾辞は "町，市" の意味だけでなく，"国" の意味も含んでいる。そうするとギリシア語圏の polis も含めて，西アジア・ヨーロッパ・北アフリカという一連の地域は，歴史的に共通する都市国家的な性格を持ち，独立的な要素を持った都市であったことが推察できる。また地名の分布から，ペルシア系の shahr 類や ābād の付く地名は，図6をみると南アジアや中央アジア方面（東方）に広まり，アラビア系の qasr, misr は，図7からみて北アフリカ（西方）に広がっている。これら西アジアの接頭・接尾辞や地名は，異文化圏にも広範囲に用いられていることから，攻撃的・侵略的性格が強く感じられる。さらに qasr や misr の意味を知れば，部族・民族を伴った侵攻であった事も充分理解する事ができる。ただ西アジア・北アフリカには，欧州系や内陸アジア系の地名や接尾辞も多く入ってきているので，必ずしも西アジア・北アフリカの一方的な拡大ばかりではなく，時代によっては，ヨーロッパや内陸アジアから民族侵入を受けた歴史がある事も間接的に示している。そして欧州系語源の地名をそのまま残して活用している事実や，生活の中に異文化圏の用語等も抵抗無く用いている事実をみると，西アジアという文化圏は，ただ単に攻撃的行動をとっただけでなく，それ以上に交流を重視して生きてきた文化圏であったと判断することができる。見方を変えれば，異文化や異文化商品などを積極的に受け入れ，場合によっては招かざる侵入部族・民族の文化まで受け入れながら，自らの文化や生活を向上させてきた文化圏だ

ったと解釈することもできる。

　これに対し，東アジアには，多様な地名接尾辞が用いられている。中国で用いられた地名接尾辞をみれば，どういう性格の集落であったかが大まかに理解できる。例えば，「村，子，荘，集，房」などの接尾辞は，自然発生的農耕集落であり，「州，県，鎮，旗」などの接尾辞は，行政的役割を担った集落である。また「城，堡，屯，寨，関」などの接尾辞は，軍事目的優先の集落である。「市，店」などの接尾辞は，商業目的優先の集落であり，「站，津，橋，口」などの接尾辞は，交易に都合の良い場所に発達した集落である。このような多様な接尾辞がある事をみただけでも，東アジア文化圏は，政治も文化も農業も商工業もバランス良く発展した社会だったことが理解できる。さらに「城，堡，関」などの軍事関連接尾辞を持つ地名を詳しくみると，図18のように遊牧文化圏との境，すなわち万里の長城の内側に特に集中して用いられている。そうすると，軍事関連地名といっても，その性格は攻撃目的より，農作物や生活を守る防衛的性格の方が強い地名接尾辞であることが判別できる。

　これらの接頭・接尾辞や地名から，総合的に判断して文化圏の特徴をまとめるなら，西アジア・北アフリカは異文化圏にも進出し，交易を行い，人種的にも混血が盛んで，逆に侵略してきた異民族の良ささえも積極的に取り込んで新文化を構築してきた性格が強かった。東アジアはできるだけ独自の文化を守り，異文化に染まらない性格が強かったと捉える事ができる。

D．都市（改名の背景と形成過程）の違い

　主要都市名を扱った表2と表5を活用して，都市を中心とする文化圏の違いを比較してみる。両文化圏には古代から都市が栄えてきた。両文化圏の主要都市名をみると，幾度も改名されているという共通性がある。しかし改名の内容を吟味すると，大きな違いに気づく。

　1つには，民族・部族との係わりによる差がある。西アジア・北アフリカの都市名の変更は，その多くが支配民族の交代によって行われている。例えば「エ

第7章　国名・地名からみた文化圏の比較

ルサレム」をみると，前14世紀頃のエジプト支配のアマルナ文書では，「ウルサリム」"サリム（平和の神）の礎"と記され，ユダヤ人の王国時代や現代のイスラエルでは，「イェルシャライム」"平和の都市"と呼んでいる。また古代のギリシア人は，「ヒエロソリマ」"ソロモンの神聖な都市"と呼び，ローマが支配すると，「アエリア・カピトリナ」"アエリア・ハドリアヌス帝のカピトリナ（ローマの7つの丘の一名）"に改名した。アラブ人は，「アル・クーズ」"聖地，神聖"と呼んだ。もう1つ例をあげると，「イスタンブール」は，ギリシア人が建設した前7世紀当時は，「ビザンチオン」（トラキアの指導者"Byzas と Antes"両名の合成）と命名した。ローマ支配の初期は，「ビザンティウム」と呼び，4世紀からは「コンスタンチノポリス」"コンスタンチヌス帝の都市"に変え，「コンスタンチノープル」とも呼んだ。9世紀頃のペルシア人やアラブ人は，「クスタンティーニア」と発音した。町の住民は，「ノヴァローマ」"新ローマ"とも呼び，ブルガリアでは，「ツァリーグラード」"皇帝の城壁都市"という呼び方もした。ヴァイキングは，「ミクラガルズ」"偉大な町"と呼んだ。オスマントルコは，「イスタンブール」か「コンスタンティーニーイェ」と呼び，1930年からイスタンブールを正式名称とした。

　これに対し，東アジアの変化をみると，改名の多くは同じ民族内での政権交代をアピールする手段に活用された。「南京」を例に挙げると，周～漢代は，「金陵」「秣陵」，三国～南北朝代までは，「建業」「揚州」「建鄴」「建康」「円陽」「丹陽」，隋～元代は，「江寧」「白下」「上元」「金陵」「集慶」，明～現代は，「応天」「南京」「天京」「江寧」などと呼ばれた。「南京」は，元代と清代以外は漢民族による支配であった。表5のように，主要都市は幾度も改名された。

　都市の改名という行為に，このような違いが生じる背景を考えれば，そこには地理的条件（位置）の違いが決定的要因になったという結論へと導かれる。つまりユーラフリカ（ユーラシアとアフリカ）大陸の中間にあって，周辺諸地域との民族，軍事，文化・物流を，好むと好まざるとにかかわらず行われねばならなかった西アジアの位置と，ユーラフリカ大陸の東端にあって，北西方面からの侵入さえ防げば，独自の文化形成や民族安泰が可能であった東アジアの位

置が，必然的に違いを生じさせたものと推察する。

　もう1つは，都市形成過程による差がみられる。西アジアでは，表2から分るように，古代から引き継がれる多くの都市が，今も昔も同様に重要性を保っている。また shahr, madīnah, dar などは，"都市"だけでなく"国家"の意味にも用いられた。これらを合わせて考察すると，村落がだんだん発展して都市に変わっていったとみるより，形成初期から都市は都市機能を持つ目的で建設されたもので，地域の中心的活動地として建設されたことが推察できる。つまり乾燥地域では，交易に必要な物資の集散地，休憩所，宿泊施設，学問所，祈りの場，支配拠点など，多様な役割が必要だった。このために建設されたのである。そして，このような都市から文化も宗教も商品も生まれた。

　一方東アジアの都市をみると，主要都市は時代の経過と共に大きくなり，場合によっては格上げされて北京や南京のように「京」を用いたり，蘇州や杭州のように「州」を用いたりしてその表現が変わり，国内での集落が大都市化，重要化していった様子が地名から推察できる。農村が都市化していく別の例として，東アジアでは国内に数多く存在する「村」「子」「荘」「家」「集」「口」「房」「橋」「浦」「営」「屯」などの多様な接尾辞は，語源からみても本来小さな集落に用いたものであるが，石家荘（シーチャチョワン），張家口（チャンチャコー），営口（インコウ），東営（トンイン）などは，その接尾辞を変更しないまま大都市に発展している。これから判断すると，古くは集落が主（基本）で，集落は位置的役割に重要性が増してくると，だんだん発展して多機能を持つ都市に成長していった様子が伺える。このように両文化圏には，都市の発生・成長過程からみて，基本的に違いがある。

E，民族・部族中心主義と政治中心主義

　両文化圏で，中心的役割を担ってきた民族をあげると，西アジア・北アフリカでは，時代によってイラン（ペルシア）人であり，ギリシア人であり，アラブ民族であり，トルコ民族であった。東アジアでは絶えず漢民族であった。この両文化圏の国名から思想の本質を探ってみる。

第7章　国名・地名からみた文化圏の比較

　現在の西アジア・北アフリカをみると，国名作成の基本は民族・部族名に置いており，アラブ系以外はほぼ部族・民族名を用いている。王朝・王国名の場合も，基本は民族名・部族名であった。地域名さえも「パレスチナ」"ペリシテ人の土地"や「クルジスタン」"クルド人の土地"，「バルチスタン」"バロチ族の土地"のように，民族・部族名から作成された名称もある。アラブ民族の場合は，民族統一の独立を望んだが，第二次世界大戦前後の独立に際し，英仏がアラブ内に残る部族主義を利用して，各地でオスマントルコに反乱させ，支配権を獲得するために，分離独立させたという事情があった。それゆえ17カ国の小部族に分かれて独立した国家は，自然名・地域名を国名に当てたのである。それでも「エジプト」「シリア」「リビア」のように，ある程度広大な領土国家は，地域名にアラブという名称を加えて民族主義を表明した。これから判断して，西アジア・北アフリカは民族・部族主義の思想が強いといえる。

　これに対し，東アジアの漢民族は，自国の領土を「中華」"世界の中心で文化の花咲く国"と自負した。そして対外的には自国を中心とする方位（中国＝中心の国）を基本に置く思想を持ち続けてきた。周辺諸国もこれにならい，古代から中華王朝を意識して自らの国名を考えてきた。方位である中華，朝鮮，日本，越南という国名の語源やその命名背景を考察しただけでもこの事がよく理解できる。この思想の背後には，政治を優先する思想が強く存在する。

　結論として，西アジア・北アフリカには民族・部族中心思想が強いが，その背後には交易や民族移動を伴うオアシス・遊牧文化という環境が基本にあったからであろう。東アジアには政治権力を優先する思想が強いが，その背後には定着型の農耕文化という環境が基本にあったからだと判断する。

F．社会や価値観の比較

　両文化圏は，民族の一体化，集中化という意味では共通性がある。西アジア・北アフリカでも，7世紀以降は諸部族のアラブ化がすすめられた。イスラーム教の布教，アラビア語とアラビア文字の使用が民族の一体化を育んだ。中国で

は，支配権の及ぶ地域において，諸部族の漢民族化が前3世紀以降進められてきた。漢字，中央集権政治，政治色の地名，中華文化が大きな力となった。

　しかし両文化圏の違いも大きい。西アジア・北アフリカの国名や王朝・王国名は民族名を基本に据え，さらに部族名や人名も多く用いている。このような名称から推察できる事は，人・部族・民族を重視する社会であり，見方を変えれば血統を重視する価値観が大変強い社会であるとも判断できる。もう1つ，ほぼ全域がイスラーム教を信仰しているところに特徴がある。イスラームの特徴は一神教であるだけでなく，政治を行い，軍隊も保持し，社会組織や救済組織を作り，人の守るべき法や日常行動の規則も作っている。さらに非イスラーム社会をジハード（聖戦）でDar al Islām "イスラームの家" に変えていくのだという。イスラームとはこれらが一体となった組織なのである。それゆえ人々も社会も同じ思想であり，同じ価値観を持ち，同じ行動をとる。言い方を変えれば，一律化した社会，民族の一体化を進めた社会であったともいえるだろう。これが西アジア・北アフリカを代表する特色なのである。

　これに対し，中国では，王朝・王国名は出身地名を用い，また血の繋がりが無くても，以前の王朝名を幾度も借用するという行為もみられた。「漢」の名称は合計10回，「魏」の名称は合計7回も王朝名や王国名に用いられている。また特定の個人名は地名に用いない特徴がある反面，一族・宗家を表す「家」の付く地名は多い。またその家名は，郷土名からとるという地域密着型の伝統も持っていた。この特徴を分析すれば，家系重視，権威重視，地域重視の思想を強く持つ文化圏であるといえる。地名の特徴がこのようであれば，人々の生活や価値観や思想もほぼ同じことが言える。宗教も，仏教，儒教，道教，日本の神道など，宗教も宗派も沢山ある。人々は信仰宗教や宗派の違いで対立することも無く，それぞれが自らに合う宗教を受け入れ，生活に生かしている。

　両文化圏の特徴をまとめれば，民族の拡大と一体化の推進という共通性があるが，一面ではイスラーム世界の血統重視，中華世界の家系重視といった異質性もある。この違いの奥には，やはり地理的位置と自然環境の違いが多きく影響を与えているのではなかろうか？と推察する。

第7章　国名・地名からみた文化圏の比較

8. 西アジア・北アフリカと内陸アジアの比較

　両文化圏とも乾燥地域が基本で，交易の文化が栄えた。また両文化圏とも民族・部族主義が強い。両文化圏を比較してみる。

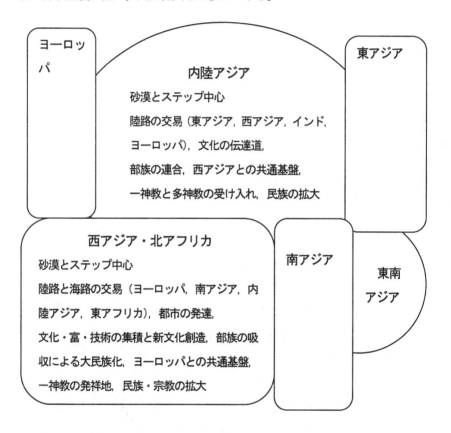

A．遊牧の世界という共通性と地域区分

　国名命名をみると，西アジア・北アフリカは部族・民族名に基本を置いている。内陸アジアは全て部族・民族である。この点で国家形成の考え方に共通性

西アジア・北アフリカと内陸アジアの比較

がある。歴史上の王国名を比較しても，両文化圏は，人名と部族名が基本にあり，この点でも共通している。また西アジアの王国が，内陸アジアの西方まで領土とし，その文化的影響を大いに与えている。逆に内陸アジアの王国が西アジアを支配し，南アジアにも侵入して王国を建設した例も多い。さらに，西アジア・北アフリカには，「ペルシア」"騎馬民族領土（国家）"，「ベドウィン」"砂漠の住民"，「アラブ」"荒野"，「クルド」"羊飼い"などの語源をもつ地名や名称があり，中央アジアには「キルギス」"草原の遊牧民"や「カザフ」"遊牧の集団から袂を分かちし者"などといった語源の地名がある。これらの地名をみても，両文化圏は遊牧の世界という共通性を持っている。西アジアと内陸アジアに共通性のある地名が多いということは，自然条件が似ていると共に，両文化圏は古くから深く関わり合ってきたことを間接的に明示している。

　次に両文化圏の領域区分について，地名から触れてみる。それはアムダリア川以東の地に対して，ギリシア語では「トランスオクジアナ」"オクソス（現アムダリア）川を越えた地"と呼び，ペルシア語では「トゥラーン」"蛮族の地"と呼び，アラビア語では「マーワラーアンナフル」"川向こうの地"と呼んできた。アムダリア・シルダリア川以西の地をみると，ペルシア系のābādやkandなどを付けた地名が多い。そうすると，地域名や地名接尾辞の特徴から，西アジアと内陸アジアの境を決めようとすれば，河川でいえば「アムダリア」"アムル町の川"流域と「シルダリア」"黄色い川"の上流域は本来西アジアに含まれ，さらに山麓地域の「パミール」"峰の麓"高原の麓のフェルガナ盆地周辺も西アジアに含まれることになる。地名からいえば，アムダリア流域とパミール山麓地域のオアシス都市は，長く西アジア文化圏であったことになる。両文化圏の境は，古くから曖昧であったのは事実だが，19世紀頃ロシアが侵攻して来て支配し，東部を西アジアから奪い取り，ソ連成立後はソ連邦を構成する5つの共和国を形成させた。この結果，西アジア文化圏という特色まで削り取ってしまった。そしてソ連崩壊後は，中央アジアという遊牧文化圏の区分になったのである。このような歴史的背景で，現在の文化圏の区分が決められている。これは国家を基本にして文化圏の範囲を決めるからである。

第7章 国名・地名からみた文化圏の比較

B, 部族・民族に対する対応の違い

　国名・地名をみると，西アジアと中央（内陸）アジアは共通性が多く，区分する必要はないように映るが，そこにはやはり違いがある。そこでその違いを，アラブとイラン対トルコとモンゴルの4民族の特徴から比較してみる。
　まず典型的なアラブをみると，初期のアラブ人は領域拡大において征服した各地にqasr類"城"やqal`a類"砦"，misr"軍営都市"を築き，その支配地を基地にして，更に新たな領土を支配下に入れていくという戦法をとった。これが今も地名に残されている。アラブよりはるかに古いペルシア（イラン）系民族も，基本的にはアラブと同じであり，支配下の各地にābād"町"やshahr"市，町"類の接尾辞を付けた拠点を築き，そこから拡大を図った。これをみると西アジアの各民族は，古くから基本的に同じ思想を持っていたと判断する事ができる。つまりアラブやペルシアは，遊牧を起源とする民族といっても，その根源には都市文化の特徴を強く持ち，都市を基点にして異部族のアラブ化，ペルシア化，或いはイスラーム化という共通民族の形成を進めたのである。その結果，アラブ人が支配して入植したメソポタミア以西の西アジアと北アフリカは，ほぼアラブ（民族）化してしまった。現在，アラビア語使用は26カ国で，公用語としている国は24カ国もある。ペルシア語も同様で，使用は8カ国，公用語は3カ国とペルシア（イラン）化が著しい。またイスラーム化に至っては，文化圏の枠を超えて拡大している。
　これに対し，トルコ，モンゴルは，アラブやペルシアとは性格が違っているように映る。トルコやモンゴルの特徴は，地名や地名接尾辞をみただけでは明確に違いが出てこない。しかし国家表現をみると，トルコやモンゴルは人種や宗教の違いにこだわらない融通無礙（ゆうずうむげ）の構造を持ち，支配者に従う部族集団であれば誰でも同胞として抱き込む特徴を持っていた。そして支配した集団をモンゴル語でウルス uls, ulus，トルコ語でイル il，エル el と呼んだ。この名称は共に"部衆，民衆"から生じている。つまり部族混合の集団または部族混合の社会や王国を指したものであり，現代風に訳せば「多民族国家」を意味してい

た。つまり，多様性を持つ部族・民族を抱え込む混合社会であった。そして内陸の遊牧国家は，トルコ化やモンゴル化を強要しなかったところにアラブやイラン（ペルシア）との違いがみられた。ちなみに，「モンゴル帝国」はモンゴル高原を中心にして，東アジア，西アジア，東部ヨーロッパまで支配下に置いた史上最大の陸続きの面積を占める多部族・多民族国家であった。このような大帝国が建国できた背景には，モンゴルに従う部族には，各部族の慣習や宗教や伝統には寛容であり，モンゴル化を強要しなかったことにあったといわれている。それゆえモンゴル帝国は，内からみれば氏族・部族の集合体であったが，外からみればモンゴルという軍事集団であり，帝国であった。ただ従わない部族や国家に対しては，例えば西夏を滅ぼしたように徹底的に破壊した。

　以上のことから，アラブやイラン（ペルシア）のように都市文化主体で民族の同一化を目指した民族と，トルコ，モンゴルのように遊牧主体の部族連合を主目的としてきた民族との違いが読みとれる。ここに西アジアと内陸アジアの違いがみられる。

C．国家観の変化

　西アジア・北アフリカは民族を基本とするが，国名の特徴や，qasr 類，qal`a 類，misr，stan などの接尾辞などをみると，領土意識も強く兼ね備えた国家の形成を目指してきた一面がある。そしてアラブをみると，同一民族形成の価値観が強い。このような特徴を持つ西アジア・北アフリカに対し，西欧列強が植民地化していく過程で，大民族を構成する末端の部族に入り込み，独立を餌（アメ）にして味方につけたため，第二次世界大戦後は堂々と部族主義を基本にして国家独立を宣言するように変わった。ここに西アジア・北アフリカの諸民族に国家意識の大きな変化がみられる。イスラーム化の後では，このような部族優先思想は初めて表れた現象なのである。そのためアラブ民族を筆頭に分裂文化圏となってしまった。

　これに対し，トルコやモンゴルの場合は，「イル」「ウルス」の人々の生活区

第7章　国名・地名からみた文化圏の比較

域を国土と見なしていた。これは，本来トルコ諸族やモンゴル諸族には，大民族形成思想や領土区画意識や国境という概念を持っていなかったことを表している。ここに遊牧民の本来の国家意識がみえてくる。つまり，従う部族の生活圏が領土とみなされたのである。ところが，領域の明確さを必要とする領土国家の時代（国境を必要とする時代）や，農耕地域を支配下に置いた時は，領域の不確定な il (el) は使わず，領土を表すペルシア語の stan "土地，領土" を付けるような意識に変わった。現在にみられるカザフ人のカザフスタンをはじめとするトルコ系中央アジアの国々，タタール人のタタールスタンをはじめとするロシア領内のトルコ系民族の共和国などはこの例である。つまり stan の接尾辞使用は，領土意識の表れであり，国家意識の変化の表れであった。ただモンゴルの場合は，ペルシアの影響を殆ど受けておらず，しかもモンゴル帝国の栄光を受継ぐ自負心が強く，今でも国家表現に ulus "部族集団" を使う。しかし現在のモンゴル部族は，部族連合どころか分割の憂き目にあっている。森林系のブリヤート・モンゴルはロシア領とされ，漠南蒙古（内モンゴル）や漠西蒙古（ジュンガル）や青海蒙古（チャイダム）は中国領とされ，草原を占めるハルハ・モンゴルのみがモンゴル国として独立している。

D．交易文化と交易内容の違い

　西アジアの地名は，ヨーロッパ，熱帯アフリカ，インド，中央アジアといった周辺文化圏に用いられている。逆に西アジアへは，ヨーロッパ，内陸アジアといった東西両文化圏の地名が入ってきている。これらの地名から判断すると，西アジアは文化の接合点であったことがわかる。またアラビア語の特色をみると，古代のセム諸語を基本に，ペルシアの言語，ローマ（ラテン）の言語，ユダヤの言語等々，周辺の言語を多く取り込んでいる。この事実は，アラブ人は多様な言語に接し，それを借用し，さらにそれを応用して新言語や新地名を創造したことを示している。現在，アフリカでのアラビア語の使用状況や，ヨーロッパでのアラビア語系地名の活用例（1500 程）をみると，アラビア語がそ

の後，周辺地域に影響を与えた歴史も読み取ることができる。またアラビア語の拡大から，交易の役割が大変大きかったことも推測できる。アラビア語やアラビア語系地名の拡大が西アジアの特色を如実に示している。

　これに対し，内陸アジアの王国名やその他の地名をみると，遊牧系の地名を基本に持つが，アルタイ山脈を境として，東半分は中国の地名の影響，西半分はペルシアの地名と，一部だがインドの地名の影響を受けているという特徴がみられる。つまり内陸アジアは，中国，ペルシア，インドを結ぶ交易路の街道であったことが推察できる。いわば三文化圏の要に位置していた。

　このように，西アジアと内陸アジアは，古くから交易によって潤い，豊かな生活や文化が花開いたのである。ただ，一口に交易圏と言っても，両文化圏の内容にはかなり違いがみられる。重要な要因に，西アジアは陸海路の交易であり，内陸アジアは陸路のみの交易であるという特徴があった。交易の違いばかりではない。異文化への対応やその後の活用にも大きな違いがみられた。この違いを人体に例えて表現するなら，西アジアは陸海両面からユーラフリカ（またはアフロ・ユーラシア＝ユーラシア＋アフリカ）大陸の物資や文化を流通させた血管（動脈・静脈）の役割を果たすと共に，多様な文化を集散する心臓の役割も果たし，さらに重要都市においては，異文化の特色も活用して新しい文化を創造する肝臓の役割も果たした文化圏であった。つまり西アジア・北アフリカという地域は，長い間世界の文化を結びつけ，その良さを発展させる世界文化のエンジンの役割を担ってきた地域だったのである。

　内陸アジアも西アジアと同じく内陸交易路としての役割を果たしてきたが，海路は持たず，西アジアのような新文化の形成までは起こらなかった。すなわち，内陸アジアは血管の役割は果たしたが，西アジアのように血管と心臓と肝臓の三役までは果たさなかった文化圏であった。ここに大きな違いを感じる。

E，都市文化

　西アジア・北アフリカ（現在のイスラーム世界）の地は，典型的な都市文明

第7章　国名・地名からみた文化圏の比較

発祥の地である。長い歴史を通じて都市が発展してきた。それは交易という生き方とセットにして発達してきたといえるだろう。農耕地域の東アジア，インド世界，ヨーロッパ世界とは，立地条件が異なり，都市の建設条件を詳しくみれば，まず①水の得られるところ，②砂塵の吹き荒れない空気の良いところ，③周辺にある程度の耕作地があって作物や牧草の得られるところ，④陸路・海路の交易路にあたる位置，⑤障壁があり防衛のしやすい場所など，これらの条件を必要とした。このような条件がそろえば，そこに都市が誕生し，発展してきた。そして交易を通じて，異文化圏の高度な商品，技術，学問，芸術，労働力，お金などが入ってきた。西アジアは，陸路交易も海路交易も共に行える地理的位置の優位性という絶対条件があった。そして長い間，世界の富が西アジア・北アフリカに集まったのである。都市には，学問や工業製品の更なる発展だけでなく，一神教も発生した。現在の世界の都市化の基礎は，西アジア・北アフリカで育ったのである。

　これに対し，内陸遊牧地はどうであろうか？　陸路交易という点では，西アジアに劣っていない。むしろ中華世界，インド世界，ヨーロッパ世界，イスラーム世界に直接領土を接しているので，西アジアよりさらに条件が良いといえる。もちろんその中心には都市があった。ただ，海路交易に関しては全く縁がない。また内陸アジアの都市を詳しくみると，西アジアほど都市が発展していない。天山山麓のアムダリア，シルダリア両河川流域の古くからの大都市は，紀元前から発展し，本来西アジアに含めるべき領域の都市であった。サマルカンド，ブハラ，タシケントなどの大都市は，本来西アジア文化圏に属する。完全な内陸アジアの都市としては，ヤルカンド，ホータン，クチャなど小さな都市であった。ここでは文化の伝導や選別は行われても，新文化の創造まではみられなかった。つまり内陸の遊牧地域には，西アジアのような巨大都市は生まれていない。モンゴル高原，チベット高原，シベリア南部，カザフの草原や砂漠地域が，遊牧の本来の中心世界である。ここは西アジア・北アフリカの都市文化とは大きな違いがみられた。ただ現在では大都市がみられるが，これは第2次世界大戦後に発展したものである。

9. 西アジア・北アフリカと東南アジアの比較

　西アジア・北アフリカは，砂漠中心の乾燥地域と乾燥地域の文化の発展地。東南アジアは熱帯地域と熱帯産品の文化の地。この両文化を比較する。

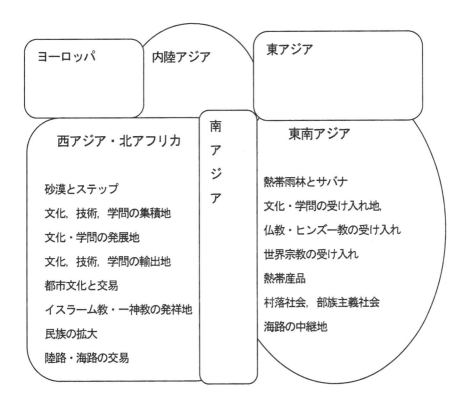

A, 乾燥と多雨

　西アジア・北アフリカには，「サハラ」"砂漠"，「ルブアルハリ」"空白の地域"，「ネフド」"大きな砂丘"，「ダハナ」"赤褐色の砂"，「カヴィール」"塩分のある荒地"，「ルート」"荒れ果てた地"などの砂漠地名があり，面積の大半

第7章　国名・地名からみた文化圏の比較

を占める。また「ペルシア」"騎馬民族の領土"，「アラブ」"荒野"，「ベドウィン」"砂漠の住民"，「クルド」"羊飼い"という国名・部族名もある。

　東南アジアには，図25で示したように「バンコク」"マコークの木の村"，「マラッカ」"マラカの木"，「マニラ」"ニラ灌木の場所"，「ペナン」"ビンロー樹"「ビエンチャン」"白檀の城壁都市"，など熱帯植物名や熱帯産品に関わる地名がある。また東南アジアの「マライ」"山（の人）"という部族名からは，熱帯林の民であることが推測できる。熱帯の山間民は定住生活を基本とする。

　地名から，両文化圏は全く異なる環境であることがわかる。これはまた，生き方，行動力，民族意識，価値観など，全てが異なっていることを意味する。

B．交易

　位置的条件から，西アジア・北アフリカと東南アジアを比較する。西アジアは，内陸アジアとその延長の東アジア，さらに南アジア・ヨーロッパ・アフリカの接点の位置にあり，陸海交易の中心的役割を果たしてきた。地名もヨーロッパ，中央アジアの地名が入り，それ以上に西アジアの地名が，ヨーロッパ，アフリカ，中央アジア，南アジアに用いられている。東南アジアにも，宗教，社会制度，地名にわたる多くのものを伝えている。このような地名伝達からみれば，西アジアは，文化の導入より文化の拡大の役割地域だったことが理解できる。地名拡大の背景をみると，軍事力が強く，巧みな商法を駆使し，高度な文化を持ち，富を蓄えたことも間接的に推測することができる。

　これに対し，東南アジアをみると，ここも多様な文化圏の地名が入り，西アジアと同様に，東アジアと南アジアを結ぶ交易路の位置にあったことがわかる。しかし，東南アジアの地理的位置は大陸の端であり，海路のみの交易だった。海路という立地条件にもかかわらず，東南アジアの地名は他の文化圏に一切用いられていない。この事実をみると，東南アジアの人々は他の文化圏へ出向かなかった事が判る。ここに両文化圏のとった行動に決定的な違いがある。その理由は，何もしなくても東南アジアは珍しい熱帯産品を多く産出した。それを

求めて世界各地から多くの商人が集まってきた。その結果，商人がもたらした文化や宗教などが，それ以降の東南アジアの歴史や文化・宗教を決定付ける要因になった。つまり熱帯産品が異文化圏の人々をひきつけたので，熱帯産品が東南アジアの地名や文化や宗教や生き方も変えてしまったことになる。多様な内容から推測して，最終的に全ての結論がこの産物的条件に行き着いてしまう。

C．国家の規模

　国家の形態から両文化圏を比較する。西アジア・北アフリカには，歴史的に核になる国家が存在した。それは時代によってペルシア系（アケメネス朝，サザン朝）であり，ギリシア系（アレクサンドロス帝国，セレウコス朝）であり，アラブ系（ウマイヤ朝）やイスラーム系（アッバース朝）であり，トルコ系（セルジューク朝，オスマン帝国）であった。そしてそれらの国家が世界の文化もリードしてきた。西アジア・北アフリカには，歴史上部族も民族も丸抱えにする巨大国家が出現した時代の方が長く，発展も安定もみられた。小国家に分裂した現在のイスラーム社会の方が，政治も経済も不安定である。

　これに対し，東南アジアには，西アジア・北アフリカのような世界をリードする王国も文化も育たなかった。どちらかと言えば未開地の一部に都市国家，港市国家レベルの小地域国家が栄え，また時にはアンコール王朝のような領土国家も存在したが，他の文化圏にまで影響を与えるような王国は出現しなかった。東南アジア文化圏としての区分さえ，第二次世界大戦後に欧米によって意図的に分離作成されたものである。国名・地名から分析すると，東南アジアは長く単独の小国家として生きてきたので，小単位の政治形態の方がむしろ安定した国家であった。なぜなら，宗主国によってまとめられた中程度の領土のインドネシアやフィリピンやミャンマーでは，今も部族紛争が発生し，分離独立運動が起こっているからである。このような問題は，東南アジアの殆どの国が抱えている。これは政治的に統一された経験のない東南アジアの人々の国家観から生じる根本的な問題なのである。

D. 都市

　都市を比較すると，西アジア・北アフリカという地域は，古代から都市が発達し，都市の多くは支配民族が入れ替わっても重要性は変わらず，名称を変えながら延々と栄えてきた。エルサレム（前14世紀アマルナ文書名ウルサリム，ヘブライ名イェルシャライム，ギリシア名ヒエロソリマ，ローマ名アエリア・カピトリナ，アラビア名アル・クーズ）やイスタンブール（ギリシア名ビザンチューム，ローマ名コンスタンチノポリス，都市住民名ノヴァローマ，スラブ系の名ツァリーグラード，ヴァイキング名ミクラガルズ）などは好例である。つまり都市は長く続き，現在の民族や国家形成時期より古い歴史を持ち，政治の中心であり，多様な文化を生み出す場所であった。さらに madinat, dar, shahr という接頭接尾辞は"都市"や"国"の意味にも使われるので，西アジア・北アフリカの都市は，都市自体が独立性の強い特徴も備えていたことになる。西アジア・北アフリカ地域は，古代から都市文化圏だった。

　東南アジアでは，古い時代のアンコール・トム(アンコール朝の都)，インドラプラ(チャンパー王国の都)，マジャパイト(マジャパイト王国の都)などの衰退をみると，都市は重要であったのは事実だが，それは国家建設部族にとって重要であり，都市建設部族が衰えれば，都は放棄されるか重要性は極端に減少した。つまり周辺の部族からみれば，その都市は必ずしも重要であるとは限らなかったのである。また東南アジアは，基本的には独立した村落社会であり，歴史的にも都市自体が特別な存在であって，それは王宮の所在地か特定の交易場所だけに成立した存在だった。東南アジアでは，都市は西アジアのような政治的・経済的・文化的立場において，決定的立地条件を持っていなかったのである。しかし現在では，東南アジアにも多くの大都市が出現している。しかしこれは，欧米の植民地時代を経験した後に発展したもので，地域開発の進展と欧米化の導入後に大都市化したものである。つまり，一部の都市を除いて新しく生まれた現代の都市なのである。このように都市の果たした役割は，両文化圏で全く異なっている。

E，文化・宗教の発信地と文化・宗教の受信地

　宗教も文字も，主要なものは西アジア・北アフリカが発祥地であり，ここから異文化圏に広まった。逆に宗教や文字が西アジアに入ってきて定着することはなかった。その他の文化は，一旦西アジアに集まり，そこで改良され，さらにそれが異文化に再度伝えられたという歴史がみられる。西アジアのこの活躍によって，世界の文化が長い間誘導され，少しずつ発展してきた。

　これに対し，東南アジアは，仏教，ヒンドゥー教，イスラーム教，キリスト教と世界の主要な宗教を全て受け入れ，今もどこかの国で信仰されている。宗教同様，文化も文字も積極的に受け入れて活用している。東南アジアは，熱帯産品があることで，世界各地の商人を引き付けてきた。このような歴史を持つ文化圏は世界に例がない。

　このような文化的な伝達現象を世界規模でみると，西アジアから泉のように湧き起こって世界各地に伝わり，各地で風土に合うように改良され，東南アジアに行き着いて終点を迎えるという一連の流れを感じる。地名では，東南アジアはブラックホールのような役割を果たし，南アジアの地名も，東アジアの地名も，西アジアの地名も，ヨーロッパの地名も，東南アジアまで伝わってきて終点を迎えている。西アジアと東南アジアは全く逆の性格の文化圏である。

F，西アジアと東南アジアのイスラーム（ムスリム）の差

　西アジアのムスリムは，イスラームの教えを厳格に守っている。ところが東南アジアのムスリムは大きく異なるという。そこで東南アジアのムスリムを中心にその違いを考察する。東南アジアへは，西アジアのムスリム商人が直接伝えたものである。これはインド世界西方へのイスラーム布教のように，ムスリムが直接領土を侵略し，移住してきて力で広めた方法とは違いがある。それゆえ，必ずしもインド世界西方と同じ条件でイスラーム教が信仰されたとはいえず，活動や宗教観にもかなり違いが生じた。そこで宗教上の違いの発生過程を，

第7章 国名・地名からみた文化圏の比較

地名を基本において推察してみる。東南アジアは，元々土着のアニミズム信仰地域であった。そこに紀元前後から，国王が権威付けに仏教やヒンドゥー教を受け入れ，国家宗教として広め，それが庶民にも広まった。その結果サンスクリット系の王国名，地名，接頭・接尾辞が東南アジア各地に定着した。このような下地を持つ東南アジアの島嶼域を中心に，13～14世紀以降，ムスリム商人がイスラーム教を持ち込んだ。歴史書によると，ムスリム商人が国王にイスラームの導入を勧めたといわれる。これは軍事力によるものでもなければ，純粋な信仰の立場だけともいえず，交易が行いやすいという事が大きな理由であったという。一方東南アジアの支配者にとっては，政教一体であり，人々もまとめやすく，宗教上大きな問題も見当たらず，高度な文化受理も可能となり，貿易も行いやすいという理由から受け入れたのだという。そのため，東南アジアに用いられるイスラーム系接頭・接尾辞をみても，bandar "港" や pasar "市場" といった商業的表現と結びつく接頭・接尾辞のみが導入されている。インド世界のような，半ば強制的に付けた ābād "都市" や shahr "城壁都市" といった接尾辞は用いられていない。東南アジアでは，軍事介入無しにイスラーム教が伝わったため，住民は強制されずに，風土に合うアニミズムや仏教・ヒンドゥー教の要素を残し，その上に民衆信仰として都合の良い部分を取り込んだのだと考える。その結果，ジャワ島ではアバンガン abangan "赤い衣" の頭巾(ずきん)をかぶるアニミズム的文化要素を強く残した，あまり熱心でない自由な農民層のムスリムも生まれた。西アジアや北アフリカのムスリムは，東南アジアのムスリムの行為や宗教観をイスラームの教理から逸脱(いつだつ)したもので，イスラームではないと主張する。しかし，以前のインド世界からの宗教導入，その後の商人によるイスラーム布教背景，それに西アジアと全く異なる自然環境などを総合して勘案(かんあん)すると，西アジアと東南アジアのムスリムの違いの発生は，自然の成り行きであると考える。アニミズムや仏教・ヒンドゥーの下地を持ち，しかも熱帯雨林の村落社会で暮らす東南アジアのムスリムに，乾燥地域で遊牧生活，都市文化や都市生活を基本とする西アジア・北アフリカのムスリムと，同じ宗教観や宗教行為を求めること事態が不自然なのである。

10. 南アジアと東アジアの比較

　東アジアは, 農耕地域と遊牧地域の2つの特色を有する地域である。南アジアは農耕地域である。ここでは中心となる東アジアの農耕地域「中華世界」と南アジア「インド世界」に視点を当てて比較してみる。

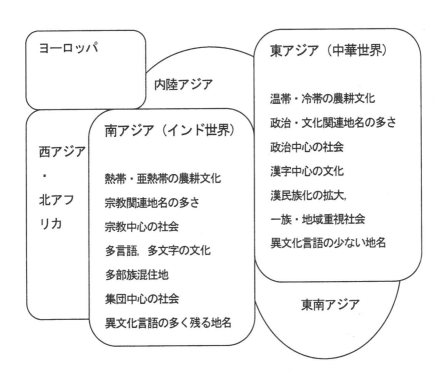

A, 文化圏の共通性

　南アジア（インド世界）と東アジア農耕地域（中華世界）は, 共に古代文明の発祥地である。両文化圏は伝統ある独自の文化を持ち, また世界的な巨大農耕文化圏でもある。人口数もそれぞれ16億を超え, 世界の文化圏の中でも圧

第 7 章 国名・地名からみた文化圏の比較

倒的に多い。ちなみにヨーロッパ世界は 7 億，イスラーム世界は 5・5 億である。人口の多さは，両文化圏が古代から食料の生産に適した豊かな土地だったからであると判断する。両文化圏の作物の中でも，特に米の果たした役割が大きいと考える。米は小麦や他の主食作物と比べて連作が可能で，面積当たりの収穫量も多く，豊作不作の変動も小さく，栄養価も高いからである。米以外の主食は連作が出来ず，土地を変えて生産する必要がある。当然米は人口維持能力が高い。インド世界も中華世界も米が中心作物である。

　食料も物資も豊富で，文化も高かったがゆえに，北方の遊牧世界から目をつけられ，歴史上幾度も侵略され，苦しんできた共通性もある。現在の首都の「デリー」も「北京」も，古くから侵入遊牧部族が都を置いた，位置的重要性のある場所であった。また「ムンバイ」「コルカタ」や「上海」「香港」は，近現代になって欧米が海から内陸へ進出する窓口となってから大発展したという共通性もある。インドと中国の巨大都市は，似かよった歴史的経過を辿った。

　生産の中心地域は，インドではインダス川（大麦，小麦中心）からガンジス川（米中心）に移っている。砂漠やステップの灌漑地域の西部から高温多湿の東部へ移った。中国では黄河流域（粟中心）から長江流域（米中心）に移動している。乾燥に近い冷温帯から温暖湿潤の南部へ移った。

　世界文明の重要な役割を担ってきたインドと中国の歴史をふり返ると，紀元前後からの統計だが，生産力はずっと両国で世界の 1 位，2 位を争うほどの力を保持してきた。これが崩れたのは欧米から侵略を受けた 1 8 世紀以降の事である。インド世界の中心インドも，中華世界の中心中国も，近現代には植民地か半植民地状態におかれ，苦しい経験をした共通性もある。そしてこれを乗り越え，中国は一足先に経済発展をして，現在では世界の工場といわれるまでに急成長を続けている。インドの経済は，今はまだ中国より出遅れているが，IT技術ではすでに世界のトップレベルを走り，インドの技術者無しには世界のIT産業は成り立たない程影響力を強めている。当然のことだが，おそらくインドも今後急速に経済力を付けるだろう。中国とインドが世界 1 位，2 位の経済力を持つに至る時期も，そう遠い将来ではないだろうと推察する。

B. 異民族侵入への対応と社会の特色

　インド世界も中華世界も，共に遊牧民の侵入に悩まされ，長く影響を受け続けたという点では共通性がある。しかし異民族に対する対応の仕方には大きな違いが感じられる。これらを地名から比較してみる。

　インド世界をみると，部族侵入の大動脈だったインド北西部のカイバー峠，西部のボラーン峠でさえ，防衛関連の地名や接尾辞はみられない。もちろん万里の長城のような障壁も無い。そしてインド世界の都市名には，図6のように本来異民族言語であるはずのペルシア系地名やペルシア系のābādやshahrの接尾辞が大変多く用いられている。またインドで栄えた王朝・王国名にも，ペルシア系・トルコ系の名称が多い。パキスタンの公用語のウルドゥー語という呼び方も，遊牧民のordo "陣営"から生じている。ウルドゥー語は，インド系の方言にペルシア語やアラビア語の語彙を入れて形成した言語である。使用文字はアラビア文字である。このような内情が都市名・王国名から読みとれる背後には，絶えず部族が侵略し，その部族がインド世界の中に，今も個性を守りながら集団として残っていることを意味している。インド世界では，このような出来事が長い歴史を通じて行なわれてきたのである。しかし侵略されたからといって，南アジア（インド世界）は共通性の無い無法な文化圏となったと捉えるべきではない。南アジアには，アーリア人の神話・宗教に由来する地名やサンスクリット語のpur, nagarなどの接尾辞があらゆる場所で用いられている。そしてそれが図12のように，一部東南アジアにまで拡大している。地名以外の文化も含めてみると，インド世界，東南アジア，チベットも含めた一大文化圏を形成している。インド世界の神話・宗教，宗教地名，アーリア系接尾辞は，民族的・政治的不統一という社会の不安定さを補って余りあるほど多くみられる。そして宗教と一体化して成り立つ社会制度（カースト）は，パキスタンやバングラデシュといったムスリム優勢地域にも定着していて「インド世界」としての社会的規律や共通性を醸し出している。つまり民族的・政治的に一体感の薄いインド世界を神話・宗教が統一してきたのである。

第7章 国名・地名からみた文化圏の比較

　これに対し，中国では遊牧地域との境に万里の長城を築き，さらに図18のように「城」「関」「堡」などの軍事的接尾辞をもつ集落を長城の内側に数多く残している。これらの地名接尾辞の意味や命名場所や数の多さから判断して，農耕民が遊牧民の侵入を極力阻止してきた事を示している。これはまた，中国の歴史は遊牧民との闘いの歴史であったと言い変えることもできる。しかしそれでも侵入されると，漢民族は遊牧民の制度や文化に染められてしまうのではなく，逆に支配した遊牧民の方が中華世界に合うような形態を取らなければ君臨できないような強い社会制度や個性を築いてきた。その根拠は，侵入遊牧民は，中華領内では中華式国号，中華的地名，漢字を使用したからである。それゆえ中華の中心地域には，異民族（遊牧）系の地名や異民族言語区域が殆ど残らない地域となった。そして歴史をみると，時期を見計らって，逆に漢民族の方が力を付け，西域回廊，東北地方（満州），内モンゴルなどの遊牧文化圏に進出し，漢字地名を命名して中華文化を浸透させ，徐々に中華世界に編入し

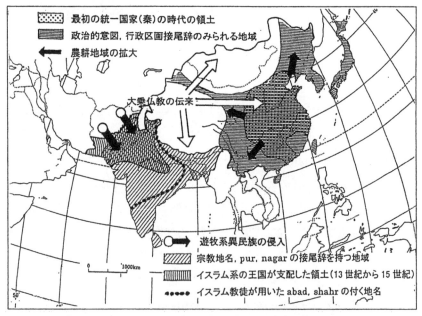

図29　領域からみた東アジアと南アジアの歴史的変動
　　　　　　　　　　　　　　　　著者作成

ていった。特に漢民族化が進んだのは満州地域で，今では昔から漢民族の地域であったかのような錯覚に陥る地域に変わっている。地域名称も満州から東北に変えている。地名も，漢語語源地名が満州語源地名を上回っている。

　この事実を大まかに図式化すれば，図 29 ようにまとめられる。異民族の侵入が自由に繰り返され，ムスリムを含む多部族が入ってきて多様化したインド世界と，異民族の侵入を拒み，支配下に置かれても基本的文化や制度を守り，逆に漢民族の方が力を付け，異民族地に侵入して領域を拡大させてきた中華世界とは，全く異なる世界となった。

C, 民族の形成と未形成

　両文化圏の中心であるインドと中国の民族性を比較する。インド世界の人々をみると，インド国の全人口 12 億 7000 万人のうち，インド＝アーリア系は約 72％で，ドラビタ系が 25％である。インド＝アーリア系とは 1 つの民族を指すのではなく，伝統，言語，芸術，生き方等が似ている部族集団をまとめて呼ぶ表現である。当然，アーリア系と一括りに呼ばれる人々の間には，同一民族という意識は無い。またインド世界は，歴史的に幾多の部族・民族侵入と支配・非支配が繰り返された地域柄であった。単純に言えば，侵入者が支配者となり，先住者が非支配者となることが繰り返された。インドでは，武力支配者は税の徴収は可能だが，中国のような尊敬の対象にはならず，尊敬はいつの時代も宗教関係者（バラモン）であった。このようなインド社会では，古代からバラモン教やヒンドゥー教の教えと共に，宗教と一体となったカースト（ヴァルナとジャティー）という身分制度が大きな役割を果たしてきた。カーストはグループを作るが，民族形成に至る要因にはならない。逆に各カースト間には分離意識が強く，各集団はそれぞれ団結力が強くて，民族形成にはむしろ弊害になった。それゆえ現代のインドでは，ヒンディー語を国語，共通語にしようとしても反対が多く，北京語のように共通語にできないのが実情である。つまりインドでは，国民全体を指すインド人，インド民族と呼べるような共通意識

は数千年かかっても形成されなかったのである。我々が使う「インド人」という表現は"インド国籍を持つ人"という程の意味でしかない。

　これに対し、中国の場合は約14億のうちの12億8千万が漢民族で、これは全ヨーロッパの2倍にせまる数である。漢民族内には話し言葉も多く、東西南北の人では全く話が通じないという。そこで中国では、北京語を共通語として普及させる努力をしている。言葉だけでなく、生活様式も、伝統文化も、食文化も、風土も違い、同一民族とは思えないほど違いが大きい。しかし、漢民族という自負心は共通し、民族意識も強く持ち、言語の違いによる分離独立といった行動も声も聞かない。ではこのような漢民族はどのようにして形成されたのかを考えてみる。まず同一民族であるという自覚の根底に潜むのは漢字で、漢字の活用が大きな役割を担った。漢字は話し言葉が違っても意思疎通は充分できる。さらに中央集権制度、共通の地名政策、共通の文化の普及などを推進して共通化を進めた。さらに加えて中華思想の活用によって周辺諸部族を仲間に抱き込み、宗教（儒教、道教、仏教）も活用して国家の安泰に役立てた。これらが漢民族の拡大に繋がった。共通意識を強く持つのが漢民族である。

D．文字からみた住民（民族）の特徴

　インド世界の中心であるインドと、中華世界の中心である中国を比べると、使用文字に大きな差がある。

　インド国の人口をみると、約13億弱で、この中に179の言語がある。現在のインド国家は、言語集団を基本にした独立性の強い29の州で構成されている。インドの紙幣のルピーをみると、17種類の言語で記され、13種類の文字が使われている。紙幣の言語や文字の数はこれでも極力まとめたものだが、それでもこれだけ多い数となっている。具体的にはヒンディー語とマラーティー語とサンスクリット語はデーヴァナーガリー文字、アッサミー語とベンガリー語はベンガリー文字、カシミーリー語とウルドゥー語はアラビア文字、グジャラティー語はグジャラティー文字、カンナダ語はカンナダ文字、コンカニー語

はコンカニー文字，マラヤーラム語はマラヤーラム文字，ネパーリー語はネパーリー文字，オリヤー語はオリヤー文字，パンジャビー語はグルムーキー文字，タミル語はタミル文字，テルグ語はテルグ文字，英語はラテン文字で表記されている。紙幣をみただけでも，使用されている言語の多さと，インドの文字の多さに驚かされ，そこから想像できる国内の複雑さに圧倒される。ラテン文字（英語）とアラビア文字を除く11種の文字は，ブラフミー系の文字（インド系文字）である。ブラフミー系の文字はインド世界，東南アジア，チベットにまで広がっていて，各地で使用されている。ブラフミー系の文字は，現在の世界で使用されている文字数の約3分の2を占めるという。

これに対し，中国の人口は14億弱で，国内では漢民族は単一民族に近いと思えるほど人口数が多い。他の国内の55の部族を合わせても約1億2千万人程度で，1割にも満たない。漢民族は漢字のみを使用する。中国の紙幣の人民元（圓）をみると，表は漢字表記であるが，裏にはモンゴル文字，チベット文字，ウイグル文字，ラテン文字（チョワン語）で表記されている。

インド世界では，部族の違いを鮮明に出し，部族の違いを基準に，文字まで違うものに変形させて部族主義を鮮明に表してきた社会である。インド世界が長く部族侵入に悩まされてきた歴史を，文字の種類の多さからでも推測することができる。中国の歴史をみると，漢字の使用によって，話し言葉の異なる異部族を漢民族化していった。漢民族内では話し言葉は全漢民族に通じないが，漢字は共通で意味が通じる。これから両文化圏の違いを分析すると，インドは部族主義や集団主義を基本的価値観に持ち，大民族形成を求めない特徴がみられ，中国は，民族統一や大民族形成を重視する価値観を持って歩んできた。

この特徴を4大文化圏に拡大して当てはめてみると，漢民族とアラブ民族，すなわち中華世界とイスラーム世界の思想と行動は，大民族形成という点で共通性がみられる。イスラーム世界の場合は，アラビア語とアラビア文字，イスラーム教を中心に民族統一を進めた。インド世界をみると，ヨーロッパ世界と似た価値観を持つといえる。それはインド世界もヨーロッパ世界も，部族優先，小集団優先の社会や国家を形成しているからである。

E．政治意識（国家）の差

　インド世界と中華世界の地名の特徴を参考にして，「国家」という立場から両文化圏を比較してみる。インド世界をみると，現在の国名の多くは神話・宗教に基づいて命名され，国家領域も宗教の違いを基本に分割された。またインド世界の王朝・王国名をみると，部族名・人名・家名・首都名などが用いられ，異文化圏の名称が多く，王朝・王国名からは，侵略され，対立した歴史を感じる事が出来る。「クシャトリア」という王侯・武士階級にあたるカースト階級名も，"領土を支配する者"という意味であり，武力保持者にすぎない。クシャトリアの上位の「バラモン（ブラフマーナ）」[83]は"神秘的な力"＝"祭祀の目的を成就させる者"の意味をもち，人々から尊敬を集めていた。つまりクシャトリア（王朝・王国）は，武力によって俗世界（人間界）で領土争奪を行ったにすぎず，バラモンのような崇高なインド世界の精神を担う階級とは次元の異なるものであった。それゆえインド世界における政治権力者（国王）は，東アジアの皇帝のような権威や尊厳や崇拝まで備えた存在とは次元の異なる存在だったのである。今述べたような歴史的背景であったが故に，国家意識も薄く，いつの時代も分裂状態であり，数多くの王国が林立して争い，記録にさえ残らない王国も存在したのである。インド世界には，宗教的文献は数多く残されているが，王朝や王国に関する文献は大変少ないという。この事情も以上の特色を考慮すれば納得できる。そうすると，第二次世界大戦後に独立した南アジアの諸国家は，俗世界の力関係を断ち切って，「インド世界」の最高価値基準である精神世界にまで入り込んで国家造りが行われたことになる。現在の南アジアの諸国家は，長い歴史にはみられなかった国家形態である。それゆえ政治的な安定を望むことには限度があると捉えなければならない。

　これに対し，中国では，図17のような「州」「県」などの行政区画の接尾辞を付けた地名や，図19のような政治的意図の強い地名が大変多い。さらに図20のような「安」などの政治的安寧を意図して命名した地名も多く，これらは漢民族居住地全域にみられる。また政権交代が起これば，全国の主要都市名

の改名も盛んに行われた。また，中国，日本，朝鮮半島の歴史をみると，分裂時代より統一王朝時代のほうが長く，その領域も古代からほぼ確定していた。さらに朝鮮と日本と越南は，中華文化を受け入れ，時代によっては冊封(さくほう)体制，君臣(くんしん)関係といった序列関係を受け入れながらも，国家意識においては独自の国家論を形成してきた。そしてお互いの存在を認め合い，ほんの一時期（漢代，元代，20世紀の日本）を除いて大きな部族侵入や部族衝突は起こさず，平和的な交流が保たれてきた文化圏であった。現在の国家も，この歴史的背景をほぼ受け継いで独立している。中華世界に信仰された宗教に目を向けても，仏教は発祥地のインドでは政治的意味合いは薄かったが，中国に導入された大乗仏教は，国家権力の下で発展拡大して独特の中国仏教に変化し，それが後に民衆に広まっていった。それゆえ各地に残る大仏の殆どは政治権力者が中心になって造らせたものである。日本をみても同様であり，奈良時代の仏教は国家仏教であり，当初民衆への布教は禁止しており，現在の仏教観とは大きな隔たりがあった。庶民を対象とする仏教成立は鎌倉時代以降のことである。近世のキリスト教に対しても宗門改めまで行い，武士（幕府）がキリスト教を禁止した。朝鮮半島では，政治力で，新羅や高麗は仏教を国教とし，次の李氏朝鮮は儒教を国教に変えた。このように中華世界では，政治は宗教までも政策の一部として活用する力を持っていたのである。地名から判断して，中華世界では基本となる政治理念や政治機構は，古代から形成されていたといえる。漢民族，朝鮮人，日本人という民族意識の形成でさえ政治を無視して語ることはできない。

F．宗教意識（信仰）の差

　政治意識（国家）の差と同様に，宗教意識（信仰）の差についても触れてみる。地名からみて，南アジアと東アジアでは，宗教意識に極端な差がある。
　インド世界では，宗教は中華世界とは比べ物にならないほど重要で，日常生活も文化も芸術も伝統行事も経済活動も，すべて神と結びついて成り立っている。地名も，図15のように神話・宗教関連の名称が活用され，その活用は多

第 7 章　国名・地名からみた文化圏の比較

種類に及ぶ。具体的にあげれば，国名をはじめ主要都市名や村名，大河川名や大山岳名など，基本となる地名には神話・宗教名が充てられている。これに加え，図12のアーリア系の接尾辞であるサンスクリット語のpur類, nagar類, hota類が大変多く，これも全土に用いられた。これらの名称を，総合判断して述べると，人々は信仰心（神）と共に生きているが，これは人々の生き方・価値観を神という形に代用して表現していると言いかえても良い。当然インド世界では，精神的なもの，永遠なるものには高い評価を与えるのである。

次に歴史的背景からインド世界の宗教の特徴をみると，前1500年頃のアーリア人のインド侵入時に，バラモン教が成立した。バラモン（"神秘的な力"の意味）教はアーリア人の宗教であって，他の部族とは一線を画する厳格さを持っていたといわれている。またアーリアの語源は"部族の宗教を忠実に遵法せるもの"の意味であり，のちに"生まれも育ちも高貴な人々"を意味するようになった。これらの語源をみていると，バラモンの時代から，宗教の厳格さや差別意識を強く持っていたことがにじみ出ている。そして黒い肌を持つインド世界の先住民を「ダーサ dāsa」（女性はダーシー）と呼んで明確に区別・差別した。その後ダーサを"奴隷"を意味する語に変えた。中国のように他の部族を抱き込んで同化し，吸収して支配下に置こうとする思想は微塵(みじん)も感じられない。このような思想からみて，バラモンの発展時点で，既にカースト（インドではヴァルナ varna "色"が語源で"身分，階級"の意味）の身分制度は確立されていたことがわかる。このような差別的なアーリア人の宗教観に対し，インド国内にも，人々の平等や真理を説いた宗教もあった。その代表が「仏教」（"悟った人の教え"の意味）であり，「ジャイナ教」（真理を悟った"勝利者"の教えの意味）であった。一時期インド世界でも，仏教は中心宗教として信仰されたが，保護する王朝の消滅と共に勢力を弱めていった。そして最終的には平等思想の普及もカーストの解消も根付かなかった。その後インドでは，バラモン教を土台に，各地の土着信仰も抱き込んで，ヒンドゥー教に変化して現在に至っている。ヒンドゥーの神も無数（3億3千万）で，人々はそれぞれの神の宗教集団に属しながら活動している。このような宗教色の強いインド世界に，

南アジアと東アジアの比較

　13世紀以降イスラーム（教）が流入した。イスラーム（教）の流入は，インドの人々が求めて導入したものではなかった。いわば西部・北部の征服者たちが一方的に持ち込んだ宗教であり，政治的支配と共に押し付けた形の導入となった。イスラーム教は他の神を認めない絶対的一神教である。ヒンドゥー教は宗教的中華思想を持つ。当然だが両宗教の協調性はみられず，対立が多かった。現在のインド世界をみると，7割がヒンドゥー教徒で，3割がムスリム（数は4億5千万人，ムサルマーンと呼ぶ。）である。インド世界の中でイスラームを受け入れた人々は，特に商人と不可触民（カースト外）と貧農が多かった。現在のインド世界をみると，多神教でカースト制度を維持するヒンドゥー教徒と，絶対的一神教のイスラーム教徒との宗教対立が特に激しい。当然両宗教とも異なる宗教の考え方や価値観を認めようとはしない。インド対パキスタンの対立をみると，協調性や相互理解は微塵も感じられない。自らの信仰宗教を固守し，民族的共通性を無視してまで対立し，宗教戦争もいとわないのがインド世界の人々の宗教観である。

　これに対し，東アジアでは宗教地名がきわめて少ない。また長い歴史をみても，宗教論争はあっても宗教戦争らしきものを起していない。「明」という王朝も，土台は宗教軍団から出発して，「元」を追い出して国家を形成したが，その後宗教による政治を行ったわけでもなく，以前の王朝と全く変わらない皇帝による権力中心の政治を行った。また中華世界の宗教に視点を当てると，中華世界には，独自の民族宗教である儒教，道教，日本の神道などがある。それにもかかわらず，自ら進んで異国の宗教である仏教も導入した。これを民衆も拒否しなかった。むしろ積極的に受け入れたといえる。それでは，中華世界ではそれ以前の独自の民族宗教を捨て去ったのかといえば，それも大切に守り続けてきた。宗教対立よりむしろ調和や融合がみられ，人々はそれぞれの宗教の良さを，状況と共に使い分けながら生活に生かしてきた。また，宗教や宗派の違いによる憎しみや対立・殺戮も殆どみられず，結婚も可能で，平和に暮らしてきた。これが中華世界の人々も持つ宗教観である。両文化圏の宗教には大きな違いがみられる。

11. 南アジアと内陸アジアの比較

　南アジアと内陸アジアの場合は，両文化圏の共通性や異質性に注目し，人の移動，宗教関係を考慮しながら比較してみる。

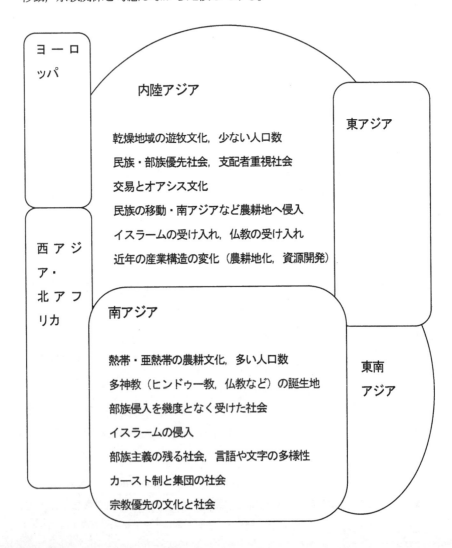

A. 文化圏の係わりとその違い

　王朝・王国名をみると，両文化圏には共通する名称が多い。その理由は，両文化圏は共通の王国によって支配されたという歴史を持っているからである。例えば，クシャン朝，デリー諸王朝，ムガールなどは内陸アジア・西アジアに生まれ，そこで力を付けて南アジアに侵入し，インド世界の広大な領土を支配した王国であった。それゆえ，両文化圏には部族・民族名と人名の活用という共通性がみられる。そしてインド世界への侵入者は，侵入後にインド化してインドの住民となっていった。このような歴史的背景もあって，現在のインド1国だけでも多くの言語（179の言語と544の方言）が残った。この言語数のかなりの数が侵入者のものである。またインドの言語名称を探ると，その多くはこれらの侵入部族・民族名か出身地名をあてたものだという（辛島ほか，p.228）。南アジアへの侵入部族は，インド化したといっても，言語の違いを現在も護っているので，今なお出身地の伝統もそれなりに引き継いでいることを示している。そうすると，南アジアの言語名称を調べれば，部族の故郷がインドなのか，西アジアなのか，内陸アジアなのかがおおよそ推測でき，さらに部族の性格も大まかではあるが理解できることになる。言語数からでも推測できるように，南アジアは，部族・民族も文化も地名も，ありとあらゆるものを受け入れ，それを消化吸収して，インド社会やインド文化の血や肉としていったといえる。これがインド世界のDNAなのである。

　このように，インド世界へは部族・民族侵入が盛んに行われ，西アジアや中央アジアとは血縁的に深い関係にあった。ところが，生き方，考え方，宗教観，価値観という視点からみると，両文化圏は大きく異なるものになっている。その違いをあげてみると，まずインド世界の現国名は，殆どが神話・宗教関連の名称を用いている。さらにインドの神話・宗教地名は，国名に限らず，自然名，都市名，町名，村名，人名に至るまで用いられ，宗教が生活の隅々にまで行き届き，文化も芸術も神話・宗教を基本に成り立っている。そして神話・宗教と一体化して成り立っているカースト制度によって，人々の社会的な階級も職業

も定められている。さらにカーストのような身分制度は, 差別・区別や部族・民族の分離を基本とし, 結合や統一の思想は持っていない。インド世界は, このような思想を持つ定住型の農耕社会なのである。

ところが, 乾燥気候の内陸アジアでは, 宗教地名はあまり用いられておらず, 国名には部族名・民族名を用い, 地域名も部族名を用いたものが多い。これに加えて, 国家表現には"人々, 部族の集団"を指す ulus や il を用いている。内陸アジアは部族や民族の連合を重視する社会であった事を示している。さらに "支配者"を意味する khān や shāh や beg の称号と, 人名 (支配者名) の活用が多い事実をみると, 遊牧文化圏は部族や民族を重視しながら, 個人の権力の下に全体が結集する構造から成り立つ社会であったと分析することができる。ここに宗教重視のインド世界との大きな価値観の違いがある。さらに ordo "軍営"の表現が遊牧全域にみられることから, 基本的には攻撃型の性格と, 移動型の特徴を持った社会だったともいえる。これもインド世界との違いである。宗教も, 中央アジアでは一神教のイスラーム教を受け入れ, 南アジアの多神教のヒンドゥー教とは全く異なっている。

王国名だけをみると, 両文化圏は深い関係を持つ部族・民族を基本とするが, 生活習慣, 社会形態, 思想, 宗教観, 生き方, 価値観などをみると, 多くの点で異なるものになっている。内陸アジアからの侵入者は, 生活習慣, 社会形態, 思想まで大きく変えながら, インド社会に溶け込んでいったといえるだろう。

B. 信仰宗教と生活環境の相違

宗教を中心に述べる。インド世界の神話・宗教は, 古代の侵入部族であるアーリア人の神話・宗教思想を出発点としている。イランからインド一帯に居住する「アーリア」人の語源は"部族の宗教を忠実に遵奉せる者"という意味を持つ。これは北西から侵入した遊牧部族の思想だった。現在, インド世界の多様な地名をみていると, 侵入してきたアーリア人の宗教形成過程と, 地名の特色は, 大枠で一致するように思えてくる。その根拠は, 南アジアの地名はサン

スクリット系が中心を占めるが，サンスクリット系地名の特色は，侵入者と先住民との言語が混ざり合い，影響を与えあって形成されている。宗教も同様に，このような中で形成されていったと考える。すなわち，アーリア人は宗教的骨組みを持ち込み，その後多様な土着宗教を吸収し，インドの自然環境の中で時間をかけて生活に合うように形成したもので，集団も文化も社会制度も含めて，完全にインドの風土から生まれたものと判断する事ができる。そして形成されたのが，バラモン教（"神秘的な力"），仏教（"悟りを開いた人の教え"），ジャイナ教（"勝利者の教え"），シク教（"弟子"），ヒンドゥー教（"インドの宗教"）などであった。しかし，現在のインド社会のもう1つの信仰宗教であるイスラーム教の場合は，西アジアの砂漠で成立し，しかも完成された形でインドに持ち込まれた。

　これに対し現在の中央アジアをみると，インド世界の宗教のように，全ての自然現象や社会現象を宗教と結びつける性格の宗教は信仰していない。つまりインド世界と血縁的に近いイラン系部族（西アジア）もトルコ系遊牧部族（中央アジア）も，インド世界発祥の宗教は信仰していない。インド系の仏教は，インドと血縁関係の無いモンゴル，チベット，東北（満州）といった東域の遊牧民に信仰されている。皮肉な現象である。中央アジアに暮らすトルコ系やアーリア系の人々は，セム系のアラブ発祥の一神教（イスラーム）を受け入れている。遊牧民を統率し，領土・土地に執着しない民族・部族社会には，神の下の平等を説き，政治も軍事も同時に扱うイスラームの教えの方が，受け入れやすかったのだろう。

C．住民の分類と移動とその境

　現在の部族・民族分布という立場から比較してみる。南アジアの部族を分類すれば，ⓐドラビタ系の地域，ⓑアーリア系の地域に大別でき，そしてⓑアーリア系の上に覆い被さるように，ⓒイスラーム教信仰部族が再度侵入してきて混住している。ⓐのドラビタ系部族とドラビタ系の地名は，インド南部に集中

第 7 章 国名・地名からみた文化圏の比較

している。ドラビタ系の地名は，東南アジアにも用いられ，仏教も同様にインド南部から伝わったので，東南アジアへ侵入したインド系の人々は，インドの中でもドラビタ系が中心だったことが推測できる。ⓑのアーリア系は，太古から幾度となく移住してきて，主にインド半島北部から中部一帯を占領して居住地とした。ただしアーリア系の文化や宗教に関しては，神話・宗教地名やpurやnagarがインド世界全土を覆っているので，南アジア全体がアーリア系の精神世界へと変貌してしまっているといえるだろう。この事実が強いので，南アジアは「インド世界」と呼ばれる。つまりインド世界とは，アーリア人の精神文化の世界を指す用語なのである。一方ⓒのペルシア系の地名もかなり多く分布し，ⓑに覆い被さるように広がっている事実から，主にアーリア系の住民を支配下に置いて，13世紀以降にイスラーム系の王国が栄えた。

これに対し遊牧地域は，図31のように，東から①ツングース系の地名（旧満州中心の地域），②モンゴル系（チベット系を含めて）の地名（モンゴル高原とチベット高原），③トルコ系の地名（アルタイ山脈，タクラマカン以西の地域）があり，三区分できる。①は狩猟・遊牧地域，②は遊牧中心地域，③はオアシス都市・遊牧地域という特徴を持っている。①と②の地名をみると，東アジア（中国）農耕地域の影響を強く受け，中国の支配拡大で今は中国化が著しい。③の地名をみると，ペルシア系の影響が強く，18世紀からロシアの影響を受け，領土範囲は縮小したが，まだ独自性も残している。全体的には遊牧文化という共通性はあるが，この中で③の王国や部族・民族が南アジアに侵入し，インド世界に多くの地名を残している。それゆえ，一言で遊牧文化圏といっても，3つの性格はかなり違っていることがわかる。

南アジアも内陸アジアも，文化圏内で部族構成や文化的特色がかなり明確に分類できるという点では，構造上共通性が感じられる。

地名をみていると，両文化圏とも長い歴史の中で，大きな民族的移動が起こって現在の構造になったことが推察できる。移動をみれば，南アジアでは西から東へ，更に北から南へゆっくりと移動した事がわかる。遊牧圏内では東から西へ，更に北から南へ移動がおこっている。図14を参考にしてもっと大きく

両文化圏の関係をみれば，西アジア・中央アジアから南アジアへ向かって移動が起こり，インドの一部が民族や文化を押し出す形で，東南アジアにまで拡大している。そうすると，この動きは世界的な民族移動の一環として捉えることもできる。言い方を変えれば，乾燥地域（イラン系・トルコ系の遊牧世界）から熱帯サバナ（インド世界）に人々が移住し，さらにサバナ地域から熱帯雨林（東南アジア）へも移動の手が伸びつつあった様子が浮かび上がってくる。

D. 文化圏の境

　地域区分にも触れてみたい。長い歴史をみると，西アジアに大帝国が栄えた時代は，だいたいインダス川あたりまで侵攻してきた。これはインド世界の乾燥地域と中央アジア・西アジアの乾燥地域を一続きの領域とみなす感覚で支配していたと考えられる。現在もおおよそインダス川流域以西のパキスタンにはイスラーム教が信仰され，西アジアや中央アジアとの宗教的共通性が強く，西アジアか中央アジアの領域に入れても良さそうにみえる。国名もパキスタンイスラーム共和国，アフガニスタンイスラーム共和国，イランイスラーム共和国と，その表現には共通性がみられる。またパキスタンではインド特有のブラフミー系文字ではなく，西アジアのアラビア文字を多く使用している。

　しかし宗教以外の文化的要素から捉えれば，ヒンドゥークシュ山脈とスライマン山脈がインド世界と西アジア・中央アジアとの境を成している。その理由は，山脈を越えた東側のパキスタン領の平地には，昔から現在に至るまでカースト制度や農耕文化が花開き，イスラーム教を信仰する国家（パキスタン）に変わった今も，インド世界と共通した生活スタイルが営まれているからである。当然食事も同じである。ただここで注意を要するのは，現在インド世界に含まれるパキスタン領のアフガン地域やバルチスタン地域は，本来西アジア・中央アジアの特徴を持つ領域であり，インド世界に含まれない領域ということになる。これをみると，文化圏の範囲は，政治的要因（国家領土の関係）によって若干だがずれが生じる。

E. 農耕文化と遊牧文化

　南アジアは，サバナと亜熱帯の農業地帯である。水の多さは，作物の生産には有利であるが，季節によっては多すぎて洪水になり，作物だけでなく人や民家や耕地まで洗い流すような被害を及ぼすことも多々ある。ここにインド世界の自然的特徴がみられる。同じ農耕地域でも，中華世界やヨーロッパ世界はここまでひどく洪水の影響を受けることは少ない。ところが，インドが乾季に入ると，雨が全く降らなくなり，水不足に悩まされる。インドで暮らせば，インドの多神教の神々が身近な存在として理解できるように感じられるという。つまりインド世界の降水量は，利と害の両方を与え，人間の力では制御不可能であった。また南アジアの西部には乾燥地域もみられるが，近くに北部から流れ来るインダスの大河があり，古代から灌漑農業が行われてきた。水を引けば農業開発は可能であった。ここに古代のインダス文明が栄えたのである。インド世界は，長い歴史を通じて世界有数の食料生産国であった。農業国インドには，数学をはじめとする学問，技術など，特有の文化も大いに栄えた。

　これに対し，内陸アジアは殆どが乾燥地域で，砂漠かステップである。砂漠は人の居住には適さないが，ステップは牧畜に利用され，遊牧という産業が行われてきた。遊牧は移動を生活の基本とする。これを利用して古くから交易を行ってきた。交易の基地となったのが，大山脈の麓に栄えたオアシス都市であった。内陸アジアは，地理的位置の優位性によって，世界の4大文化圏を結び付けてきた。すなわちインド世界，中華世界，イスラーム世界，ヨーロッパ世界と接し，交易にいそしんできた。しかしヨーロッパの新航路の発見によって，世界の交易は大きく様変わりしてしまった。内陸アジアは，世界の交易路の優位性を完全に失ったのである。内陸アジアは，人口の少なさも加わって，急速に存在感を失ってしまった。現在，遊牧文化圏であった中央アジアは，灌漑技術の進歩によって大穀倉地域へと変貌し，違った形で蘇りの兆候をみせている。将来的な視点からみれば，再度4大文化圏を結ぶ交易センターとして復活する要素を持っている。今後の選択次第であろう。

12. 南アジアと東南アジアの比較

　南アジアは熱帯と亜熱帯と乾燥帯の地域である。東南アジアは熱帯中心の地域である。環境はかなり似ているが，文化には差がある。両文化圏を比較する。

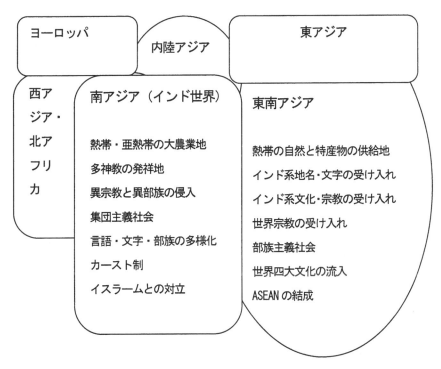

A．植民地からの独立

　南アジアの「ネパール」と東南アジアの「シャム」が，領土争奪の狭間で名目上の独立を保ったが，南アジア（インド世界）も，東南アジアも，欧米列強の植民地となり，苦い体験をした。そして第二次世界大戦後に独立を勝ち得た。そういう意味で両文化圏は共通性がある。

第7章 国名・地名からみた文化圏の比較

　南アジアの場合は，イギリスの単独植民地であり，独立国ネパールも領土を削られ，イギリスの影響を大いに受けた。イギリス単独支配という形態から判断すると，常識的には南アジアが1カ国としてまとまって独立するか，そこまで無理なら，少なくともインド，パキスタン，バングラデシュが1カ国となって独立するのが自然であった。しかしインド国内では，ヒンドゥー教徒とムスリムが極度に対立し，民族大移動や殺戮（さつりく）まで行って独立を達成するという痛ましい経過を辿（たど）った。そして，神話・宗教名である「バーラト」と，神聖な国を表わす「パキスタン（バングラデシュを含む）」を国名に選んで独立したのである。パキスタンという国名にいたっては，国家創設のために考え出された造語である。国名からでも，宗教対立を強く意識して分割独立したことが分かる。しかしヒンドゥー教とイスラーム教は古くから敵対してきたのだろうか？歴史的にみて，700年以上も続いたムスリムの支配時代でも，国王は宗教対立に配慮し，両宗教を認め，ヒンドゥー教徒とこれほど大きな宗教紛争や対立を起こした事は無かった。地名もヒンドゥー関連地名とイスラーム関連地名が共存していた。それなのにイスラームの指導者ジンナーは，宗教の違いだけを理由に，民族的・血統的共通性や文化的・社会的共通性を無視してまで，「2つの民族」と表現して分離独立を求めた。このような思想や対立は，イギリスの植民地支配以降に生じた出来事である。このような歴史的背景を考えると，イギリスが少人数で，巨大人口の英領インドを容易に支配するために，分離統治を行い，さらに宗教の違いを利用し，対立を煽（あお）り，憎悪（ぞうお）をつくり出して支配したのではないか，という思いが脳裏をかすめる。

　これに対し，東南アジアの現国名をみると，南アジアとは異なる背景が浮かびあがってくる。インドシナ半島部では，民族関連国名（タイ，ラオス，マレーシア）や，インド系の神話・宗教関連国名（ミャンマー，カンボジア，シンガポール）や，政治色の強い中国関連国名（ベトナム）などを用い，さらに東インド諸島域の国々は，欧州系関連国名（インドネシア，フィリピン）を用い，大変多様性に富んでいる。またどの国も領土国家として見た場合は，それなりにまとまりが感じられる。欧米の植民地化以前といえば，都市国家か，港市的

南アジアと東南アジアの比較

なレベルの王国か，内陸に栄えた領域の不確定な小領土国家と推測され，また統率力も弱い王国であったと考えられた。このような欧米の植民地化以前の王国の特色と比べて，第二次世界大戦後に独立した国家は，どこも欧米の宗主国が線引きをした領域や支配形態を受け継ぎ，本来の支配領域を上回る範囲で独立したという状況が伝わってくる。その典型が，東インド諸島域の国々であろう。インドネシアの場合は，一度も国家統合の経験のない多部族・多文化地域を，蘭(おらんだ)領という事を理由に統合したため，インドネシアという欧州風の造語を国名に用いて独立を達成せざるを得なかった。フィリピンに至っては，領内には一度も王国は成立せず，スペインの支配によって初めて政治的なまとまりができた。当然歴史的にも全域に共通する名称すら存在しなかった。それゆえ統一国家名は，宗主国スペインの皇太子フェリペに由来するフィリピナス（英名フィリピン）を国名とした。マレーシアの場合は，マレー半島部の9州と，3つの直轄植民地，それにカリマンタン島のサバ地区やサラワク地区を，英領植民地であるという理由だけで統合して独立した。

以上の内容から判断して，南アジアは，宗主国の陽動(ようどう)によって共通性のある地域内に対立が生じ，同一文化圏を分割するという形で独立したが，東南アジアの場合は，宗主国の作った支配形態や支配権をそのまま引き継いだ形で独立を達成し，多部族国家に変貌した。ここに両文化圏の大きな違いがみられる。

B．国名変更の背景にあるもの

独立後の国名変更という背景から，両文化圏の問題点を考察してみる。東南アジアの国々の中で，「タイ」は第二次世界大戦中に国名を「シャム」から改名した。「マレーシア」は「マラヤ」から改名し，「カンボジア」の場合は「カンボジア」を「クメール」に改名し，再度「カンボジア」に戻している。「ミャンマー」の場合は植民地名の「ビルマ」を現地語表現に改めた。これらの国々の大半は，独立後に国名を変更した。また実行こそしなかったが，「ラオス」が「ランサン」へ，「フィリピン」は「マハルリカ」「ルズビミンダ」「ラプラ

プ」への国名変更を幾度か考えた。南アジアでは,「スリランカ」が「セイロン」から国名を変えた。国名を変える行為は,それまで積み上げてきた実績を放棄し,別の生き方を選択することを意味する。当然改名には大変な労力や費用が必要となる。それでも国内事情から改名の必要性があった事になる。

　東南アジアでは,独立後に「シンガポール」が「マレーシア」から分離独立し,「東チモール」は「インドネシア」から分離独立した。さらにフィリピン,ミャンマー,インドネシアの国内には,今も独立を求める動きがある。南アジアでは「バングラデシュ」が「パキスタン」から分離独立し,スリランカ国内のインド系タミル人も分離独立のための紛争を起こしている。

　これら分離独立や国名の改名の動きが多いことをみると,南アジアも東南アジアも,国内問題が山積されていることを表している。そうすると,第二次世界大戦後の独立に問題があったことになる。南アジアでは,あまりにも宗教を優先させたために,分離独立問題が生じたと判断できるし,東南アジアでは,宗主国の決めた領域のまま,歴史的に経験したことのない多様な部族を抱え込んで独立したために,部族を中心に分離独立問題が生じたと判断できる。つまり植民地時代の後遺症として,分離独立問題が生じているのである。南アジアも東南アジアも,国民一丸となって国造りに邁進するための土台が,充分出来ていないままに独立したことを表している。

C，宗教の役割，宗教の導入

　インド世界には,多種多様な神々が信仰されている。図15に記載された神々は,インド世界では誰でも知っていて,インド全土に共通する大神である。中には1地方,1村落のみに信仰され,他地域の人々の知らない小さな地方神や村神も多々ある。これらの神々の名も,地方名や村名として活用される場合がある。ヒンドゥー教徒は,複数の神の祭りに参加し,他の神も崇め,一神教のように1つの神の信仰に固守することはない。それはインドの神々は,人々の生活や社会と連携して生まれ,生活・社会と宗教は分離出来ない特徴を持つか

南アジアと東南アジアの比較

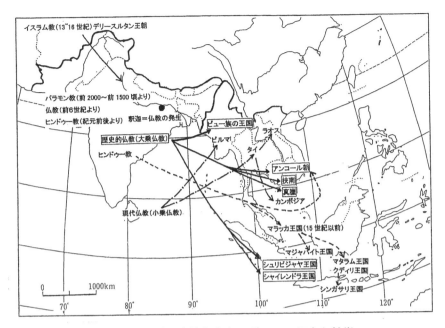

図30 インドの宗教と東南アジアへの伝来と特徴
著者作成

らである。それゆえ，インド世界に侵入してきたイスラーム教もキリスト教も，カースト制度の社会の中では，ヒンドゥー教のカテゴリーに属するものとみなされる。インド世界では，アッラーの神もエホバの神も仏陀もインドの神々と同じで，生活と結びついた1つの神という立場で捉えるからである。

東南アジアでは，紀元前3～2世紀頃からスランカより仏教が伝えられた。カンボジアやミャンマーの国名の語源をみると，バラモンによって伝えられたという説話の様子が納得できる。つまり東南アジアでは，初期のインドから導入した宗教は，完全に国家運営の立場から導入したものである。すなわち，東南アジアでは，インドからの宗教は，国家宗教として導入したものであり，導入時点では，民衆の信仰対象として導入したものではないという点にある。そのため，権威付けに，国名や首都名や主要地名に，インドの宗教関連の地名を積極的に用い，また大宗教建造物を建築したのである。例えば，アンコール・ワット（"寺院のある都城"の意味）や，ミーソン（"美山"の意味，正称シュリ

第7章　国名・地名からみた文化圏の比較

ーシャーナバトレーシュヴァラ）や，ボロブドール（意味不明）などの仏教・ヒンドゥー遺跡も，国家威厳，国家安泰，国家的信仰の対象のために建設したものであった。ちょうど日本が飛鳥時代から平安時代にかけて，中国・朝鮮から導入した仏教も国家仏教として導入し，国家安泰，国家発展のために寺院を建立した。これと同じ発想であった。日本では国家宗教であったがゆえに，精神的中心地となり，それが「国分寺」などの地名として残っている。

では，東南アジアにおける民衆信仰としての宗教は，どのように伝わったのかをみると，それは新たにスリランカからもたらされた上座部仏教まで待たねばならなかった。日本も同じで，民衆への布教は鎌倉仏教以降で，東南アジアと似た状況が感じられる。主に11世紀以降に，インドシナ半島に信仰された上座部仏教や，13世紀以降にインドネシア・マレーシアに伝えられたイスラーム教は，日本の鎌倉仏教と同じで民衆布教の役目を果たしたのである。それゆえ，民間信仰として採り入れた仏教やイスラーム教は，権威付けのために宗教関連地名を命名する必要も無くなって，地名には殆ど用いられなくなった。フィリピンについても述べておくと，フィリピンにはインド系地名も中国系地名も用いられていない。地名が命名されていないということは，フィリピンには組織的に文化を受け入れるほどの王国は存在しなく，文化は伝わっても，国家組織として受け入れられなかったことを意味している。国家組織の無い所に，16世紀にスペイン人が来航し，カトリック布教を目標に，庶民向けの布教を行なったのである。そのため，フィリピンは急速にカトリック信仰地域に変わってしまった。フィリピンのカトリック布教は，インドシナ半島の上座部仏教や，東インド諸島のイスラーム教と同じで，民衆への信仰の役割を担ったのである。ベトナムの場合は，本来中華文化圏に含まれ，中国と似た三教（仏教，儒教，道教）が信仰され，仏教の中でも特に大乗仏教が信仰された。

東南アジアへの宗教導入をみると，国家建設のための導入と民衆布教のための導入の二段階で行われたことが解る。ただインドの宗教を受け入れても，東南アジアは独自の村落共同生活を営んでいたので，カーストのような専門化した身分制度や職業観は全く馴染まず，必要としなかったと考えられる。当然イ

南アジアと東南アジアの比較

ンドのカースト制は受け入れていない。

D．侵入者の接頭・接尾辞，国家の尊厳としての接頭・接尾辞

　図12, 図13, 図14, 図22, 図23を参考にして，接頭・接尾辞からみた両文化圏を比較してみる。まず南アジア（インド世界）の接頭・接尾辞には，アーリア系のpur, nagar, kota, ドラビタ系のpatnam, halliなどが用いられている。特にpurが多く，古代から用いられてきた。その後，ムスリムの侵入と共にペルシア系のābād, stan, shahrなども活用されるようになった。中でも，特にābādの活用が多かった。これに対し，東南アジアの接頭・接尾辞をみると，先住民独自の接頭・接尾辞には，kampong（マレー系，クメール系），muang, ban（タイ系），barangay（フィリピン），wān（ミャンマー）などがあり，また異文化圏から導入した接頭・接尾辞には，インド系のpur, nagara, kota, karta, dessa, 中国系のdong(洞), chau(州)などがある。

　次に接頭・接尾辞の活用例を分析すると，南アジアに用いられたペルシア語のābādの場合は，purと同格の意味に用いられており，侵入者のムスリムがイスラーム勢力圏であることを表明する手段として用いたものであった。ただ数からみれば，ムスリムの支配が長かった割には，古くからのpurやnagarの方が，異文化系のābādより遥かに強い勢力を保ち続けてきた。このことから推測すると，侵入部族（ムスリム）は軍事的に支配できても，ヒンドゥー文化や社会制度までは変えられず，支配者でありながらインドの宗教や文化に圧倒され，また社会的・制度的には，ヒンドゥー社会の慣習に従わねば支配できなかったことを間接的に示しているととれる。

　東南アジアの場合は，導入したnagara, pur, kota, karta, desaなどのインド系接頭・接尾辞を"国家"を表す名称として，あるいは"王都"や"神聖な都市"を表す特別な意味で用いてきた。またnagarにいたってはナコンnakhonに変形させて活用し，さらにアンコールangkorとして地名に転化させて活用している。このような活用をみると，インド地名に対する尊敬の念が

感じ取れる。さらに東南アジアのインド系接尾辞の活用地域と重なって，民族語の kampong, muang, ban なども数多く活用されているが，民族系の接尾辞はインド系接尾辞と同等ではなく，村落や生活区域を表す小単位の場所に用いられた。これらの接尾辞から想像すると，村落を単位とする先住民の社会構造の上に，インド系の文化や宗教地名が覆った形になる。

　民族語と導入語の接尾辞の関係から，両文化圏の置かれた立場を比較すると，インド世界の人々が異文化を持ち込んで来た侵入部族に対する感覚と，東南アジアの人々が異文化を積極的受け入れた感覚には，まったく異なる事情があったことが推測できる。つまりインド世界では，侵入者は好まざるものであり，侵入者の持ち込んだ異文化は，インド系の人々が求めた文化ではないという観が強い。ただ現実には，高度なイスラーム文化が流入し，これによってインド世界の文化が，新たな点で進展した事実は否定することができない。

　これに対し東南アジアでは，インドからの導入地名や接頭・接尾辞は重要であり，国家体制造りに活用すると共に，インド文化を活用した地域文化・宗教思想形成にも，大いに役立てたものと断定する。当然，国王そのものの権威付けにも役立ったと判断する。言うまでもなく，東南アジアの文化レベルはインド文化によって大いに向上したのである。

E．文化の特徴と文化の違い

　文化の面から，インド世界と東南アジアを比較してみる。インド世界は，アーリア人の侵入の行われた前1500年頃から形づくられてきたもので，インド世界の文化は，3500年も前から連続する伝統文化となっている。文化の中でも，特に重要であったものの1つに，アーリア系の宗教観がある。インド思想は，王国のような限りあるものより，神話・宗教のような永遠なるものを重視する。この根拠は，インド世界の地名をみるとよく理解できる。インド世界の地名は，国名をはじめ，都市名，町村名，自然名と全ての分野に，神話・宗教関連の地名を用いているからである。見方を変えていえば，インドでは，人々

の生活，社会，文化，芸術，経済活動などを，神という形に変えて表しているともとれる。つまり，インド世界の人々の生活そのものが宗教活動なのである。逆に政治組織は成熟せず，インド世界では充分育たなかったといえるだろう。これに加え，伝統あるサンスクリット系接尾辞の pur や nagar などが，神話・宗教発祥と同時期から，神話・宗教関連地名を補佐するように用いられ，政治的に不統一の歴史をもつインド世界に，社会的な一体感を与えてきた。これらをまとめれば，人々の生活や行事を神と結びつけ，ヒンドゥー教に基づくダルマ（宗教思想や規律）を尊び，それと一体化して成り立つカースト制度の下で社会を律してきたことを，間接的に表わしている。カースト制の成立は，宗教的優越感だけでなく，いつの時代でも西アジアと内陸アジアから部族侵略が繰り返され，この侵略がカーストをより強固なものに上塗りしていったものと判断する。それゆえ，3500年の間に，インド世界は多部族，多言語，多文字の社会になってしまった。では，このような特徴を持つインドの社会は何を基準に成り立ってきたかといえば，それは無数に存在する集団である。その集団内にもさらに幾つものコミュニティー，階層，分化された集団，地方文化グループなどがある。これらが自立しながら関連しあい，場合によっては反発しあってインド社会を形作ってきたと推察する。

　これに対し，東南アジアは，部族・村落中心の社会で，インドから基本となる文化を導入した。東南アジアは，インド世界と風土で似た面が多く，インド文化が導入しやすい一面があった。インド文化を導入した関係で，インド世界と似た文化がみられるが，東南アジアの特徴は村落社会で，開発も進まず，インド世界との違いは大きい。もう1つ，東南アジアとインド世界との違いは，東南アジアが積極的に異文化の良さを導入した点である。インド世界は，異文化圏の強制侵入であったといえるが，東南アジアは，自らの意思で積極的に導入したのである。この点に関しては，日本と似た面がみられる。ここにインド文化との決定的な違いがあるといえるだろう。宗教に限ってみても，東南アジアには，仏教もヒンドゥー教も，イスラーム教も，カトリックも，拒否することなく信仰し，生活に取り入れている。このような文化圏は他にない。

13. 東アジアと内陸アジアの比較

　東アジアには農耕地域（中華世界）と遊牧地域が含まれるが，東アジアと内陸アジアを比較する場合は，東アジアの遊牧地域を内陸アジアに含めて比較する方が適当であると考える。

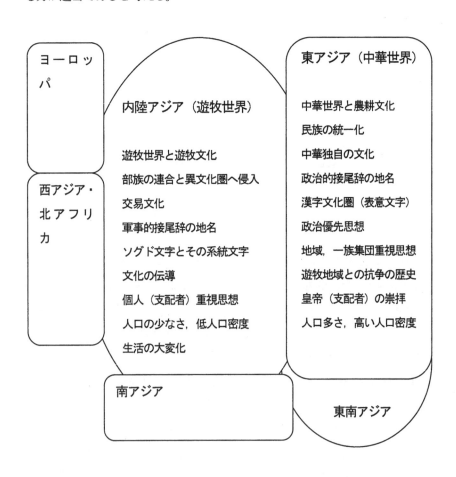

東アジアと内陸アジアの比較

A．自然環境の相違と両文化圏の交流

　中華世界は，典型的な農耕社会である。インド世界もヨーロッパ世界も同じ農耕社会である。農耕地域は食料を生産し，人類にとって最も住みやすい地域となっている。農耕社会は，都市，村が発展し，文化，工芸技術も栄え，宗教も生まれた。それゆえ遊牧民に対しては，中華世界，インド世界，ヨーロッパ世界は，似たような感情を持っている。中華世界は，温帯を中心にして南部は亜熱帯であり，北部は冷帯である。ここは作物がよく育ち，人口も多い。

　遊牧の世界は，降水量が少なく，農産物の生産が少ない。降水量の少なさが決定的に不利である。気温は，夏は高温で，冬は極端な低温，昼は高温で夜は低温と寒暖の差が激しく住みづらい。当然食料は不足する。遊牧民はこの不足分を交易によって補ってきた。いわゆる商業活動である。それでも不足すると農耕地を武力侵略し，農耕地の支配者となって生きる術を求めた。

　中華世界の中国の歴史は，遊牧民との闘いの歴史だったといっても良い。莫大な財力を投じて建設した万里の長城を見ただけでも，遊牧民の怖さ，侵略の凄まじさが理解でき，歴史の重みが理解できる。ただ遊牧民も，単に略奪だけを行ったのではなく，遊牧特有の制度や，異文化の技術等も伝え，農耕文化の発展に貢献した面も多々ある。中国の文化も，かなりの部分が遊牧民から伝えられた文化であることを理解しておく必要がある。また遊牧民は，中国に侵入すれば，中華式の制度や文化を尊重したことも理解しておく必要がある。ロシアや中央アジア諸国が，現在でも中国を「キタイ」と呼ぶのは，遊牧民の「契丹 kitang」族の名に由来するが，それは契丹族が，中国商品を持って交易を行い，農耕の中国人の評価を高めたからであろう。それほど遊牧民は中国に溶け込んでいたのである。長い歴史で判断すると，決して一方的な侵略では片付けられない面がある。

　歴史では，遊牧民の侵略ばかり取りあげるが，現実の世界をみれば，現在の中国の領土も，国土の半分以上が本来遊牧民の領域であった。少し多めに見積もっても，漢民族の本来の領土は，現在の4割に満たないだろう。農耕民の漢

民族は，遊牧の文化も取り込んで力をつけ，逆に遊牧の世界に入り込み，漢民族の土地に切り換えてきた。最も典型的といえるのは満州で，もはや満州は遊牧・狩猟地域であったとは想像もつかない景観に変わっている。

B，国家意識の相違

　中華世界をみると，方位を基本とする国名（中国，朝鮮，日本，越南）が多い。方位の使用は，一つの文化圏であるという意識が，文化圏内の国々に強く働いているからである。そして各国は，国家意識が強く，例えば「日本」は，皇族・貴族，武士，庶民のどれが政権の座についても「日本」という名称使用後は，変更する事はなかった。日本は，政権より国家を優先するという意識が強い国である。「朝鮮」は，「檀君朝鮮」「箕子朝鮮」「李氏朝鮮」「朝鮮民主主義人民共和国」と4度も「朝鮮」の名を使用した。「大韓民国」や「大韓帝国」は，古代の「三韓時代」の「韓」（部族名）を引用した。中国は古代からの「中華」という表現を，現代でも国名に採用している。つまり中華世界の国々は，どこも国家意識が強い。さらに歴代の王朝名に目を向けると，中国の各王朝は，封土名（出身地名）を多く活用した。また地方に栄えた王国は，以前の王朝名を借用して威厳を示してきた。このような活用の背後には，地域重視（郷土愛）思想と，伝統尊重の思想と，権威主義思想が強いということが読み取れる。中華世界各国には，少なからずこのような共通意識が根付いていた。これが東アジア農耕文化圏の持つ古代からの国家観なのである。このような国家観を持つが故に，他の文化圏とは異なり，特定個人名や個人の尊称名，さらに宗教関連地名を，主要地名に用いないという特徴も古くからみられたのである。

　これに対し，内陸アジアの現国名をみると，全てが部族名・民族名を国名に用いている。国名の由来をみただけでも，東アジアの農耕地域との違いが出ている。国号の中で，モンゴル，トルコのような伝統ある民族名の国名もあるが，中央アジアのウズベキスタンのような新しい部族名もある。もう1つ，中央アジアの歴代の王国名をみると，支配者（国王）個人の名が多く活用されている。

東アジアと内陸アジアの比較

王国名の中で，ティムール，サーマーン，セルジューク，ジョチ・ウルス，フレグ・ウルス，チャガタイ・ウルスなどは，支配者名を直接王国名に用いた名称である。さらにハーン，カン（khān，汗）"支配者，首長"という王の称号を付けた国号も非常に多い。キプチャク・ハン，イル・ハン，カラ・ハン，コーカンド・ハン，ヒヴァ・ハン，ブハラ・ハン，カザン・ハン，アストラハン・ハン，チャガタイ・ハン，クリム・ハン，オゴタイ・ハンがこの代表名である。このような王国名をみていると，遊牧の世界は，農耕地域のような土地や伝統や政治的権威を重視するのではなく，その時代の王の支配力・統率力を重視したことがわかる。つまり遊牧地域の国家観とは，民族・部族を基本とし，民族・部族をまとめる有能なリーダーの活躍する世界だったといえる。そうすると，

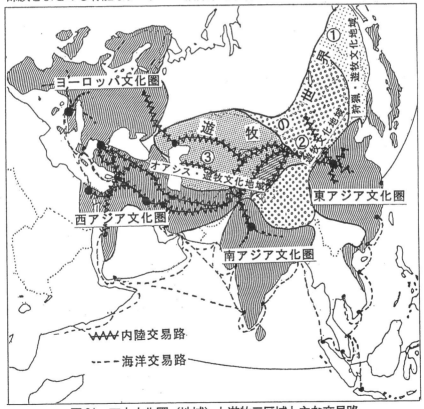

図31　四大文化圏（地域）と遊牧三区域と主な交易路
著者作成

第7章　国名・地名からみた文化圏の比較

王の力が強大であれば，モンゴル，トルコ，トルクメニスタンの名称が示すように，諸部族を統合して，民族集団自体が巨大化していく方向へと進むが，逆に支配者の力が弱ければ，ウズベクやカザフの語源が示すように，支配集団から分離して新たな名称を作って独立していくという行動も普通に行われた文化圏であった。このような変化をみると，遊牧の世界では，部族名も国号も力次第で一変する世界だったといえる。もう1つの特色は，遊牧地域では「国」に対して ulus や il という表現を用いていた。これは"部族の衆，部族集団の国家"を意味し，支配地が拡大すれば，部族集団をもって国家と考えてきた事を示している。これをさらに発展させて推測すると，国力とは支配する部族・民族の数によって決まるという思想であるともとれる。例えばモンゴル帝国内に，モンゴル以外の部族名が活用されていた事から考えても，従う部族には寛大であり，宗教にも文化にも言語にも干渉しなかったか，干渉しても大らかだったと推測できる。しかし，敵対する部族・民族に対しては，古い時代の民族名，国号，地名が消し去られている事実から判断して，国家も，部族・民族も，国名・地名も，徹底して破壊したのではないかと推察する。アメとムチという両面を駆使した遊牧の世界は，東アジア農耕社会とは異なる厳しさが感じられ，全く価値観の異なる世界だった事がわかる。

C．都市の性格

　都市というものは，特定の目的だけに形成されるというケースはまれで，1つの都市は多様な機能を持っている。都市の重要機能は，時代と共に変化している。しかし都市名をみると，何の目的を優先して形成されたのか？ どのような役割が強かったのか？ といった特徴をある程度読みとることができる。東アジア農耕地域の代表である中国をみると，「州，郡，県，鎮，郷」などの接尾辞の付く都市は，行政目的が強かった都市である。ほかにも多様な接尾辞を持つ都市がみられた。このような接尾辞をみると，政治目的，軍事目的，交易目的など，多様な目的から集落が発展したが，それが経過と共に都市へと成長

していった事がわかる。多様な都市がある事だけでも，中国は古くから調和のとれた社会であったことが推察できる。見方を変えて中国の主要都市をみると，町全体を城壁で囲む城壁都市が多かった。城壁都市は，万里の長城と同じ防衛の役割があった。城壁で囲っても，中国の城壁都市は，地中海周辺にみられたような政治的自立・独立を目的とする都市国家という性格を持っていた訳ではなかった。なぜなら中国の城壁都市は，王朝の出先機関であり，王朝の行政・軍事的役割を担う都市だったからである。中国では城壁で町全体を保護したため，大都市を城市，小都市や町を城鎮と呼ぶようになった。現在では，生産，文化，学問，居住，娯楽などといった役割に大きくカジを切り，人々の生活の場，生産の場，活動の場として，城壁のいらない時代に入った。

同様の見方で，ロシア支配以前の内陸アジアの都市をみると，東域のモンゴル草原地域では，基本的に都市が発達せず，都市数は農耕地域と比べて大変少なかった。少ないながらも中国語の「旗」の接尾辞の付く都市名や，ordo 類や khoto 類といった遊牧独自の接尾辞を持つ都市が存在した。一方で，西方のオアシス都市では，古くからペルシア語の ābād, kand などの異文化接尾辞の付く都市がかなりみられた。この接尾辞をみただけでも，内陸アジアの西域は，西アジアとの文化交流や価値観を共有する社会であったことがうかがえる。また西域のオアシス都市は，周辺地域のためだけに建設されたとは言い難く，最初から異文化圏との交流を意識して都市造りが行なわれたことも推測できる。つまり遊牧文化圏の都市の役割は，遊牧民やオアシス住民にとっては，日用品の生産基地であり，異文化地との交易の要であり，情報・文化の基地であり，宗教活動の場所であり，商業地であり，軍事拠点であった。現代の都市の役割の多くを，古くから担ってきたのが遊牧地域の都市であった。遊牧文化圏の都市は，今では遊牧民の大部分を吸収してしまっている。

D. 遊牧世界の伝えたものと農耕世界の授かったもの

遊牧民の特徴は，移動することが基本であり，移動の中に生活の場があった。

第 7 章　国名・地名からみた文化圏の比較

　生活の最小単位であった ail "村"は，遊牧民の基本である。この点では，遊牧文化全域に共通性がある。他には，東域（モンゴル系，満州系，チベット系）は中国の影響を強く受けると共に，人名や尊称名を使わないという東アジアとの共通性を持っている。逆に西域（トルコ系）は，積極的に人名を活用し，ペルシア語などの異文化語を活用する，いわば西アジアとの共通性を強く持っている。遊牧民は中国やペルシアの影響を受け入れながらも，交易圏としての独自性も保ち，また双方の文化圏の発展にも寄与してきたのである。

　中華世界が，遊牧民から受けた代表的な例をあげてみる。その最たるものが仏教の伝来であろう。インド発祥である仏教が東アジアへ伝来したのは，当時の中華世界とインド世界が直接人的交流を持たなかったことから考えて，遊牧民がもたらしたものと言って良いだろう。仏教思想の影響が大きい中華世界の文化や思想は，その後玄奘（げんじょう）や義浄（ぎじょう）などの仏教研究者の功績があったとはいえ，遊牧民の思想や文化や伝達を抜きにして語る事はできない。つまり，中国を始めとする東アジア世界は，文化や思想形成に，極めて大きな影響を遊牧民から受けたことになる。農耕民は，遊牧民を侵略者，破壊者という目で評価するが，仏教の伝来を考えると，破壊とは比べものにならないほどの新文化形成の立役者だった事になる。このことを充分理解して評価すべきであろう。

　文化伝播という側面からみれば，もう１つの大きな特徴も挙げなければならない。それはタクラマカンあたりが，文化や価値観や思想などの集積地であり，終点の役割を果たしているという点である。地名伝播（ちめいでんぱ）をみても，遊牧地域の二大異文化言語である漢語地名も，ペルシア語地名も，タクラマカンで終わっている。タクラマカンは，砂漠の中に地名を吸収消滅させる特殊な地域性を持っている。地名を吸収消滅しているということは，ここに集まってきた世界の宗教も文化も社会制度も，ここで粗方（あらかた）吸収消滅したことを意味する。そしてここが，新たな文化の出発点の役割も果たしたことになる。インド仏教も一旦ここで選別され，政治思想の強い東アジアに合う形のものが伝えられたのだと考える。つまり遊牧文化圏は，文化や価値観の切り替えの場所なのである。図 30 に，世界の四大文化圏を結び付ける遊牧地域をあげたが，この遊牧地域をさら

に詳しくみれば，特にオアシス都市のある砂漠地帯（トルコ系の居住地）が，西アジアと東アジア，さらに南アジアも含めた文化交流や交易の切り替えの場所だったのである。図式化すると，世界の流れがつかみやすい。このような役割を果たす場所は，農耕地域にはみられない。

E，文化圏のかかわり

　東アジア農耕地域と，遊牧地域東域（特にモンゴル系）の係わりをみる。農耕地域の王国は，万里の長城を築き，長い間それより北の草原や砂漠には強い興味を示さなかった。しかし交易ルートだけは別であり，安全に確保できるように，ルートに沿って長城を築いてきた。そうすると，交易ルートは農耕民にとっても，遊牧民と同様に非常に重要だったことになる。

　これに対し遊牧民は，交易を筆頭に，農耕地域を支配する事にも古くから関心を寄せてきた。そして機会あれば侵略する行動をとってきた。農耕民の漢人が，万里の長城を建設した事だけを考慮しても，遊牧民のとった長年の思想や行動が充分逆算できる。農耕地域を支配下に入れた代表的な遊牧系の王朝は，元王朝と清王朝であった。この両王朝の特徴は，農耕地域と遊牧地域を，一国の領土として支配したところに最大の特徴がある。それゆえ，これにより両文化圏の間には，安定した交流が生まれたのである。元の場合は，元の領土内だけでなく，同族の国家であるイル・ハン，オゴタイ・ハン，チャガタイ・ハン，キプチャク・ハンにまで共通する制度を作りあげた。それが結果的に，農耕地域と遊牧地域をさらに結び付けることに繋がり，逆に農耕民がそれまであまり関心を示さなかった遊牧地域への進出を促すきっかけになったと推察する。

　現在の両文化圏の状況をみると，遊牧文化圏であった東北地方（満州）や，内モンゴル，チベットなどに漢語地名が命名されている。これは漢民族が遊牧文化圏に入り込み，中国化・農耕化を進めた結果である。このような農耕民を遊牧地域へ招き入れるきっかけを作ったのは，遊牧民自身の歴史活動にあったと推察する。

14. 東アジアと東南アジアの比較

　東アジアは「中華世界」という独特の伝統文化を形成している。一部東南アジアも含まれる。東南アジアは新しい文化圏である。両文化圏を比較する。

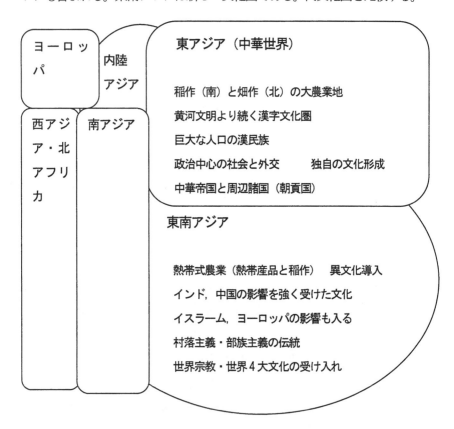

A. 古代から続く文化圏と現代に形成された文化圏

　東アジアは，国名の由来を知るだけでも，古代から「中華世界」という独特の政治形態，外交，交易制度を持っていた。中華世界の交流は，伝統的にラク

東アジアと東南アジアの比較

図32 中華王朝と朝貢国　　著者作成

表12　明への入貢

順位	国名	回数
(1)	琉球	171
(2)	安南(アンナン)	89
(3)	烏欺蔵(チベット)	78
(4)	哈密(ハミ)	76
(5)	占城(チャンパー)	74
(6)	暹羅(シャム)	73
(7)	土魯番(トルファン)	41
(8)	爪哇(ジャワ)	37
(9)	撒馬児罕(サマルカンド)	36
(10)	朝鮮	30
(11)	瓦刺(オイラト)	23
(12)	満刺加(マラッカ)	23
(13)	日本	19
(14)	蘇門答刺(スマトラ)	16
(15)	真臘(カンボジア)	14
(16)	浡泥(ブルネイ)	8
(17)	三仏斉(パレンバン)	6

ダや馬による内陸との交流で，船による交流は殆ど眼中になかったと判断する。その根拠は，海岸沿いに大都市が発達しなかったからである。現在の海岸沿いの上海，香港，青島，大連などの巨大都市は，中国では新しく発展した都市である。中華王朝の都市の発達から判断すると，基本的に内陸に目を向け，海洋には関心を示さなかったと結論付けられる。それゆえ，近現代のヨーロッパの海からの侵略に対し，当時の清王朝は，対応する術をよく知らなかったと判断する。ただ明王朝時代は，中華王朝の中で初めて海洋交易を活発化させた

第7章 国名・地名からみた文化圏の比較

王朝だが，それは元王朝をモンゴル高原に追い払い，敵対する内陸とは交易が出来ない事情を抱えていたからである。漢民族の王朝は，万里の長城を修復して内陸の守りを固めるだけで精一杯だった。ただ唯一海洋交易を重視した明王朝の時代に，直接領土を接していない東南アジアの諸王国まで，朝貢国として交流するようになった。歴史学では，9世紀以降，中華王朝との交流を殆ど持たなくなった日本より，インドシナ半島や東インド諸島に栄えた各王国の方が，明王朝との交流関係は深かったと記している。また交易を中止していた日本も，明代に復活している。表12には室町時代の入貢回数をあげたが，これをみても海洋交易が活発化した様子が理解できる。これによれば，図32のように「中華世界」の末端が東南アジアに拡大したと考えてよいだろう。

これに対し，東南アジアの現国名の語源や由来から分析すると，東南アジア文化圏としての共通性やまとまりは感じられない。東南アジアは，単に小王国の分散的発生地域であるとしかいえない。東南アジアは，インド系地名と東アジアの地名が基本にある。東南アジアの位置は，インド世界の延長線上にあって，分岐点に当たる場所を占めている。それゆえ都市名・地方名も，基本はインド系地名である。中華系の地名は，漢語が6〜7割を占めるベトナムだが，それ以外でもタイ系の部族やミャンマー系の山岳部族が南下してきて住みつき，さらに交易や中国人の来航もあって，中華世界の文化に触れ，地名も増加し，一部だが中華世界の範疇にも属するように変わってきた。

これらの導入現象とは逆に，東南アジア先住民由来の地名や接頭・接尾辞は，他の文化圏には一切用いられていない。一般に，文化圏といえるまとまりがあれば，何がしかの影響は他の文化圏にも与えるものであり，地名も幾らかの影響は残すものである。東南アジアの地名が他の文化圏にみられないのは，東南アジアの人々は，他の文化圏に進出しなかったからである。これらの特徴から判断して，東南アジア自体は，インド世界の末端，中華世界の末端に位置し，この両境目地域を削って，新しく作った文化圏と捉えるべきである。

では，文化圏としての東南アジアはいつ頃形成されたのかを考察すれば，欧米列強がやって来て，オランダ領東インド，英領のビルマ・マラヤ・シンガポ

ール・サバ・サラワク，仏領インドシナ，米領フィリピンをそれぞれ植民地化し，それぞれが領域を区切って，欧米の支配制度を持ち込んだ。そしてその欧米宗主国から独立した第二次世界大戦後に，現在の形態が出来上がったといえる。この時期に，政治組織の共通性，隣国との関係，領土範囲の明確化等々，領土国家としての体裁(ていさい)も出来上がったと判断する。それ以前は，各王国が単独に近い状況で栄え，領域の範囲は不明確あり，しかも村落を単位とする社会であった。このように捉えれば，東南アジアとしての地名上の共通性の無さ，異文化地名の積極的受け入れ，周辺文化圏に地名的影響を与えなかった文化圏としての性格，歴史的に都市国家レベルの王国が多かった事実，などと言った東南アジアの持つ特徴の全てが納得できる。

B，国家構造と国家権力の相違

　中華世界では，国号は古代から用いられてきた。国号命名という意識が，世界の中で最も古くから存在した文化圏である。当然皇帝は，国家統制においても，絶大な影響力を持って君臨してきた。それは行政区画名の接尾辞が国土の隅々まで行き渡っていること，政治的意図の地名を支配全域に数多く命名していること，政権の交代により主要都市名の改名を行っていること等々をみれば，政治の影響力の強さを知ることができる。王権の強さに限れば，古代より「律令制度」が実施された事実だけを考慮しても，充分説得力があるだろう。律令の実施は，国土の隅々まで支配者（国王）の絶大な権力が及ばないと実施不可能な制度である。律令制は中国のみならず，朝鮮半島，日本，ベトナムといった周辺諸国でも行われた。このように中華世界は，伝統的に政治権力の強い文化圏で，それが国土の隅々にまで及ぶ国家構造であった。

　これに対し東南アジアでは，国名をみても周辺諸国との関連性はみられない。語源をみてもインド系，中国系，民族系，欧州系と多様である。また本来東アジアに含めるべきベトナム（越南）を除いて，行政関連の地名もみられない。さらに東南アジアでは，"都市"を表すインドの接尾辞 negara を "国家" を表

第7章　国名・地名からみた文化圏の比較

す名称に用いたり，アンコールに変えて王国名に用いたりした。このことから推察して，ここで栄えた王国の多くが，都市国家（首都）か港市国家的な組織力しか持っていなかったと考えねばならない。現在の東南アジアを眺めてみても，フィリピン，インドネシア，ミャンマーなどでは，各地に，辺境の部族が独立紛争や反政府運動を起こしていて，国家としてのまとまりに欠け，政治組織・国家権力が十分育っていないと文化地域であると判断する。その背景の底には，伝統的部族社会制度の影響力がまだ強く残っていて，近代国家としての歴史も浅く，国家に対する愛着意識も弱く，物事によっては国民としての自覚も国家意識も充分育っていないからだと推察する。

　ただ東南アジアには例外もあった。それはアンコール・ワットやアンコール・トム，ボロブドールなどの遺跡で，巨大でハイレベルの建造物や彫刻を残している。この建築には，莫大な資金が必要である。それゆえ小国の建設できる業ではない。そうすると，東南アジアには都市国家の中に，突如として力を持った国家が出現した歴史があったことも示している。アンコール・ワットのあった都を「マヘンドラパルバタ」と呼び，サンスクリット語で"偉大なるインドラ神の山"を意味したので，人々の信仰心の力を活用して周辺諸部族を結束させ，年月をかけて大建造物を完成させたのだと推測する。

C，民族意識の形成と村落・部族意識の形成

　中国歴代の王朝・王国名をみると，統一王朝の時代が長く，政治的に安定した時代が普通であった。つまり中国をはじめとする東アジアでは，政治権力優先の精神が育っていた。そして国家が安定し，国家が基本となって人々をまとめ，それが国家ごとに民族意識を形成させたのだと推察する。中国に限らず，日本，朝鮮半島，ベトナムも，政治力によって民族，部族が結成されたのだと言っても過言ではない。ただし現在の中国の場合は，多様な民族を支配した「清」の領土を受け継いだので，単一民族国家とはなっていないが，それでも国民の9割以上は漢民族という特徴を持ち，民族国家に近い性格がみられる。歴代の

漢民族による中華王朝の場合は，ほぼ漢民族の国家であった。それゆえ中国も朝鮮半島も日本も越南も，国家と民族は一体のものという意識を強く持って生きてきた。もう1つ，地名における家名の活用と人名の未使用という特色に加え，王国名（郷土名の使用や王朝名の借用）をみると，一個人尊重（個人中心主義）より一族宗家重視，地域的結束力重視という集団意識の強さが感じられる。つまり「家系主義」を重視する社会であるといえる。

これに対し，東南アジアは村落共同体で，村落部族意識が強い社会であった。そして長い間，村落単位でまとまる「村落主義」の思想が基本であった。そのため村を一歩出ると，そこは別の世界であり，隣村はそのまま異国の民という思想を持って生きてきたという特徴もみられた。村落主義の中には，一部だが東アジアの「家系」や「出身地結束」重視思想と共通する考え方が存在する。しかし村落程度の範囲で止まり，それ以上の広がりは長い間殆どみられなかった。東南アジアには，現在のような国土の隅々まで支配権が及ぶ近代的領土国家は存在しなかったので，国家を基本とした民族形成や民族主義の考え方は出来上がらなかったのである。それゆえ，第二次世界大戦後でも，国名の変更と国名変更の模索，さらに部族独立運動などが発生するのである。

D．異文化への適応能力

東アジアをみると，長い歴史の中で形成した独特の文化と価値観を持っている。そして少々の事では異文化には染まらない特徴を持っている。それゆえ近現代になって，欧米の優れた文化に接しても，自国文化との軋轢(あつれき)もあってすぐに取り込めない性格となっていた。ただ歴史からみれば，中国も古代から異民族に侵略され，その異文化を受け入れざるを得なく，またそれによって文化の発展もあり，中国のかなりの文化が遊牧民の持ち込んだ文化から生まれたという背景もある。このような歴史があるので，異文化を全く受け入れない性格ではない。東アジアに限らず，南アジア，西アジア・北アフリカなど高度な文化圏ほど，このような独自色を保持する性格が強い。これは自負心や伝統との

葛藤が原因なのであろう。日本を例外として，東アジア各国は欧米文化の高さを，一面では理解しながらも，切り換えるのに1世紀以上かかった。しかし，異文化を受け入れる必要があるという考えが国民全体に浸透すれば，現在の東アジア各国の発展が示すように加速度的に発展する。

　東南アジアは，文化圏としての形態や，独自の文化への自負心は，殆んど持っていなかったと推察されるが，その分逆に古代から多様な文化圏の地名を受け入れているので，文化の導入には非常に柔軟性をもった地域であると考えて良いだろう。そしてそれは，柔軟性に富む民族性であると置き換えて表現することもできる。つまりそれほど軋轢なしに異質な文化を受け入れる特殊な能力が備わっていたといえる。多様な文化の長所を受け入れるという行為は，独自の文化を育てるのと同じほどの価値を持つと考える。そういう点で東南アジア地域は，政治体制さえしっかり確立されて社会の安定が続けば，大いに発展する要素を備えている。これは優れた点であると評価する。

　ちなみに，独自の文化を残しつつ，異文化を取り入れ，独自色の文化を創造するという能力においては，日本が世界最高のモデルであるといえるだろう。日本の異文化導入は，他国や他文化圏ではみられない独自のものがある。

E．都市の特色と村落の関係

　中華世界（東アジア）の中国をみると，第4章で述べた如く，独自の接尾辞が古くから用いられていた。例えば「州」「県」「鎮」「郷」などの付く行政区画接尾辞は，全土に用いられた。この行政関連の「州」「県」「鎮」「郷」の接尾辞には序列があり，上下関係の結びつきが強い。都市（城市）も各地方には地方の拠点都市が存在し，その影響の下にさらに下部の地方都市が存在した。また中国の都市は，北京"北の都"，南京"南の都"のように，都に確定されれば，名称を改名して中心拠点として発展したことを表した。都市と農村の関係をもう少し詳しく述べると，城市は，王都，大都市，中都市，小都市に分類され，その下に城鎮，村鎮などが存在し，各規模の都市と農村はそれぞれの役

割を果たす総合補完の関係にあって，その結びつきは強かったといえる。また村落に用いた「村」「子」「荘」「家」「集」「口」「房」「橋」「浦」などの接尾辞の特徴や数の多さから推測して，村落は都市と比べらものにならないほど多く発達していたことがわかる。つまり，中国の都市と農村は，結びつきがあり，序列的に，効率よく発達していたのである。

　これに対し，東南アジアの都市をみると，古くからの都市名は，歴史上の王国名と同じ名称が多く，これから判断すると，都市が国家的役割だったことを表している。それはまた，接尾辞からも推察できる。それはサンスクリット系の接頭・接尾辞である negara, karta, pura, dessa が多く活用されたが，これらは"都市"や"王都"，さらに"国"の意味に用いられた。このような都市に対し，現地語由来の kampong, ban, barangay などの接頭・接尾辞は，都市とは無縁の，独自の「村」を表す生活共同組織体に用いられた。そして東南アジアの都市接尾辞と村落接尾辞との関係をみると，東アジアのような都市と農村は総合補完の関係にあったという背景が伝わってこない。当然だが，kampong, ban, barangay といった村落集団は，都市に成長していないのである。東南アジアの都市は，政治権力の所在地で，異文化の影響の下に，特別に形成されたという背景だけが浮かび上がってくる。もう1つの特徴は，村落を表す現地語接尾辞の数の多さに対し，都市の数があまりにも少ない。都市の少なさからみて，東南アジアは伝統的に村落社会だった事が推察できる。このような理由から，東南アジアにおける都市は，中華世界とは異なり，特別な存在だったのである。歴史の古い都市に関しては，その大部分が王国の政治的・精神的基盤であり，王国が滅びれば，受け継がれるとは限らず，廃墟と化す事実も多くみられた。

　このように，東アジアと東南アジアの都市・村落関係には大きな違いがある。ただ現在の東南アジアには，数多くの都市が建設され，社会に大きな影響を与えている。中にはシンガポール，ジャカルタ，バンコク，マニラなどの巨大都市もある。しかしこれらの近代都市は，欧米の植民地時代に基盤が造られ，それ以降発達したもので，植民地以前の都市とは別の都市なのである。

15. 内陸アジアと東南アジアの比較

　内陸アジア文化圏と東南アジア文化圏は，直接交流が行われず，当然地名の影響もお互いに全く与えなかった。しかし両文化圏を比較すると，異質性と共通性がみられるので，両面から比較してみる。

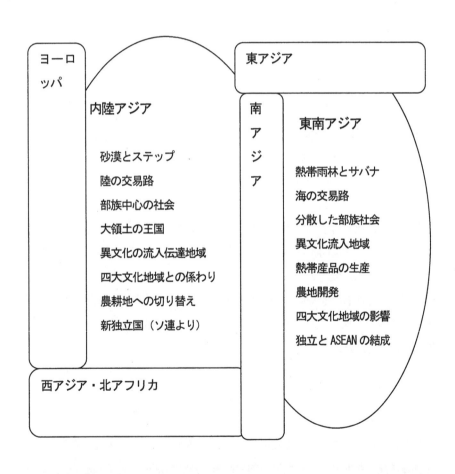

内陸アジアと東南アジアの比較

A. 文化圏の風土の差

　内陸アジアは，砂漠とスッテプ気候が占め，樹木は育たなく，水の絶対量が少ない。さらに夏は非常に暑く，冬はきわめて寒い過酷な環境である。それゆえ異文化圏からの入植もほとんどみられなかった。ただ支配に関しては，中国とロシアが侵入してきて支配したことが歴史上みられた。逆にその数倍も遊牧民が農耕文化地域へ侵略し，支配して移住する行動がみられた。それは内陸アジアの人々は，自然状況の厳しさから豊かな農耕地域へ行き，食料の確保と生きる道を求めたのだといえる。そのために，内陸アジアでは，部族は連合するか，代表者によって統一されるか，どちらかで強くならねば達成できなかったのである。大きな力でまとまると，モンゴル帝国のように，世界でみられなかった大帝国も出現したのである。ただ，このような侵略は絶えず行われたわけではなく，ほとんどは平和的な牧畜生活と交易によって生活を維持してきた。しかし現在，歴史的に遊牧民の果たしてきた優れた交易という出来事は，見る影もなく衰退している。それゆえ遊牧文化圏は，勢いがなく，人口も少なく，現代世界の発展からとり残されている。遊牧民が歴史的に衰えたのは，交易が衰えたからである。交易は遊牧地域の生命線であった。西洋文明の発展が遊牧民の交易を失わせ，また遊牧民も新たな交易手法を考え出さなかったところに，現在の衰退の原因がみられる。乾燥気候という条件は，いつの時代でも変わることがない。衰退は生き方の工夫の問題なのである。

　これに対し，東南アジアは，熱帯雨林地域とサバナ気候の領域である。高温で植物の繁茂が盛んであるため，食料の不足で，異文化圏に侵略する行動をとる必要はなかった。逆に他の文化圏から，生産できない熱帯産品の供給地として知られ，それを求められた。その関係もあって，地名にも熱帯産品にかかわる名称が多く残されている。ただ高温と雨量の多さとジャングルは，人間の活動をかなり制限してきたのも事実である。それゆえ，東南アジアの内部開発は，インド世界や中華世界やヨーロッパ世界より相当遅く，現代に入ってからである。東南アジは海に面しているので，多くの情報や物資が，海を経由して出入

りしてきた。旧世界の商人も海岸沿いにある町に来て，この熱帯産品を求めた。そして，同時に文化も伝えたのである。その結果，気が付けば，長い歴史を通して世界の4大文化圏の全ての文化を受け入れていた。宗教も同様で，仏教，ヒンドゥー教，儒教，道教，イスラーム教，キリスト教が入ってきた。世界の3大宗教や民族宗教は，東南アジアに堂々と根付いている。これらを受け入れ，生かした点が，現在の東南アジアの発展につがなっている。

B，政治・文化に与えた影響力

内陸アジアは，全ての国名が遊牧民の名に由来しており，国名命名に対する共通意識がある。歴史上の王国名をみても，内陸アジアにはモンゴル帝国をはじめとして，巨大帝国が幾つも生まれた。モンゴル帝国の場合は，史上最大の陸続きの領土国家であり，多くの部族・民族を支配下に置いた多部族の帝国であった。モンゴルの出現によって，以後の世界が一体化に向かったといえるほど世界史に大きな功績を残した。これはグローバル化の先駆けであった。モンゴル帝国に限らず，内陸アジアの王国は，いつの時代でも周辺の文化圏に大帝国，大集団となって侵入し，多大な影響を与えてきた。世界史における影響力という点でみると，ヨーロッパのゲルマン民族の大移動もフン族の侵入が原因であり，中華世界の律令制も仏教文化も遊牧民の影響による導入である。南アジアのバラモン教もイスラーム教も遊牧民の持ち込んだ宗教であり，ムガール帝国のような統一国家も遊牧民の力である。

これに対し，東南アジアの国名の言語・意味をみると，民族系，インド系，中国系，ヨーロッパ系があり，しかも多様な由来や語源に分かれている。これは，東南アジアは一つの文化圏として扱えないほど共通性に欠けていることを意味する。また歴史上出現した王国名をみると，東南アジアの王国は"都市"の意味からでた muang, negara, pura を用いて"国家"を表現していた。その証拠に，歴史上の王国名が今も現在の都市名と同じ名で使用されているという特色もみられる。この両特色から導き出せることは，大部分の王国の規模は，

都市的, 港市的レベルであったという結論に行き着く。これに加え, kampong, ban, barangay といった民族系の接頭・接尾辞をみると, 独立性の強い村落に用いられた。それゆえ国王の力は国土の隅々には及ばないか, 及んでもその影響力は弱いものであった。以上のような王国であったことから, 東南アジアは, 周辺の文化圏に対して, 地名・政治・軍事・文化の面でも, ほとんど影響を与える力を持たなかったのである。ただ, 例外として挙げれば, 東南アジアの古い時代の遺跡に, アンコール・ワットやボロブドゥールのような高度で巨大な遺跡が存在した。これらは, 地名から推測できる港市レベルの王国や都市レベルの王国の範囲を超えている。巨大な国家か, 強い権限の王国でなければ不可能である。そうすると, これらの建造物は, 国力や地名から推測して, 支配者は, 武力ではなく, インドの神話・宗教を活用して人心をまとめ, 信仰心を大いに利用して巨大な建造物を作り上げたのではなかろうか？と推察する。人々の信仰心の強さは, 財力の不足を補って余りある程の力があると思われる。

C, 文化圏の行動

都市名, 地方名, 村落名から両文化圏を比較してみると, 内陸アジアには khoto "城塞都市" や ordu "軍営" の付く地名が広範囲にみられる。これから判断すると, 内陸アジアは攻撃的な一面, 活動的な一面を持っていたことになる。これを裏付けるように, 内陸アジアの地名が周辺の各文化圏に命名され, 今も引き継がれている。これを遊牧民の立場からいえば, 農耕民から物資を得る行為は, 生きるための必要不可欠な活動手段であり, その1つが侵略だった。つまり絶対的な食糧不足の地域だったがゆえに, 南アジア, 東アジア, 東ヨーロッパ, 西アジアへ侵攻を繰り返してきたのであろう。乾燥地域で生き抜くということは, 生産も, 略奪も, 交易も同等であり, 状況に応じて採らなければならない必要な行動だったのである。この行動の裏には, 内陸アジアの自然環境の厳しさがある。

これに対し, 東南アジアの都市名には, 異文化圏から導入した宗教地名, 古

第7章　国名・地名からみた文化圏の比較

代インド王国の首都名，理想的名称などが多く用いられていて，平和的な語源を持つ地名が多い。しかも異文化の地名を意図的・積極的に受け入れている。ここに大きな特徴がみられる。これらの地名から受ける印象は，武力で制圧したような行動はほとんど感じられない。少しの例外はあるが，地名や地名接尾辞からは，平和的な活動が連想できる。また宗教地名が多いので，宗教の力を借り，その権威によって平和的に国を治めようとした崇高な感覚も伝わってくる。つまり，遊牧地域のような攻撃的行動とは全く逆のイメージが連想できる。またこれを裏返してみれば，東南アジアは侵略という行動はとらなくても生きられる環境だったという地域的特色も伝わってくる。東南アジア由来の地名が，周辺の文化圏に用いられていない理由の1つも，この居住環境があったからだと考える。すなわち，東南アジアという地域は，地味が豊かで，外から必要な物資を獲得しなくても生きられた地域だったのである。

D．交易路

　共通性の1つ目として，両文化圏は，地名からみて異文化の影響を大いに受け入れているという共通点がある。
　内陸アジアは，人々を引きつけるだけの魅力のある商品は持ち合わせておらず，西アジア，ヨーロッパ，東アジア，インドの商品を，遊牧民の移動力によって結びつけることで，その存在意義を示してきた。言わば世界文化の交流や物資を結合する役割や伝達する役割を担ってきた。内陸アジアには，中国系の地名，ペルシア系の地名，欧州（ロシア）系の地名，一部だがインド系の地名や接尾辞も入っている。このような地名は，これらの国々と直接交易をした証である。
　これに対し，東南アジアにも，内陸アジア同様にインド系地名，中国系地名，イスラーム系地名，ヨーロッパ系地名が用いられている。これらの地名が用いられているという背景には，両文化圏とも他の文化圏を結ぶ交易路に当たっていたという位置的要因があったことを示している。ただ交易路を詳しく吟味す

ると，大きな違いに気づく。

　内陸(中央)アジアは陸路の交易路であった。そのため内陸アジアの中でも，特に交流の深さから，西域はペルシアの影響を強く受けており，東域は中国の影響を強く受けている。内陸アジアの交易の功績を，中華文化を例にしてみると，仏教の伝来は，遊牧民の伝えた功績によるもので，仏教は単なる宗教の普及だけではなく，中華世界の思想形成にも大きな影響を与えた。また中国の2千年以上に及ぶ中央集権制の導入も遊牧民の持ち込んだ制度が始まりといえる。中央集権化は秦の政策であったが，秦は遊牧地域の思想や政策を活用して全土を征服した。そしてこの制度で中国を支配することで，大きな影響を残したのである。また中国での律令制も，遊牧系の王朝が中国で行った政策が始まりであった。中国では，文化や制度の半分近くが遊牧世界の影響を受けているという。

　これに対し東南アジアは海洋交易路であった。東南アジアは，交易路の他に世界中の人々が欲しがる熱帯産品を持っていたので，わざわざ出向く必要はなく，相手から東南アジアにやってくる交易だった。このように述べるのは，古代から特産品に係わる地名が数多く命名され，また他の文化圏の人々も，東南アジアを特産品の名称で呼んでいたからである。東南アジアは，世界の食事における味覚にも大きな影響を与えたと考える。

　そうすると，一口に交易路といっても，交易の仕方に関しては全く違う内容になる。内陸アジアの場合は，店を持たず，自らが物を運ぶ担ぎ商い（物流）の形態だった。東南アジアの場合は，交易相手が向こうから来る，いわば出店（店舗）の形態をとった。交易の形は違っても，両文化圏が世界の交易と文化と生活の発展の橋渡しをした事実は消えることはない。

E．地名のブラックホール

　もう一つの共通性をあげる。地球的規模でみて，タクラマカン砂漠の役割と東南アジアの熱帯の役割が似ている点である。陸路・砂漠と熱帯・海という全

第7章 国名・地名からみた文化圏の比較

く異なる自然条件だが、地名からみれば共に異文化圏の地名の結集地となり、終点となっている。

　タクラマカンには漢語系地名、ペルシア系地名、サンスクリット系地名が入ってきたが、これらも全ての伝播はここで終わっている。またタクラマカンはトルコ系部族の生活圏だが、トルコ系地名もこれより東にはみられない。チベット系地名もこれより北にはみられなくなる。つまり、図33のようにタクラマカンを横断して拡大していない。

　東南アジアの地名には、漢語系地名、サンスクリット系地名、ペルシア・アラビア系地名、欧州系地名が入っているが、これらの言語もほぼここで全ての伝播が終わっている。そうすると、この両地点が地名からみたブラックホールのような役割を果たしている事になる。そしてタクラマカンと東南アジアを結んだ線が、図34のようにユーラシア全体の文化的価値観の境になっている。つまり、両地域が世界規模の思想・価値観の境目にあたるということである。

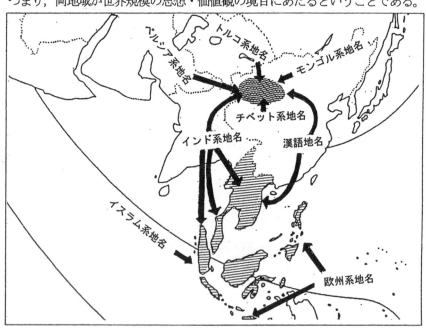

図33　地名の移動と集中地域

著者作成

第8章　　ユーラシア全域

　第1章から第6章までは，国名や地名からみた各文化圏の持つ基礎的特色（文化圏の DNA）と，そこから推測できる地域観・価値観を記し，第7章ではその特徴を基礎として，各文化圏の比較考察を簡単に記した。これらを簡略化して一枚の図にすると，図34のようになる。この中で，楕円で囲った部分は，「はじめに」の項で述べた「菓子パン」の「アン」（DNA＝遺伝子）にあたる部分で，古くから存在する各文化圏の特徴をごく簡略に表現したものである。四角でくくった部分は，ユーラシア全域を1つとして考え直したら，どのように括り直すことができるか，どのようなことが言えるか，という事を表したものである。第8章では，図34の内容を中心にして，簡略に説明する。

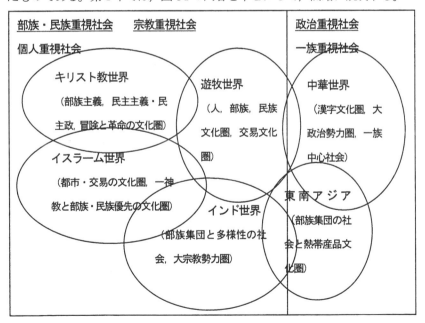

図34　国名と地名からみたユーラシア文化圏の関わりと特徴

著者作成

第8章　ユーラシア全域

1. 一言で表す各文化圏
（楕円の部分）

　ユーラシアの6つの文化圏は，何を基本にして文化圏が成り立っているのか，そこにはどのような独自性（文化圏のDNA）がみられるか，そして今，何が問題点として残るか，という点について簡潔にまとめてみたい。また西アジアは北アフリカと分けることができないので，イスラーム世界として1つにまとめて述べる。

A. キリスト教世界（ヨーロッパ）

　ヨーロッパをみると，まず国家数の多さが，他の文化圏と比べて際立った違いとして出てくる。国名の由来を分類すると，部族名を用いた名称が全体の4割を占めて最も多い。次に多いのが，部族の中の一部の地域が独立した小国家で，この地域名は全体の3分の1を占める。それに比べて，実質的に民族国家にあたるのはヨーロッパには1カ国もない。同一民族の大同団結で大民族国家を目指しても，ナチスドイツのように拒否されるだけである。ヨーロッパの国家数の多さは，大集団として束ねられることを嫌う価値観（特徴）によるもので，その奥には個人主義と権利主張と民主主義の価値観が含まれている。
　王国名をみると，部族名を名のる王国が多くみられた。また古代〜中世にかけて，都市名が多く用いられた。都市名を用いた王国名は，ローマ帝国を例外として，都市とその周辺を領土とする小国家であった。この両特色から，現国名と同じように，部族中心主義思想と地域団結思想が強く感じとれる。この特色は，ヨーロッパの伝統的なDNAであるといえる。
　都市名や地域名をみると，人名，部族名，宗教名が多く用いられ，また異文化の地名も入ってきて活用されているという特徴がある。人名では，古代はロ

ーマ帝国の政治家（権力者）の名が活用され，中世は国王の名が多くみられ，現代では社会主義国家のソ連で，政治家の名称が多く命名された。部族名の活用は，地方名，都市名に多く活用されている。宗教地名に関しては，古代はギリシア・ローマの神々の名が多く命名され，中世からはキリスト教関連名がヨーロッパ一円に命名された。これからみて，中世以降はキリスト教によってヨーロッパの思想や価値観が統一され，まとまっていったことも推察できる。異文化地名では，ヨーロッパの西部にフェニキア語地名やアラビア語地名がみられ，東部にはトルコ語地名やモンゴル語地名がみられ，その影響を受けたことが推測できる。また接頭・接尾辞からみれば，ラテン系，ゲルマン系，スラブ系の地域性が読み取れるが，ラテン語の影響がゲルマン系にも，スラブ系にも入っていて，3系統は共通性が強いことも理解できる。

　地域的・歴史的背景からヨーロッパを眺めると，古代は地中海沿岸が中心で，西アジアの西方や北アフリカと一体であり，同じ文化が花咲いていた。逆にアルプス以北は，地名からみても当時は異文化の世界で，未開の地であった。それはケルト系の地名が主流を占めていたことや，環境の異なる森を意味する地名が多いことから推察する事ができた。そしてそこにローマの支配が入り，ローマの地名も増えて，ローマによって開発が進められた様子も推察できた。ただ東部のドナウ川以北の寒冷の地は，ローマ時代でも未開の地で，開発も遅く，むしろ遊牧民の影響の方が強かった地域であった。その後，ゲルマン諸部族やスラブ系諸部族が広い森を切り開き，耕地を増やし，キリスト教を受け入れ，思想面でもキリスト教による統一化を進めて，ヨーロッパはまとまった文化圏となっていった。これらは地名から推察することができた。

　次にキリスト教一色となった文化圏，すなわち「一神教の価値観を持つ社会」のその後の変化について触れる。キリスト教は，宗派の違いも，当然異宗教も認めない。これは一神教の特徴である。ヨーロッパはこの考えが強くなり，他の宗教も思想も力で排除する社会となった。宗教にかかわる戦争の多さがこれを裏付けている。そして西ヨーロッパに，キリスト教による社会のまとまりと，国家のまとまりができた頃，東ローマ（ビザンチン帝国）からイスラーム侵攻

第8章　ユーラシア全域

に対する援助が求められ，聖地エルサレムを奪回するという名目で，十字軍が派遣された。十字軍は失敗だった。ただイスラーム社会への侵攻によって，イスラームとの接触が多くなり，イスラーム世界の学問や技術に触れ，大きな文化的影響を受けた。その代表が羅針盤と火薬と印刷術の伝授である。ヨーロッパの国々は，イスラームの進んだ文化に触発された。そして十字軍出港のイタリアの諸都市を筆頭に，まず商業が発達し，イタリアではルネサンス（文芸復興）が興き，さらにヨーロッパ西部のポルトガルやスペインでは，羅針盤を活用して新航路の開拓と新大陸の発見が，それに続くオランダ，フランス，イギリスの海外発展（植民地化）があった。さらに後にイギリスでは産業革命が，フランスではフランス革命が，ロシアでは社会主義革命が，現代ではEUの結成がみられ，次から次へと新文化，新社会，新技術，新思想，新国家形態などを興し，ヨーロッパは大きく変化していった。

　これらは他の文化圏では見られなかったことばかりである。この背景には，絶対的権力を握っていたカトリックが，十字軍の失敗によって，権威を失ったことが大きな原因となった。またヨーロッパは移民によって，南北アメリカ大

イギリスの産業革命（世界の工場）

産業革命の起こる背景
①多様な部族・民族侵入の歴史と，多様な価値観・考え方をする社会の成熟，
②合理主義思想の育成，③囲い込み運動によって低賃金労働力が生まれた，
④国内に石炭と鉄鉱石の産出地が存在，⑤資本の蓄積，⑥海外市場の確保，

工業化（技術革命，動力革命，交通革命，資源革命）
①繊維工業の技術革新（飛び梭，水力紡績機，力織機，ジェニー紡績機）
②動力革命（蒸気機関の発明），③交通革命（蒸気機関車，蒸気汽船）
④工業基礎の改良（コークス製鉄法，石炭の燃料化，鉄の大量生産）

社会への変化と影響
①工場制機械工業の確立，②資本主義社会の確立，③資本家の台頭，④労働者階級の出現，⑤労働問題の発生，⑥社会主義思想や労働運動の発生，⑦都市の成長

陸，オーストラリア大陸にヨーロッパの派生社会をつくった。今ではその派生国家のアメリカ合衆国が，世界をリードしている。

　別の視点からヨーロッパを眺めると，安定より変化を好む社会，革命を好む社会という特徴も浮かび上がってくる。このような特徴から，ヨーロッパの根源にあるDNAをまとめると，部族主義と共に小地域集団主義の価値観を持ち，民主主義的価値観と民主政の思想を持ち，新たな革命や発見に大変関心が強いという特徴も合わせ持っている。これれをまとめると，ヨーロッパは「部族主義と民主主義・民主政の価値観を持つ文化圏」，「冒険と革命推進の思想を持つ文化圏」，そして「キリスト教の文化圏」と表現する事ができる。

　次に問題点という立場からみると，ヨーロッパは近現代に入って世界各地を植民地化し，思うように支配してきた。その結果，民主主義や個人主義の思想も世界に広めた反面，隣のイスラーム世界を不安定にした原因も作った。その反動で，今のヨーロッパへは，イスラーム世界から多くの難民・移民が流れ込み，また旧植民地であった国々や地域からも多くの人々が入り込んできて，ヨーロッパ社会の不安定な要因の一面をつくりだしている。英・仏・独などでは独自の文化や社会がみだされる傾向まで出てきた。これはヨーロッパの持つ負の遺産である。もう1つあげておくと，ヨーロッパ内部でも，世界をリードしてきた国々と，周りの国々との間に，大きな経済的・文化的格差も生まれた。特に社会主義諸国であった東欧の国々の中には，EUに加盟したものの，西欧の先進国との間で，国家間格差に直面し，地域開発，人口の流出，先進国の経済支配の面などで，別の課題に直面している。ヨーロッパの国々は一様に豊かではない。この格差も問題点である。

B，イスラーム世界（西アジア・北アフリカ）

　世界で最も古くから文明が栄えた地域である。この西アジア・北アフリカの使用言語をみると，ペルシア語系（現在，使用8カ国，公用語3カ国）と，アラビア語系（現在，使用26カ国，公用語24カ国）が基本となっている。西ア

第8章　ユーラシア全域

ジア・北アフリカは，地名の特徴からから判断すれば，イラン系とアラブ系の2極化といえる。そして，ペルシア系の地名や接頭・接尾辞は，西アジア北部を中心に内陸アジアと南アジア方面（東方）へ拡がっている。アラビア系の地名や接頭・接尾辞は，西アジア南部を中心に北アフリカ，ブラックアフリカ（熱帯アフリカ），ヨーロッパのイベリア半島方面へ拡がっている。地名の広がりは，歴史上どの地域に進出したかを暗示している。逆にヨーロッパ系と中央アジア系の地名が，無視できないほど多く入り，定着して活用されている。これらの地名をみると，各時代を通して，絶えず西アジアの人々が異文化圏に出かけ，また異文化圏の人々も侵入し，人的交流が盛んだった様子が伝わってくる。この背景には，西アジア・北アフリカという地域は，乾燥地域にあり，遊牧文化圏であり，さらに地理的位置の優位性があったことを間接的に表している。西アジア・北アフリカの特徴である，都市の発展と役割，交易の発展と文化の進歩，異文化融合による技術の向上，富の蓄積，宗教の発生，領土の拡大などを考察すると，全てが厳しい自然環境にたどり着いてしまう。もう1つは，西アジアの持つ地理的位置の優位性・重要性にたどり着いてしまう。この2つ（遊牧文化と地理的位置）は西アジアの持つ根本的なDNAである。

　人々をみると，多くの民族の往来が盛んだったがゆえに，逆に地域の人々の団結心が強くなり，さらに大帝国の発展も加わって，民族・部族を重視する思想が出来上がったと推察する。現代の西アジア・北アフリカをみても，アラブ系の国家を例外として，イラン系の国家，トルコ系の国家などといった民族名を国名に用いている。アラブ民族の国名をみると，民族意識より，民族形成以前から存在する部族主義がもっと強い。それはヨーロッパの干渉が加わって，部族主義が大手を振ってまかり通るようになり，部族優先の Partition（分離や分割）が生じたからである。独立後のアラブ系国家の連合の動きや，その後の再分離の動きをみると，部族主義の強さは民族主義以上である。民族主義も部族主義も地理的位置と砂漠の風土に育った DNA である。

　もう1つの特徴として，ペルシア系の shahr 類やアラビア系の qasr や qal`a 類，misr など，軍事行動から生じた接頭・接尾辞がみられる。この接尾辞の

一言で表す各文化圏

解釈として，軍事力で制圧する思想も強く持っていた事を示しているととれる。これも DNA の 1 つである。西アジアの人々が各地域に移住・拡大していった行動も，イスラーム教の性格も，この一環として捉える必要がある。つまり民族・部族の拡大時期（イスラーム教布教と重ね合わせて）は軍事力に頼り，文化圏を拡大させていったのである。それゆえ西アジア・北アフリカは，地名からみると「軍事地名勢力圏」のような一面も持っている。

しかし軍事関連地名の命名は，勢力圏の拡大が行われた初期にみられた現象であり，それ以後は，ābād, kand 類, dar, madīnat 類, rabad 類などの平和的な，しかも非軍事関連の接尾辞が大変多く用いられた。これは，西アジアや北アフリカという地域性は，支配地拡大の一時期を除いて，平和的な活動や交

往年のイスラーム文化

イスラーム文化の発展（交易によって周辺文化を吸収し，それをアラビアで研究・発展させ，さらにその文化を世界へ伝えた）	
外来の文化の研究 哲学（ギリシア哲学の研究），数学（インドの代数，ギリシアの幾何学など），天文学（インドの占星術），地理学（欧州の地図，中国の地図の導入），医学（ギリシアの医学），化学（錬金術の習得），他にも多数	**アラビアで再発展させた文化と新しく創造した文化（マドラサなどで勉強）** 数学（0の完成とアラビア数字の完成，代数の発展），天文学（天文台の設置，航海術の発展），地理学（地球儀の形成，イドリーシの世界地図，イブン・バトゥータの3大陸周遊記），歴史学（ラシード・ウッディーンの『集史』，イブン・バトゥータの『世界史序説』），文学（アラビアンナイト，芸術（モスクなどの建築技術，アラベスク模様），医学（『医学典範』の集大成），法学と神学の独自研究，他にも多数
日本語に入ったアラビア語の名称。（ ）内はアラビア語	
コーヒー（カフワ），キャンディー（カンド），アルコール（アル・コホル），アルカリ（アル・キルウ），ソーダ（スダーゥ），シャーベット（シャルバット），マッサージ（マッサ），襦袢（ジュッバ），ミイラ（ムウミヤーゥ），ゼロ（ゼロ）など	

流が中心だったことを間接的に表している。交流や交易は，平和な世界でないと成り立たない産業である。西アジア由来の地名の拡大，種類，特徴，さらに異文化地名の受け入れも含めて分析すると，西アジア・北アフリカ文化圏は，古くから民族や文化の交流，物資の交易が盛んだった文化圏という姿が鮮明に浮かび上がってくる。それゆえ西アジア・北アフリカ（イスラーム文化圏）は，「交易文化圏」と置き換えて表現することもできる。

　さらに西アジア・北アフリカのオアシスには，古代から地域の拠点として都市が生まれ，その都市の多くが現在まで絶えることなく存続している。都市の発生年代をみると，「イラン」「アラブ」「トルコ」といった現在の民族の骨格が形づくられる以前から存続している都市が幾つもある。さらに都市の語源は，今は存在しない古い時代の部族言語を語源に持つ名称もある。これは支配民族が入れ替わっても，都市は残り，西アジア・北アフリカの発展を担ってきたことを示している。そして，都市に文化や宗教が生まれ，富が蓄積され，さらに異文化も入り，それらを融合して更に新たな技術や文化などを創造し，交易を通して，それらを世界各他に再び発信したのである。以上の内容から，西アジア・北アフリカは「都市文化圏」であるといえる。

　交易や都市文化以外で，もう1つ大きな特徴をあげるなら，都市で発生した一神教であろう。一神教は乾燥地域の西アジアに発生した。現在では西アジアも北アフリカも，一部の地域や地区を除いて，ほぼ全てがイスラーム教社会となっている。一神教の中でも，なぜイスラームが信仰されるようになったのか？　という問いの結論をいえば，乾燥地域を生き抜くためには最も合理的な宗教だったからである。イスラームとは宗教に限らず，政治も軍事も経済も社会ルールも日常生活も含めた総合的な教えで，権力者も，金持ちも，貧しい人も，未亡人も，外国人（旅人）も，全ての人が生き抜くための社会組織として整えられたからであった。この思想も乾燥地域特有のDNAである。

　結論としてまとめれば，イスラームを基本とする部族・民族主義の強さと，交易と都市の2つの要素を併せ，西アジア・北アフリカは「一神教と部族・民族主義の社会」であり，「交易文化圏と都市文化圏」であると表現することが

できる。これが西アジア（イスラーム世界）を代表する DNA である。

　問題点という立場からみれば，歴史的にみて，乾燥地域では，確かにイスラームは有効であったと判断すべきだが，産業革命後の技術の発展と人口の増大，グローバル化による，自由平等の確立，個人の権利，選挙による代表者選出，民主政治，法治主義，三権分立，国民国家の形成など，民主主義思想の価値観が重視されるようになった現代社会では，これらを無視して生きることは不可能になった。イスラーム世界の人々も，現代社会の思想や制度の良さは認識している。そうすると，伝統あるイスラームの教えが，逆に大きな足かせになってきた一面がある。今，イスラーム圏の人々もこれを認識し，グローバル化の世界に通用する諸制度を導入しようと努力し，行動を起こしている。そして結果を出しても，旧勢力に否定され，その成果はまだ発揮されていない状態である。その例として，チュニジアをはじめとする「アラブの春」の鎮圧の動き，エジプトにおける「自由かつ直接選挙」で選出された大統領の国内圧力による失脚などは，イスラーム社会の改革の難しさを物語っている。イスラーム諸国では，グローバル化の動きと，伝統保持の動きが入り混じった状態が現在の姿で，双方の狭間で国家も民衆も苦しみ，まだ抜け出せないでいる。イスラームの社会は，政治や軍事が優先される社会ではなく，神と共に全ての人々が生きる社会形成が基本で，政治や軍事はその補助でしかないはずである。しかし今は，その補助の政治や軍事を優先する思想集団との戦いになっている。

　最近のイスラーム世界における"光"にも視点をあててみると，ドバイ（アラビア語で"小さなイナゴ"を意味する部族名）が世界を股にかけて活動し，往年のイスラーム世界の交易と都市の発展を引き継ぐような行動をとっている。その活動は，中継貿易港を建設，経済特区を設立，産業の多角化，外資の直接投資の自由，外国人労働者雇用の自由，観光の推進などを図り，産業育成と近代都市形成と交易面におけるグローバル化を取り入れている。昔のイスラーム世界の都市の発展を彷彿させる活気がある。また今のイスラーム諸国の紛争とも無縁である。そして砂漠の中に，イスタンブールやカイロやテヘラン等を凌ぐ，中東1といわれる近代都市を形成し，都市文明とイスラーム商人が輝

く都市に変貌させている。正に現代版の「交易と都市文化圏」の再現といえるだろう。ここにイスラーム世界の将来の光の一端がみえる。

C．インド世界（南アジア）

　南アジアは，インダス文明からの繋がりは消滅したが，前1500年頃のアーリア人の侵入からは連続性がある。つまりアーリア人の地名，宗教，文化，価値観，思想などが，そのままインド世界に引き継がれて現在に至り，文化の中心になっているという特徴がある。もう1つは，地名からみて，西アジアや内陸アジアと共通する接尾辞や王国名が残されているという特徴もある。その背景には，西アジアや内陸アジアから部族侵入が長く続き，インド世界は侵入部族の終着点の役割を果たしてきた地域柄だったという特色を持っているからである。その結果，侵入してきた部族の言語が多々残り，国内には数多くの言語集団ができた。この事実を逆さにみれば，インド世界はいつの時代でも民族侵入に悩まされてきたことを間接的に物語っているともいえるだろう。このことから，インド世界は，多様性を持つ社会になると同時に，政治的には統一性の弱い社会になった。このような歴史的背景もあって，現在のインド国は，州内部では，州政府が実権を握る連邦制をとっている。つまり多様性を認めている。これがインド国，インド世界のDNAである。

　この多様性のあるインド世界をまとめてきたのは，宗教の力とカーストという社会制度であった。その根拠として，まず南アジア（インド世界）の国名をみると，インドの国内呼称名「バーラト」をはじめとして，多数の国が神話・宗教関連の名称を用いて作成しているからである。それは，宗教が社会をまとめてきたからで，部族や政治では，長く安定して国をまとめることができなかった，とも言えるだろう。カーストも含めて，宗教はインド世界形成の初期から重要であったと考えてよい。インド世界の古い時代の呼び名である「アーリアヴァルタ」や「ジャンブドヴィパ」も宗教関連の名称であった。インド世界の，他の多様な地名に目を向けても，インド世界を代表するような名称，例え

ば「ブラマプトラ」などの河川名,「チョモランマ」などの山岳名,「カシミール」などの州名,「ムンバイ」などの主要都市名には, 多種多様の神話・宗教地名が普通に用いられている。これらは, 宗教が人々の生き方の柱になった, または人々の生き方が, 神（宗教）に代用されたと言い変えても良いだろう。これに加え, 宗教地名を補佐するように, 全土にアーリア系言語の pur, nagar, kota などの接尾辞も活用されている。これらも含めて総合判断すれば, アーリア人の文化がインド世界全域に行き渡り, 宗教を中心とした思想がインド社会を律し続けてきたことを示しているといえる。

そうすると, インド世界の人々にとって, 宗教と無関係な生活や社会は成り立たないことになる。そのため, 生活の全てが宗教と結びついているインド世界では, 宗教とそれに付随する思想や文化やカースト制度の無い地域を, ムレッチャ Mleccha（"蛮族"の意味）として蔑視する思想も形成された。それほど宗教を重視する社会であり, 宗教はインド世界の DNA となっている。

これに対し, インド世界には政治遂行のための行政区画に当たる接尾辞も無く, また歴代の王国には, 年代や所在が曖昧な王国や, 記録にさえ残らない王国も存在した。インド世界では, 神話・宗教のような永遠なるものを特に重視する反面, 一時期のみの繁栄の代表である王国, すなわち政治的・武力的な権力は, 尊敬に値しないものと考えるのである。

このように生きてきたインド世界は, 宗教の影響があまりにも強いため, 宗教が現代国家形成の主要因になったが, 強力だったが故に宗教のこだわりによる Partition が生じた。特にヒンドゥー教とイスラーム教の対立はすさまじく, パキスタンの分離独立は, 正に宗教の違いによるものであった。イギリス植民地化以降, インド世界は国家的規模で宗教対立を行う文化圏に変貌したのである。インド世界は, 独立後は宗教的2極化の方向に進んでしまった。

以上の内容をまとめると, インド世界は, 部族侵入による多様性とアーリア人の宗教・思想・社会制度によって成り立っており,「部族集団と多様性の社会」であり,「カーストと大宗教勢力圏」であると表現することができる。これがインド世界を代表する DNA である。

第8章　ユーラシア全域

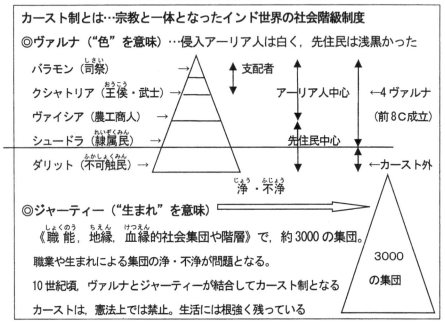

インド特有の制度（カースト制）

問題点という立場からみると，現代世界（欧米型）の価値基準である個人の権利，個人の自由・平等，職業選択の自由，民主主義，民主政治といった側面からみれば，宗教と社会制度がインド世界の近代化の弊害になっていることも捉えておく必要がある。例えば，基本的人権の尊重や平等，職業選択の自由といった価値観は，ヒンドゥー教のカーストの下では，その価値観は無いに等しい。ただ断っておくが，カーストはインド憲法の17条で禁止されている。しかし，いまだに消え去ってはいない。その点，侵入者の宗教であるイスラームは，人の平等においてはインド世界に一石を投じている。しかしイスラームも，政教分離，個人的な自由・平等，民主政治，三権分立，慣習等々の面からみて，現代社会には相入れない価値観を多々持っている。この点でヒンドゥー社会と変わらないほど問題点も多く抱えている。今，インドにおける人的才能の活用という面からみて，カースト制度は足かせになっている。

カーストによる集団化社会は，職業が固定化され，職業選択の自由がきかな

く，個人の能力にあった職業選択が出来ていない。これは大きな損失である。ただ歴史的にみると，長く不安定な政治の中にあって，カースト制は社会の安定を維持する役割を果たしてきた事実も認識しておく必要がある。

　参考までに述べておくが，光の部分として，インド世界のカースト制は，インド世界を出れば身分制度は消滅する。例えば日本に来れば，単なる一人の平等なインド人（インド国籍を持つ人）として扱われ，職業選択の規制も差別意識も消滅する。現代のインド世界の人々は，人口の増大や若者の学問の向上と共に，歴史的動きとは逆に，職を求めて世界中に羽ばたくようになってきた。それは，高度な技術者として先進工業国で働く現象や，一般の労働者としてインド世界との関係の深い東南アジアやイスラーム世界やアメリカなどに出かけ，就労する現象がみられるようになった。インド世界も，グローバル化の中で，歴史とは違った人々の動きが出てきたのである。インド国内では，憲法によってカースト差別を禁止し，古代からの身分制社会を変えようと努力しているが，目的達成には至らず，苦しんでいる。このような新しいインドの動きは，国内からの改革より，諸外国へ出ていくグローバル化の動きが，そのうちにブーメラン現象になって，今後のインド社会を変える原動力になるのではないかという感じを受ける。

D，中華世界（東アジア）

　東アジアをみると，中国を中心に，方位を意識して国名を命名している。これが基本である。それと共に，中国という国家は「殷王朝」の時代から続いている。場合によっては，まだその存在が充分立証されていない「夏王朝」から連続するといえるかもしれない。その根拠として，「夏」は「華」と同義語で，古代には中心地を「中夏」と表現し，これが後に「中華」に変わっている。また漢族（漢民族）の名も，古くは「華夏族」といった。これらの名称から連続性が読み取れるからである。この様な国名をはじめとする東アジア文化圏の形成の根っこには，漢字の存在があった。漢字も古代から続く中国発祥の文字であ

第 8 章　ユーラシア全域

る。世界四大文明のうち，中国以外の三文明は古代使用文字と現代使用文字との間に連続性は無いが，東アジアだけは連続性を保っている。また漢字の特色は，言葉が通じなくても漢字の意味さえ理解できれば，自国の言葉で，また自国の読み方のままで活用することも可能である。

　東アジア，特に中国の都市名をみると，政治的意図を込めた「安，寧，慶，昌，化，永」等々の好字を使った地名が多く，また行政関連の「州，県，鎮，旗」などを用いた地名も多い。そして政権が交代すれば，国家の主要都市名を意図的に改名する行為や，行政区分の接尾辞を変更する行為もあった。このような特徴を持つ中国では，政治は全ての社会組織の中で最高の地位にあり，尊敬され，精神分野を担う宗教までも政治遂行のための一つの道具として扱う程の力を持っていた。これは中国の持つ DNA である。

　周辺諸国の朝鮮半島，日本，越南も，中国の地名命名方式を見習った。地名を見習ったということは，文化も価値観も，もちろん政治思想も見習ったことを意味する。そういう意味では，多くの共通する価値観を持っている。

　また中国と周辺国との歴史をみると，平和的に君臣関係(くんしんかんけい)を結んだり，朝貢(ちょうこう)を行ったり，場合によっては王朝一族と姻戚関係(いんせきかんけい)を結んで「中華世界」という独特の関係を保ってきた。そこには武力行使は伴わなくても，国家関係は明確な序列をもって成り立つ世界であった。そして中華世界では，それぞれの国でまとまり，地名考察においても，中国の影響の中にありながらも，日本，朝鮮半島，越南と，独自色も形成されたのである。このような世界観は，中華世界だけにみられた現象である。

　この中華世界を支えてきたのは，政治意識・国家意識の強さであったが，政治の強さゆえに，国民国家の時代に入ると，政治による Partition が起こった。それは中華人民共和国と台湾（旧中華民国），大韓民国と朝鮮民主主義人民共和国の分割である。これは政治的イデオロギーの対立以外の何物でもない。そして分裂国家は，統合を謳(うた)いながらも簡単には統合の姿勢を見せていない。同様の条件下にあったヨーロッパの東西両ドイツの場合は，民衆の意思で政治的分割より民族的共通性を優先して，話し合いで併合し，政治による Partition

一言で表す各文化圏

政治権力（皇帝支配）による国家運営の一例（唐）

国際関係	唐による中華世界（国際）秩序の完成 隋の制度を受け継ぎ，漢をしのぐ大帝国を建設（7世紀頃） 冊封国（官爵を与える）……渤海，新羅，南詔 朝貢国（使者を受け入れて交易）……日本，チャンパー，カンボジア，シュリーヴィジャヤ 姻戚関係を結んだ国……突厥，ウイグル，吐蕃	
王朝の組織	律令体制の形成と崩壊 隋の制度を受け継ぐ 律令制 … （均田制）（租庸調制）（府兵制） 口分田等から大土地所有へ↓　税制変更↓　徴兵制崩壊↓ 律令の変更… （荘園制）（両税法）（募兵制）↓ 黄巣の乱　→　《　唐の滅亡　》　←	間接統治地域 節度使 ↓（軍団の指揮官） 安史の乱 （節度使の氾濫） 節度使の強大化

は放棄してしまった。越南の場合は，外国勢力の介入を撥ね退け，力で統一した。中華世界は民族的対立より，政治的対立のほうが影響は大きいのである。

このような特色を総合して判断すると，中華世界は漢字による思考の特色を持ち，また政治関連地名が他の要素から成る地名より強い影響力を持っているので，東アジアすなわち中華世界は，「漢字による文化と漢字地名の文化圏」であり，また「大政治勢力圏」であると表現することができる。これが東アジア（中華世界）の持つ最大のDNAである。

東アジアは，政治勢力圏であるという特徴は変わらないが，19世紀以降の東アジア（中華世界）に，これまで見られなかった大きな変化が生じた。それは日本の台頭である。日本は，20世紀に中華世界の盟主である中国を，政治・経済・文化の面で凌駕するようになっただけでなく，世界有数の国家に成長した。これは長い歴史の中で，一度も見られなかった現象である。日本は，第2次世界大戦に負け，国土が破壊されたにもかかわらず，その後も東アジアの中心であり続けた。結論的には，東アジア（中華世界）は，2つの核が共存する

第 8 章　ユーラシア全域

文化圏に変容したことになる．2010 年代に入ってから，生産高においては中国が再び日本を上回るようになったが，技術力や文化レベル，民主化，グローバル化，文化の発信，研究等において，中国は日本を超えたとは言い難い面が多々ある．また日本には，中華世界の国々とは一味違う価値観も出来上がっている．これは明らかにもう 1 つの核の誕生といえる．世界的視点からみても，中華世界は 2 極化の文化圏に変貌したのである．

　宗教の立場からみれば，中華世界では，宗教にも政治権力が大きく影響を与えてきた．これを他の文化圏と比較すると，南アジア（インド世界）と西アジア（イスラム世界）は，宗教が人々から重視され，宗教が政治より優先される世界となっている．ヨーロッパ世界は，中華世界に似た点はあるが，精神面ではキリスト教の影響力が強いので，中華世界ほど一方的に政治力が強いとは言えず，近現代以前は宗教の方が力関係で上位にあった時代もみられた．近代以降になると，ヨーロッパもヨーロッパの派生社会(はせいしゃかい)であるアメリカ合衆国も，宗教の力が低下し，国家優位，政治・軍事優位の地域に変わった．

　問題点という立場からみると，中華世界は大政治勢力圏であると表現したが，この中華世界を裏からみれば，次のような特色も持ち合わせている．それは，政治的な問題で自国に都合の悪いことが起これば，あるいは国内の人々の目を政治的出来事からそらす必要が生じれば，それまで問題にならなかった出来事でも引き合いに出してきて，政治に利用する性格も併せ持っている．これは中華世界に育った政略や歴史観である．例えば，第 2 次世界大戦から 70 年以上経過した現在でも，また国家間条約において解決をはかっても，大きな事件が発生した訳でもないのに，2 次世界大戦の反日運動，少女像設置問題などを起こしている．これらはまさにこの歴史観に当たる．そして自国の問題や国内の不満を外に向けさせ，外の責任に転嫁し，自国の政治を有利に導く政策や思想行動を今も行っている．自国に都合の良い部分だけを強調して目的を達成する思想は，儒教思想の強い国々では消えないだろう．これも中華世界の持つ DNA の 1 つである．つまり政治の都合で，正義の定義も変わることを意味する．

　このような特徴も吟味しながら，東アジアの国々を総合的にみると，現代の

世界的な価値基準である大国も小国も平等という考え方，個人の権利や個人の自由平等，国民投票による選挙や民主政治，それに裏付けられる民主主義社会といった地球的規模での価値観，さらに事実に基づく歴史的評価などの完成度という視点からみれば，まだかなり不十分な文化圏である。中華世界の中で，日本だけが世界基準の欧米化に成功し，社会構造や思想構造を変え，グローバル化を果たしたが，伝統的中華世界の中心である中国，朝鮮半島の国々では，民主化は定着したとは言い難い面が少なからず残されている。政治体制でも，一党独裁国家から抜け出さない国々もある。このままでは世界から絶対的信頼を得る国家には成り得ないだろう。それは儒教思想を中心とする価値観が，思想の奥深くに残り，今も中国，朝鮮半島のDNAを形成しているからである。

E．遊牧世界（内陸アジア）

内陸アジアの中の，中央アジア（西域）に属する「カザフスタン」「ウズベキスタン」「キルギス」「タジキスタン」「トルクメニスタン」の全てが，部族・民族名を国名としている。東アジア（東域）に含まれる「モンゴル」も部族・民族名である。王朝・王国名にも部族名が多くて，西域では「キプチャク・ハン」「エフタル」「カラ・キタイ」などや，東域では「匈奴」「柔然」「契丹」「蒙古」などの国々が栄えた。また自由な遊牧活動が行われていた時代（ロシア支配以前）は，遊牧民は国家を ulus や il "部族の衆，部族集団国家"と表現し，部族や民族の連合体であることを表明してきた。ここに最大の特徴があり，内陸アジアの伝統とDNAを感じる。

もう1つは，西域を中心に人名が大変多く用いられているという特色がある。集団や部族の代表者，国家建設の功労者といった個人名が，そのまま王国名に活用された。そしてそれが，「ウズベク」のように部族名にまで発展した例もある。このことから判断して，集団をリードできる個人の能力に頼る一面も併せ持つ文化圏であったことも知ることができる。

内陸アジアは長く遊牧中心の生活であった。ここでの価値観は，領土支配意

識より，民族・部族・人の支配意識の方が強く，民族・部族・人をどのように統率するかということに神経を使ってきた。つまり領土といえば，土地で測るのでは無く，支配下部族の数で測り，支配下部族の住む場所や生活空間がそのまま領土とみなされてきたのである。この点が農耕文化圏との決定的な違いである。そうすると，内陸アジアは「人・部族・民族地名の社会」すなわち「人・部族・民族の文化圏」であると表現することができる。これは内陸アジアの最も重要で基本的なNDAである。

内陸アジアの2種類の特徴（馬とラクダ）

騎馬遊牧民 （匈奴，スキタイ，モンゴル，トルコなど）	馬具（鞍，クツワ，手綱）の発明によって騎馬遊牧民となる。騎馬遊牧民は，放牧に活用すると共に，その機動力を生かして遊牧騎馬軍隊をつくり，農耕国家にも攻め込み，支配者となった。中国の元，インドのムガール，西アジアのイル・ハン，ヨーロッパのキプチャク・ハンなどは，騎馬遊牧民が建てた国家。
ラクダによる隊商 （キャラバン） （ソグド人は国際的商人）	ラクダは乾燥に強く，砂漠を横断するには最適。人間にも従順。長距離運搬にも適し，運ぶ量も多い。隊列を組み物資を運搬。交易として，商品（紙や火薬，羅針盤，絹，ガラスなど）だけでなく，科学技術，文字の伝導，宗教の伝達も行った。結果として，ヨーロッパの文化・技術の発展，東アジアの思想や価値観の形成も遊牧民の伝達が担った。

もう1つの特徴は，遊牧の世界は，交易が重要な産業であった。異文化の商品や思想や価値観を，別の文化圏に伝えるのである。東アジア（中華世界）でいえば，インド文化も，西アジアのペルシア文化も，ヨーロッパのギリシア・ローマ文化も，ペルシア系・トルコ系・モンゴル系の遊牧民を通して中国に入った。当然この逆もあったわけで，中国の商品や文化や技術が，遊牧民を通じて西方に伝わったのである。近代化を成し遂げたヨーロッパの3大発明といわれる火薬・羅針盤・印刷術という技術は，中国で発明され，それを内陸アジア

の遊牧民が西アジアに伝えたのである。この功績がなければ，ヨーロッパの発展もずっと後の現象になっていたといえるだろう。交易は，遊牧民の代表的なDNAなのである。ただ一言で交易といっても，情報や商品をそのまま伝えるだけでなく，場合によっては受け入れる側の状況に合うようなものを選別するか，多少改良して伝えている。ヨーロッパの発展を参考に分析すると，交易は発明と同じ程高い価値があるものと判断しなければならない。

　問題点という立場からみると，近現代に入り，遊牧文化圏であった地域が，農耕地域のように領域範囲が明確に規定され，領土支配の重要性を意識するようになった。また第1次産業も灌漑設備の建設で，水の得られる地域は遊牧地域から農耕地域に切り替えられた。これは特にソ連時代に，農地開発が進んだからである。さらに加えて，地下資源の重要性も見直された。それゆえ領土範囲の明確さが要求されるようになった。今後，国境問題は重要な国家問題の1つとなることは間違いないだろう。もう1つ大きな課題は，国家の開発発展に伴い，水をどのように確保するかという問題がある。内陸アジアは海にも面していない。海水の淡水化も無理である。地下水の利用にも限界がある。水の確保という点では，文化圏の中で最も不利な条件を持っている。そうすると，単純に考えてシベリアからの水の購入を考えなければならないだろう。

　内陸アジアの最大の特徴であり，数千年の生き方であった遊牧と交易は，現在では2つともほぼ消滅状態にある。これが最大の問題点である。遊牧は，ソ連時代に有望な土地は農耕地に切り換えられ，交易は世界の海洋交易と空輸の発達，通信網の発達等で，内陸交易を必要としなくなった。そうすると，今のところ注目されるのは，地下資源のみである。また水の少なさが課題として残る。今後何を生活の糧とするか，内陸アジアの強みとするか，文化圏としての大きな曲がり角にきている。

　1つの対策として，モンゴルを含む内陸アジアの旧遊牧文化圏の6カ国は，政治では，今後ヨーロッパ型のEUのような連合国家を目指すか，東南アジア型のASEANのような軽い連合組織を形成するか，どちらかを選ぶ必要が出てくるのではないかと考える。幸い内陸アジア6カ国には，接尾辞，国家運営，

歴史のどれをみても，共通性が大変多い。場合によっては，ヨーロッパより共通性が強い地域である。今の状況から判断すれば，単独国では対応できないだろう。連合によって大きな力を持つことが必要であると考える。

　もう1つの対策として，経済的にみて，内陸アジアの位置は，ヨーロッパ世界と中華世界とインド世界とイスラーム世界の4文化圏の境にある。この地理的位置は変わることがない。これをもう1度生かさない手はないだろう。4地域を結びつけられる場所にしかできない産業は何か，有利性は何か，これを見出さねばならない。それは4文化圏を結びつける文化的基地，4文化圏へ運べる物流的基地，4文化圏の物資の保管基地，ここらあたりに内陸アジアの絶対的優位性が潜んでいるように思える。

F，東南アジア

　東南アジアは，現在の国名をみても，歴史的な王国名をみても，文化圏全体の柱になるような地名は見当たらない。先住民独自の接頭・接尾辞をみても"村"を表す kampong, ban, barangay などの有力なものはあるが，全域にまたがる接頭・接尾辞はみられない。また"都市"を表す negara, nakhon, pura, chiang, bandar などは，異文化圏の接尾辞を直接使用するか，変形させたものであるが，これらも東南アジア全域に活用されているものは1つもない。当然，導入されたインド系地名や中国系地名，後のイスラーム関連地名やヨーロッパ系地名は，どれも文化圏全域に共通する地名にはなり得ていない。ここに東南アジアの特徴がでている。見方を変えれば，このような多様な文化圏の地名を，東南アジアでそれぞれ使用されてきたということは，宗教・思想・文化・技術など，多様なものを四つの文化圏から受け入れ，それらをうまく生活に取り込んできた地域だったと言い換えることができる。これが東南アジアの人々の古くから持っていた特有の価値観（NDA）であった。

　では，東南アジア全域に共通する地名が全く存在しないのかといえば，使用密度は高くはないが，図25のように，「マニラ」「バンコク」「マラッカ」など

一言で表す各文化圏

東南アジアへ文化等の流入（4大文化圏より）

出所　（　）内は主なもの	導入時期	伝わった地域
インド（文化，宗教，技術，地名）	2世紀頃より	島嶼部と大陸部
中華（文化，宗教，政治制度，地名）	10世紀頃より	大陸部の東部
イスラーム（文化，宗教，社会制度）	14世紀頃より	島嶼部とマレー半島
ヨーロッパ（文化，宗教，地名）	16世紀頃より	島嶼部と大陸部

のような特産物や熱帯産品に関連する地名が，ほぼ全域に命名されている。しかもこの名の語源は現地語である。つまり，現地の人々がいつの間にか名付けた地名の中に，特産物や熱帯産品の地名があるということである。現地語による熱帯産品由来の地名に加え，古代のインドでも，東南アジアを「スバルナドヴィーパ」「カルプーラドヴィーパ」「タコーラ」などという特産品名で呼び，ヨーロッパも現在のマルク諸島を「スパイス諸島 Spice Islands」という産物名で呼んでいた。このような地名をみると，現地の人々も，異文化圏の人々も，東南アジアは熱帯産品の一大拠点であるという事を古くから認識していたことになる。これが東南アジア全域に共通する唯一の地名といえる。以上のことを総合すると，東南アジアは自他共に認める「熱帯産品勢力圏」すなわち「特産物地名圏」であるといえる。これが東南アジアのDNAである。

　もう1つ見落としがちなのは，東南アジアという地域性は，東アジアと南アジアを結ぶ交易路の役割も果たしてきた。役割といっても，積極的に交易に従事したわけではなく，いわば出店のような形であり，場所を提供したというような役割であった。そのような役割もあって，東南アジには熱帯産品の交易品だけでなく，異文化圏の文化や宗教も店頭に並べた形となり，結果的に東南アジアの人々自身が異文化導入者となり，異文化理解地域になったという事情がみられた。現在，世界の4大文化圏の文化を全て取り入れているのは，東南アジアだけである。宗教も3つの世界宗教にヒンドゥー教も取り入れ，人々の生活に生かしている。このような文化圏は他にない。しかも，マラッカ市のように同じ都市内で，すぐ隣に異なる宗教の共存共営がみられる場所がある。一般

に，高度な独自の文化を持つ先進地域は，異文化の素晴らしさをなかなか受け入れようとしないが，東南アジアは，異文化の良さを古代から十分理解し，尊敬の念をもって取り入れてきた伝統がある。そしてそれを地域に根付かせ，生活に生かしてきた。これも東南アジアの人々の持つDNAである。異文化理解や導入は，独自文化の形成と同じ程難しい。

問題点という立場からみると，東南アジアの国々全体に言える特徴の一つに，一度も世界のトップに立った経験もなく，世界をリードした経験もない。そういう経験をしなかった唯一の文化圏である。他の5つの文化圏は，何かを基礎にして世界のトップに立つか，世界を誘導した経験を持つ。しかし東南アジアは，自らの文化を異文化に伝えるといった経験や行動や発想は，いくら調べても皆無である。それゆえ諸外国に対する対応力も殆ど無く，その対策も知らない国々である。この点では，アフリカのサハラ以南の黒人文化圏に似ている。それが故に，第2次世界大戦前までは，東南アジアのほとんど全ての国々は，大国の植民地か，植民地同様の立場に置かれてきた。このような東南アジアの性格を考えると，簡単に異文化を導入する性格から考えて，今後世界情勢の変化によっては，あるいは特に大国や超大国の思惑によっては，大いに影響を受ける要素を含んでいる。歴史をみると，東南アジアは自らの弱さをよく知っている国々であるが，撥ね退ける対応力に乏しい文化圏である。

当然各国だけで対応できないため，独立後は，地域集団を結成して共同歩調を取った。それがASEANの結成である。今では，ほぼ全域がASEANに加盟しており，東南アジア＝ASEANといっても良いほどになった。それぞれの国の内情は多種多様だが，1つの文化圏として連合する姿は，外の文化圏からみれば形式的だが一枚岩のように写る。しかし問題によっては，統一行動がとれていなくバラバラである。連合の成果を出せない場合もみられる。これが現実である。今後東南アジアは，もっと強く団結し，1カ国で対応するのではなく，集団行動で対応し，不要な誘いや勧誘を撥ね退ける決断力が必要になる。現在のASEANは，これが今後の課題であろう。

2. 特色・価値観から分類するユーラシア（直線の部分）

　この項では，各文化圏の枠を取り払って，ユーラシアを1つにして捉え，そこでみられる特徴から分類・分析してみる。ユーラシアには，多様な内容の考察項目が考えられるが，ここではDNAを知る立場からみて，見逃すことのできない3つの項目に絞って考察してみたい。

　A　部族・民族重視思想の強い地域と部族・民族の特徴，
　B　宗教重視思想の強い地域と宗教の特徴，
　C　政治重視思想の強い地域と政治の特徴，

この3点についてとりあげてみたい。

A. 部族・民族重視思想の強い地域と部族・民族の特徴

　ユーラシアの全ての文化圏に用いられている地名に，部族名と民族名がある。そうすると，地名から判断して，部族・民族主義思想は全文化圏に共通した思想であるといえる。部族名や民族名は，現国名，王朝・王国名，地域名，都市名，自然名などに多々用いられているが，活用の多い文化圏ほど，部族・民族主義が強く，部族・民族を基本に行動する社会であったことを物語っている。この思想は，どちらかと言えば，ユーラシアの各文化圏の中でも，自然条件では乾燥地域が広いほど強く，地域的には西に行くほど強くなる傾向がある。そして部族・民族紛争も，地名の多さに比例して多くなる。また部族名や民族名を重視し，地名に多く活用している地域は，人名の活用地域とおおむね重なっているという特徴もみられる。

　ここでは a) 部族主義，民族主義の地域差，b) 各文化圏によって異なる部族・民族の定義，c) 部族・民族の形成と実情，という視点から記してみる。

第 8 章　ユーラシア全域

a)　部族主義，民族主義の地域差

　各文化圏を，部族主義や民族主義の強い文化圏から順にみていくと，乾燥地域ほど部族主義や民族主義が強い。西アジア・北アフリカのイスラーム世界は乾燥地域が広く，当然国家形成の基本は部族・民族であり，国名や地名に民族名や部族名を多く使用した。同様に，乾燥地域の遊牧世界（内陸アジア）も，西アジア・北アフリカと同様で，国名の全てが部族・民族名である。王国名も地域名も部族名が多い。活用数の多さでは最も多い文化圏である。それゆえ遊牧世界では，本来国土とは土地（領土）を指したのではなく，部族や民族の活動範囲をもって国土と見なしてきた。遊牧民が，土地を意識するようになったのは，ロシアの支配以降である。イスラーム世界と遊牧世界は，遜色が無いほど部族・民族主義優先の価値観を持っていると判断する。

　次にヨーロッパ文化圏は少し特殊で，部族主義一辺倒の社会である。民族主義思想は無く，民族としての団結に対して，逆に抵抗してきた歴史がある。さらにヨーロッパは，部族主義の中でも，部族をさらに細かく分割して，部族の中の一地方をもって独立する傾向までみられた。ヨーロッパで活発だった古代や近世初期の都市国家も，この思想・価値観の一形態であると考える。その背後にあるのは，小集団の方が，独自色や人権や民主政が発揮し易かったからであろうと推察する。

　インド世界をみると，国名に部族名も民族名も用いていないが，王国名には部族名が多かった。また現在の州名にも多くの部族名を用いている。インド国の州の区分は，言語集団を意識して区分されているが，言語集団は部族集団とおおむね重なる。伝統的に身分制度の強いインド世界では，時代ごとの侵入部族が権力をふるい，他の部族を同化吸収せずに支配者となり，支配者階級と被支配者階級に区分する身分制の社会を形成してきた。ここが中国の思想・価値観と大きく異なる点である。当然だが，民族主義思想はインドにはない。

　東南アジアをみると，インドシナ半島にある国名には，部族名が用いられている。部族名が多いということは，小規模の部族が中心となって国家や州や王国が形成されたことを物語っている。ただ南の東インド諸島域には，部族名の

活用は少ない。インドシナ半島と東インド諸島は，大きく異なる特徴が感じられる。東南アジアにも民族主義はみられない。

　中華世界では，民族名や部族名が重視されないのかといえば，そうでもなく，民族や部族を意識する。ただ漢民族の形成された背景や呼び方をみると，他の文化圏のように，生活や文化や宗教などの文化的共通性から生まれたというより，政治によって形成された民族であるといった方が実情に近い。それゆえ言語が通じなくても，風土，生き方，習慣が違っても，同じ民族として認め合うのである。中華世界は，部族主義思想より，民族主義思想の方が強い。

　参考までに，ヨーロッパの派生社会であるアメリカ合衆国の場合をみると，世界中から自らの意思で入植してきた人々の社会（黒人奴隷は例外）なので，多文化集合の国となっている。アメリカ社会では，むしろ身体的特徴の違いの人種を意識する。逆に民族主義も部族主義も重視せず，個人主義が中心となる。そして移民の国，アメリカ人という発想が中心となる。

　ここで視点を変えて，部族と民族を比べてみると，民族名の方が国名や王国名に用いられることが多い。ただ実際の行動や思想の基本は，部族にあることが多い。また強大で文化レベルの高い民族は，周辺の弱い部族を支配下に置き，時代と共に同化吸収し，巨大な民族集団を形成した例が多かった。漢民族，アラブ民族，トルコ民族などは，同化吸収型の民族の代表といえるだろう。

b) 各文化圏によって異なる部族・民族の定義

　部族，民族という表現は，どの文化圏にもみられ，また地理学，歴史学，社会学，政治学，経済学，文学など，多くの分野でも，普通に，ごく自然に使用されている。では現実に，部族や民族とはどのような集団を指すのか？　といえば，統一された定義は無く，使い方にも大きな違いがある。つまり世界をみるにあたって，部族や民族の捉え方には，まったく異なる視点がある事に留意する必要がある。そこで，地理学などでは不確定要因をカバーするために，言語の共通性を前面に出した「語族」という区分を用いる場合もある。

　ここで，「部族」をごくごく簡単にいえば，「特定の共通言語，個別の文化を

第8章　ユーラシア全域

持ち，帰属意識を共有する人々」を指す。詳しくいえば，「共通の言語や文字を使い，生活様式，伝統，宗教，価値観などを共有し，一定の地域に住み，仲間意識を強く持っている人々のグループで，何か事が起きれば団結する要素を持った人々」を呼ぶ。「民族」も部族と似た特徴を持つが，もう少し枠が広がり，「言語や文字，衣食住の習慣，価値観，仲間意識を共有し，それに同じ歴史をどの時期かで辿(たど)った集団」を指す。ただ今述べた共通基盤の全てを持っている部族・民族はほとんど無く，その内のどれか1つか2つが強烈に強くて，それが何かの問題発生によって連帯感を作り，そのグループを部族とか民族と呼んでいる（主張している）場合が大部分である。また部族と民族を比べてみると，民族の方が定義はゆるい。今の世界をみると，民族が大集団で，民族の中に幾つもの部族を含む場合が多い。

　次に，「民族」という名称の活用の曖昧(あいまい)さの具体例をあげておきたい。宗教の影響力の強いインド世界において，英国からの独立に際し，ヒンドゥー教徒とイスラーム教徒が対立し，イスラーム教徒（ムスリム）がヒンドゥー教徒とは別の国家をつくることを求めた。統一独立を嫌ったのである。独立後のパキスタンとバーラト（インド）をみると，「パンジャブ」や「カシミール」のような同じ名称の州名が両国に存在する。これは1つの州が分割されたことを意味する。当然，同名の州は同じ文化を持つ。この逆の例に，パキスタン国内にもインド国内にも，全く異なる文化，価値観を持つ人々が住んでいる。例えばパキスタンのパンジャブとバルチスタンの両州を比べてみると，言語も習慣も伝統もまったく異なっていて，共通文化もない。宗教が同じという理由だけの同胞である。つまりパキスタンは，イスラーム教以外は，文化的に異質性(いしつせい)を持った州が寄り集まって国家を形成しているのである。この事情については，ヒンドゥー教のインドも同じで，国内にはもっと大きな違いを抱えて国を形成している。インド国には，ヨーロッパを1つにまとめた以上の違いが存在する。そして独立にあたり，インド側の領土に居住していたムスリムはパキスタン領へ移住し，パキスタン側の領土に居住していたヒンドゥー教徒はインド領へ移住した。双方多数の死者まで出しながら大がかりな移動を行って独立を果たし

人類の諸集団の分類例（ユーラシアの場合）

人種，民族・部族，国民という分類

◉ 人種＝人間を体質的，遺伝的特徴から分類

（ヨーロッパ系人種，アジア系人種，アフリカ系人種，マレー系人種など）

◉ 民族・部族＝人間を文化的，社会的特徴から分類

（民族，部族は，分類に曖昧な場合が多いので，語族という分類も多く用いる）

チュートン民族＝ゲルマン語族，ラテン民族＝ロマンス語族，スラブ民族＝スラブ語族，アーリア系民族＝インド・アーリア語族，アラブ民族＝セム・ハム語族，トルコ民族・モンゴル民族・日本民族などを合わせて＝ウラル・アルタイ語族，漢民族，チベット族・タイ人などを合わせて＝シナ・チベット語族など

◉ 国民＝国家区分による分類（最近この分類使用が多い。パスポートが関係している）

日本人，イギリス人，ドイツ人，中国人，インド人，インドネシア人など

た。これは世界史に残る大惨劇であった。パキスタン，バーラト（インド）という国名も，宗教関連の名称で，宗教が違うことを明確に示しているが，これを宗教の違いといわず，民族の違いと主張した。全インドムスリム連盟は，「二民族論」と表現した。両国のパンジャブ州のように伝統も歴史も生き方も言葉も同じで，宗教の違いだけで民族の違いと表現して分離した地域と，宗教以外は全く違う人々が，共通の民族だといって，同じ国に属して独立した地域があった。インド世界では，これほど民族の定義は曖昧なのである。民族という表現を用いたのは，独立の正当性の大義名分が欲しかったからであろう。

このように民族・部族とは，時代によって，または文化圏によって，定義や使い方に大きな違いがある点に注意して活用しなければならない。特に紛争が生じれば，それによって民族や部族という言葉を作り出して，協賛できる者を同士と認め合い，団結するといった状況も世界各地に生まれている。

c) 部族・民族の形成と実情

一般的に，部族・民族は，生活と文化，歴史的活動，宗教的活動などの中で形成されるものと考えられがちだが，実際には，紛争・対立や政治的な動きの

中から部族・民族が形成される場合が多い。部族・民族の特徴や形成背景はそれぞれ異なるので，日本，中国，インド，アラブを例にあげてみる。

　1つ目に，民族として最も典型的な「日本民族」をあげる。日本民族は，言語，衣食住，文字，価値観，同胞意識，宗教観，歴史観のどれをみても，ほぼ同じである。日本は，1国にまとまってからは分裂した時代は一度もない。民族意識もこの時期に形成された。当然仲間意識は強い。これだけ共通性を持った集団は世界でも珍しく，日本人のようなグループを持って民族と呼ぶのは，世界一般の常識からみて，例外中の例外に属する。世界では日本と比べて共通性が少なく，ゆるやかで，多様で，複雑な要素をもつ。

　2つ目に，世界の人口の20%を占める世界最大の「漢民族（漢人，漢族）」をみる。漢民族とは，漢字を使用し，同一政権に属した経験を持ち，中華文化を受容し，中華の自覚を持った人々をいう。この条件を満たせばおおむね漢民族として受け入れられる。普通，民族と呼ぶ条件では，共通する言語集団や宗教集団が基本となることが多いが，漢民族の場合は，言語集団も宗教集団も当てはまらない。それは現在の漢民族内でさえ，大きく区分しても9種類以上の話し言葉が存在するからである。漢民族の言語（今は北京語を共通語にしている）は共通ではない。当然会話は通じない。そうすると言語によって民族が形成されたとはいえない。宗教も同一民族内に，仏教もあれば，儒教も道教もある。少ないがキリスト教までみられる。当然宗教によってまとまった民族であるともいえない。では「漢民族」としてのまとまりは何かといえば，中央集権制度の強い政治と，漢字と，中華文化の3つをうまく結び付けて，漢民族意識が形成されたと判断する。さらに，国民党や共産党が使った「中華民族」という表現は，国民党の場合は5族を指し，共産党の場合は清朝領内の全ての住民を指したものだが，これは政治の都合で勝手に作成した民族名であり，何の根拠も持っていない。中華民族内のチベット，ウイグルなどは，れっきとした部族名であり，モンゴルなどは民族名である。そうすると，言語学的にみて大きく矛盾することになる。現在の中国の表現だと，中華民族の中に，漢民族，モンゴル民族，チベット族，ウイグル族，チョワン族など，合計で56の部族・

民族集団が存在することになる。おかしな話である。強いて言うなら，"中国という国家の住民"という意味に解釈すべきだろう。中国の紙幣をみても，主要な言語である漢語，モンゴル語，チベット語，ウイグル語，チョワン語で表記されている。

　3つ目に，インド世界をみる。インドで民族といえば，特定の集団を指して呼ぶ場合，言語の違いによって呼ぶ場合，宗教の違いによって呼ぶ場合など多様な用い方があり，民族という表現に対する統一使用や統一意識はない。例えば，バラモン階級，クシャトリア階級などといったカーストの違いによる区分，アーリア系の言語使用者対ドラビタ系の言語使用者といった区分，あるいはアーリア系であっても侵入部族の時代の違いによる区分，ヒンドゥー教（インド）とイスラーム教（パキスタン）の違いによる区分等々に分かれ，これらは使用目的によって，それぞれを民族集団と呼ぶ場合がある。このように民族という言葉の使い方は曖昧であり，紛争の発生内容によって，あるいは特定の利権を持つ人々の集まりによっても使い方は変わる。世界一般の地理学・歴史学・社会学的な使い方からみた民族という定義を基準にすれば，インドでは民族と呼べるような集団は存在しないことになる。当然インド国内では，これらの人々を1つにまとめて，「インド民族」であるとは誰も言わないし，考えもしない。結論としていえば，インドには数千年かかっても「インド民族」と呼べるような集団は形成されなかったのである。我々のよく用いる「インド人」という表現は，イギリスからの独立に際して，"インド国籍を持った人"という程度の意味で用いられた名称にすぎない。「パキスタン人」も同じである。いわば時代の流れの中で変化する便利な単語が「民族」という表現である。「インド人（民族）」も「中華民族」も学術用語ではなく，何かの都合で勝手に作り出された便利な表現名でしかない。

　4つ目に，西アジア・北アフリカに居住するアラブ民族をみると，「わが父祖の地に住まい，われらの言葉を話し，わが文化に育まれ，われわれの栄光を誇りとするものをいう」とある。アラブ民族とは，宗教によってまとめられた集団である。詳しくみれば，部族集団の連合といってもよい。アラブ民族の場合

は，宗教（アッラー）を基本に，軍事力（ジハード），文字（アラビア文字），言語（アラビア語），価値観（共生の生き方）で統一された民族である。イスラームが形成した民族といっても良いだろう。それゆえ，民族内に紛争が発生すれば，または宗教的見解の相違が生じれば，民族集団は対立・解体の方向に向かうことも起こり得る。そして民族の代わりに，イスラーム形成時代よりも古くから存在する部族主義が浮上してくることになる。現在のアラブ民族をみると，ヨーロッパの分割政策も加わって，部族中心主義思想が台頭し，部族主義思想の地域に変わりつつある。そしてそこに過激な集団が結成されれば，それに対抗する集団も新たに結成され，紛争が加速されるのである。

　次に視点を変えて，歴史から部族・民族の結成をみると，一般には支配部族や支配民族が，被支配部族や被支配民族を吸収併合するという形が基本であった。世界の多くはこれに該当する。ただ歴史をみると支配者が必ずしも吸収するとは限らず，支配者の方が吸収されていく例もあった。その例が漢民族と周辺遊牧部族の間にみられた。例えば，清王朝を開いた満州族（女真族）は，支配した漢民族に吸収された典型的な例である。満州族は，今の東北地方（旧満州）で力を付け，中華（漢民族）を支配した。しかし満州族は，支配者として統治している間に，漢民族の文化に染まり，漢民族化してしまった。現在東北地方でも，満州族の文化も人々も区別できないほど漢民族化している。満州族に限らず，中華世界では，侵入した遊牧系の部族は，いつの間にか漢民族に吸収された。その理由は漢民族の方が高度な文化を持ち，生活も豊かだったからである。ただ侵入部族・民族は，漢民族に大きな文化的影響を与えたのも事実である。漢民族の文化の半分は遊牧民がもたらした文化という評価もある。

　同様の事がイスラーム世界でも起こっている。都市文化，都市生活，資本，学問，高度な技術，平等思想などで優れていたのはイスラーム社会の方であった。それゆえ，イスラーム世界を征服したトルコ系の侵入者は，支配者となっても支配者の文化を強制せず，逆にイスラーム化している。正確には豊かさを求めて侵略したといった方が適切であろうと思える。イル・ハン，セルジュークトルコ，オスマントルコなどもこの典型的な例である。

B．宗教重視思想の強い地域と宗教の特徴

　インド世界，ヨーロッパ，イスラーム世界を中心に，宗教関連の地名が多く命名されている。宗教関連の地名が命名されているということは，宗教が社会に極めて大きな影響を与えてきたことを意味する。また信仰宗教は，各文化圏の精神面における重要なDNAの1つを形作っている。ここでは宗教について，a) 社会学的視点，b) 地理学的視点，c) 歴史学的視点から述べてみる。

a) 社会学的視点からみた宗教

　社会学的視点に立って宗教の特性をみる。『そもそも宗教は，自然への畏敬，社会や人生の不安など，全ての人々が必ず持つ普遍的な感情から生まれる』と考える。つまり全世界で宗教は生まれるのである。

㋑　宗教，西洋哲学，東洋思想の特徴
◉宗教

　宗教の特色を簡単にまとめてみる。宗教は人間の能力を超越した内容を対象とし，それを神の教えとして示し，無条件で信仰することを求める。そして神は絶対的存在であり，祈りの対象である。また宗教の権威付けとして神話が用いられる。神話は現在の科学でも説明できない超科学的な内容を持つ。内容は理論的に説明できなくても，絶対的なものとされるため，変えることはできない。旧約聖書の天地創造などは，このことをよく表している。

　人々はその教えを信仰することで，個人的に心の安らぎや安心感を得ると共に，仲間意識，協調性，生き方などを学び，また社会集団としての安定と発展も授かる。

　しかし宗教や宗派が違うと，教えの内容が全く違う。単純にみても，特に一神教は他の神を否定する。各宗教・各宗派の教えは，自らの宗教の教えや価値観は絶対であると主張し，相手の宗教の主張を認めず，お互いに否定し合い，ほとんどの宗教・宗派は対立へと進む。例えば現代においても，インド世界に

おけるヒンドゥー教とイスラーム教の宗教対立，ヨーロッパにおけるカトリックとプロテスタントの宗派対立など，宗教関連の対立は限りなく多い。宗教は，信者に心の平安を与えると共に，宗教戦争も与えるのである。

ただ中華世界の宗教観は，インド，西アジア，ヨーロッパのような宗教観とは異なり，対立ではなく，お互いの存在を認め合い，その主張の良さを採り込むようなこともみられた。中華世界の宗教観は世界の中でも特殊である。

●西洋哲学

人々の心に影響を与えるものとして，宗教以外にも西洋哲学や東洋思想がある。この2つを宗教と比較しながらみていく。

哲学，すなわち西洋哲学は2500年ほど前のギリシアで盛んになった。ギリシアの土地柄は，海（エーゲ海，黒海，イオニア海，地中海）に接し，古代から陸と海を渡って様々な民族や部族が行き交う場所であった。様々な民族や部族は，信仰する独自の宗教を持っていた。それぞれの宗教は，相反する教えであって，互いに認め合うことはなかった。当然のことである。そうすると，人々は宗教を通して論争や対立も起こしていたはずである。このような社会にあって，宗教対立の解決策として，あるいは多様な宗教を信仰する人々が納得できる主張，すなわち全部族や全民族に受け入れられる主張として，人間の理性のみで納得できる思考が求められた。これが哲学の始まりであろうと考える。

地理的位置からみて，多くの人々が往来し，多くの宗教信者がたむろしたギリシアの地が哲学の発生場所であるのは，ごく自然であると考える。

哲学は信仰の立場ではなく，人間の知性の立場から述べる理論や合理性で成り立つ。哲学は理論的に物事を考え抜き，その究極を突き詰め，否定されない結論を導き出していく。そして，どのような宗教を信仰する人にも納得させることを条件とする。自然，人間愛，生き方，人生観，理想的社会など，研究テーマは様々である。その代り，哲学は一部の教養人に限り理解できるものであり，一般市民や文字も読めない庶民に，宗教のような心の安らぎや安心感，仲間意識，協調性，社会意識などを与えるものとはならない特徴を持っている。この点は，宗教の方が哲学に勝る点である。ただ無意味な対立や宗教戦争を起

こさせない点は，哲学の方が勝る点である。俗な例え方をすると，宗教は多様な内容で万人うけをする「著書」，哲学は理論中心の「論文」に相当するように思える。

◉東洋思想

ギリシアとは趣が異なるが，ほぼ同時代に東洋にも独自の思想が生まれた。これを西洋哲学に対して東洋哲学と呼ぶ。東洋哲学も，中国哲学やインド哲学等々がみられるが，ここでは中国哲学を代表に述べる。中国の場合は，哲学というより，中国思想または東洋思想といった方が自然のように思える。

中国思想は，春秋戦国時代に，諸子百家と呼ばれる多くの思想家が現われ，多様な思想を述べた。その思想は大きく次のようにまとめられる。それは，人はどう生きるべきか，家族関係はどうあるべきか，人間関係はどうあるべきか，社会はどうあるべきか，政治はどうあるべきか，戦術はどうあるべきか，というような内容を基本とする。東アジアの儒教，道教の二大宗教は，東洋哲学すなわち東洋思想が基本になって成立したもので，この思想を一般庶民が信仰の対象として受け入れたので，哲学（思想）が宗教へと変わったのである。そのため，どの宗教も理論的であり，深い思想を持つ。西洋のように宗教と哲学は相反するもの，という見方をする性格とは大きく異なる。

中国における仏教も，最初は深い哲学，思想として受け入れられた。仏教は宗教であるが，その内容の論理性や思考内容から宗教より哲学であるという見方をする欧米の思想家もいる。特に自らが悟りを開いて，極楽浄土に至る（輪廻から抜け出す）という思想は，欧米人には理解できないらしい。

ⓓ 民族宗教

民族宗教，部族宗教と呼ばれるものの発生は大変古い。おそらく人類が集団生活を始めたころには，既に発生していたものと推察する。自然への畏敬，不安，恐れなどからの救いを求めて成立したものと考えられるので，発生年代もわからない。その中で，明確な宗教形態を持ち，現在の民族宗教の形態となったものの中で古いものをあげると，今から5000年以上前の西アジアで，シュ

メールの「始原の水」の「ナンム女神」(天地を生んだ神)が,「天空の神(アン＝男神)」と「地の神(キ＝女神)」を生み,さらにこの2神から「大気神(エンリル)」が生まれた。すなわち,水から天と地と大気(天空)が生まれた。またナンム女神は,神に代わって働くものとして人間をつくったという。これが形の整った民族宗教の最も古いものと思われる。何か旧約聖書の天地創造と,シュメールの始原の水の神話が似かよっているように感じられる。この手の神話は,世界各地にみられる。民族宗教は後の世界宗教の土台になった。

現在の民族宗教(ヒンドゥー教,ユダヤ教,ゾロアスター教,日本の神道等々)の場合をみると,神々は自然の中に存在し,宇宙を支配し,超能力を持ち,超人的であり,国や民族や都市を守り(場合によっては破壊),人々には自然から生じる御利益(場合によっては害)を与える。それゆえ人々に信じ続けられ,恐れられ,神名は古くから地名や名称に用いられてきた。しかし個人の心の中に入って,それぞれの悩みを聞き,救いの手を差しのべる性格の神ではない。このような特徴からみて,民族宗教は,自然への畏敬,民族・部族・都市・集団などの発展・保護・維持のために,その思いを神への信仰に託して祀ったものと考える。ただ自然環境の違いは大きく,社会背景や考え方や生き方も異なるので,どの民族にも受け入れられる神とはならない特徴を持つ。なお民族宗教の中でも,儒教や道教の場合は特殊であり,統治哲学(政治哲学)から人々の生き方まで説いているのが特徴であり,どちらかといえば,宗教というより哲学や思想や道徳に近い。また世界に命名されている地名からみれば,世界宗教より民族宗教の方が地名化の数が多いという特徴もでている。古くから人々の生活と結びついて信仰されてきたからであろう。

⑧ 世界宗教

世界宗教は,今から2500年程前に生まれた。仏教が最初である。多様な宗教の中でも,世界宗教と呼ばれるものは,一神教であれ,多神教であれ,人間界全体の規律や生き方を重視した教えを説いている。と同時に,個人の心の中にも入り,個人を救う教えも説いている。多神教の仏教は,輪廻[4]という世界

世界宗教の比較

	仏教	キリスト教	イスラーム教
発生年代	前5世紀（前428）頃	1世紀（30年）頃	7世紀（610年）頃
創始者	ゴータマシッダールタ	イエス	ムハンマド
他界観	輪廻思想（六道輪廻）	千年王国，最後の審判	終末，最後の審判
来世観	極楽浄土	天国，地獄	天国，地獄
前影響	バラモン教	ユダヤ教	キリスト教，ユダヤ教
聖典	般若経，法華経，阿弥陀経など多数	旧約聖書，新約聖書	クッラーン，旧約聖書と新約聖書の一部
主な宗派	大乗仏教，上座部仏教	カトリック，正教会，プロテスタント	スンニー派，シーア派
信者数	3億9千万	21億7千万	13億3千万
信仰地域	東アジア，東南アジア，南アジア	ヨーロッパ中心に全世界	西アジア，北アフリカ，中央アジア，南アジア，東南アジア，熱帯アフリカ
信仰対象	仏陀，如来，菩薩，明王，天など	神，イエス，聖霊	アッラー
性格	多神教	一神教	一神教
特徴	四諦八正道，輪廻からの離脱（涅槃）	原罪，贖罪，神の愛	神への服従，平等，相互扶助
儀礼・戒律	読経，座禅，托鉢など	洗礼，聖体（聖餐）などの精神的儀式	六信五行，シャリーアの順守

観から抜けだして極楽浄土という悟りの世界に至る教えを説いている。

また一神教[85]のキリスト教とイスラーム教は，天国と地獄を示して，現世と死後の世界を述べ，現世の生き方が死後の世界を決めると説いて，人々の日常行動を戒めている。人々の生き方を特に重視しているのが世界宗教である。3

宗教が同じであるのは、人はみな平等であり、心正しく生きることを説いている点である。仏教は、ひたすら信仰するという一神教とは異なり、自らの努力で悟りに至る道を説いているところに特徴がある。そういう意味では宗教というより西洋でいう哲学に近い。また世界宗教の教えは、特定の部族や民族に偏（かたよ）らず、どの部族や民族にも平等に受け入れられる内容となっている。ただイスラーム教の場合は、神への信仰だけでなく、政治活動・軍事活動・社会活動・日常の生き方（生活）は一体であるという教えのため、宗教活動だけでなく、人々の日常生活や生き方、政治・軍事・経済にも深くかかわるのである。

現在では科学が進歩し、世界の色々な諸現象が科学的理論によって解明されているので、宗教で述べることの全てが正しいとは言えないこと（例えば天地創造など）を誰もが知っているが、それでも人々は宗教に心の救いを求め、宗教の役割は消え去る事はない。世界の多様な宗教地名をみると、宗教から人々の生活や社会が、如何に大きな影響を受けてきたかを改めて知ることができる。

b）地理学（空間）的視点からみた宗教

地理的視点、すなわち地球的規模での位置、環境の違いが、どのように宗教に影響を与え、その結果どのような特色を持つ宗教を生じさせ、そしてどのような地域と関わりを持って信仰されていったかを中心にみていく。

⑦ 多神教（世界宗教）
◉仏教

世界宗教である仏教は多神教であり、熱帯・亜熱帯地域で生まれた。仏教の生まれたインドの風土は、乾季と雨季が明瞭で、雨季には一帯が水浸しになる湿潤地域であり、あらゆる面で多様性に富んでいる。実り豊かな田畑、乾燥が続けば作物の大被害、大洪水や濁流（だくりゅう）による農地や家屋の喪失（そうしつ）など、どれをとってみても超人的（ちょうじんてき）な仕業（しわざ）で、それぞれに神の存在を感じる。自然環境が多様であれば社会も多様で、人々の生き方・考え方も多様となる。このような環境や社会に暮らす人々には、多様な神の存在や多様な考え方を否定する宗教観は

なじまない。仏教は高度な理論や哲学から成るが，その形成背景には，北インドの多様性に富む風土が背景となっていることを抑えておく必要がある。

このような自然環境にありながら，仏教は全ての人を平等とみなし，バラモン教のような身分制による差別も否定し，諸行無常，諸法無我，一切皆苦，涅槃寂静の根本思想を語り，悟りの境地に至るまでの教えを，平易な説法で説いたところに完成度の高さがある。断わっておくが，仏教の「仏」とは，一神教で言う唯一無二の「神」ではなく，悟りを開いた人間を指す。

仏教思想や仏教徒の行動は，本来政治や武力には縁がない。高度な哲学で，学問的要素の強い思想面のみを教えとし，一神教のような武力や政略，または移民によって一方的に布教拡大をはかるといった活動はとらなかったし，とる必要もなかった。仏教は教えに専念し，説法だけで広まった宗教である。仏教は，最終的に自然環境に多様性のある東方の人々に広まっていった。心から自然に受け入れられたのだろう。東アジアと東南アジアの人々は，国家の在り方，生き方，人としてあるべき姿，理想の心境を仏教に求めたのである。

釈迦の死後の仏教を，もう少し詳しく述べると，仏教は大きくみて2派に分かれた。それは教えの中のどの部分を重視するか，と言った違いから生じた。その1派は，釈迦の教えを基本とし，個人が悟りを開く事に主眼を置く上座部仏教として確立し，インドからスリランカへ，その後ミャンマー，タイ，カンボジア，東インド諸島方面に広まっていった。もう1派は，仏教経典などを重視し，個人の悟りだけにこだわらず，衆生も救うという考え方を優先する仏教となり，インド北西部のガンダーラにおいて，西アジア，内陸アジア，ヨーロッパの文化・思想的影響と混ざり合って，独自の大乗仏教を完成させた。インド北西部は，異文化の集合地帯であった。この独自の仏教が，中国に伝わり，中国ではさらに儒教や道教の一部の思想とも融合（三教合一）して中国仏教となった。それが朝鮮半島，ベトナム，日本に伝わって高度な大乗仏教として信仰され，また仏教美術や仏教文化を花咲かせたのである。

しかし今，発祥地のインドではヒンドゥー教が信仰されている。インドでは，仏教もヒンドゥー教の範疇であるという。なぜインドで仏教は廃れたのかと

いえば，最大の理由は，その後の仏教研究家（僧侶）は，理想の境地や高度な宗教観を追い求め，文字も読めない人々の生活と結び付けることを最優先にしなかったからである。人里離れた山岳での修行は，学ぶ時間もゆとりもなく，高度な理論を理解できない一般の人々には，かけ離れた宗教となった。その結果，仏教はインド国から姿を消したのである。

ただ釈迦は 45 年の活動の中で，バラモンの知識階級者だけでなく，一般の人々（戦士，農工商人）にも，状況に合わせて平易な説法で語り，人々の心を捉えたといわれている。それゆえ，古代のマウリヤ朝時代やクシャン朝時代には，仏教は国家宗教のように用いられたのである。

回 一神教（世界宗教）

"これ以外に神なし""人は神によって救われる"という思想の一神教について，地理学的視点，すなわち環境や空間を重視した視点から述べる。

◉キリスト教

ユダヤ教から，1 世紀にキリスト教が誕生した。キリスト（メシア"救世主"のギリシア語クリストスの音訳）教の創始者のイエスは，ユダヤ教の洗礼を受けたユダヤ教徒であった。キリスト教は，発生地の西アジアの乾燥地域には根付かなかった。森と農耕地域のヨーロッパで信仰が広まった。神への信仰のみを説くキリスト教は，ヨーロッパの風土に合っていたのだと考える。キリスト教はヨーロッパに信仰された後，ヨーロッパの人々によって，南北アメリカ大陸，オセアニアといった移民先と，植民地化したアフリカやアジアへも意図的に広められ，今では全世界に信仰が拡大している。

キリスト教の特徴として，イエスはユダヤ教の律法主義や儀礼主義を守ることは説かず，むしろこの教えを破り，神の愛を強調した。さらにユダヤ人のみを救う選民思想も否定し，人々は人種・部族・民族，貧富の差にかかわらず，神の下では平等に救われると説くと共に，隣人への愛，復讐の禁止などを説いた。ここにイエスの教えの特徴がみられると共に，一神教としての完成された形態が出来あがったといえる。本来キリスト教は，神と人との関係は説くが，

政治や軍や経済活動等の内容までは導いていない。心の救いだけを説いた宗教であったことを強調しておく。イエスの教えはわずか2～3年であった。地域としては都市エルサレムを中心に，パレスチナ地方で教えを説いた。この教えが弟子（使徒）によってヨーロッパを中心に広められたのである。

ヨーロッパでひろまったキリスト教について，もう少し付け加えておくと，キリスト教がローマ帝国に受け入れられるまでに300年ほどかかっている。ローマには，ローマの神々が古くから信仰されていたからである。ローマ帝国がキリスト教を認めたのは，あるいはキリスト教に求めたのは，庶民の精神的よりどころとしての役割であった。キリスト教を受け入れた当時のローマ帝国は，政治組織も，法も，軍隊も，市民の生活形態も整っていた。庶民をまとめるための精神的よりどころだけで十分であった。キリスト教は，"心の救い"に専念した宗教だったので，ローマの求めた宗教的価値観に合っていたのである。これ以降ヨーロッパはキリスト教の世界となっていった。

キリスト教は，国教となった後に社会的権力を握り，ローマ帝国の分裂と共に，キリスト教も2派に分かれ，11世紀には完全決別した。西ローマ領内にはローマカトリックが，東ローマ領内には東方正教会が信仰された。環境が異なれば，信仰される宗教組織も宗教観にも違いが出てくるのは自然の成り行きである。また16世紀の宗教改革によって，ローマカトリックからプロテスタントが分離し，プロテスタントは当時の社会変革意識の強かった北部ヨーロッパのゲルマン社会に広まっていった。ヨーロッパの中でも，ゲルマン社会が当時もっとも変動し，成長していた地域であったからであろう。この分裂の原因を探ると，ヨーロッパでキリスト教の影響力が多様な面に及ぶように変わり，それが政治や人々の生活にも大きな影響を与えると同時に，規制や矛盾も生じ，その解決策の1つとして新宗派が生じたと考える。キリスト教は時代の変化，社会の変化に合わせて，新しい宗派が生まれた。

◉**イスラーム教**

イスラーム Islām とは，アスラマ aslama "自身の重要な所有物を他者の手に引き渡す"を意味する動詞の名詞形から生じたもので，"神への絶対帰依"

第8章　ユーラシア全域

ムスリム（イスラーム教徒）の守るべきこと

六信（ろくしん）
- 神（かみ）アッラー（唯一絶対で全知全能）・天使（てんし）マラーイカ（神と人間の仲介者）
- 啓典（けいてん）キターブ（神の啓示）・預言者（よげんしゃ）ナビー（ムハンマドは最後で最高の預言者）
- 来世（らいせい）アーヒラ（最後の審判を受ける）・予定（よてい）カダル（全て神の意志）

五行（ごぎょう）
信仰告白（しんこうこくはく）シャハーダ（礼拝の度に）・礼拝（れいはい）サラート（1日5回）・喜捨（きしゃ）ザカート（困窮者（こんきゅうしゃ）救済が目的）・断食（だんじき）サウム（ラマダーン月の日の出から日没。欲望から身を清める。一体感の形成）・巡礼（じゅんれい）ハッジュ（一生に1度メッカへ。可能な者）

これ以外の主な規範（きはん）
禁酒（きんしゅ）・豚肉（ぶたにく）の禁食。利子（りし）をとらない。秤（はかり）をごまかさない。殺人をしない。賭け事禁止。女性は夫以外に肌（はだ）を見せない。結婚は4人まで妻帯可能（平等を条件とし，乾燥の厳しい社会に，女性が生き抜く厳しさから認めている）など

を意味する。聖地は，イスラームの形成過程から，マッカ（メッカ）とメジナ（マディーナ）とエルサレムの3都市（両派とも）を指定している。

　一神教は，一滴の水が命を左右する乾燥地域で生まれた。乾燥地域は生きる事自体が大変厳しい環境である。多様な人々の協力無しに，乾燥地域で生き抜く事は誰もできない。つまり個人それぞれの多様な意見を受け入れていては，成り立たないのが乾燥地域の社会であり，当然規制も要求も必要となる。例えばイスラーム教には，義務のザカートや自発的なサダカと呼ぶ一種の救貧税がある。また同じ西アジアの乾燥地域で生まれたキリスト教にも救貧税の考え方があり，ヨーロッパでもこれが生かされた時代があった。この税は，余裕のある者は貧しい者を救う義務があり，厳しい環境を共に生きる（総合扶助（そうごうふじょ））という価値観を重視して作られた制度（税）である。共に生きるという事は，人々が困っていれば救うのは善であり，救わないのは悪であるという価値観となる。これは乾燥地域に生きる人々のたどりついた最終的な知恵であり，それを宗教

という不変の力で拘束している。善か悪かという一神教の絶対的な考え方は，人間の勝手な理論では変えられない，変えてはならないことを意味する。宗教は生きるための大切な教えであり，社会的規制でもあった。それゆえ布教・拡大・保護のためなら武力行使もいとわない性格も併せ持つ。イスラーム教のジハード（聖戦）やキリスト教徒の宗教戦争などはこれを証明している。

　イスラーム教は，乾燥地域の西アジア，北アフリカを中心に信仰された。神を信ずることで救われると説いたキリスト教に対し，神の信仰と共にそれを裏付ける行動が伴わなければならないと説き，全ての人間活動を神と結びつけているのがイスラーム教である。神の説く教え（宗教）と，政治・軍事・経済・生活を一体化した行動が乾燥地域の人々の生き方に合致していたのだと考える。西アジア・北アフリカで信仰形態が固まり，宗教集団として力を付けると，軍事行動や布教活動を伴って，同じ乾燥地域の中央アジアへ，さらに熱帯・亜熱帯の南アジアへ，熱帯の東南アジアへ，熱帯のアフリカへも拡大した。

　イスラーム教は，大きくスンニー派（9割）とシーア派（1割）の2派に分かれるが，シーア派はイランとその周辺地域に信仰され，スンニー派はそれ以外の全域にひろまっている。2派への分裂の原因は，政治権力闘争（カリフの座）である。政治を重視するイスラーム社会ならではの出来事である。

⑧　宗教の発生と地域性からみた3段階の展開

　現代社会の宗教分類の常識を見直して，多神教，一神教を一緒にして，もう1度，発生，宗教の関連性，信仰地域，社会に与えた影響力に視点を当ててごく簡単にまとめ直してみると，次のように3段階にくくり変えることもできる。
　　第1段階の宗教（バラモン教，ユダヤ教）＝宗教の発生。
　　第2段階の宗教（仏教，キリスト教）＝宗教の発展。
　　第3段階の宗教（ヒンドゥー教，イスラーム教）＝宗教の定着。

第1段階の宗教（バラモン教，ユダヤ教）

　第1段階の宗教（バラモン教，ユダヤ教）をみると，発生は大変古く，バラモン教は前15世紀ごろ，ユダヤ教は前13世紀ごろと考えられる。両宗教は民

族宗教であり，特定部族のための宗教の枠内にとどまる。インドのバラモン教はアーリア人の宗教であったが，アーリア人以外のインド世界にもひろまり，インド思想を形作った。今はヒンドゥーに吸収されてしまったが，ヒンドゥー教の基本思想の中に，今もバラモン教が生き続けており，無視することはできない。ユダヤ教の場合は，15世紀ほど経った現在でも，ユダヤ人にしか信仰されていない。両宗教は，第2段階の宗教の基になった。

第2段階の宗教（仏教，キリスト教）

第2段階の宗教（仏教，キリスト教）は，第1段階の宗教を基にして生まれたが，結果的に人類に共通する高度な理論を持つ世界宗教になった。完成された宗教といえる。特に第2段階の宗教は，発祥地から別の地域に移って，世界宗教となって信仰されている。また両宗教の聖地をみると，仏教のサールナトー（現ベナレス）はヒンドゥー教の聖地に，キリスト教のエルサレムはイスラーム教の聖地にもなっている。宗教理論のみの第2段階の宗教は，農耕地域に受け入れられ，社会の導きと個人の心の救済に特化した宗教となったところに最大の特徴がある。宗教の意義が社会の要求に最も反映されたといえるだろう。文化の進んだ現在では，宗教面（精神面）のみに限った仏教やキリスト教の教えの方が，合理性のある宗教となっている。異文化圏で発生した仏教も，キリスト教も，発生当時ではみられなかった教えも多く入って変化しており，人類の共同生活や精神・思想面で大いに貢献したと結論付けられるだろう。第2段階の宗教は，現代社会や文化の活動の弊害にもなっていない。

第3段階の宗教（ヒンドゥー教，イスラーム教）

第3段階の宗教であるヒンドゥー教とイスラーム教は，地域に密着した宗教となって，発生地域に根付いたという特徴がみられる。ではなぜ後から生まれた宗教が，発祥地域で根付けたのかをみると，簡単にいえば，人々の日常生活と宗教を結びつけたからである。当然社会的安定を与えた。しかし密着度が高い分，宗教による人々の拘束も強く，宗教なしでは生活が成り立たないほど広範囲にわたって影響を与えるようになった。そのため，新しい価値観や生き方の導入を求めても，宗教的規制が多くあり，人間のあらゆる活動をがんじがら

めにし，融通のきかない宗教になってしまっている。言い方を変えれば，時代に合わせた修正がきかない宗教になっている。これが現在，多くの問題点を噴出させている。第3段階の宗教にはこのような特徴がある。

最後に，宗教も地域性や時代の変化に対応する必要がある。それは宗教の説く理論的な問題ではなく，宗教を地域的特色と合わせてどのように生活に取り込んで生かせるかという活用面での問題である。宗教が人間活動の足かせになるのは本末転倒である。

c) 歴史学（時間）的視点からみた宗教

宗教の時間的変化，すなわち教えがどのように変化し，またどのような新しい宗教や宗派が発生してきたか，変化の過程や関係，さらにその特徴をみる。

⑦ 多神教（バラモン教，仏教，ヒンドゥー教）

多神教は，宗教の特色を念頭に置きながら，インドにおけるバラモン教→仏教→ヒンドゥー教の変遷から特徴を考察する。

◉バラモン教

前1500年頃持ち込まれたアーリア人のバラモン教は，インド世界で開花した。バラモン教は4つのヴェーダ（知識）やウパニシャッド（奥義書）を聖典とし，バラモン（アーリア人の思想・文化の指導者）が社会の秩序と統率を司った宗教だった。バラモン教はたくさんの神話や多様な神によって構成されていた。また社会の秩序と維持は，身分制度（カースト）や輪廻思想を活用して統制してきた。具体的にいえば，初期のヴァルナ（今は一般にカーストに含まれる）は，生涯変わらぬ完全な身分制度を採ることによって社会を治めた。これを守らせるために，生前に良い行いをして，天界で生まれ変わる輪廻思想を説いた。バラモン教はアーリア人の宗教であり，アーリア人優位の宗教だった。

◉仏教

前5世紀頃，仏教はバラモン教の信仰される複雑な社会で生まれたが，バラモンの社会には，既に環境に即した多くの神々が信仰され，輪廻思想があり，

第8章　ユーラシア全域

様々な見方と価値観があり，さらに北西部からの民族侵入も加わって，明確な身分制の社会となっていた。そういう社会にあって，人の平等，人としてあるべき姿，悟りにいたる心構え，永遠なる真理などを説いたのが仏教である。これは革新的な思想であった。仏教の説く特徴を，時間的視点から言えば，諸行無常である。創始者はガウタマ・シッダールタで，"悟った人"という意味で「ブッダ（仏陀）」と呼ばれ，仏陀の教えから仏教（仏道）と呼ばれる。

　仏教の特徴は，高い宗教理論を形成し，完成された教義で，哲学に属する教えも兼ね備えているところにある。仏教は，一神教のような"唯一絶対"の教えとは根源が違い，諸行無常，諸法無我というこの世の変化や因果関係を説きながら，悟りに至る教えを説いた宗教であった。このような教えの特徴から，欧米人からは"神を持たない宗教"と評され，一神教とは次元の異なる見方をされることが多い。欧米人は神という存在があることが宗教であると考えている。仏教のような"人間自身が悟りを開いて仏（神）の境地に至る"という考え方は想像もできないのである。またこの教えの内容から推察すると，古代から社会の歪み，社会の矛盾，人間としての正しい生き方という感性は，変わっていないことが理解できる。現代と同じ問題点が意識されていたため，現代でも研究や信仰の対象となるのである。仏教は釈迦の死後，弟子によって教えが教典としてまとめられた。現在，釈迦の高度な教えを中心にした上座部仏教と，釈迦の教えと共に大衆を救うことに重きを置いた大乗仏教に大きく分けられるが，上座部仏教は東南アジアに，大乗仏教は東アジアに信仰されている。

●ヒンドゥー教

　次に，仏教の後に栄えたインド社会のヒンドゥー教をみると，ヒンドゥー教はバラモン教を土台に，仏教・ジャイナ教等々の影響も取り入れ，土着の民俗信仰も吸収して成立した宗教である。ヒンドゥー教とは，インド世界発祥の全ての宗教を含んで呼ぶ表現名である。つまり"インドの宗教"という意味である。そのため宗派は数百に及び，神々もバラモン教から受け継がれる神々もあれば，仏陀も，一部の地域のみの土着信仰の神々まで含んでいる。インド世界では，仏教もヒンドゥー教の一派とみなされるのである。当然極めて多様性に

富んでいる。インドの宗教として共通するダルマ（法）と、輪廻思想を述べると、ダルマ dharma は、サンスクリット語で"保つもの"を原義とし、"法""真理""正義"などとも訳され、それは高度な宇宙の原理から、人々の日常生活に至るまでの行動規範(こうどうきはん)を指している。また輪廻(りんね)とは、人々の現生の行為によって死後に再び何かに生まれ変わるという思想である。ヒンドゥー教は何でも取り込み、我々の考える宗教の範囲・定義を逸脱(いつだつ)している。当然、ヒンドゥー教の創始者はいない。総合的にみて、バラモン教の神々と、土着の信仰神も取り込んで、しかもそれを、社会や人々の生活と結びつけた宗教にしている点に独自性がある。当然、カーストなどの社会制度も、風習も、地方文化も、芸術も引き継いでいる。ゆえにインド世界に深く根付いているのである。

ロ 一神教（ユダヤ教，キリスト教，イスラーム教）

一神教の発生の最古のものは、前14世紀のエジプトのアテン神である。しかしアテン神は、今は無い。そこで一神教の動きについては、アテン神の影響を受けたと推測されるユダヤ教、そしてユダヤから生まれたキリスト教、さらに両宗教の影響を受けたイスラーム教の形成背景や特色から考えてみる。

●ユダヤ教

前13世紀に、エジプトからモーセに率いられて脱出してきたイスラエルの民（ユダヤ人）が、シナイ山で神より啓示を受けた。これがユダヤ教の始まりとなった。ユダヤ教は、ヤハウェの神を唯一絶対神(ゆいいつぜったいしん)とし、救世主待望(きゅうせいしゅたいぼう)、律法(りっぽう)主義(しゅぎ)、終末観(しゅうまつかん)、選民思想(せんみんしそう)を教えの基本とする。聖典は、ヘブライ語聖書（旧約聖書）である。聖都はエルサレムで、パレスチナ地域に信仰された宗教であった。特にユダヤ人は神から選ばれた民であり、神はユダヤ人のみを救う（選民思想）のだという。当然ユダヤ人にしか信仰されない宗教である。

●キリスト教，

このユダヤ教から、1世紀にキリスト Christ 教が誕生した。キリスト教の創始者のイエスは、ユダヤ教の洗礼を受けたユダヤ教徒であった。ユダヤ教の信仰されていたパレスチナ地方（カナンの地）やエルサレムで教えを説いた。そ

れゆえ，聖典はユダヤ教の旧約聖書と，イエスの教えを各弟子が後にまとめた新約聖書である。Christ（ヘブル語のメシア Messiah "救世主"のギリシア語表現）教は，イエスの処刑後，十二使徒(じゅうにしと)（ユダを除く 11 人の弟子）やパウロなどによって，その教えは北方の西アジアや今の小アジア半島（トルコ），ギリシア方面，ローマなどに伝えられた。ローマ帝国内での信仰は，3 世紀ほど経った後にようやく公認され，さらに国教に認められるようになり，国家と結びついた。このことで，キリスト教は確固たる地盤を持つ宗教に変貌したのである。しかしその後ローマ帝国は分裂し，西ローマ帝国は間もなく滅び，国も政治も軍事も法も失ってしまった。カトリックは，西ローマ帝国滅亡後，人々の信仰心だけでなく，国家や住民をまとめるための組織力として期待され，本来の宗教的役割から宗教以外の役割まで期待されるように変わった。それは後のイスラームの行動と遜色(そんしょく)のないほど多方面にわたって力を持つことになったのである。これによって，キリスト教の最高権威者の権力や教会などの体質が変わっていったことも付け加えておかねばならない。

　絶大な力を付けたローマカトリックのもとへ，東ローマ帝国の東方正教会からイスラーム（セルジューク朝）の東ローマへの圧力の排除とエルサレム奪回の要請が届いた。ローマカトリックは意気に燃え，十字軍を派遣したが，この派遣で失敗し，法王の権威は失墜し，キリスト教会は多様な権利や権力などを失い，元の宗教的立場に専念する方向に戻っていったのである。これ以降ヨーロッパでは，キリスト教には人々の精神的救済の役割を求め，政治や軍隊は国家が，社会制度は法が，自然科学や人文科学は学問が担うことになった。

⦿イスラーム教

　イスラーム教は，7 世紀にユダヤ教やキリスト教の影響を受けて誕生した宗教である。それは創始者ムハンマドも認めるところであり，ユダヤ教，キリスト教，イスラーム教を同じ「アブラハムの宗教」であると述べ，アダムもノアもモーセもダビデもイエスも預言者（使徒）であると説き，最後で最大の使徒がムハンマド（マホメット）であると説く。当然ユダヤ教，キリスト教と同じ一神教であることに変わりはない。また人間の平等を説き，聖典の教えによっ

て人々を導く点はキリスト教と同じである。聖典はクッラーン（コーランとも言い"読誦されるもの"の意味）である。発祥地はアラビア半島のマッカ（メッカ）であり，この地も典型的な砂漠のオアシスにある。この厳しい乾燥の地に発生したことに注目せねばならない。

　キリスト教と似たイスラーム教は，どのような特色を持つ宗教なのか？　また，なぜ西アジア・北アフリカが，ほぼイスラーム一色に近い状態になったのか？　を述べてみる。イスラームは人々に対して，信仰告白（シャハーダ），1日5回の礼拝（サラート），喜捨（ザカート），年に1か月間の断食（サウム），一生に1度の巡礼（ハッジュ）を定め，さらにシャリーア（宗教に基づく法）によって人々の日常生活まで規定した。これに加え，政治も軍事も経済も同時に導く特色を持っていた。それは，当時のアラビア半島には，人々をまとめ，導くための確固たる国家が存在しなかったからである。ここにキリスト教との最も大きな違いがみられる。キリスト教は，心の導きだけで世界宗教になりえた。イスラーム教は，心の導きだけでなく，厳しい乾燥地域を全員で生き抜くことを最優先にした宗教団体であった。キリスト教は≪迷える1匹の羊を救う≫とすれば，イスラームは≪99匹の羊を救う≫方に力を置くといった違いがある。イスラームが，乾燥地域に受け入れられた理由もこの点にある。イスラームは，政教一体の宗教といわれるが，政治は正しい信仰実践のための手段となるから切り離すことができないのだという。しかも従わねば力（軍事力）で従わせるように導くのだという。同じような考え方で経済活動も導いている。その根源には，人間の活動は神から与えられたものという考え方が前提にある。この関わり方や深めた方は，餓死者の出る貧しい時代や生活環境の厳しい乾燥地域では，大変威力を発揮した。結果的に乾燥地域の西アジア，北アフリカは，ほぼイスラーム一色になったのである。それゆえイスラーム教といわず，イスラームという表現の方が適切といわれる。イスラーム教といってしまえば，宗教の内容だけにとどまってしまうからである。

㈧　時代・社会の変化と世界宗教の対応

　ここでは，視点を変えて宗教の問題点を述べたいので，宗教を解り易くマイ

カーに例えながら、その変化と特徴を述べてみる。新車を購入するとマイカーの全てが新品で、特に改修しなければならない個所はない。しかし乗り続けると、何かしら調子の悪い部分、部品の磨滅、油のこびり付きやサビ、さらにタイヤのように消耗する個所、カーナビのように時代遅れで記載漏れの個所も出てくる。マイカーならその都度修理すればよい。何も手を加えないで使用するのは、乗り心地が悪いだけでなく、危険さえ感じる。宗教も似たところがあるのではないかと考える。ところが、宗教はマイカーのように修理や部品交換など、社会の要求や時代の変化に合わせて改修ができてきたのであろうか？

◉仏教

多神教の仏教をみる。仏教の特徴は発生当初から諸行無常、諸法無我を説き、変化を認識して真理を悟るように説いた教えの宗教であった。マイカーでいえば、新車を買った行為にあたるのがシャカの教えで、その後の仏教僧は、時代や社会に応じて、絶えず便利で安全で乗り心地の良い車を目指し、生活の進歩に合わせて車を点検と改良を加えてきた感がある。仏教は時代の変化や社会の要求に対し、社会に合わなくなったり、必要な事が生じたりすれば、その社会背景、時代背景、地域性にあわせて多くの宗派をつくり、また別の視点から捉えた教えを説く傾向もみられた。具体的にいえば、釈迦は、永遠の真理、個人の悟り、涅槃にいたる教えなどを説いたが、釈迦の死後に、必要に応じて大衆を救うガンダーラの大乗仏教が生まれた。大乗仏教は、釈迦の説いた教えに加え、遊牧の価値基準である衆生を救う教えが入り、ヘレニズムの芸術性も加わって、文字も読めない人々に仏像という形にして示した。大乗仏教は、中国でも民族宗教である儒教や道教等の思想を一部取り入れて、ガンダーラの大乗仏教とも趣を異にする中国仏教に変化させた。日本においても、社会の必要に応じた宗派の発生がみられた。大衆化も、教典の多様化も、芸術化も、宗派の発生も、仏教の大きな変化の表れである。つまり社会や時代に合わせてマイカーを改造したのと同じである。しかし仏教本来の個人の悟りや解脱などの教えを失った訳ではなく、根底には釈迦の教えが脈々と受け継がれてきた。そして個人も家族も社会も国家も救うという教えに切り替わり、インド仏教とは

大きく異なる宗教に変容していった。とくに大乗仏教は，購入時のマイカーの面影から大きく変更された車のようになった。仏教の特徴は，絶対とか唯一という思想は説いていない。また，政治にも軍事にも経済にも口出しすることはしない。それゆえ仏教を信仰する東アジア，東南アジアでは，仏教による宗教対立も起きず，思想の民主化の害にもならなかった。変化という意味では，時代に合わせて，初期の仏教，中世の仏教，現代の仏教に違いがみられる。

◉キリスト教

キリスト教の場合は，一神教でありながら，時代に合わせて修正する機会と適応力に恵まれた宗教であったと思える。1回目の大改革として，ローマ帝国で迫害され続けてきたキリスト教が，300年も経ってようやく公認され，最終的に国教となった。これによってキリスト教は国家と結びつき，心の救いの教えから，国家の重要な組織に組み込まれ，大きな力を持つことになったのである。マイカーでいえば，車を乗り換える程の大改革である。2つ目の大改革として，一神教は本来偶像崇拝を禁止している。偶像崇拝は同系列のユダヤ教もイスラーム教も認めていない。しかしキリスト教は信仰する人々の状況に合わせて，偶像崇拝を取り入れていった。さらにイエスの神格化も採り入れた。それによって，信者から分かり易く，親しみやすい宗教になったのである。そして中世には，絶大な権力を握った。マイカーでいえば，新技術の部品への交換やカーナビをとり付けたことと同じであった。3つ目の大改革として，権力を土台に実行した十字軍で失敗した。その結果キリスト教の影響力が弱体化し，キリスト教自体も，社会に合わせた改革を行わざるを得なくなった。それが後の宗教改革やプロテスタントの誕生にも繋がった。マイカーでいえば，事故を起こし，車を大修理に出し，余分な追加部品も取り外した感がある。それによってキリスト教は弱体化したが，そのぶん社会への高圧的な態度は弱まり，その結果キリスト教のしがらみから解放され，新たな価値観を育んでいく社会環境が生まれた。つまり宗教から距離を置いて，法の支配，民主主義，個人主義，資本主義，学問の自由，科学の重視などの思想が芽生え，それが後に大きく社会を変えることになった。欧州のキリスト教徒は，キリスト教を捨てたわけで

第 8 章　ユーラシア全域

はなく，キリスト教には心の救いを求めた。

◉イスラーム教

　同様の見方でイスラームをみると，結論からいえば，キリスト教のような大改革は行われず，大きな社会変革にも出会わなかった。つまりキリスト教徒の十字軍のような宗教を失墜させる大事件も起きなかった。また異民族のモンゴル軍が侵略して支配者になっても，イスラーム社会は修正を図る必要性も起きなかった。マイカーでいえば，最初に高級車を買って，修理もせずに，そのまま乗り続けたクラシックカーの感がある。もう1つは，イスラームそのものの特色にも大きな原因があったと考える。イスラームは発生当時から，神の言葉，政治，軍事，経済，人々の生活までを一体とする教えであった。これは，発生当時は大変合理的で，社会に合った宗教と考えられたが，長年乗ったクラシックカーと同じで，時代と共に磨滅した箇所，サビ，すり減ったタイヤ，馬力の出ないエンジンのように，各部所で新たな切り替えの必要性が発生してきた。しかしこの改良を行わないまま，乗り続け，その矛盾が今大きくなって噴出してきたように思われる。イスラームの動きを国家に当てはめていえば，現代になって，ようやくイスラームの改革が吹き荒れ始めたといえるだろう。つまり車でいえば，修理や部品交換の必要性が出てきて修繕を行わねばならず，もがき苦しんでいる状況に近い。イスラーム世界の歴史的な動きは，統合や結束の方向ばかりに目が向いていたので，第2次世界大戦後の分離独立の動きは経験のない動きであり，全く逆の動きであった。今のイスラーム世界は，現代世界の風潮である民主化，個人の自由・平等，個人の権利，男女平等，民主主義社会，政教分離等々への価値観の変化に十分対応ができていない。このような要素も加わって，イスラーム世界の内部では動乱が起き，混乱に陥っている。イスラームという組織体の特色を述べるとすれば，時代背景の差より，地域性の違い，すなわち西アジアのイスラーム，内陸アジアのイスラーム，南アジアのイスラーム，東南アジアのイスラームといった違いの方が大きいし，この違いの方が長く問題視されてきた。今イスラーム世界は，変動の真っただ中にある。この改革を通して民主的・平和的社会に変えられるか，これが課題である。

特色・価値観から分類するユーラシア

C. 政治重視思想の強い地域と政治の特徴

　ユーラシアの中で，中華世界と呼ばれる領域の地名をみると，政治的意図による地名が大変多い。接尾辞も政治的意図によるものが多い。中華世界以外の文化圏でも政治的意図による地名はみられるが，中華世界とは比較にならないほど種類も数も少ない。その代りに中華世界以外の文化圏では，主要地名に宗教関連の地名や人名に因んだ地名を多く用いている。逆に中華世界には主要地名に宗教関連地名や人名の地名化が極めて少ないという特徴がある。これらの特色からみて，中華世界は政治中心の文化圏であると判断した。

　では歴史的にみて，どのように政治色が強かったのか，政治はどのように経済に係わったのか，政治と宗教との関わりはどうか，逆に政治中心の文化圏が，どのような政治的問題を抱えているか，という点を中心に考察してみたい。

　ここでは，政治重視思想の強い地域（文化圏）を，a）過去（歴代の王朝）と現在（現代国家）の比較，b）政治と経済の関係，c）政治と宗教の関係，d）現代の政治的諸問題（中国の場合），この4つの視点から分析してみる。

a）．過去（歴代の王朝）と現在（現代の国家）の比較

　はじめに，政治色の強い地名を持つ中華世界を，中国歴代の皇帝政治と，中国共産党政権を比べて，政治中心の文化圏としての特徴を述べてみる。さらに日本の政治も簡単にとりあげて，その違いを比較する。

　中央集権制をとった歴代中華の皇帝は，天の神の代理としてこの世を治めているとの立場を表明して政治にあたってきた。「皇帝」とは，"煌々と輝く（皇）北極星（帝）"を指す言葉から生じている。それゆえ政治権力者は，大変権限が強く，しかも尊敬や崇拝の対象でもあった。中国の「皇帝」の特色を表わす別の言葉に，「一君万民」（"王が君臨し，全ての民が皇帝に服従する"），「王土王民」（"土地と民は全て王の支配下にある"），という表現もみられた。

　歴代の皇帝の政策は，支配下に置いた領土を安定して支配するために，本来漢民族でない部族も，多様な手法を駆使して中華に引き込み，漢民族化させて

第 8 章　ユーラシア全域

支配下に置こうと努力してきた。政治的意図の地名が多く命名されたのも，この政策遂行の一環である。この政策を最初に実行したのは，秦の始皇帝である。中国では商(殷)や周の時代から，文化の先進地域が周辺諸地域から尊敬される思想が強いという特色があった。秦王朝は，当時としては中華周辺の夷狄(西戎)の地の出身であったが，この思想や価値観を大いに利用し，中華と呼ばれた領域を支配下に入れて，自らの国を中華の王朝と名乗り，支配下に置いた周辺異部族を，婚姻関係や中央集権制度を採り入れて中華の仲間に引き込み，秦の支配に抵抗する部族をアメとムチで統率し，同化させて支配下に入れていった。この中央集権制度を，歴代の中華王朝もほぼ引き継いだ。それが巨大国家の形成と漢民族の増加に繋がったのである。その当時の政策を，もう少し具体的に挙げれば，中央集権制度の実施，漢字による文字の統一と普及，度量衡の統一，中華思想を中心とする中華文化の普及，宗教の政治活用，全土に政治的地名の命名などを行い，これらを有効に活用して国土の統一化や漢民族化を進めたのである。このような政策が代々採られなかったら，現在の中国はヨーロッパ世界のように幾つもの部族に分かれ，幾つもの国家が形成されていたと確信する。この確信の根拠は，漢民族内には，現在も風土に根差した地方色の強い言葉が，9種類(他の区分もある)も残っている。さらに共通の地名政策推進にもかかわらず，地域によっては「屯，荘，店，集，舗，場，墟」などの特定地域のみに偏って用いられる接尾辞も多く残っていて，地域の独自性が読み取れるからである。ふつうこれだけ言語や接尾辞が違えば，その背後にある風土も，文化も，価値観も異なるものである。そうすると，それぞれが独立国の形成に向かうのが普通である。しかし漢民族内では，分裂時代を迎えても，それは権力争いの範囲内で，風土や文化の違いを前面に出して，中華王朝とは異なる新国家を形成するという動きは殆どみられなかった。

このような伝統を持つ中国にあって，現代の中国をみると，事実上共産党による一党独裁の中央集権国家となっている。一党独裁とは，他の政党や価値観を認めないことを意味する。中国では，共産党代表者(中国共産党中央委員会総書記)が国家の権力者なので，総書記(旧主席)は歴代の皇帝に相当する。

特色・価値観から分類するユーラシア

中国の支配形態

今の共産党政権は，現代世界にみられる政治システムで，「選挙で選出された代表者による政治」ということになっている。しかし，中国の共産党政権は，14億人の中の，わずか9千万人弱の共産党員から選ばれた代表者による政権で，13億強の人々は蚊帳の外である。この代表者が行政，立法，司法の全てを握っている。そして共産党政権は，国内の異民族の動きや小さな反対勢力さえも国家権力で完全に抑え込んでいる。つまり権力構造という立場からみれば，昔の皇帝政治と変わらない専制政治のシステムなのである。北朝鮮も，朝鮮労働党の一党独裁国家である。形は一党だが，北朝鮮の場合は一党ではなく一家

第8章　ユーラシア全域

(一族)の独裁国家であり，歴代の国王と全く変わらない。越南(ベトナム)も改革は行っているが，共産党単独政権だけは放棄していない。

では中華世界の中で，異なる政治システムを持つ日本はどうなのか？　日本は，18歳以上の男女が直接選んだ代表者で，多党制で，反対意見を持って政権争いに挑(いど)む政治システムであり，中国とは180度異なる民主政治のシステムである。これは同じ中華世界の国家として，一括りに出来ない違いである。中国共産党，朝鮮労働党，越南共産党のような一党体制では，多数の人々の声を聞く政治は成り立たなく，一部の人々のための政治となっている。

ただもっと冷静になって，視点を変えて，現実に即して，"紛争の無い国家の形成"という価値観を基本に据えて中国をみると，14億人の中国という巨大国家は，民主主義より独裁形態の方が，国家は安定するのではないかと思える時もある。欧米型の「民主主義」は，一党独裁形態より人権を優先するという点では理にかなった制度であるが，反対意見も多く出てきて分裂がおこり易い。ヨーロッパがこの例である。独裁形態の方が，確かに分裂は起こりにくい。そうであれば，巨大で多様性を持つ国家では，"民主主義も活用に注意"が必要となる。ただ個人の権利は優先されないという欠点は残る。もし現段階で，中国が欧米型の民主主義制度を取り入れたと仮定すれば，ヨーロッパのような多国家に分裂する可能性が高い。国家が分裂すれば紛争へと結びつく。イスラーム世界のような紛争の絶えない文化圏に変貌する可能性もある。中国の分裂は，現在のイスラーム世界以上に全世界に影響を与えるだろう。では安定を望むなら，一党独裁形態も国家運営の一手法と考えなければならない。

ここで大きく視点を変えて，歴史の動きを振り返ってみる。中国の王朝をみると，秦代の陳勝(ちんしょう)・呉広(ごこう)の乱，漢代の黄巾(こうきん)の乱，隋代の各地の農民の乱，唐代の黄巣(こうそう)の乱，元代の紅巾(こうきん)の乱や白蓮教(びゃくれんきょう)の乱，明代の李自成(りじせい)の乱，清代の太平天国(たいへいてんごく)の乱は農民の反乱であり，これが原因で王朝は滅んでいる。農民の反乱以外の要因で滅んだ王朝は，晋と宋ぐらいである。これは最も強い王朝が最も弱い農民に滅ぼされたことになる。つまり国家の基本である農民(いつの時代でも8割以上を占める)を大切にしないと，王朝も滅亡につながるのであ

る。このことを，共産党政権も肝に銘じておくべきである。今の中国の都市労働者と農民は，歴史上の農民にあたる。

　では，現在の中国の都市労働者や農民の立場はどうなのであろうか？　今の共産党政権をみると，どうみても政治的に人々を平等に扱っているとは思えない。その1つに，共産党員の割合が極端に少ないことと，代表者の選考方法が数回にわたる間接型（民主的選出から遠ざかる）の選出であることに問題点がある。他にも，今の中国には問題点が多すぎる。

　参考までに，学問上の理論もあげておきたい。アメリカの政治経済研究に，次のような見方・考え方がある。国民1人当たりの平均収入が6000ドルを超えるようになれば，国民は政治的にも民主化を求めるようになり，政権はそれを抑えきれなくなるという。そして中国の共産党社会も，今後10～15年足らず（2030年代）で，崩壊の危険性が訪れると推測する。ただこの学説は，民主主義思想を基本に持つ欧米型の価値観からみた推論である。旧ソ連圏では通用しても，中華世界は思想も価値観も欧米社会と異なっているので，そのまま通用しないだろうと思うが，否定もできないだろう。注目したい。

　次に島国日本もあげてみる。日本は，古くから中華世界の思想や制度から半分以上離脱していた。それは日本独自の地名命名手法をみただけでも断言できる。日本は近現代に入り，欧米化を取り入れて中華世界を2極化する力を付けた。世界最強国のアメリカは，戦争に勝ったにもかかわらず，2010年頃まで経済的・技術的に日本に抜かれることを，最大の恐怖と考えていたという。現在，東アジアの2極である日本と中国は，そのまま世界のリーダーでもある。両国は世界的にも極めて大きな影響力を持っていることを肝に銘じておかねばならない。ただ日本について，もう少し視点を変えて眺めると，中華世界の中で独自色が強いとは言え，欧米型の民主主義国家と全く同じだとは思えないし，言えないだろう。政治的な諸制度や資本形態，産業のグローバル化といった点では欧米型でも，その背景にある民族的思考や価値観は，中華世界の価値観が根強く残っている。その下での欧米化である。国民でいえば，100％近い単一民族（日本人）の国家であり，当然日本人特有の価値観で固まっている。

それゆえ世界の常識ではなく，日本人の常識が正義であると思い込んでいる。また政治を優先する国家であり，価値観においても個人より集団を優先することが多い。これらも中華世界型の特徴である。このように，思想や文化や価値観では，日本は中国と似た点が大変多い国であることも抑えておく必要がある。

b), 政治と経済の関係

　ここでは共産党の支配する中国を中心に，政治と経済の関係をみる。すなわち，国家が経済にどのような形で係わってきたかを主題にしてみていく。

　最初に農業（農民）をみる。農民は，いつの時代でも人口の8割以上を占めた。中国で都市人口が農村人口を上回ったのは，ごく最近の2011年のことである。それまでは農民の数が圧倒的に多かった。政治が経済（農業）に係わった歴史をみると，重要なものの1つに，耕地の国有化という考え方，政策があった。この考え方は，既に「新」（8～23年）代に唱えられていた。「新」の王莽は，土地の私有を禁じ，「王田制」（国有地化）を打ち出した。ただ実力もなく3年後に中止された。実際の実施例をあげると，「均田制」が該当する。均田制は北魏（485年）で始まった。北斉や北周でも行われ，隋や唐の時代には全国的に均田制を基本とする「律令制」が基本となった。「律（刑法）」と「令（行政法）」を基本に，「格（補足，改正）」と「式（施行）」を加えた法体系が整えられ，法で農民を統率する組織であり，たいへん進んだ制度であった。これは農民に一定の土地を貸し与え（均田），それによって税（租・庸・調）を納めさせ，兵（府兵）制を整える制度であった。この制度は人々を平等に扱うという現代の共産主義・社会主義の思想や価値観に通じるものがあり，似た発想の政策であったと判断する。律令制は，農民を集団化せず，個々の農民を対象とした。現代の共産主義（社会主義）は農民を集団化・共同作業化した点に違いがあった。また中国の古代からの思想である「王土王民」や「一君万民」という表現も，共産主義・社会主義の思想や価値観と重なる部分がある。極端にいえば，現在の共産党支配の社会は，「王」や「一君」が「共産党の代表者（総書記）」に変わっただけではないかと思える。つまり中国では，最も重要

特色・価値観から分類するユーラシア

な土地の国有化と，権力者が万民を支配する政治思想（価値観）は，大変古くから存在し，少しも変わっていないのである。この2つは，違うように見えても，国（支配者）の支配目線からみれば，同じ政治支配形態なのである。

ここで歴史的にみた変化を，隋・唐を例にして少し詳しく説明すると，均田制は百姓に耕作地を支給する制度だったが，1世紀ほどで均田制は行き詰まった。行き詰りの詳しい内容は省略するが，当然の成り行きである。それは人の増加と耕地の増加，耕作地の合理的な分配制度は一致しないし，また耕作地への愛着という感覚も生じにくい。そして何より税が重すぎたからである。8世紀中ごろには「租庸調」の税制中心から「塩」の専売制を中心にした財源に頼らざるを得なくなり，さらに8世紀後半には荘園が多くなって，税制を「租庸調」制から「両税法」（実際持っている資産額から戸税，耕地面積から地税を徴収する税制度，商人からも行商の30分の1，後に10分の1を課税した。これは唐中期から明中期まで実施された税制）に切り換えている。

歴史的な隋・唐の政策に対して，今の中国の政権をみると，共産党支配初期はソ連を見習い，農民の共同経済活動を理想として，社会主義国家の建設を目指した。農業では，集団農場（一郷一社の規模が基本）を建設し，農民の集団化を進めた。この制度を「人民公社」と呼んだ。人民公社は1958年に始まり，同年12月には耕作地の99％（2万6578社）を占めるに至った。しかし生産高は全く上がらず，すぐに行き詰り，1982年に解体された。結果的に僅か24年で集団化を放棄したのである。隋・唐の均田制の4分の1程度の期間で崩壊したのである。均田制としてみた場合は，北魏から始まっているので，3世紀の長期に及んだ制度だった。同じような耕地の国有化でも，個人中心に考えた律令政策の方がはるかに長く，集団化した共産主義政策の方が瞬時に崩壊してしまったことになる。

このような耕地の国有化・共有化による両経済制度は，理論的には理想に思えるが，人間の持つ性，家族愛，耕作地への愛着，生産意欲といった価値観を無視した制度であった。この両制度を比べると，農業では共産主義の集団化の方が律令制より劣った制度であったと結論付けられる。人民公社を放棄した第

1次産業の農業は，その後，耕地を「生産責任制」(せいさんせきにんせい)（農家請負制，家族営農請負制）に改めた。これはどちらかと言えば，均田制に似た形態と言えるだろう。これが急成長をもたらし，現在では食料自給率は100％に近い状況で，世界最大の穀物生産国であり，世界1の農業生産国になっている。ちなみに，人民公社まっ盛りの1970年の1 ha あたりの穀物生産量は2143.1 g だったが，生産責任制導入後の2005年では1 ha あたりの穀物生産量は5228.9 g となり，約2.5倍に増加している。これは明らかに農民の意欲の差である。

次に商工業にも視点を当てると，中国は共産党政権の理想とする「国営の企業」をつくった。しかし商工業は停滞した。その反省から1978年（1982年）に「改革開放」路線がとられるようになり，外国の技術と資本を導入し，生産のノウハウを見習い，商工業でも民間の活動（私営企業）も認めた。わずか30年で，共産主義，社会主義の理論を一部放棄したことになる。この路線への変更後に，中国の経済は変化を遂げ始めた。逆にいえば，理想とした公営の企業のみでは，問題点を多く抱えて成長できなかったということである。中国のGDPをみると，「改革開放」以前の1970年が926億ドル，「改革開放」後の2005年では2兆2900億ドルで，約25倍に増加している。2015年のGDPは11兆ドルを超えている。この急増の殆んどが，第二次産業と第三次産業の成果である。これも労働者の自由や意欲の差である。このうま味を知った現在の中国政府は，民営化をさらに進めようとしている。

ソ連が崩壊し，分裂した最大の原因は，経済政策の失敗と自由の束縛だったが，現在の中国政府も経済政策で失敗すれば，政権の崩壊だけでなく，国家分裂につながる可能性が大きい。民営化の必要性を十分理解しているのも，民主化の進展の恐ろしさを理解しているのも，今の中国政府である。

中国と同じ共産党による国家統一を果たした越南(ベトナム)に目を向けると，国家統一後に，「ドイモイ（Dôi môi "刷新"の意味）政策」で，社会主義政策を大きく変えた。農業もこれまでの「合作社」のみから，「個々の農家」を認める脱集団化を推進した。商工業でも「資本主義経営」や「個人経営」も認め，「国際分業」や「国際経済協力」にも参加し，共産主義の経済原理を一部切り替えた。

その結果，大きな成果を上げている。憲法でも，「プロレタリア独裁国家」の文言を削除し，「人民の，人民による，人民のための国家」というアメリカ的表現に替えている。

　日本をみると，国営企業は殆ど無く，アメリカ並みの資本主義経済運営をとっている。経済からみれば，中国とは全く異なるシステムである。東アジアが2極化しているという一面が，特に経済分野に明確に表れている。ただ社会システムでいえば，日本の成長期は，年功序列型，終身雇用型，護送船団型といわれ，この制度がまかり通っていた時期が最も日本らしい勢いのある時代であった。この制度は，今は小さくなったが，中華的な価値観の1つなのである。

c），政治と宗教の関係

　ヨーロッパをみると，古代は政治が宗教活動を上回っていたが，中世に入ると，政治が宗教に援助を求めた。そしてキリスト教は政治以上に大きな力を持つに至った。中世以降は，宗教の勇み足（十字軍や免罪符）などもみられ，政治力が再び宗教力を上回るようになった。インド世界とイスラーム世界の場合は，宗教の力は政治を上回り，人々の生活の中心であり続けた。

　中華世界は，他の文化圏とは大きく異なり，いつの時代も政治が中心で，宗教は政治遂行の1つに利用された。中国には，古くから儒教や道教などの宗教があった。中国発祥の宗教は，一面では東洋（中国）思想といえるもので，宗教も思想も，政治との絡みで発展してきた歴史を持つ。東洋思想の中に，「法家」「兵家」という政治や軍事に係わる分野もみられた。これらの思想の下でも皇帝の力を上回るほどの力はなかった。これから判断しても，王朝の下で東洋思想や宗教理論も育ってきたことを示している。また外来の仏教も否定せず，最初は哲学的価値として導入したが，すぐに宗教として活用した。中国での宗教統制政策は，中央集権制度の推進，地名活用による地域支配，中華思想の活用等々と並行して進められた。そしてその中心には絶えず皇帝がいた。この強大な政治権力が，巨大国家を誕生させ，宗教も文化も経済も統制しながら漢民族をまとめあげ，発展させてきたことは疑う余地がない。為政者は，巨大寺院

や仏像を造らせ、仏教の力も活用して国家の安泰と民衆の統制等に利用したが、これらも政治が宗教を上回っていたから成し得たことであった。

　しかしこのような中華世界において、少し視点をずらして、斜(なな)め方面から宗教の力を眺めてみれば、宗教が政治を大きく左右させた事も繰り返し起こっていた。その典型が、王朝を滅亡させる原因となった農民の乱である。農民は最も弱い存在で、反抗心も弱く、団結心も弱い。それなのに最大の権力保持者である王朝の滅亡を、幾度となく可能にした。では農民の力はどのようにして結集されたのかを探ると、そこには信仰心（宗教）をよりどころとした団結があった。宗教が基本に座ると、弱い農民でも大集団・大軍団に変わる。例えば、後漢(ごかん)滅亡の原因の「黄巾(こうきん)の乱」、元追放の原因の「紅巾(こうきん)の乱、白蓮教(びゃくれんきょう)の乱」、清(しん)滅亡の原因の「太平天国(たいへいてんごく)の乱」などは、明らかに宗教結社が絡んだ乱である。ここまで極端でなくても、社会の争い事や政権内のもめ事も、宗教がからんだことが度々みられた。ここに宗教の持つ根源的で普遍的な力を感じる。宗教と結社、ここに政治優先国家の盲点があるのかもしれない。

　同じ視点で、日本に目を向けて宗教の役割をみると、古くから神道がありながら、仏教を導入し、為政者による国分寺や大仏の建立も行い、仏教を大いに普及させた。そして宗教の力で人心をまとめ、共通する価値観を育んだ。その結果、国家が安定し、社会も安定した。日本における国分寺、国分尼寺、大寺院、巨大仏像の建立は、国家権力の援助がなかったら建設できなかったし、逆に日本国民の精神的統一もできなかったであろう。私たちの用いる日常用語に、仏教関連の用語が多々含まれているが、これは日々の活動に宗教が取り込まれていたからである。言い方を変えると、政治が日本民族形成に宗教を関わらせたからまとまったのである。つまり日本の為政者も中国同様、宗教を抱き込みながら宗教の良さを生かし、国家運営に活用したのである。その日本でも、歴史的に、一向一揆、島原の乱など、宗教が係わる大きな紛争もみられた。

　さらに視点を変えて宗教を分析してみると、今世界では、宗教が絡んだ紛争が社会問題や国際問題となっている。世界の一般の人々に、世界宗教（仏教、キリスト教、イスラーム教）の違いは何か？を尋ねると、多くの人は、多神

教と一神教の違いをあげるだろう。違いとして"宗教対立と宗派対立"を挙げる人はまずいない。しかしここに重要な問題点が潜んでいる。中国や日本の宗教には，多くの宗教や宗派がみられるが，日常的には宗教戦争も宗派戦争も起こしていない。この具体例を日本の神戸の風景から説明すると，神戸には日本特有の神社があり，仏教各派の寺院があり，キリスト教もカトリック教会・ルーテル教会・ハリストス教会があり，イスラームのモスクもある。さらにヒンドゥー寺院も，関帝廟も，ユダヤ教会もすぐ近くに存在する。多種多様な寺院があり，多種多様な神々が信仰される神戸に，宗教対立や宗派対立が興ったという話は聞いたことがない。これが中華世界の風土における宗教観なのである。ヨーロッパも，宗教力が弱まり，学問，文化が盛んになってから，それに比例して宗教戦争は少なくなった。インド世界やイスラーム世界は，宗教的生き方が重要であり，力を持つ分，紛争が多い。インド世界やイスラーム世界は，宗教の推進手段として，政治が行われているといった方が実情に近い。中華世界の宗教観に，今後の世界の生き方のヒントがあるのではなかろうか？

d). 現代の政治的諸問題（中国を中心に）

2015年の統計から，ベトナムを含めた中華世界の全人口をみると，総計16億8000万人で，このうちの13億9300万人が中国の人口である。これは中華世界の82.7％を占める。そこで政治色の強い中華世界の問題点については，圧倒的人口数を占める中国（中華人民共和国）を中心に記してみる。問題点については国内問題と対外問題（国家関係）に分けて述べる。

㋐ 国内問題

まず中国の国内問題に目を向ける。1つ目として，政治に参加できる人々の数に問題がある。中国では，事実上一党独裁という政治形態で，その一党は共産党である。現在の中国の共産党員は9000万弱である。数だけみれば多いように思えるが，これは中国の全人口のわずか6％である。また，共産党員の数を成人の人口の割合でみても1割程度である。これらの人々のみが選挙権を持

つ。中国では94％の人々は参政権（共産党員）さえ持てず，その数は13億人である。13億人という数は，ヨーロッパ世界とイスラーム世界の全人口の合計数より多いことになる。政治優先の世界という特色を持つ文化圏にあって，政治と関わりを持たない，または持てない人々が，このように多数存在することが問題なのである。

　2つ目として，共産党委員の選出方法に問題ある。共産党員になるのも，いろいろな資格やルールがあり，誰でも簡単に入党できる訳ではない。そして共産党員に加入できた6％の者が，郷級の人民代表者会議に出席する代表者を選ぶ。郷級は最も小さな行政単位である。これは，中国の共産党員が直接代表者を選ぶ唯一の選挙である。次にそこで選ばれた郷級の委員が県級の人民代表者会議に出席する代表者を選ぶ。その次に県級の委員が地区級の人民代表者会議に出席する代表者を選ぶ。さらにその次に地区級委員が省級の人民代表者会議に出席する代表者を選ぶ。ここまでが地方の共産党の委員選出形態である。省級の共産党員を選ぶまでに，直接選挙1回と3回にわたる間接選挙がある。省級の委員までくると，3回の間接選挙の結果，共産党員の投票意図はみえなくなる。次に国家中央委員の選出に移るが，省級レベルの代表者大会と中国人民解放軍から選出された代表者が共産党の中央委員（200余名）を選ぶ。9000万弱の共産党員が存在するといっても，共産党員でさえ直接国家の中央委員，さらにその代表の総書記や国家指導者を選ぶ権利はない。この選出形態をみると，選出方法は確かに選挙による末端からの選出だが，全体構造を見渡せば，皇帝時代と似た権力構造しか連想できない。国民に政策を訴えて，国民の支持を仰ぎ，その代表者によって立法府や行政府が作られる欧米型の政治システムとは全く異なっている。つまり，表向きは投票という形をとる民主的制度のように見えるが，代表者選出手法は特殊で，共産党員でさえ直接国家に意見を述べられる制度でも，中央役員を選出できる制度でもない。共産党国家である以上，少なくとも共産党員による総書記の直接選挙ぐらいは行うべきではなかろうか？　と思う。

　3つ目として，一党独裁政権はどのようなことを行うのか？　これも問題点と

してあげねばならない。一党独裁とは，反対勢力を全て排除することを意味する。1949年の中国共産党政権誕生以降の歴史をみると，やはり反勢力的思想や他の政党の参加を認めず，全て排斥してきた。当然だが，共産党の考える（代表者の考える）行動しか許さなかった。その結果，次のような大きな事件がおこった。中国では「大躍進政策」で理想を強制させ，大失敗をして1000万～4000万に及ぶ餓死者を出したという。「文化大革命」では，数百万～数千万の死者と1億人に及ぶ被害者を出したといわれる。「天安門事件」（六四事件）では，民主化を求める同胞を1万人も中国軍が殺害したという報道があった。数の信ぴょう性は，明確に発表されないので，断定できないが，これらは国内の民衆の意見を全く聞かず，一方的に一部の権力者の思想を押し付けた結果である。つまり，一党独裁が生んだ悲劇的な事件なのである。このように，国内で多数の犠牲者を出した中国共産党政府も，日本との戦争で出た被害者に対しては，大々的に供養し，犠牲者数も増幅して報道するが，はるかに多くの犠牲を出した国内の大躍進の失敗も，文化大革命も，天安門事件も，中国政府が犠牲者の供養を行ったというニュースは聞いたことが無い。これらの事件は隠し切っている。ここに一党独裁政権の，自己中心的考え方の特徴が大変よく出ている。同胞を犠牲にする行為は，異民族との戦争による死者を出した以上に罪悪感があると考える。このような行為は，中国だけでなく一党独裁制度をとったソ連（スターリン時代の粛清だけでも800万）でも，東欧諸国でも，カンボジア（ポルポト政権は国民の3割の200万人以上を惨殺）でも，北朝鮮でも同様にみられた。

　4つ目として，国内にあるチベットと新疆ウイグルの両自治区に，中国（漢民族）からの独立要求問題が発生している。両自治区は，中国の異民族王朝時代（元代や清代）には，属国か支配下に置かれたが，支配されない時代の方がはるかに長く，また漢民族の王朝には支配された経験がないと言っている。それゆえ独立を要求している。このような独立問題に，中国政府の強い圧力が入り，話し合いさえ行える状態ではない。力による制圧である。この両民族自治区は，力で押さえられているといっても，まだ地方行政区分（自治区）として

第8章　ユーラシア全域

認められているだけでもましな方で，中国国内の55の少数民族のうち，50の少数民族は自治区さえ与えられていない。完全に漢民族の中に埋没させられている。漢民族以外は，部族・民族の自主性を主張できる環境は，今の中国には無い。民主主義国家では，国内に独立要求が発生すると，その言い分を聞き，是非を論じあい，報道も行い，国民には独立の賛否を確認する。例えばイギリスにおけるスコットランド独立要求でも，話し合いや投票が行われた。現在の中国政府はそうではない。中国と同じ一党独裁政権であったヨーロッパの社会主義国家をみても，国内の民族独立運動を全く認めなかった。しかし共産党が政権を放棄した途端に，分離独立要求が起こり，それを受け入れた。その結果，ソ連は１５の共和国として分離独立した。住民の希望と部族・民族の権利や人権を重視したからである。チェコスロバキアは２カ国に，ユーゴスラビアは７カ国に分離独立した。

　5つ目として，同じ民族の台湾（中華民国）との問題がある。香港も似た状況にある。台湾の政府は，第2次世界大戦後の内乱に乗じて，日本の支配下にあった台湾島に避難してきた国民党の政権である。共産党は，この島を一度も支配した経験がない。台湾は共産党政権の国家になった経験もないし，共産主義社会になりたいとも言っていない。民主主義国家であること，資本主義国家であることを希望している。つまり中国共産党は，国際関係においても自国に都合のよい部分は，多様な理由を付けて訴えるが，自国に不利な事は一切認めようとはしない。ここに中国共産党政権の問題点がある。

　6つ目として，共産党とは人の平等を原点とする集団のはずである。経済面においても，中国はここ四半世紀ほどの間で，資本主義社会に負けない格差社会となった。さらに失業者や生活困窮者も多くいると聞く。富豪の出現とは裏腹に，失業やリストラや生活困窮者の増大がこのまま続けば，歴史上みられた農民の乱のような動乱と結びつく可能性もあると考える。中国政府は，改善の努力はしているが，今は力で抑え，基本的に問題点を葬り去っている。しかし王朝の崩壊という歴史をみると，この点は無視できないだろう。

㈹　対外問題（領土問題）

　次に対外関係の問題（国際問題）をみる。中国の対外関係は，あまりにも多くの問題があるので，ここでは中心となる領土問題関連の事項に絞って記載してみる。王朝時代は，力で支配して中国の理論を一方的に押し付けるか，万里の長城建設のように，莫大な費用をかけて領域を守るか，どちらかで対応してきた。しかし現代世界では，国家平等論，国家主権論，国際司法裁判所の判決もあって，小国も堂々と領土主張ができる時代になった。

　現在中国と国境を接する国は，14カ国もある。その国々とは，ロシア，モンゴル，北朝鮮，カザフスタン，キルギス，タジキスタン，アフガニスタン，インド，パキスタン，ネパール，ブータン，ミャンマー，ラオス，ベトナムである。現在中国と領土問題で争った国は，ロシアの報道によると20カ国もある。領土を接している国は，全て中国との領土問題を抱え，多くの国が未解決であるという。また数字から判断すると，中国は直接領土が接していない7カ国とも領土紛争を起こしているという計算になる。なぜ多くの領土問題を抱えるのであろうか？　その理由を分析してみたい。

　中国の政治家は，偉大な歴史を持つがゆえに，中国特有の歴史観から抜け出せないでいる。または抜け出そうとしないでいる。これが大きな理由である。中国の最終目標は，世界に君臨する「中華帝国」の再現であると推察する。そのため，歴史観も自国に都合のよい部分は強調し，都合の悪い部分は無視して葬り去る政策を実行している。中国の考える『歴史』とは，漢民族が有利になるように作り替えることで，一種の戦略の1つに歴史を位置づけている。歴史書だけでなく，学問（儒学）にも，社会思想（一族宗家思想）にも，この価値観や思想が根強く残っている。そして古代から「朝貢国の領土も中国の領土」という思想をいまだに持ち続けている。当然それは，相手国の事情や歴史的背景などは考慮していない。こういう政治思想であるから，中国の政治家には，他国の主張する国境問題に耳を貸す姿勢は感じられない。逆に支配できるところは全て領土化するという考え方が強い。"天下を取る"という言葉も生き続けている。また一度でも中国が関係した領土は，その後の歴史的動きに関

わらず，中国の領土の範疇であるという考え方も持ち続けている．現在，南シナ海の「九段線」も「尖閣諸島（魚釣諸島）」86) も中国領であるという発想はこれにあたる．沖縄も中国領であるという発言を幾度か聞いたことがあるが，この発言も正に中国の歴史観や価値観の表れである．現代中国の政治思想は，『史通』の歴史観や儒教思想の価値観そのものなのである．2018 年の北朝鮮の報道に，「日本は百年の敵」，「中国は千年の敵」という言葉があった．これは中国と接してきた国の真の感情であろう．

　現在，中国は「一帯一路」や「AIIB」などを世界に唱え，世界の発展に貢献することを高らかに宣言している．目標をみると，理想のように思えるが，中国政府の歴史観からみて，本当に世界から信頼される行動がとれるのであろうか？　中華帝国再建の手段にすぎないのではないか？　と疑いの眼でみてしまう．その根拠として，現中国政府を信頼して同盟を結んだ国は北朝鮮を除いて全く無い．ところが対抗国のアメリカの場合は，国家体制，民主主義，国家行動などを信頼して，軍事同盟を結ぶ国が 60 カ国もある．この違いは，国家への信頼度の差であり，この差が世界における今の中国の評価であると考える．現政権の政策や軍事行動のままでは，いくら周辺諸国に経済援助を行っても，世界から信頼される国には成り得ないであろう．ちなみにロシアは，旧ソ連の構成国 5 カ国と，1992 年に軍事同盟を結んでいる．

　では，心から他国の信頼を得るには，どうすべきか？　それは中華思想を捨てて，世界の国々を平等とみなすこと，相手の主張にも耳を貸すこと，これが経済援助より優先される行動ではなかろうかと感じる．これらを行えば，中国が「一帯一路」や「AIIB」を行わなくても，周辺諸国の方から頭を下げて援助を求めてくるのではないかと推察する．昔，朝貢国がやって来たように．

　現代世界は，中国が思うような政治が出来た時代とは，大きく異なっている．人の心も，力のあるものに全て服従する思想は消え去っている．中国は，中華帝国の再建という夢から転じ，まず国内の人々の人権や権利を認め，国際的には相手の立場も尊重する国家間交流を確立するという考え方に切り換えなければ，希望の持てる将来はやってこないだろうと感じる．

3. 二つの価値観の境

　タクラマカン砂漠には，多様な言語地名がみられる。トルコ系地名，漢語系地名，ペルシア系地名，インド系地名，チベット系地名である。これらの言語は，どれもタクラマカン砂漠を横断して用いられていない。ここが終点である。タクラマカンは，古来シルクロードとして四大文明圏を結ぶ交易ルートだった。交易とは，一般には物資や異文化を運び伝える役割を持つ。タクラマカンが地名を吸収する役割を果たしていたということは，交易は単なる運び屋ではなく，別の役割も担っていたのだと判断する。四大文明圏は，自然環境の違い，生活スタイルの違い，文化の違い，価値観の違い，宗教観の違い等々が存在する。そうすると，そのままの状態で運んでも輸入相手に全て適合するはずがない。つまり，タクラマカンまで運ばれてきた物資も文化も思想も，輸出地域特有のものは一旦ここで終わりを告げ，ここから先は輸入先に見合うもの，必要とされる形に変えたものが伝えられたと考える。これが交易の役割だった。

　似たことが，東南アジアにも当てはまる。先住民言語地名の他に，インド系地名，漢語系地名，イスラーム系地名，欧州系地名という四大文明圏の地名が活用されているが，東南アジアを通り越して用いられていない。東南アジアも交易ルートだが，シルクロードのような運び屋とは違い，出店のような役割であり，フルイの役割を果たした。つまり東南アジアは，独自色の強い各文化圏特有の灰汁（個性）を吸収するフィルターの役割を果たしたのである。

　これを地球的規模の文化に当てはめると，タクラマカンと東南アジアを結ぶ線が境目となって，ユーラシア全体の変更地点，さらに世界レベルの価値観や思想体系の変更地点になっていたと推察する。例えば，宗教・民族重視思想と政治・文化重視思想の変更地点，さらに，個人評価思想と集団評価思想の変更地点である。このような場所は，2つ以上の異なる世界文明の境目にあって，異文化受け入れに寛大な場所，自然環境で言えば砂漠や熱帯雨林という人々を寄せ付けない場所が，格好の場所だったのではなかろうかと考える。これを地図で示せば，373pの四角で括った部分の境目にあたる。

おわりに

　「はじめに」の項で，文化圏（圏）を理解しやすいように菓子パンに例えた。ここでは，文化圏の持つ根源的なアンの部分（文化圏の DNA）を考察すると共に，各文化圏の比較考察も行ってみた。結論として，各文化圏の人々の生き方，思想，価値観，宗教観，国家観等々には大きな違いがみられたが，それを更に突き詰めれば，自然環境や地理的位置の違いが背景にあった。そしてそこで暮らす人々は，その違いをうまく生かしながら，独自の文化を築いてきたことが理解できた。またその足跡が国名・地名に引き継がれていた。

　このような歴史的背景の下で形成された各文化圏だが，特に第二次世界大戦後は，全世界が欧米流の価値観，すなわち，法による支配，自由・平等，個人優先主義，民主主義，経済優先主義（資本主義）等々を正義とするグローバル化に巻き込まれ，世界中を欧米風の思想と価値観で一律的に捉え，異なる思想や価値観を排斥するようになった。その結果，現代のグローバル化は正の方向にばかり導いたとは言い難く，負の問題も残す結果となった。

　まずグローバル化が，正（成果）の方向に進んだという立場から述べてみる。1つ目に，自由・平等が世界的思想となり，人々の自由な発想が技術の発展へと進んだことがあげられる。1世紀前の人々には，想像もできないほどの進歩といえるだろう。これによって，現代世界の人々は大きな恩恵を受けた。2つ目に国家数の急増があげられる。現在国連加盟数は 193 カ国であり，第二次世界大戦直後の加盟国が 51 カ国であったのと比べれば，大変な数の増加である。国家数の増加は，政治的に諸民族・諸部族の権利が認められたことに繋がる。3つ目に，国家間交流でいえば，人々の自由な往来や数カ国の話し合いによる連合化，集団化が進められたことである。この典型例がヨーロッパである。ヨーロッパは，歴史上絶えず隣国と戦争を繰り返し，45 カ国も独立国がひしめきあう部族国家の文化圏となったが，大戦争の反省から，第二次世界大戦後は経済協力を御旗に集団化の動きが出てきて，それが政治的結合へと進んだ。今ではヨーロッパの6割に当る 28 カ国が加盟する EU へと変貌を遂げた。

おわりに

その後加盟国間には，戦争は一度も発生していない。たいへんな成果である。東南アジアでも集団防衛のための結束が出発点となってASEANを結成した。ASEANはEUと比べてゆるい集団化である。独立当時は，東南アジアも熱帯アフリカも同じレベルに映っていたが，今や全く違う発展地域に変わった。ASEAN内でも国内の部族紛争はみられるが，国家間の戦争は発生していない。では，このような連合化・集団化にはどのような行動がとられたのかをみれば，それは各国の話し合いの重視，大国も小国も尊重，市場の拡大による経済発展，領域内の諸国家との文化交流や文化協力，共同行動等々が行なわれた。そうすると，そこから相互理解や新たな同胞意識が生まれ，領域外からの圧力に対する安全保障の面でも威力を発揮した。すなわち，武力ではなく，共同行動，交流，協力体制，相互理解優先の思想が平和を構築する正の要因になった。

　逆に，現代のグローバル化を負（課題）の面から述べる。1つ目に，現実に起きている各地域の紛争があげられる。紛争は，一部の有力な部族・民族の権利や利益を尊重するのと引き換えに，弱い民族・部族の権利や利益を蔑ろにしてきたところに問題の所在がある。具体例を示せば，イスラエル建国によるパレスチナ難民の発生，分割されたクルド人の統一と独立行動，ウイグル人やチベット人の反中国の動き，各国内の少数部族の反政府闘争や独立闘争などが挙げられる。2つ目に，長年培ってきた地域特有の生き方や価値観や宗教観など，独自の文化や価値観を，グローバル化という御旗によって一律化し，個性や価値観を蔑ろにしてきた事による混乱がある。例えば，西アジアや北アフリカの乾燥地域における生き方，すなわちイスラームの教えに基づく政教一体の理論や制度，イスラーム社会における共生の思想や共同行動，このような価値観が欧米の思想によって軽視され，個人主義，自由主義，資本主義等々がまかり通り，イスラームの伝統的価値観が大きく崩された。実際，民族をみても，アラブ民族はヨーロッパが係わってきてから部族主義が優先されて17カ国もの独立国に分割した。領土・民族の分割である。この分割が，国家間対立，国内対立，宗教対立，宗派対立へと発展し，今では地域の人々の命や乾燥地域で生きるための伝統的価値観まで危うくしている。これらは，正に負の側面であ

る。3つ目に，今世界的に課題となってきたのが，現代の欧米風の資本主義システムにある。資本主義によって，世界の経済が大いに発展した事は認める。しかし経済発展とは別の多くの矛盾も生じてきた。矛盾の具体例をあげれば，社会や人心はお金でがんじがらめにされ，また大変な格差社会となっている。資本主義社会の先頭を走るアメリカ合衆国でも，格差が進み，数百億ドルの財を築いた資産家が数人いる一方，7人に1人が生活困窮者という社会になっている。アメリカの生活困窮者は四千万人を優に超え，今日を生きることに苦しんでいる。また現代世界では，世界の上位8人の金持ちの総額（49兆円）と，世界の下位36億人（世界の人口の半分）の持つ資産が同程度であるという報道があった。最も貧しい下位1割（7億人強）の人々の収入は，年3ドル（350円）にも満たないという（国際民間団体の調査による）。これが現実の格差社会の姿である。金持ちはどのようにして金持ちになれたのか？ それは我々の暮らす社会のルールを利用して金持ちになったにすぎない。昔，元日本兵が密林に隠れて一人で暮らしていたが，このような条件下で金持ちになった訳ではない。そうすると，今の資本主義のルールそのものが間違っていることになる。人々の暮らす社会を活用して築いた財であるなら，何らかの方法でこの財を社会に還元する必要があるのではないのか？ 人間というフィルターを通してみると，生活困窮者のいる社会や，戦争の起こる社会は，矛盾に満ちている。ここに欧米流の資本主義の矛盾と限界を感じる。

　こんな言葉がある。「立って半畳，寝て一畳，天下とっても二合半」。これを現代の日本社会に当てはめて言えば，「乗って一台，住んで一邸，何兆貯めても一万円」。人間一人の生活費は，先進国でも1日一万円もあれば充分足りる。おそらくお釣りがくる人の方が多いだろう。1日1万円として，1兆円貯めれば，27万3972年も生きられる計算になる。何兆円もためて何歳まで生きるつもりか？ また富豪者は，貧しい36億の人々を本人の努力不足と言いって片付けてはいないか？ 資本主義の矛盾を少しも感じないのか？ 富豪者は，貧しい国の人々より心豊かで幸せを感じて生きているのであろうか？

　単純に考えただけでも現代資本主義の欠点（課題）がはっきりみえる。

注

1) ユーラシア Eurasia とは，ヨーロッパとアジアを合わせた表現である。「アジア」とは，アッシリア語の asu が語源で"日の昇る方"すなわち"東"を意味する。これに対し「ヨーロッパ」は asu の対語の ereb が語源で"日の沈む方"すなわち"西"を意味する。エーゲ海東岸あたりを境に用いられた表現といわれる (Adrian, 1974, p37, p87)。
2) ドイツは連邦制で，それぞれの州に独自の憲法，行政，議会を持つ。独立国に相当する州の連合である。当時はサクソン族，フリーゼン族，フランク族，チュウリンゲン族，アレマン族，バイエルン族などがいた。
3) 主なガリア部族をあげると，アルウェルニ族，ハエドウィ族，ウェネティ族，ビトーリゲス族，ヘルウェティ族，ベルガエ族，ネルウェ族，マンドゥビィ族などがいた。
4) イギリスでは，1国内の国々という言葉があるほど，独立性が強い。4つの独立国の集まりと考えた方がよい。2006年のパスポートには，英語，スコットランド語，ウエールズ語，ゲール語で正式国名が記されている。
5) 最初 (1291 年) に，シュヴィーツ，ウリ，ウンターワルテンの原始 3 州で建国された。現在直接民主制は 2 州 (グラールス州とアッペンツェル・インダーローデン準州) だが，かつては 6 州で行われていた。
6) ポリスの平民が重装歩兵として戦地で戦い，ポリス防衛の主力になった。これによって政治参加への要求が強まり，それが民主政へと発展した。
7) ローマの領土は，ライン川とカルパチア山脈の西，ブリタニア，それに東は小アジア半島とメソポタミア，さらに北アフリカの地中海岸であった。ローマ帝国は地中海の帝国であった。当然地中海一帯は統一文化圏の領域だった。北アフリカにもローマの遺跡が多く残っている。
8) 現在のギリシアとバルカン半島の南部，エジプト，インダス川まで支配下に入れた。アケメネス朝ペルシアを完全に征服し支配下に置いた。各地にアレクサンドリアを建設し，支配拠点とした。現在のエジプトのアレクサンドリア，アフガニスタンのカンダハルはその代表である。
9) ローマの神々は，ギリシアの神々に相当するものが多い。ここでオリンポス 12 神 (ギリシアの代表的な神々) に相当する神名をあげると，ユピテル (ゼウスに相当し，最高神)，ユノ (ヘラに相当し，婚姻の神)，ミネルバ (アテナイに相当し，戦争・智恵の神)，アポロ (アポロで太陽神，芸術の神)，マルス (アレースに相当し，戦争の神)，ウェヌス (アプロディーテに相当し，愛と豊穣の神)，メルクリウス (ヘルメスに相当し，風の神)，ディアナ (アルテミスに相当し，森林の神)，ネプトゥーネス (ポセイドンに相当し，海の神)，ケレス (デメテルに相当し，大地母神)，ウルカノス (ヘーパイストスに相当し，火の神)，ウエスタ (ヘスティアーに相当し，家庭の神) である。
10) EU が公用語として認めているのは 24 カ国の言語である。(フランス語，ドイツ語，イタリア語，オランダ語，英語，ギリシア語，スペイン語，ポルトガル語，デンマーク語，スウェーデン語，アイルランド語，フィンラン

注

ド語，ポーランド語，ルーマニア語，ハンガリー語，ブルガリア語，チェコ語，スロバキア語，クロアチア語，スロベニア語，マルタ語，エストニア語，ラトビア語，リトアニア語）

11) マルクス，エンゲルスの学問理論を取り入れた国家。マルクス，エンゲルスは，社会，特に経済をブルジョアジーとプロレタリアートとの対立として捉え，経済を人々のコントロール下に置くことで，人々が協力し合う，自由で対等な社会が実現すると説いた。そしてこのような無階級社会（社会主義，共産主義）を実現しなければならないと宣言した。

12) 『周書』巻五十列伝第四十二　異域下に「突厥者，蓋匈奴之別種，…居金山陽，為茹茹鉄工。金山形似兜鍪，其俗謂兜鍪為「突厥」遂因以為號焉」とある。

13) 「ペルシア Persia」とは，ファルス Fars に ia "地方，国" をつけた名。Fars はサンスクリット語のパルサ parsah "馬" が語源である。"騎馬民族の地域" を指した名称である。

14) イギリスは，名門のハシミテ家の第3子ファイサルをイラクの国王に，第2子のアブドラーをトランスヨルダンの国王に据えた。

15) 古代の人は アラム Aram を "高地" と呼んだ。ヘブライ人は "アブラハム" と呼んだ。イスラーム以降はエッシャーム Esh-Sha'm "北（左）" と呼ぶ。

16) バビロニアやアッシリアではエジプトをミスリ Misri，ヘブライ語ではミスライム Misrajim "境界" と呼んだ。現国名「ミスル」はこの名に由来するという説もある。ただ現在の呼称名「ミスル」はカイロの正式名ミスル・アル・カーヒラ misr al Qahira "勝利者の軍営都市" に由来するとみた方が妥当と思われる。その理由は，カイロ（初期フスタート）はイスラーム支配時に建設された軍営都市であり，拠点であった。のち統治拠点を中心に国家が形成されたからである。また現在の北アフリカの国名をみても，拠点都市（モロッコ，アルジェリア，チュニジア）をもって国名としているという特徴がみられる。

17) 古代，国土はケミ Kemi，ケムト Kem-t "黒い土の国"，或いはバクト Baq-t "オリーブの国" などと呼んだ。また時代によって，下エジプトはメフ Mehu "パピルスの国"，上エジプトはシェマウ Semau "灌漑用水路網の国" と呼んだ。なおプタ神とは，ナイルの泥から人や動植物など全てのものを創り出す創造神であり，最高神であるという。それゆえ都も "プタ（プタハ）神の居所" ＝ギリシア語で「アイアギプトス」＝「エジプト」と呼ばれた。

18) 「トリポリ」"三都市" の意味の名は，フェニキア支配時代に3つの市「レプティスマグナとオエアとサブラタ」があったことからその名が生じた。

19) 「シュメール」は，チグリス・ユーフラテス下流域の湿地，沼沢地を指した名である。名称の変形については，キエンギラ Kiengira がケンギル Kengir に，さらにシュンギル Chungir，次にシュギル Shugir，最後にシュメール Sumēr と変わった。

20) 旧約聖書には Hitte，エジプト人は H-t，バビロニアやアッシリアでは Hatti と呼んだ。

21) ペルシア語 khor "太陽" と zemi "土地，国" で "太陽の国" の説もある。

注

22) 楔形文字で ka "門" dingir "神" ra "の" ki "場所" と記されていた。これをヘブライ語訳して bab "門" el "神" と表現した。
23) "所有されたもの＝奴隷" を意味し，トルコ系などの白人奴隷を指す。
24) Ābād は "人の集まる所，集落地，村" を語源とする。これが発展して "町" を指し，現在は大都市に用いる。古い語根を辿ると "水" を ab というので，アーバードは "水のあるところ" を指す。ちなみに "水のないところ" はビーアーバーン bi-ābān という（黒柳，2002, p. 2 ほか）。
25) Shahr 類は "支配するところ" を語源とする（黒柳，2002, p. 1056 ほか）。Sahr "市，都会" に stan "地域" を付けた Sahrestan は "郡" を意味する。
26) Kand 類は "掘られたところ" を語源とする。"ābād より一段低く掘った場所" を指す。郊外との境の集落を指した（黒柳，2002, p. 1403 ほか）。
27) Stan は，語源的には "神様のいるところ" を指した言葉からでたもの。今は "地域，国" の意味が強くなった（Words and Places, 1882, p. 332 ほか）。Stan は印欧祖語の sta "〜が多い場所" に関連した語ともいう。
28) ペルシア語は，イラン，アフガニスタン，タジキスタン，アゼルバイジャン，パキスタン，ウズベキスタン，バーレーン，イラクの 8 カ国で使用されている。公用語として使用しているのは，イラン，タジキスタン（タジク語），アフガニスタン（ダリー語）の 3 カ国である。
29) Qasr や hissar は，語源的には "取り巻くもの" "ブロックされたもの" を指す。"砦" 特に "王宮の特徴を備えている砦" を表す（J・Bartholomew, p. 1）。
30) Qal`a 類は "砦" "防衛" を指すが，Qasr 類と共にラテン語→アラム語→アラビア語へと入った（J・Bartholomew, p. 3 ほか）。
31) Madīnah 類は "支配権の及ぶ場所" を意味し，ma は "場所"，dyna は "支配権" を意味するユダヤ語から入った（J・Bartholomew, p. 2 ほか）。
32) Rabad 類は，本来 "結ぶ" → "たまり場" ＝ "宿場町" の意味で使われた（Adrian, 1974, p. 20 ほか）。
33) アラビア語は，アラブ首長国連邦，アルジェリア，イエメン，イラク，イスラエル，イラン，エジプト，エリトリア，オマーン，カタール，クウェート，コモロ，サウジアラビア，シリア，スーダン，ソマリア，チャド，チュニジア，パレスチナ，バーレーン，マリ，モーリタニア，モロッコ，ヨルダン，リビア，レバノンの 26 カ国で使用される。公用語となっているのは 26 カ国中イラン，マリを除く 24 カ国である。
34) 西アジア系の地名としては，フェニキア語源の代表例として，リスボン "良港" のほか，コルドバ "大都市"，マルタ "避難所"，カディス "城壁"，セビリヤ "低地"，マラガ "塩" などがある（室谷，1997, p. 131〜p. 134）。アラビア語源としてマドリード "建築用木材" のほかグアダラハラ "石の小川"，ジブラルタル "タリクの山" など 1500 程の地名に活用されている（室谷，1997, p. 152〜p. 153）。地名以外でもイタリア語にアラビア語の単語が多く，学問の向上に大いに活用された。
35) アラブ民族の定義は，「①わが父祖の地に住まい，②われらの言葉を話し，③わが文化に育まれ，④われわれの栄光を誇りとするもの」とされている（B・lewis, 1966, p. 10）。部族的血統や以前の歴史過程は含まない。

注

36) 「メッカ」の語源は，マコラバ（マクラバ）"神殿，聖地"説の他，フェニキア語のマカク Makak "廃墟"という説もある（Adrian, 1974, p. 137 ほか）。またイスラーム教の唯一絶対神アッラーAllāh の名は，アラビア語のアルイラーフ al+ilāh で ilāh は"神"を意味する普通名詞である。

37) 古代のインド・アーリア系には，バーラタ族のほか，トリツ族，プール族など多数いた。1949年の議会で，国内呼称名は「バーラト」とした。神話・宗教的価値観を重視したからである。また対外的呼称名は「インド」とする案を採択した。

38) ドラビタ語族の人々（南部）は，アーリア系の人々と異なり，ラーバナこそが英雄で，アーリア系のラーマは卑劣であるとする逆転の考え（思想）を持つ。それ故国名に用いられたのである。

39) インドムスリム（ムサルマーン）には，侵入者自身（征服王朝の侵入家臣団）とインド世界での改宗者がいる。改宗者にも2種あり，1つは低カーストやカースト外の改宗者（貧農，職人層）で，これが圧倒的多数を占める。もう1つは，わずかな商人や工業資本家が多い（石田, 1971, P. 152p より）。

40) 各聖地とは4つの神領，7つの聖都，3つの祖霊地，51の母神坐所をさす。

41) カースト cāsto の語源は，ポルトガル語のカスタ casta に由来し，ポルトガル語のカスタは ラテン語のカストゥス castus に由来し，"家柄，血統"を意味する。インド世界でカーストと言えばヴァルナとジャーティーを指す。ヴァルナ varna は"色"を意味して部族を指し，ジャーティーjāti は"生まれを同じくする者"を意味し，職業集団を指した。この他アウトカースト（カーストに属さない低身分）があり，ヒンドゥー語で アチュート achut "不可触民"とかダリット"押しつぶされたもの"，あるいはハリジャン"神の子"などと呼ぶ。不可触民はインドの人口の2割弱いるといわれる。

42) 神話では，世界の中心であるスメル山（須弥山シュミサン"美しい天極"）はパラダイスであり，神々はそこで宗教活動に励むという。この2つの山は，現在のカイラス山と考えられている。カイラス山は仏教・ヒンドゥー教，ジャイナ教最大の聖山で，シヴァ神の玉座である。カイラス Kailas とはサンスクリット語でキラ"楔"とアサ"座"で"楔の座"を意味する。ヒンドゥー神話では，死者の霊の住み家とされる。巡礼者の地でもある。

43) ヒンドゥー社会では，生まれた時に与えられた階級は死ぬまで同じである。権力者になっても，金持ちになっても，善行をしても，悪行をしても変わる事は無い。これは，現在のイスラーム教国家のパキスタンでも，バングラデシュでも同じである。ただしインド世界の外に出れば身分差別は消える。

44) 『史記』は前漢時代の司馬遷の歴史書である。前90年ごろに成立。2千数百年の通史。この中で「中華」とは四瀆の地とある。『史記』巻三 殷本紀第三に，四瀆を「東為江，北為済，西為河，南為淮，四瀆己修万民有居」と記載している。四瀆とは，黄河，済水，淮水，長江の四大河川に挟まれた 地域を指していた。

45) 「夷狄」を，方位では「東夷，西戎，南蛮，北狄」，数では「九夷，八狄，七戎，六蛮」などと表現し，中華に対してさげすんだ。なお 最初に「中華」をうまく政治に利用した秦の領域は本来西戎（夷狄）の地であった。

注

46) 国家表現だけでなく，和製漢語（日本式漢語）の中で，中国の用語に取り入れられた表現として，例えば「社会，近代，国家，民族，宗教，仏教，科学，哲学，思想，芸術，理性，心理，個人，意識，恋愛，幸福……」など多数の表現がある。これらは明治時代に考案された日本の翻訳語で，漢字用語の輸出である。漢字用語は中国からの一方通行だけではない。文化の発達によって日本と中国は，お互い補完しあう関係にあった。

47) 『旧唐書』巻一百九十九上　列傳第一百四十九上　東夷　日本　に次のような文章がある。「日本國者，倭國之別種也。以其國在日邊，故以日本為名。或曰‥倭國自悪其名不雅，改為日本或云‥」。

48) 呉晗の『朱元璋伝』（1991,p.141）に「歴史上的朝代称号，都有其特殊的意叉。大体上可以分作四類，第一類用初起的地名…，第二類用所封的爵邑…，第三類用当地的産物…，第四類用文字的含叉…」と記している。

49) 『元史』巻七本記第七世相四。また『易教』にも「大哉乾元，萬物資始‥」（乾元は天の道，万物化成の根源を意味する）とある。

50) 『朱元璋伝』に「大明的意叉出于明教．明教本有明王出世的伝説」とある。

51) 華厳経の菩薩品第二十七に「東北地方に菩薩の住處あり，清涼山と名付け，過去の諸々の菩薩常に中に於いて住みしき。かしこに現に菩薩あり，文殊師利と名付け‥‥」とある。「文殊師利 Manju suri」の「文殊」を"満州"の文字に変えて民族名に用いた。国号は清涼山の文字から「清」とした。

52) 「漢」とは，"水の流れていない川"　すなわち"天上の銀河"を表す象形文字から生じている。使用された国の数をみると「前漢」「後漢」のほか，「蜀漢（三国時代）」「漢（前趙）」「成漢」「後漢（五代）」「北漢（五代）」「南漢」「漢（南北朝末）」「漢（元末の陳の政権）」「漢（明中期）」の９カ国が漢の名称を借用した。

53) 『後漢書』巻八十五　東夷列傳第七十五にも，これを補う内容の「勾麗一名貊（耳）」，「勾麗別種因名之小水貊」という記載がある。

54) 「渤海」，中国東北地方に興った王国は，はじめは「震国」"東方の国"の意味（アジア歴史事典 8-p.310）と名乗ったが，712 年に唐から渤海郡王に封ぜられた事に因んで「渤海」と改名した。郡名は 渤海という海の名に由来し，その海の名は 夏・商の時代に中原の発族が海岸地帯に移住したことから生じたという。「発」の音は「渤」と同じで"発族の海"の意味になる（世界地名その由来, p.330）。

55) 『北史』巻九十四　列傳第八十二に　百済「初以百家済因号百済」"多くの家が集まるから「百済」の名をとった"とある。しかし金沢は「百済」とは"貊族の国"の意味と説く。

56) 『皇明世法録』奨順代畔五　巻八十　套虜琉球に「或云於古為流虬地界万濤蜿蜒若虬浮水中因名後伝謂之琉球」という記載がある。

57) 『朱元璋伝』に「第三類用当地的産物，如遼（鑌鉄），金…」とある。

58) 「金」の名の起こりの「阿什（＝按勒赤喀）」とは女真語で"黄金"を指す。

59) 『大漢和辞典』によると，「村」"いなか"，「家」"家系，数件の居所"，「子」"小さな村"，「房」"家屋，住家"，「集」"集まった家"，「荘，庄」"荘園，領地"，「場」"場所"，「墟」"市場の村"，「里」"故郷，住まい"，「郷」"い

なか，村里」，「屯」"軍の駐屯地"，"営""兵営"，「城」"城壁"，「堡」「砦」，「関」「関所」「店」"店屋，宿屋"，「舗」"店屋"，「廠」"工場"，「站」"停留場"，「津」"渡し場"，「橋」"橋付近の集落"，「浦」"水際の地"，「口」"入り口"などが接尾辞として用いられている。

60) 『中国的地名』に寄意地名是以善良意義或吉祥語詞構成其專名部，寄以主観願望和旨趣的地名。例如　安寧，長寿，興隆，保靖，遵義，崇徳，彰化，博愛，和平，互助之類，爲数甚多とある（中国歴史・文化地理図冊より）。

61) 9種類の話し言葉とは，「華北官話，西北官話，江淮官話，西南官話，呉方言，贛方言，湘方言，閩方言，粤方言」をいう。

62) 『史通』全20巻710年代（唐代）の史学概論。史学理論を最初に体系化した書。内容について，劉知幾は"相手が賊であることを思い知らせることができれば，その相手を降伏させることができる"という考えを紹介し，これが歴史の見方・意義であると説いている。劉地幾は過去の歴史書に対する論評も記している。

63) 『朝鮮王朝実録』世祖大王実録巻八に「野人倭人倶為我藩籬倶為我臣民‥」とある。他にも世祖大王実録巻四十五に「況我殿下即位以来，徳洽仁深，‥，若野人若日本若三嶋若琉球國，四夷皆來庭焉」と記している。

64) 「モンゴル」とは"勇ましい人"という意味。他にもタタール語にみられるmung"銀"（谷岡，1998，p. 1038）に由来するという説もあり，女真族の「金」王国に対応（対抗）する名であるという（椙村，1985，p. 248）。

65) 「キプチャク・ハン」の名は，キプチャク草原の名に由来し，草原名は集団名に由来する。集団名の意味はオグズの伝承によれば"中が腐り，穴が空いた木"を意味するカブクに由来するという。伝説の人物オグズ・カガンは 洞のある木で生まれたのでキプチャクと命名された。その子孫と支配部族はキプチャクの民と呼ばれるようになったとある（小松ほか2005, p. 160）。

66) アイヌ語の例として，積丹（シャコタン）半島の名はアイヌ語で"サクコタン""夏の部落"を意味する。「カムイコタン」はカムイ"神"とコタン"部落"すなわち"魔の里"を意味する（渡辺ほか，1968，七 p. 127 と p. 73）。

67) 「アルタイ」とは"金の山"という説のほか，トルコ語のアラタウ"まだらな山"の意味が語源という説もある（椙村，1992, p117）。

68) 「テンシャン」は匈奴語を意訳した名で，中国語の"天山"の意味。本来の中国名は雪に覆われていたので"白山，雪山"などといった。

69) タリム盆地はタリム川に由来し，ウイグル語で"田地，耕作する"の意味（現代中国地名辞典）。"河の流れが集まる所"（牧，1980, p198）の説もある。

70) 「クンルン（崑崙）」とは，古代ホータン地方の言葉で"南の山"の意味。ホータンの南にあるので，この名で呼ばれた（和泉，1999, p282）。また中国では『史記』大腕伝で，玉石が中国にもたらされ，また黄河の源流であると思い，崑崙と呼んだという。崑崙は古代中国では伝説の地名であった。

71) Sogdiana はギリシア語表現で"ソグド人の土地"の意味だが，ソグドの語源は不明。アムダリアとシルダリアの中間地域で，中でもザラフシャン川流域を中心とする地域を指したと思われる。アレクサンドロス大王に征服

され，この時から呼ばれた表現名である。この地は古代から高い文化が開花していた。中でも1370年にティムールがサマルカンドを都にして大帝国を築いた時代は特に繁栄し，世界の文化の中心の1つであった。

72) 「タタール」とは，北アジアのモンゴル高原で遊牧生活を送っていた突厥の諸部族の総称として用いたもので，チュルク語で"他の人々"を意味する。漢語では「韃靼」と表記する。12世紀にタタール部の支配下にあったモンゴル族のチンギス・カーンが統一してからモンゴルという総称で呼ぶようになったが，ヨーロッパでは侵入したときのタタール部の名から，モンゴル軍を「タタール」とか「タルタル」と呼んだ。ラテン語のタルタル tartar には"地獄"という意味があるがこのタタールの名から呼ぶ（和泉, 1999, p. 197）。

73) 「カザン」または「カザニ」はカザンカ川の名から呼ぶ。-ka は"川"を意味する接尾辞。カザンはモンゴル語で"鍋"の意味らしく，地形から名づけたという。13世紀半ばにタタール人によって建設された（召ほか, 1983, p. 407）。

74) 「フン hun」は"Hun 族"で"匈奴"と関連があり，-gary は "人，外国人"を意味する。この名の合成である（椙村, 1985, p. 248）。

75) 「タクラマカン」とはウイグル語で"入ったら出られない"の他，"砂の海"の意味だという説もある（和泉, 1999, p. 73）。

76) 「シルクロード」。この名称は，19世紀にドイツのリヒトフォーヘンが「ザイデンシュトラーゼ Seidenstraße」"絹の道"と表記したのがおこりである。

77) 「ハーン」「カーン」 khān，その下に準カガンのヤブグ yabghu（副王に用いた），その下にシャド shad（イランの shah にあたり 別部の有力者に与えた），さらにその下にはベグ beg（トルコ系部族の称号＝アラビアのアミール Amīl と同じ）がある。もう1つの大きな称号にスルタン Sultan があるが，これは，宗教が絡んだイスラーム世界の支配者に与えられた名称であり，西アジアを支配した後の称号であった。

78) 近世から第2次世界大戦まで，日本は現在の東南アジアを「南洋」と呼んできた。日本人も数多く出かけ，17世紀には，東南アジア居住の日本人総数は10万人以上であったといわれる。日本からの一方的な交易で，交易地や居住地は，現在のベトナム，タイ，フィリピン，カンボジア，インドネシア，ミャンマーで，大変全域に及んでいた。1633年の鎖国令以降急速に衰えた。

79) 民族学者(1956)である。著書『東南アジアにおける国家と王権の概念』では，国土や王，宮廷も宇宙観を持ち，王が国土と民族を支配するという思想で，首都そのものが国家となっている事を説いている。

80) 例えばカイロはナイル川，バグダッドはチグリス川，ダマスカスはアンチレバノン山脈からのバラダー川，テヘランはエルブールズ山脈からの各小河川，イスファハーンはザーヤンデルード川の流域など，水の得られる場所に栄えた。水の確保は西アジア・北アフリカの都市の絶対条件であった。

81) 都市の立地条件について，イブン・ハルドゥーン(1332~1406)は，『歴史序説』の中で次のような条件を挙げている。（1）障壁（防衛のため），（2）空気の良さ（自然条件），（3）水（自然条件），（4）牧草地（ラクダ・馬

＝交易），（5）耕作地（都市・交易の人々の食料），（6）木（燃料），（7）海辺の近く（位置＝海洋交易），これが必要という。

82) 例えば，インドのムガール帝国の都ファテープル・シークリー（勝利の市の意味）は，建設年代は16世紀と新しいが，既に廃墟と化している。またヴィジャヤナガル王国の都で人口50万を数えたハンピも，チャンデッタ王朝の都カジュラーホも今では廃墟と化し，遺跡として世界遺産に指定されている。当時はどれもインドを代表する大都市であった。

83) インドでは「ブラフマーナ」と言い，この漢音訳が「婆羅門」である。日本でも「婆羅門」という漢字から「バラモン」と言う表現を一般的に使用する。ヴェーダ文献の一部にも「ブラフマーナ」の名がみられ，混同されやすいので，カーストの階級表現を言う場合は，ここでは「バラモン」と表記する。

84) 生と死が繰り返され，前世での報いを来世でうけるという思想。良い行いをすると天道，あとは順に人道，修羅道，畜生道，餓鬼道，地獄道に生まれ変わる。これが六道である。これを六道輪廻という。

85) キリスト教やイスラーム教の言う天国・地獄の思想は，古代ゾロアスター教に始まり，キリスト教にも受け継がれた。そしてイスラームにも受け継がれた。どちらに行くかは最後の審判思想（信仰，善行，悪行）で判断するという。

86) 1561年，明から琉球に派遣された使節が提出した上奏文に，「尖閣諸島の大正島が「琉球」と明記されている。つまり尖閣諸島は琉球と認めていたことになる。尖閣諸島は中国領という主張の根拠は崩れることを意味する。また中国が領土権を主張し始めたのは1970年以降で，石油資源の可能性が見込まれるようになってからである。

参考文献

Adrian Room(1974):『Place Names of the World』. David and Charles Newton Abbot, 216p.
Adrian Room(1980):『Place Name Changes since 1900 A World Gazetteer』. Routledge and Kegan Paul, 202p.
愛知大学中日大辞典編纂処編(1999):『中日大辞典』. 大修館書店, 2520p.
蟻川明男(1993):『世界地名語源辞典』. 古今書院, 486p.
Henriette WALTER(1994):『L'Aventure des langues en Occident:Leur origine,leur histoire,leur géographie』. Paris,Robert Laffont,588p
バチー・ビン・ウォンチ・平岡閏造(1940):『馬来日本語』. 南洋協会台湾支部, 877p.
B・Lewis・林武・山上元訳(1970):『アラブの歴史』. みすず書房, 194p.
ブノアメシャン・河野鶴代・牟田口義郎訳(1978):『砂漠の豹イブン・サウド』. 筑摩書房, 343p.
C・Roth・長谷川真・安積鋭二訳(1970):『ユダヤの歴史』. みすず書房, 322p.
Calvert Watkins(1985):『The American Heritage Dictionary of INDO-EUROPEAN ROOTS』.Houghton Mifflin Company, 112p.
藤岡謙二郎(1979):『日本の地名』. 講談社, 206p.
Eilert Ekwall(1991):『The Concise Oxford Dictionary of ENGLISH PLACE-NAMES』Fourth Edition. Oxford at the Clarendon Press, 546p.
フランク・B・ギブニー(1995):『ブリタニカ国際大百科事典』全22巻. ティービーエスブリタニカ.
飯塚浩二(1975):『飯塚浩二著作集』2 東洋史と西洋史のあいだ 世界史における東洋社会.平凡社, 532p.
池田末則(1977):『日本地名伝承論』. 平凡社, 756P.
今村鞆(1933,1994再版):『朝鮮地名研究集成』─朝鮮の国名に因める名詞考・地名編─. 草風館, 414p.
Isaac Asimov, 小栗敬三訳(1969):『アシモフ撰集─世界の地名─』. 共立出版, 250p.
Issac Taylor(1882) :『Words and Places Etymological Illustrations of History,Ethnology,and Geography』Macmillan and co, 375p.
石井米雄・高谷好一・前田成文・土屋健治・池端雪浦(1994):『東南アジアを知る事典』. 平凡社, 521p.
伊東亜人・大村益夫・梶村秀樹・武田幸男(1986):『朝鮮を知る辞典』. 平凡

社, 544p.
岩瀬弘一郎(1938):『満州地名の研究』. 古今書院, 297p
和泉光雄(1999):『世界の地名・その由来(アジア編)』. 講談社出版サービスセンター, 392p.
和泉新(1981):『現代中国地名辞典』. 学習研究社, 672p.
梅棹忠夫(1974):『文明の生態史観』. 中央公論社, 290p.
梅棹忠夫監修(1986):『世界歴史大事典』全22巻. 教育出版センター.
John Bartholomew & son Limited(1994):『The Times ATLAS of the World』. Times Books London, 223p.
角川日本地名大辞典編纂委員会(1978〜1990):『角川日本地名大辞典』全49巻.角川書店.
鏡味完二(1977):『地名の語源』.角川書店, 390p.
香川幹一(S3):『地名の起源』.南光社, 26p.
鎌田正・米山寅太郎(1987):『漢語林』. 大修館書店, 1293p.
金沢庄三郎(1912,1994再版):『日韓古地名の研究』. 草風館, 506p.
辛島昇・前田専学・江島惠教・応地利明・小西正捷・坂田貞二・重松伸司・清水学・成沢光・山崎元一(1992):『南アジアを知る事典』.平凡社, 933p.
河都利夫編(1978):『東南アジア社会文化辞典』. 東京堂出版, 387p.
木村正史(1998):『アメリカ地名語源辞典』. 東京堂出版社, 298p.
小原新三著(1915,1994再版):『朝鮮地名研究集成』—朝鮮の面洞里の調査—. 草風館, 414p.
京大東洋史辞典編纂会(1981):『東洋史辞典』. 東京創元社, 1138p.
『元史』巻七.
『後漢書』巻八十五.
『北史』巻九十四.
『旧唐書』巻一.
小松久男・梅村坦・宇山智彦・帯谷知可・堀川徹(2005)『中央ユーラシア』を知る事典,平凡社,624p.
『皇明世法録』奨順代畔五.
黒柳恒男(2002):『新ペルシア語大辞典』. 大学書林, 2002p.
護雅夫(1976):『古代遊牧帝国』. 中公新書, 258p.
中村元(1977):『世界の歴史5 ガンジスの文明』. 講談社, 415p.
中村新太郎(1925):朝鮮地名の考説. 地球四(一), pp.82-91,(二), pp.60-68,(三), pp.63-69,(四), pp.59-68,(五), pp.61-71,(六), pp.76-85,(七), pp.67-75.(以上を,1994再版:『朝鮮地名研究集成』—朝鮮地名の考説—.草風館, 414p.)

南洋経済研究所(1942):『大南洋地名辞典』.丸善, 1176p.
日本イスラム協会(1991):『イスラム事典』. 平凡社, 495p.
日本史史料編纂会編(1974):『文政・天保国郡古圖撰集』. 京文閣.
日本史史料編纂会編(1974):『日本史探訪地図・史料総覧』京文閣. 839p
西嶋定生(1978):『世界の歴史4―古代4・東アジア世界の形成1―』. 岩波書店, pp.3-19.
岡野一郎(1933):『満州地名辞典』. 日本外事協会, 293p.
大石五雄(1981):『地名のルーツ in アメリカ』. オーエス出版社, 238p.
歴史百科第5号(1979):『日本地名事典』. 新人物往来社, 404p.
李成市(2000):『東アジア文化圏の形成』. 玉川出版社, 90p.
司馬光:『資治通鑑』全十巻.
『史記』巻三.
清水兵三(1915,1994再版):『朝鮮地名研究集成』―現代朝鮮洞里名の研究―. 草風館, 414p.
下中邦彦編集(1973):『世界大百科事典』全33巻.平凡社.
下中邦彦編集(1984):『アジア歴史事典』全10巻.平凡社.
下中邦彦編集(1984):『アジア歴史事典 東洋資料集成』.平凡社, 556p.
下中邦彦編集(1980～2005):『日本歴史地名大系』全50巻.平凡社.
下中彌三郎編集(1955):『世界歴史事典』全22巻.平凡社.
下宮忠雄・金子貞夫・家村睦夫(1990):『スタンダード英語語源辞典』. 大修館書店, 648p.
『周書』巻五十.
白鳥庫吉(1970再版):『白鳥庫吉全集』全9巻, 岩波書店.
白鳥庫吉(1986):『塞外民族史研究』上・下. 岩波書店, p745,p521.
椙村大彬(1985):『世界の地理名称―上巻―』. 古今書院, 440p.
椙村大彬(1986):『世界の地理名称―下巻―』. 古今書院, 462p.
椙村大彬(1992):『世界市町村名称』. 古今書院, 478p.
杉山正明(2003):『遊牧民から見た世界史』. 日本経済新聞社, 465p.
召献冬・周定国・沈世順・馮経葆・王世珍・霍郁華(1983):『外国地名語源詞典』. 上海辞書出版社, 567p.
『隋書』巻八十四
高橋勝(1928):『外国地名解説』. 明治図書, 377p.
谷川健一(1994):『民俗地名語彙事典』上・下 日本民俗資料集成第13・14集. 三一書房, 554p, 475p.
竹内与之助(1988):『字喃字典』. 大学書林, 694p.
譚其驤(1991):『中国歴史地図集』.第1冊-8冊.三聯書店(香港).

田中啓爾(1973):『中国大地図』. 京文閣, 284p.
田中啓爾(1975):『GRAND ATLAS SOUTH EAST ASIA SOUTH PACIFIC OCEAN』. 京文閣, 244p.
T・F・Hoad(1986):『The Concise Oxford Dictionary of ENGLISH ETYMOLOGY』.OxfordNew YorkOxfordUniversity Press, 552p.
知里真志保(1956)『知里真志保著作集-地名アイヌ語小辞典』別巻Ⅰ,Ⅱ. 平凡社, 394p,322p.
陳正祥(1982):「中国歴史・文化地理図冊」原書房, 190p.
『朝鮮王朝実録』世祖大王実録巻八.
呉晗(1991):『朱元璋伝』. 人民出版社, pp.139.
牧英夫(1980):『世界地名の語源』. 自由国民社, 283p.
松尾敏郎(1977):『日本の地名』. 新人物往来社, 250p.
松山納(1994):『タイ語辞典』. 大学書林, 1291p.
三浦徹(2001):『イスラームの都市世界』. 山川出版社, 90p.
水野弘元(1968,2005 再版):『パーリー語辞典』. 春秋社, 425p.
向山武男(1926,1994 再版):『朝鮮地名研究集成』—朝鮮平安道南市地方の部落名—. 草風館,414p.
室谷茂(1997):『地名が語る世界』. 清水書院, 223p.
室谷茂(2009):『アジア』. 清水書院, 213p.
室谷茂(2015):『アジアの思想と価値観』. 清水書院, 247p.
諸橋轍次(1988):『大漢和辞典』全 15 巻. 大修館書店.
山北篤監修(2002):『東洋神名事典』. 新紀元社, 637p.
山中襄太(1968):『地名語源辞典』. 校倉書房, 458p.
山崎元一(1986):『古代インド社会の研究』. 刀水書房, 455p.
山崎元一・石澤良昭・蔀勇造・稲葉穣・広末雅志・小西正捷・永ノ尾信悟・三田昌彦・石川寛・辛島昇・田村克己・斎藤照子・深見純生(1999)『世界の歴史6南アジア世界・東南アジア世界の形成と展開』. 岩波書店, 374p.
山崎摠與(1941):『満州国地名大辞典』. 日本書房, 935p.
柳田国男(1961):『地名の研究』.筑摩書房, 496p.
矢沢大二編集(1970):『日本の文化地理』全 18 巻. 講談社.
善生永助(1933):『朝鮮総督府調査資料第三十八輯—朝鮮の集落—』(全3巻). 朝鮮総督府嘱託.
吉田東伍(1899~1907,1992 再版):『大日本地名辞書』全8巻. 冨山房.
渡辺光・木内信蔵・山口恵一郎・式正英・正井康夫・竹内啓一(1982):『世界地名大事典』全8巻. 朝倉書店.

索引

ア

アイスランド（イースラント）　15
愛知　165, 166
IT技術　324
アイユーブ朝　74
アイル ail　168, 200, 212, 214, 216
アイルランド（エアル）　14
アイルランド島　33
アヴァ（王国）　226
アウグスブルク　34
アウランガバード　119, 123
アウレアケルソネス　236
青森　165, 166
秋田　165
アク ak　81
アグラ　118
アグラブ朝　73
アケメネス朝ペルシア　74
アコスー（阿克蘇、アクス）　169, 203, 205
アゴラ agora　115
アシガバード　202, 204
アスタナ　204, 205
アストラハン　196, 204, 213, 280
アストラハン・ハン国　195, 196
ASEAN　247, 288, 289
ASEANからみる東南アジアの結束　247
アゼルバイジャン　66, 301
アダナ　82, 83
アチェ（王国）　225
アッサム　120, 123
アッシリア　76
アッチラ帝国　25
アッバース朝　56, 74
アディール・シャヒー朝　111
アテネ　30, 35
アテネ（都市国家）　21, 53
アテン神　101
アトラス　87
アナトリア　83

アーバード ābād　78, 80, 90, 92, 117, 202, 209, 299, 322, 325, 347, 355
アフガニスタン　64
アフガン地域　339
アフマドナガル（別名ニザーム・シャヒー）王国　112
アフワーズ　81
アムステルダム　31
アムダリア（川）　278, 311
アムリットサル　118
アムール　301
アーメダバード　118, 123
アメリカ（合衆国）　159, 260, 397,
アユタヤ（朝）　224, 233
アラウンパヤ王国　226
アラカン（山脈）　125
アラゴン王国　24
アラハバード　119
アラビア　84, 86, 250
アラビア系接頭・接尾辞　79
アラビア語　98, 314
アラビア語関連地名　36
アラビア語源地名　46
アラビア数字　37, 47, 96
アラビア半島　254
アラビア文字　98, 175, 325, 328, 329, 339
アラブ（民族、人、化）　86, 97, 98, 99, 307, 308, 311, 312, 313, 314, 318, 401
アラブ共和国連邦　65
アラブ首長国連邦　65
アラブ諸国　291
アラブの分割独立　257
アラブ連合共和国　65
アラブ連邦　65
アラム　75
アーリアヴァルタ　106, 131
アーリア系（民族）　114, 337, 338
アーリア系地名　130
アーリア（人）　106, 128, 129, 133, 213, 325, 332, 336
アリマダナプラ　227
アルジェ　83
アルジェリア　69
アルタイ山脈　161, 204, 211
アルタンブラク　203

索引

アルデンヌ高原　40
アルナーチャル・プラデシュ　120
アルバニア（シュキペリ）　18, 251
アルプス山脈　40, 259
アルマティ　204, 205
アルメニア（ハヤスタン）　65, 87, 251
アレクサンドリア　82, 85, 287
アレクサンドロスの帝国　24, 73
アレッサンドリア　34
安（アン）　156, 162, 231
アンイ（安邑）　156
アンカラ　82
アンコール　227
アンコール（王朝）　319, 347
アンコール・トム（朝）　225, 320
アンコール・ワット（朝）　225, 345
アンダマン・ニコバル諸島　121
アンダルシア地方　33
アンタルヤ　82
アンチオキア　85
アンドラ　19, 42
アンドラ・プラデシュ　121
アンナン（山脈）　236
アンニン（安寧）　154
アンホイ（安徽）　158
アンマン　82
アンヤン（安陽）　156
アンリン（安陵）　156

イ

イア ia　26
イアバディオウ　236
イアロス ialos　29
EEC（ヨーロッパ経済共同体）　61
家（いえ、か、チィア）　152, 181, 272, 303, 307
イエメン　70
イオニア海　33, 40
イギリス（ユーナイッテッドキングダム）　12, 42, 57, 58, 269, 273, 274
イギリス国教会　273, 274
イギリスの産業革命　57, 376
生きる手段　214
イクシュヴァーク朝　110
EC（ヨーロッパ共同体）　61

ECSC（ヨーロッパ石炭鉄鋼共同体）　61
石川　164, 165
イシャーナプラ　227
移住　268, 269
イスケンデルン　82, 85
イスタンブール　82, 298, 306, 320
イスファハーン　81, 298
イスマイリア　85
イズミル　82
イスラエル　65, 251, 257
イスラエル王国　76
イスラマバード　119
イスラーム（教、教徒）　100, 102, 133, 134, 214, 248, 254, 255, 262, 263, 265, 285, 286, 293, 294, 295, 297, 309, 321, 322, 333, 337, 339, 342, 345, 346, 398, 407, 411, 418, 422,
イスラーム系の王国　111, 127, 338
イスラーム系接尾辞　116, 231
イスラーム系地名　130
イスラーム系名称　238
イスラーム5行　255
イスラーム国家　126, 142
イスラーム社会の形成　101
イスラーム世界　92, 104, 242, 251, 252, 257, 395, 396, 402
イスラーム世界(西アジア・北アフリカ)　377
イスラーム文化　379
イタリア　12, 43
一君万民　184, 423
一神教　50, 61, 253, 254, 255, 257, 263, 285, 336, 337, 410, 417
一神教と部族・民族主義社会　380
一神教の価値観を持つ社会　375
一神教の世界と多神教の世界　261,
一神教の世界（発展初期の社会背景と特徴）　254
一神教の文化と多神教・多宗教の文化　270
一神教（ユダヤ教、キリスト教、イスラーム教）　417
一帯一路　185, 438
一党独裁　424, 426, 434, 435
一党独裁国家　389
夷狄（いてき、イーディ）　144, 178

索引

イドリース朝　73
移動を好む文化圏（民族性）　55, 287
稲作　259
茨城　165, 166
異文化への適応能力　363
異文化を受け入れる民族性　287
イポー　233, 284
イマード・シャヒー朝　111
異民族王朝　178
異民族侵入への対応と社会の特色　325
EU（ヨーロッパ連合）　53, 56, 62, 247, 264, 265, 288, 289
EUとASEAN　288
EU（ヨーロパ連合）の結成とヨーロッパの進む道　61
イラク　70
イラン　64
イラン革命　100
イラン（ペルシア）系（人）　97, 307
イリ　169
イリアンジャヤ　231
イリ・カガン国　195
イリク・ハン国（カラ・ハン）　195
イル il　207, 208, 211, 218, 336, 354
イルクーツク　301
イル・ハン国（フレグ・ウルス）　74, 195
岩手　164, 165
殷墟　174
イングランド　12, 33
イングランド王国　23
インゲン ingen 類　28
インコウ（栄口）　307
印刷術　52, 253
インダス川　125, 261, 324, 339, 340
インダス文明　340
インチョン（仁川）　162
インディアンアーチペラゴ　222
インド（バーラト）　106, 264, 324, 327, 328, 342, 401
インド＝アーリア系　327
インド系接頭・接尾辞　230
インド系名称（地名）　205, 238, 241
インド系名称の王朝・王国名　224
インド系文字　214

インド航路発見　55
インド国歌　121
インド（バーラト）国家の特徴，国内事情，性格　138
インド思想　348
インドシナ（半島）　236, 239, 396,
インド世界　106, 117, 118, 127, 128, 129, 132, 133, 134, 135, 137, 140, 141, 213, 242, 260, 261, 262, 263, 266, 296, 299, 323, 325, 330, 333, 335, 336, 338, 341, 344, 348, 349, 385, 395, 396, 398, 399,
インド世界西部のイスラーム　134
インド世界東部のイスラーム　135
インド世界の多様性　129
インド世界の人々の関心と南アジアへ侵入した民族の関心　130
インド世界の歴代王国の支配形態　137
インド世界（南アジア）　382
インドネシア　221, 343, 344
インドの農村　137
インド文化　239
インド北西部で完成した大乗仏教　136
陰陽五行説　159
インドヨーロッパ語族　97
インドラプラ　227, 320
インドール　118

ウ

ヴァイキング　18, 55, 260, 268, 287
ヴァチカン（ヴァチカノ）　17, 36, 42
ヴァーラーナシ　119
ヴァラビー（別名マイトラカ）国　113
ヴァルダナ（ハルシャ・バルダナ）朝　110
ヴァルナ　133
ウイグル文字　214
ヴィジャヤナガル王国　113
ヴィラ・デ・リキカ　232
ウイーン　31
ヴェネツィア　30
ヴェネツィア共和国　22
ウエールズ　12

ヴォルゴグラード 32
ウクライナ 16
受け継がれてきた宗教 100
ウジュンパンダン 284
ウズベキスタン 192, 301, 352
ウッタラーカンド 120
ウッタル・プラデシュ 120
宇都宮 166
ウーハン（武漢） 156, 157
ウマイヤ朝 56, 75
浦（うら，ほ，プウ，ポ） 152, 161, 307
ウラディカフカス 38
ウランウデ 301
ウランバートル（ホト） 169, 202, 203
ウランホト 169, 202, 203
ウリャスタイ 203
ウリヤノフスク 35
ウリャンハイ 210
ウルサン（蔚山） 162
ウルス ulus 146, 190, 207, 208, 211, 212, 218, 314, 336, 354
ウルドゥー語 325
ウルムチ 169, 203

エ

衛（えい，ウェイ） 148
営（えい，イン，ヨン） 152, 161, 307
AIIB（アジアインフラ投資銀行） 185, 438
英語 58, 139
エカテリンブルク 32, 35, 38
エーゲ海 40
エーゲ文明 46
エジプト・アラブ（エジプト） 67, 84, 308, 381
エジプト王国 76
エジプト文明 256
エスキシェヒル 82
エストニア（イースティ） 10
エスパーニャ 13
エセックス地方 33
越（えつ，ユエ，ナム） 148
エディンバラ 31, 35
エトナ山 40

エトルリア（都市国家） 23
愛媛 165, 166
エフタル 196, 213
エベンギ 210
エーヤワディー（川） 237
エラス 17
エルサレム 82, 101, 257, 306, 320, 412, 414
エルブールズ 87
エルベ川 41, 250, 259
エレバン 83
エレンホト 202
燕（えん，イェン） 148

オ

オアシス都市・遊牧地域 338
オイラート 151, 197, 199
王家の名と地方名を合わせた国名 68
王朝・王国名からみた特色 43, 89, 127, 171, 207, 239
王田制 428
王土王臣 423
欧米系接頭・接尾辞 232
大分 164, 165
大阪 164, 165, 167
大津 166
岡山 164, 165
沖縄 165, 166
オクチャブリスキー 39
オクチャブリスコエ 39
オクチャブル 39, 59, 184
オゴタイ・ハーン国(オゴタイ・ウルス) 194, 195
オーストリア（エースターライヒ） 13
オスマントルコ帝国 74
オスロ 32, 40
オーデンセ 35
オドアケルの国 24
オホーツク 301
オマーン 70
主な自然名称 125, 160, 236
オランダ（ネーデルランド） 13
オリッサ 120
オリンピア（都市国家） 21
オリンポスの神々 261
オルドス 169

索引

オルド類　168, 190, 200, 215, 336, 355
オルド類の接尾辞と地名　200
オルレアン　34
オロチョン　210
温帯湿潤気候　268
温帯地域関連地名　250
温帯冬季乾燥気候　268
音読み（地名）　167, 173, 189

カ

化（か，ホワ，hoa）　154, 231
海外から導入された接頭・接尾辞　230
改革開放（改革開放政策）　184, 276, 430
カイセリ　82, 83
カイバー峠　260, 325
カイフォン（開封）　156, 157
カイホワ（開化）　154
海洋交易　252, 298, 316
カイロ　82, 298
海路（交易）　96, 97, 318
カヴィール砂漠　86, 250, 303, 317
カーカティーヤ朝　112
香川　164, 165
各文化圏によって異なる部族・民族の定義　397
鹿児島　165
過去（歴代の王朝）と現在（現代国家）の比較　423
カザニ（カザン）　32, 204, 205
カザフ　206, 311
カザフスタン　192
カサブランカ　83
カサ casa 類　27
カザン　213, 280
カザン・ハン国　195, 196
カージフ　34
カシミール　122
カージャール朝　75
カステーリヤ王国　25
カースト（制，制度）　129, 132, 133, 261, 262, 263, 265, 266, 325, 327, 332, 346, 349, 384
カーストと宗教勢力圏　383
カストラ castra 類　26

ガズナ朝　113
カスル qasr　79, 91, 294, 299, 304
家族・一族　172
家族（一族）・宗家と地縁重視の社会思想　180
カタール　71
カダンバ朝　111
カッシート　75
ガディス　37
華と夷　159
カトマンズ　120
カトリック　50, 52, 262, 346, 411, 418
神奈川　164, 165
金沢　166, 167
華南（かなん，ホワナン）　159
カーヌヴァ朝　110
カフカス 3 国　301
カブール　81
華北（かほく，ホワベイ）　159, 160
家名・家系名に因む王朝・王国名　111
家名・集団に因む王朝・王国名　75
家名の使用と人名・宗教名の不使用　159
火薬　52, 103, 253
加羅，伽耶（から，カヤ）　150
カラ kara　81
カラガンダ　204, 205
カラ・キタイ（黒契丹，西遼）　196, 213
カラクーム（砂漠）　205, 278
カラコルム（山脈）　125
カラチ　119
カラチュリ朝　113
カラ・ハン国　195
カラマイ　169
カラ qal'a 類　79, 91, 294, 299, 304
カリーニングラード　35
カリマンタン（島）　235, 237
カルタ karta　230, 231, 347
カルタヘナ　37
ガルト gart 類　28
カルナタカ　121
カルパチア山脈　41, 259
カルプーラドヴィーパ　236, 285
カルヤ qarya　79
カレー　142

カレドニア　23
ガロンヌ川　41, 250
漢（かん，ハン）　148, 149
漢（かん，蜀漢スーハン）　149
漢（かん，南漢ナンハン）　149
漢（かん，後漢ホーハン）　149
韓（かん，ハン）（中国）　148
監（かん，ジェン）　153
カンウォンド（江原道）　162
韓国（かんこく，ハングク大韓民国）　147
漢語発生地名　241
漢字　173, 174, 175, 179, 187, 189, 328, 329
ガンジス川　122, 125, 259, 261, 324
漢字による文化と地名の社会　387
漢字の世界　173
カンスー（甘粛）　158
乾燥（地域）　278, 317, 339, 340
乾燥地域関連地名　250
乾燥と多雨　317
乾燥文化と農耕文化　302
カンダハル　81, 85
カンタベリー　33
ガンダーラ　136, 420
ガンディーナガル　119, 123
カンド kand 類　78, 80, 90, 202, 209, 299, 355
カンバリク　169
カンブリア地方　33
カーンプル　118
カンボジア　222, 343
カンポン kampong 類　229, 240, 245, 347
漢民族（人）　175, 328, 400, 402
漢民族の王朝　178
官僚組織制度　179

キ

旗（き，チー）　152, 305, 355
魏（ぎ，ウェイ，北魏ペイウェイ）　148, 151, 197, 199, 213, 280
キエフ　32, 35
キエフ公国　22
キクラデス諸島　40
ギーザ　82
箕子朝鮮　145
キジル kyzyl　81
キジルクーム（砂漠）　205, 278
北アフリカ　98, 251, 256
キタイ Kitay　145, 151, 351
契丹（きったん）　151, 197, 198
岐阜　165, 166
キプチャク・ハン国（ジョチ・ウルス）　24, 195, 196
キプロス　72
墟（きょ，トゥ）　152, 303
キョイ köy　81
京（きょう，チン）　152
共産主義　184
共産主義思想と社会主義政権に関連する地名　38
共産党　38, 60, 424, 429, 434
共産党員の選出方法　434
共産党の中央委員　434
共産党主席（総書記）　184, 434
行政区（ぎょうせいく，ハンジョンチュイ）　152
行政区画（接尾辞，名）　152, 161, 164, 177, 182
京都　165, 166, 167
匈奴（きょうど，フン hun，フンヌ hiung-nu）　151, 197, 198, 213
キョウバン（郷バン）　181
ギョウバン（業バン）　181
キョンギド（京畿道）　162
キョンサンナムド（慶尚南道）　162
キョンサンブグド（慶尚北道）　162
キョンジュ（慶州）　162
ギリシア（エラス）　17
ギリシア人　307
ギリシア文字　47, 94
ギリシア・ラテン語関連地名　83
キリスト教（関連）　36, 50, 94, 101, 248, 251, 254, 261, 262, 263, 285, 286, 293, 345, 407, 410, 417, 421
キリスト教によるヨーロッパの統一と思想・文化の形成　50
キリスト教世界（ヨーロッパ）　374
キリスト教（一色の）世界　45, 251, 257
キリスト教の変化とヨーロッパの変化　51

索引

キリル文字　47, 167
キルギス　193, 311
キルギス・ステップ　206
キレナイカ　69
キーロフ　35
金（きん，ジン）　149, 151, 198, 199, 213, 280
均田制　428

ク

グアダルキビル　37, 87
クアラルンプール　234
クウェート　68
クシャトリア　137, 330,
グジャラート　121, 123
クシャン朝　112, 213, 280
クジルオルダ　204, 205
グゼイアナドル　87
百済（くだら，ペクジェ）　150
九段線　185, 438
口（くち，ぐち，グ，コウ）　152, 153, 161, 305, 307
クチン　234, 235, 284
クディリ王国　226
クトゥブ・シャヒー朝　111
国（くに，クォア）　153, 164
グプタ朝　112
クマイリ　38
熊本　165
クメール　223
クメール文字　214
グラスゴー　32, 40
クラスノ krasno　29, 39, 59, 184
クラスノダール　32, 39
グラード grad 類　28
グラナダ　37
グラン gran 類　27
クリシュナ川　122, 125, 259
クリム・ハン国　195, 197
クリム（クリミア）　41, 213, 280
クルジスタン　308
グルジャラ朝　112
クリスマプラ　115
クルド　86, 250, 311, 318
グルノーブル　34
クロアチア（フルヴァツカ）　9
グローバル化　190, 368

クワンジュ（光州）　162
郡（ぐん，クン，チュン，クァン）　153, 161, 162, 164, 167, 231
軍（ぐん，チン）　153
郡県制　179
軍事関連（特に防衛のため）の接尾辞　153
軍事的要素に因む王朝・王国名　77, 227
群馬　165, 166
訓読み地名　167, 189
クンルン（崑崙山）　161

ケ

ケソン（開城）　162
ケソン　234
ケーニヒスベルク　38
ケララ　121
ゲルマン　6
ゲルマン系接頭・接尾辞　27, 44
ゲルマン系部族　33, 55, 260, 268, 287
ケルマンシャー　81
ゲルマン主義　49
ゲルマン民族　213
ケルン　31
県（けん，シェン，huyen）　152, 231, 305
元（げん，ユエン，大元，大元ウルス）王朝　56, 148, 149, 151, 198, 199, 213, 280
現国名と王朝・王国名からみた文化圏の変遷　290
言語州　138
ゲンジェ　38
現代の行政区画接尾辞と以前の行政区画接尾辞　152
現在の中国の行動（活動）　184
現代に形成された文化圏　358
現代の政治的諸問題（中国を中心に）　433
現地（先住民）系名称　238
現地語による接頭・接尾辞　228

コ

胡（こ，フ）　198
子（こ，し，ツ，ツー）　152, 303, 305, 307
呉（ご，ウ）　148
ゴア　121
コイチョウ（貴州）　158
郷（ごう，シアン）　152, 164
後ウマイヤ朝　25
交易　92, 190, 252, 253, 278, 307, 315, 316, 318, 340
交易地西アジア　95
交易文化と交易内容の違い　314
交易文化と都市文化圏　380
交易路　370
黄河→（ホワンホォ）　160
後金（こうきん，ホウジン，アイシン）　149
高句麗（こうくり，コグリョ）　150
攻撃的(型)性格と防衛的性格　304,
港市的レベルの国家　244, 319, 342
高車（こうしゃ）　151, 197
高知　164, 165
皇帝　176, 423
工農区（こうのうく，ゴンノンチュイ）　152
甲府　166
神戸　166, 433
高麗（こうらい，コリョ）　150
高齢者法　181
コーカンド　196, 204
コーカンド・ハン国　195, 196
国号を授与　176
極小部族国家　88
国名からみた特色　42, 88, 126, 170, 207, 238
国名変更の背景にあるもの　343
国名変更と分離独立の動きから知る部族主義社会　246
コジコーテ　119
個人重視思想　100
コソボ　16, 251
古代から続く文化圏　358
ゴダヴァリ（川）　125
コーター王国　113
コタバル　234
コタ kota 類　115, 230, 347,

コタン kotan（アイヌ系）　168, 202
コーチン　119
国家意識の相違　352
国家観の変化　313
国家構造と国家権力の相違　361
国家宗教　346
国家の規模　319
国家仏教　331, 346
コト khoto 類（ホト hoto，コトン khotun）（内陸系）　190, 201, 209, 355
コト khoto 類の接尾辞と地名　201
ゴビ（砂漠）　205, 278
コプト教徒　251
コペンハーゲン　31
コミンテルン　39, 59, 184
コム　81, 101
小麦　268, 324
コムソモリスク　39
コムソモリスコエ　39
コムソモル　39, 59, 184
米　268, 324
コモリン（岬）　122
ゴラ gora 類　28
コーリア Korea　145, 147
コルカタ（カルカッタ）　118, 123, 324
ゴールコンダ（クトゥブ・シャヒー）王国　113
コルシカ島　37, 40, 250
ゴール朝　113
コルドバ　37
コロンボ　120
コワン（広）　154
コワンシーチョワン（広西壮）　158
コワンチョウ（広州）　154, 157
コワントン（広東）　158
混合農業　284
コンケン　284
コンジュ（公州）　162
コンスタンチーヌ　83
コンスタンツァ　34
コンヤ　82
混乱するイスラーム国家と現代社会　103

##

ザ za　28

索引

寨（さい，チァイ，サイ）　152, 305
蔡（さい，ツァイ）　148
サイイド朝　110
サイゴン　234
埼玉　165, 166
ザイヤーン朝　74
サウジアラビア　68
佐賀　164, 165
サカルトベロ　66
ザクセン公国　23
ザクセン地方　33
ザグレブ　32
ザグロス　87
ササン朝ペルシア　74
サセックス地方　33
サータバーハナ朝（アーンドラ朝）111
サッファール朝　74
札幌　164, 166
サナア　82
サバ　221
サハリン　301
砂漠一色　97
砂漠気候　252
サハラ砂漠　86, 250, 303, 317
サファビー朝　75
サマーラ　32, 38
サマルカンド　202, 204, 209, 211
サーマーン朝　74, 194
サライ　204
サラエボ　32
サラゴサ　34
サラトフ　204
サラワク　221
サリーsary　81
サルウィン（川）　235
サルデーニア王国　24
サルデーニャ島　37, 40
サールナトー（現ベナレス）　414
サンカルロス　232
三韓（さんかん，サムハン）　147, 150
山間の小王国　244
三教（仏教，儒教，道教）　346
産業革命　57, 273, 278
サン，サンタ，サント　36
サンクトペテルブルク　32, 35, 36, 38

サンスクリット系　337, 365
サンスクリット系接尾辞　114
サンセバスチャン　36
サンタルチア　36
サンティアゴデコンポステーラ　36
サンテチェンヌ　36
サンビゼンテ　36
サンフェルナンド　232
三浦式農業　284
サンマリノ　19, 36, 42
サンモリッツ　36
サン san 類　27, 232

市（し，シ，thi）　152, 161, 162, 164, 231, 305
シーア派　413
シーアン（西安）　156, 157
ジェノバ　30
ジェノバ共和国　22
シェンシー（陝西）　158
シェンヤン（瀋陽）　157, 159
滋賀　165, 166
史記（しき，シーチィ）　144
シク教　294, 337
市場経済制度　276
自称名の王朝・王国名　198
シージン（西京）　159
静岡　164, 165
自然環境関連地名　40, 86
自然環境と作物　284
自然環境と地理的位置の副産物　92
自然環境の相違と文化圏の交流　351
自然・地域に因む王朝・王国名　75
自然的特徴に因む王朝・王国名　226
自然的要因による国名　221
時代・社会の変化と世界宗教の対応　419
自治旗（じちき，ツチチー）　152
自治区（じちく，ツチチュイ）　152
自治県（じちけん，ツチシェン）　152
自治州（じちしゅう，ツチチョウ）　152
シーチャチョワン（石家荘）　159, 181, 307

索引

市町村接頭・接尾辞,都市名,地域名からみた特色　44, 90, 128, 171, 208, 240
市町村の特徴から用いる多様な地名接尾辞　152
シチリア王国　24
史通　183, 438
シッキム　120
ジッダ　82
シティーcity　27
シナイ　98, 149
シニジュ（新義州）　162
支配者の称号に因む王朝・王国名　195
支配者・遊牧民中心思想から領土中心思想へ　217
ジハード（聖戦）　255, 309
シビタス civitas 類　26
ジブラルタル　35, 37
シベリア（進出）　47, 58, 281
シホテアリン　301
島根　165
シャーshire　28,
シャーshāh　195, 207, 217
シャイシュナーガ朝　110
ジャイナ教　294, 332, 337
ジャイプル　118, 123
シャイレンドラ王国　225
シャオシン（紹興）　157
シャカ（釈迦）　136, 271, 409, 416, 420
社会学的視点からみた宗教　403
社会主義革命　58, 59
社会主義国（家），社会主義化　38, 39, 44, 49, 275, 276
社会主義国家の樹立と崩壊　59
社会主義国家の成立　183
社会主義国家の相違　274
社会主義政権　276
じゃがいも　284
社会や価値観の比較　308
ジャカルタ　231, 234
シャットアルアラブ　87
シャット shatt 類　87, 303
ジャーティー　133
シャハル shahr 類　78, 80, 117, 304, 307, 320, 322, 325, 347
ジャパン Japan　146

ジャフナ　120
シャム　220, 341
ジャムシェドプル　119, 123
ジャムナガル　119
ジャヤ jaya　230, 231
シャリーア（イスラーム法）　92, 142, 255
ジャルカンド　120
ジャワ（島）　235, 237, 284
ジャワ文字　214
シャン（高原）　236
シャンシー（山西）　158
シャントン（山東）　158
シャンハイ（上海）　157, 158, 324,
ジャンブドヴィパ　107, 131
ジャンム・カシミール　120
集（しゅう，チィ）　152, 303, 305, 307
周（しゅう，チョウ）　148
州（しゅう，チョウ，チュ，chau）　152, 153, 161, 162, 164, 231, 305
宗教　403
宗教意識の差　331
宗教改革　52
宗教関連地名　35, 45, 85
宗教重視思想の強い地域と宗教の特徴　403
宗教・西洋哲学・東洋思想の特徴　403
宗教戦争　271, 333
宗教対立　257, 333, 342,
宗教，西洋哲学，東洋思想の特徴　403
宗教の発生と地域性からみた3段階の展開　413
宗教の役割（社会的価値観・社会思想の形成からみて）　263
宗教の役割，宗教の導入　344
シュキペリ　18
集史　212
十字軍の遠征　47, 52
柔然（じゅうぜん）　151, 197, 198
集団化と将来のみち　281
集団の社会　140
集団を表す王朝・王国名　195
住民の分類と移動とその境　337
住民・部族名を基本とする国名　6
儒教　271, 285, 286, 331, 333
儒教思想　389

索引

種族名・部族名・民族名に因む王朝・王国名　112
シュタット stadt 類　27
首都名・主要都市名が起源となった国名　68
ジュネーブ　31
シュバルツバルト　250
シュメール　75, 406
主要都市名　30, 81, 169, 203, 233
主要都市名とインド国の州名・連邦直轄地　118
主要都市名と州名・連邦直轄地　118
主要都市名の改名　177, 182
ジュラ山脈　250
シュリーヴィジャヤ王国　225
狩猟・遊牧地域　338
シュレジエン地方　33
ジュンガル（盆地）　161, 206
商（しょう, シャン）　148
省（しょう, シォン）　152
上座部仏教　136, 286, 297, 346, 409,
城壁都市　355
ジョクジャカルタ　231, 234
植民地からの独立　341
ジョージア（サカルトベロ）　66, 251, 301
ジョチ・ウルス（キプチャク・ハン）　194, 195, 196
ジョドプル　119, 123
ジョホール王国　226
ジョホールバル　233, 284
新羅（しらぎ, シルラ）　150
シーラーズ　81
シリア・アラブ　66, 84, 308
シリンホト　202
シルクロード　215, 216
シルダリア（川）　278, 311
シルバ silva　39
城（しろ, じょう, チョン, チェン, ソン）　152, 153, 161, 305
晋（しん, チン）　148
秦（しん, チン）　148, 179, 182
清（しん, 大清, チン）王朝　56, 148, 149, 151, 179, 180, 198, 199, 213, 280, 402
シンガポール　221, 223, 231, 234, 344

新期造山帯　97
信仰宗教と生活環境の相違　336
新航路の発見　253
神聖ローマ帝国　22, 51
新大陸（発見）　55, 260, 287
シンチャンウイグル（新疆維吾爾）　158, 302
神道　333, 406
身毒（しんどく, スンドゥ）　107
侵入者の接頭・接尾辞, 国家の尊厳としての接頭・接尾辞　247
シンビルスク　38
神仏集合　274
新文化圏の形成　242
人民公社　184, 429, 430
人名・家名を基本とする国名　19
人名・人名関連に因む王朝・王国名　73, 110
人名に因む王朝・王国名　24, 194,
人名による国名　223
人名の地名化　34, 54, 84, 123
人名, 部族名の地名　123
侵略　278
侵略や移動を行った文化圏と侵略を受け続けた文化圏　260
人類の諸集団の分類例（ユーラシアの場合）　399
シンロウ（真臘）（イシャーナプラ）王国　224
シンロン（興隆）　154
神話・宗教関連国名　342
神話・宗教地名　121,
神話・宗教に因む王朝・王国名　76
神話・宗教の世界　131
神話・宗教を基本とする国名　106

ス

隋（ずい, スゥイ）　148
スイス　14, 43, 48, 53
スウェーデン（スヴェリゲ）　8
スエズ　82
スオミ　14
スカンジナビア半島　41
スキタイ　196, 213
スク sk 類　28, 209
スコータイ（王国）　225, 233

索引

スコットランド　12, 33
スコットランド王国　23
スタン stan　79, 80, 90, 117, 202, 207, 218, 314, 347
スーダン　72
スーチョウ（蘇州）　156, 157
スーチョワン（四川）　158
スーチョワン（四川）盆地　161
ステップ気候　367
ストックホルム　32
スパイスアイランズ　236, 237, 285
スパルタ（都市国家）　21
スバルナドヴィーパ　236
スーフィー教団　135
スペイン（エスパーニア）　13, 36, 42, 239
スペイン帝国　56
スポラデス諸島　40
スマトラ（島）　237
スマラン　234
スモレンスク　40
スライマン（山脈）　125, 339
スラウェシ（島）　237
スラカルタ　231, 234
スーラト　118
スラバヤ　234
スラブ系接頭・接尾辞　28, 44
スリジャヤワルダナプラコッテ　120
スリナガル　119
スリランカ　107, 344
スロバキア（スロヴェンスコ）　11
スロベニア　11
スンダ（列島）　237
スンダカラパ　234
スンニー派　413
スンバワ（島）　284

セ

西域回廊　326
西域の王朝・王国名　194
西域の特色　207
西夏（シーツィア, 大夏）王朝　151, 197, 199
西端（イギリス）と東端（日本）の産業革命　273
セイロン　107
セーヴァナ(別名ヤータヴァ)朝　113
西岸海洋性気候　252, 268
政権交代による主要都市名の改名　156
生産責任制　276, 430
政治意識の差　330
政治・軍事的要素に由来する王国名　25
政治最優先の中華世界　177
政治重視思想の強い地域と政治の特徴　423
政治的意図の地名　154, 162, 172
政治的意図の強い地名　177, 330
政治と宗教の関係　431
政治と経済の関係　428
政治・文化に与えた影響力　368
政治問題　257
西洋哲学　404
西遼（せいりょう, シーリャオ）　196
世界宗教　406
世界宗教の共存できる文化圏　248
世界宗教の比較　407
世界の一体化の始まり　216
世界の工場　324
関（せき, コワン, クワン）　152, 153, 305
薛（せつ, シェエ）　148
接頭・接尾辞からみた王朝・王国名　227
接頭・接尾辞からみた都市の特徴　299
接尾辞と地名　164
セーナ朝　112
セーヌ川　41, 250
セビリア　37
セブ　234
セミパラチェンスク　204, 209
ゼムリヤ zemlya　28
セリカ　98, 149
セルジュークトルコ（セルジューク朝）　74, 194
セルビア（スルビア）　11
セレウキア　85
セレウコス朝シリア　74
セロ selo　28
尖閣諸島　438
千戸制（度）　212, 216
戦争の歴史　49, 61, 270
先祖崇拝　345

索引

仙台　164, 166

ソ

ソイチャン（遂昌）　154
宋（そう，ソン）　148
荘，庄（そう，チョワン）　152, 303, 305, 307
曹（そう，ツァオ）　148
草原の道　216
ソウル　162, 163, 164, 187
ソグディアナ　206, 211
ソグド文字　214
その他　25, 205
その他の王朝・王国名　113
その他の現地系接頭・接尾辞　229
その他の接頭・接尾辞　29
その他の特色（日本）　167
ソビエト社会主義共和国連邦（ソ連，ソビエト）　10, 25, 42, 56, 59, 160, 183, 274, 275, 280, 281
ソフィア　32, 36
租庸調　429
ゾロアスター教　101, 406
村落を単位とする社会　361

タ

タイ　220, 343
第1段階の宗教（バラモン教，ユダヤ教）413
ダイヴェト（大越）国　225
大英帝国　56
ダイオン・イェケ・モンゴル・ウルス　146
大韓民国（だいかんみんこく，テハンミングク，大韓帝国，韓国）　147
タイ系接頭・接尾辞　228
大月氏（だいげっし，月氏）　196, 213
ダイコウヴェト（大瞿越）国　225
大航海　58, 278,
大国家（形成）　270
第3段階の宗教（ヒンドゥー教，イスラーム教）　414
タイシュン（泰順）　154
大乗仏教　136, 271, 297, 331, 346, 409, 416, 420

大政治勢力圏　387
第2段階の宗教（仏教，キリスト教）414
タイハンシャン（太行山）　161
タイ文字　214
大躍進政策　435
タイユワン（太原）　157
大陸の探検　253
台湾　436
タウガス　149
タウン town 類　28
タウングー王国　226
高松　166
タクラマカン（砂漠）　161, 205, 206, 209, 215, 278, 356, 371
タクラマカンはブラックホール　215
タコーラ　236, 285
ダーサ　332
タジキスタン　193, 301
タシケント　202, 204, 205, 211
タシュクルガン　204
ダシュトイキプチャク　206
他称名を漢音表記した王朝・王国名　199
ターシンアンリン（大興安嶺）　161
多神教　261, 271, 408, 415
ダーダネルス海峡　40
タタール　151, 197, 199, 213, 280
ターチン（大慶）　154
ダッカ　119, 123
縦のつながりの強い歴史を持つ東南アジア　243
ダートラ及びナガルハヴェーリー　121
タートン（大同）　157
ダナン　233
ダバオ　234
ダハナ砂漠　86, 250, 303, 317
ターヒル朝　73
タブリーズ　81
ダブリン　32
ダマスカス　82
ダマン・デープ　121
タミール・ナドー　121, 124
ダム dam　28
タムカージュ　149, 181
多様な地名接尾辞　161
タリム（盆地）　161, 206, 211

タリン　32, 33
ターリン（大連）　203
ダル dar　80, 299, 303, 304, 307, 320
タール砂漠　125
ダル・アルイスラーム　102
ダルマ　131, 349, 417
站（たん，チャン）　152, 305
檀君朝鮮　145
タンペレ　40

チ

チアンシー（江西）　158
チアンスー（江蘇）　158
地域差による宗教の相違　295
地域重視主義思想　126
地域単位国家　42
地域名・自然名に因む王朝・王国名　24
地域名と自然名　205
地域名や自然的特徴を基本とする国名　12
地域名を基本とする国名　108
チェコ（チェスカー）　8
チェコスロバキア　42
チェジュド（済州道）　162
チェスターchester　28
チェラプンジ　125
チェン chiang　231
チェンシー（鎮西）　154
チェンチャン（鎮江）　154
チェントー（建徳）　154
チェンナイ（マドラス）　118
チェンマイ　231, 233
チェンユワン（鎮遠）　154
チェンライ　231
地球一体化　216
地区（ちく，ディチュイ）　152
チグリス　87
チグリス・ユーフラテス　87, 250
チチハル　169, 203
地中海性気候　251, 268
地中海世界　46, 47
チッタゴン　120
千葉　165, 166
チベット　158, 160, 199, 206, 302
チベット仏教（ラマ教）　214

チベット文字　214
地名からみた民族の移動　293
地名からみた宗教の特性　293
地名接尾辞　168
地名の改名　163
地名のブラックホール　371
チャイナ China　145
チャオプラヤ　237
チャガタイ・ハン国　194, 195
チャガンド（慈江道）　162
チャッティスガル　121
チャールキア朝　111
長（チャン）　154
チャンアン（長安）　154
チャンシャー（長沙）　157
チャンシン（長興）　154
チャンチャコウ（張家口）　159, 181, 307
チャンチュン（長春）　157
チャンツアン（長江）　160, 324
チャンツアンチュンシアユー（長江中下游）平原　160
チャンディガル　119, 121
チャンパー王国　224
チャンホワ（彰化）　154
中央アジア　191, 194, 206, 207, 209, 210, 217, 218, 312, 337, 339,
中央集権（制度）　179, 270, 424
中華（ちゅうか，チョンホア）　144, 308
中華王朝　148, 176
中華人民共和国（ちゅうかじんみんきょうわこく，チュンホワナンミンクンハークォ）　144, 180, 183, 433, 435
中華世界　144, 173, 176, 177, 180, 181, 213, 242, 267, 268, 269, 270, 271, 272, 273, 275, 276, 303, 323, 330, 350, 352, 356, 360, 395, 397,
中華世界にみられた伝統的特色　176
中華世界の基礎を形成した漢字（漢字の世界）　173
中華世界の大変化，2極化の文化圏へ　179
中華世界の中の中国という巨大国家の形成　178
中華世界（東アジア）　385
中華ソビエト　183
中華帝国　437

索引

中華民国（ちゅうかみんこく，チュンホワミンクォ）　144
中華民族　144, 170, 179, 435
中国（ちゅうごく，チュンクォァ）　144, 148, 149, 152, 154, 156, 158, 159, 160, 170, 171, 172, 173, 176, 177, 179, 180, 181, 182, 183, 184, 185, 189, 309, 324, 326, 327, 328, 329, 330, 331, 352, 423, 424, 426, 427, 428, 429, 430, 431, 433, 434, 435, 436, 437,
中国関連国名　342
中国系接頭・接尾辞　231
中国系名称の王朝・王国名　225
中国式国名を名乗った王朝・王国名　199
中国(中華世界)特有の歴史観　182, 437
中国の王朝（中華王朝）・王国名　148
中国の行政区分　158
中国の支配形態　425
中国仏教　214, 331
中東戦争　257
チュニジア　69, 381
チュニス　83
チューリッヒ　31
チューリンゲンバルト　33, 250
チュンチョンナムド(忠清南道)　162
チュンチョンブグド(忠清北道)　162
庁（ちょう，ティン）　153
趙（ちょう、チアォ）　148
朝貢国　176
朝鮮（ちょうせん，チョソン）　145, 147, 149, 150, 176, 352
朝鮮王朝実録　186
朝鮮半島　149, 161, 162, 163, 167, 171, 173, 331
朝鮮半島独自の地名　163
朝鮮半島の生き方と国家思想　186
朝鮮半島の王朝・王国名　149
朝鮮半島の地名と文字　187
朝鮮民主主義人民共和国（ちょうせんみんしゅしゅぎじんみんきょうわこく，チョソンミンジュジュウィインミンコンファグク）　145,
超ミニ国家（極小国家）　42, 48, 270
直接民主制　53

チョーチャン（浙江）　158
直轄市（ちょっかつし，シーシアシー）　152
チョモランマ（山）　122, 125
チョルラナムド（全羅南道）　162
チョルラブグド（全羅北道）　162
チョンジュ（全州）　162
チョンジン（清津）　162
チョンチン（重慶）　154, 157, 158
チョンチン（崇慶）　154
チョントー（成都）　157
地理学（空間）的視点からみた宗教　408
地理的位置　102, 253, 282, 318, 340
地理的（位置の）優位性　282, 316
地理的位置と産業革命　57
チーリン（吉林）　158, 169, 203, 210
チロール　34
鎮（ちん，チェン）　152, 154, 161, 305
チンハイ（青海）　158
チンハイモンクゥ（青海蒙古）　147, 206

ツ

津（つ）　166
津（つ，ジン，チン）　152, 161, 305
対馬海峡　274
ツール　34
ツルナゴーラ　16
ツングース系　209, 210, 338,

テ

デ deh　78
亭（てい，チョン）　161
鄭（てい，チュン）　148
ディヴェヒ　109
ティムール帝国　74, 194, 213, 280
ティレニア海　33, 40
ティンプー　120
デカン（高原）　125, 259, 261
テグ（大邱）　162

デサ dessa　　115, 230
テジョン（大田）　　162
テヘラン　　81
デュッセルドルフ　　31
テランガナ　　121
デリー　　118, 121, 123, 324
デリー・スルタン五王朝　　111, 213, 280
テルアビブ　　82
店（てん, ティェン）　　152, 305
天安門事件　　435
テンシャン（天山山脈）　　161, 211
伝説・神話・宗教名を基本とする国名　　17
天竺（てんじゅく, ティェンズウ）　　107
テンチン（天津）　　157, 158
デンマーク（ダンマルク）　　7

ト

ドイツ（ドイッチラント）　　6, 42, 48, 49
ドイモイ政策　　430
唐（とう, タン）　　148
道（どう, ト, タオ）　　153, 161, 162, 163, 164
洞（don, dông, トン, ドン）　　161, 163, 231
堂（どう, タン）　　161
東城の王朝・王国名　　197
東城の特色　　208
唐王朝　　56
東京　　165, 166, 167
トゥグルク朝　　110
道教　　271, 285, 286, 333
東胡（とうこ, トンフ）　　198
東, 西, 中, 南, 北　　159
東南アジア　　130, 219, 224, 230, 233, 234, 236, 238, 239, 240, 241, 242, 243, 244, 245, 246, 247, 248, 283, 284, 285, 286, 287, 288, 289, 317, 318, 319, 320, 321, 322, 341, 342, 343, 344, 345, 346, 347, 348, 349, 358, 360, 361, 362, 363, 364, 365, 366, 367, 368, 369, 370, 371, 372, 392, 393, 394, 395, 396, 438,
東南アジアへ文化等の流入　　393
東方見聞録　　55

東方正教会（正教会）→ギリシア正教会　　51, 411, 418
東北地方（満州）　　326, 337
東洋思想　　405
トゥーラーン　　206, 301, 311,
トゥールーン朝　　73
特産物地名圏（熱帯産品）　　393
特産物に因む王朝・王国名　　226
特産物（熱帯産品）に因む地名　　234
徳島　　164, 165
特徴に由来する王朝・王国名　　197
特定の地域名や自然名を用いた国名　　70
独立要求問題　　435
都市　　320
都市国家　　43, 53, 91, 94, 319, 342
都市・地域名に因む王朝・王国名　　196
都市の重要性　　297
都市の性格　　354
都市（改名の背景と形成過程）の違い　　305
都市の特徴と農村の関係　　364
都市文化　　315
都市文化圏　　88, 94
都市名として受け継がれる王朝・王国名　　227
都市名に因む王朝・王国名　　21, 112
都市名を基本とする国名　　20
ドシャンベ　　204
栃木　　165, 166
特区（とっく, トァチュイ）　　152
突厥（とっけつ）　　151, 197, 198
鳥取　　165, 166
ドナウ川　　40, 250, 259
ドノス dunos　　29
ドーバー海峡　　41, 274
ドバイ　　381
トバラーバティー王国　　225
吐蕃（とばん, トゥボ）　　151, 197, 199
トビリシ　　83
トベリ　　38
富山　　165, 166
ドラビタ系　　327, 337, 338
ドラビタ系接尾辞　　115
ドラビタ系地名　　130
トランス trans　　27
トランスオクジアナ　　206, 311,

索引

トリヴァントラム　119
トリノ　30
トリプラ　120
トリポリ　82
トリポリタニア　69
度量衡の統一　179
トルキスタン(トルケスタン)　202, 206, 207
トルクメニスタン　192, 301
トルコ　64, 213, 279, 352
トルコ系(民族)　307, 312, 313, 337
トルコ系接頭・接尾辞と自然名称　80
トルコ系地名　205, 338
ドリュックユル　108
トルファン　203, 205, 211
ドルフ類　28
奴隷王朝　113
ドレスデン　40
トロス　87
トン ton　28
屯(とん, トゥン)　152, 161, 168, 202, 305, 307
ドン川　259
トンイン(東営)　307
トンジン(東京)　159
トンブリー(王国)　226, 233
トンペイ(東北)　159, 160
トンホワ(敦化)　154

ナ

内陸(中央)アジア　191, 194, 204, 205, 210, 277, 278, 279, 310, 315, 334, 335, 336, 338, 340, 366, 367, 368, 369, 370, 371, 389
内陸アジアの2種類の特徴　390
内陸交易　252, 298, 315
ナイル(川)　87, 250
長崎　165
長野　164, 165
ナガランド　120, 123
ナガル nagar 類　115, 299, 347
ナーグプル　118
名古屋　164, 166
ナコン nakhon　115, 230, 347
ナコンプノム　230
ナコンラッチャシマ　230

那覇　166
ナハル nahal 類　87, 303
ナベレジヌイエチェルヌイ　38
ナポリ　30
ナポリ王国　22
ナムベト(南越)　221
奈良　164, 165
ナルマダ川　122, 125, 259
ナン(南, nam)　231
ナンギアス　149, 181
南京(ナンキン, ナンジン, ナンチン)　154, 156, 157, 159, 306, 364
ナンダデビ(山)　122
ナンチャン(南昌)　154, 157
ナント　33
南北で異なる西アジアの自然環境と部族・民族　97
ナンリンシャン(南嶺山)　161

ニ

新潟　165
2極化　179, 180, 388
ニザーム・シャヒー王国　111
西アジア　88, 95, 96, 97, 98, 102, 103, 251, 253, 256, 290, 292, 293, 304, 312, 314, 316, 318, 321, 381
西アジア・北アフリカ　63, 73, 78, 81, 84, 85, 86, 89, 90, 92, 93, 94, 95, 99, 100, 101, 249, 250, 251, 252, 257, 290, 291, 292, 293, 294, 297, 299, 300, 302, 303, 304, 305, 307, 308, 309, 310, 311, 313, 315, 316, 317, 318, 320, 321, 322, 377
西アジア・北アフリカの個人重視思想　100
西アジアと東南アジアのイスラーム(ムスリム)の差　321
西アジアの地理的優位性とその消滅　102
西ゴート王国　23
ニジニ nizhny　28
ニジニーノブゴロド　32, 38
西フランク王国　23
西ベンガル　120, 124
西ローマ帝国　22
日本　146, 150, 164, 165, 166, 167, 170, 171, 172, 173, 176, 180,

188, 189, 269, 273, 274, 308, 331, 346, 352, 423, 426, 427, 431, 432,
日本独自の地名　　164
日本の生き方　　188
日本の王朝・王国名　　150
日本の文字と特徴　　189
日本民族　　400
ニューギニア　　237
ニュルンベルク　　34
ニンシャホイ（寧夏回）族　　158
ニンポー（寧波）　　157
ニンホア（寧化）　　154

ヌ

ヌサンタラ　　222

ネ

寧（ねい，ニン）　　156, 162
ネイモンクゥ（内蒙古，内モンゴル）　　158, 206, 326
ネオ neo 類　　29
ネガラ negara（類）　　230
熱帯雨林　　284, 339, 367
熱帯サバナ　　284, 339, 367
熱帯産品　　236, 243, 284, 318
熱帯産品の地名化と社会への影響　　242
ネーデルラント　　13
ネパール　　108, 341
ネフド砂漠　　86, 250, 303, 317

ノ

ノヴァ・サグレス　　232
農業生産責任制　　184
農耕圏への移動　　213
農耕社会　　351,
農耕文化と遊牧文化　　339, 340
農村集落　　303
ノバ（ノヴァ）nova　　232
ノブゴロド国　　22
ノボ novo 類　　28
ノルウェー（ノルゲ）　　18
ノルマンジー公国　　23

ノルマンジー地方　　33

ハ

場（ば，チャン）　　152, 303
バイエルン地方　　33
バイカル　　301
ハイデラバード　　118
ハイデルベルク　　40
ハイナン（海南）　　158
ハイフォン　　233
廃藩置県　　167
ハイム heim 類　　28
ハイラル　　203
パエンホト　　202
パガン（アリマダナプラ）王国　　225
パキスタン　　108, 141, 142, 265, 339, 342, 398
パキスタンは南アジアか？西アジアか？　　141
バクー　　83
漠西蒙古（ばくせいもうこ）　　147, 206
バグダッド　　82, 298
バクトリア　　76
漠南蒙古（ばくなんもうこ）　　147, 206
漠北蒙古（ばくほくもうこ）　　147, 206
ハサ　　86
パサル pasar　　231
パサルアラス　　231
パサルピノ　　231
橋（はし，ばし，ギョ，チャオ，キャオ）　　152, 161, 305, 307
バスク　　33, 40
バスラ　　82
バーゼル　　34
畑作　　259
パータリプトラ　　115
伐（ばつ，ポル）　　161
ハッカ（客家）　　181
パッラヴァ朝　　112
パトナ　　119
パトナム patnam 類　　115, 299, 347
ハノイ　　233
バーバリ　　301
バハル bahr　　87, 303
ハバロフスク　　35
バビロニア　　76

473

索引

バビロン　76
パプア　237
ハフス朝　74
バフマニー朝　110
パフラビー朝　74
ハマー　82
ハマダーン　81
ハミ　203, 205
パミール（高原）　311
バーミンガム　31
ハムキョンナムド（咸鏡南道）　162
ハムキョンブグド（咸鏡北道）　162
ハムフン（咸興）　162
ハヤスタン　65
パーラ朝　113
バーラト　106, 131, 398
ハラブ　82
ハラホト　202
パーラマーラ朝　112
バラム baram　116
バラモン　137, 330,
バラモン教　261, 294, 295, 327, 332, 337, 415
バランガイ barangay　229, 240, 245, 347
パリ　31, 33, 298
バリ（島）　237
バリク baligh　168, 169
ハリコフ　35
バリード・シャヒー朝　111
ハリヤナ　120、122
パリ palli 類　115
バルカン半島　40, 41
バルジー朝　110
バルセロナ　31, 34, 37
バルチスタン　308, 339
ハルツーム　83
パルティア王国　75
バルト海　41
ハルドワル（ハラドワル）　119
ハルハ・モンゴル　147, 206
ハルビン　169, 203, 210
パレスチナ　308
パレスチナ問題　257
バレッタ　35
バーレーン　71
バレンシア　31
バレンツ海　35

パレンバン　234
ハン khan（ハーン，カーン）　195, 196, 207, 217, 353
バン ban　229, 245, 347
ハンガリー（マジャールオルザーク）　8, 42, 280
バンガロール　118
バングラデシュ　109, 135, 142, 265, 342, 344
ハングル　167, 187
バンコク（王国）　226, 233, 234, 284, 318
ハンサワディー王国　227
パンジャブ　120
半狩猟・半遊牧　210
ハンショイ（漢水）　160
バンダル bandar　231, 322
バンダルシャープル　100
バンダル・スリ・ブガワン　231, 234
バンダルホメイニ　85, 100
バンダルマハラン　231
ハンチョウ（杭州）　157
バンドン　234
ハンブルク　31
ハンプローナ　34
万里の長城　153, 326, 351, 355, 357
バン ban 類　229, 245

ヒ

ヒヴァ　196, 211
ヒヴァ・ハン国　195, 196
ビエンチャン　233, 234, 284, 318
ビエンチャン（王国）　226
東アジア　143, 148, 152, 168, 170, 173, 177, 183, 190, 213, 267, 268, 272, 300, 301, 302, 304, 305, 306, 307, 308, 323, 333, 350, 358, 361, 362, 363, 385
東アジアの遊牧地域　190
東インド（諸島）　236, 397
東ゴート王国　23
東チモール　222, 344
東トルキスタン　206
東フランク王国　23
東ヨーロッパ（諸国）　275
東ローマ帝国　22

索引

ビサヤ（諸島） 237
ヒサル hisar 117
ビザンチン帝国 301
ビジャカパトマム 119
ビージャプル王国（別名アディール・シャヒー朝） 113
ビシュケク 38, 204
ビシュバリク 169
ビーダル（別名バリード・シャヒー）王国 112
ヒッタイト 75
人々の気質（民主政とカースト制） 265
人・部族・民族の文化圏 390
ビハール 120, 122
ヒマラヤ（山脈） 121, 125, 259
ヒマチャル・プラデシュ 120
表意文字 189
表音文字 189
兵庫 165, 166
ピョンアンナムド（平安南道） 162
ピョンアンブグド（平安北道） 162
ピョンヤン（平壌） 162
ビラドゥアスルーム 301
ビラ villa (vila) 類 27, 232
ビルマ文字 214
広島 164, 165
ヒンズークシ（山脈） 125, 211, 339
ヒンディー語 139, 327
ヒンドゥー教 123, 131, 248, 261, 262, 263, 265, 285, 286, 294, 295, 327, 333, 337, 342, 345, 398, 406, 416,
ヒンドゥー教とカースト制 132
ヒンドゥー系（の）王国 112, 127
ヒンドゥー教社会 133
ヒンドスタン（平原） 125, 259

フ

府（フ，プウ，プ） 152, 153, 161, 164
ファイサラバード 119
ファーザーインディア Futher India 239
ファーティマ朝 74
ファンヘナムド（黄海南道） 162

ファンヘブグド（黄海北道） 162
フィリピン 223, 241, 343, 344
フィレンツェ 31
フィレンツェ共和国 22
フィンランド（スオミ） 14, 42
フウチウ（互助） 154
プウム phum 229
フエ 233
フェニキア 77
フェニキア・アラビア語関連の地名 36
フェニキア語源（関連）地名 36, 46
フェニキア文字 47
フェルガナ 197, 204, 211
ブカレスト 32
福井 165, 166
福岡 165, 166
福島 164, 165
房（ふさ，ぼう，ファン） 152, 303, 305, 307
プサン（釜山） 162
部族・人名関連の地名と一族（家族）関連の地名 272
部族国家 48
部族主義 88, 98, 251, 257, 279
部族主義，地域集団主義の強い社会思想 48
部族・人名関連の地名と一族（家族）関連の地名 272
部族集団と多様性の社会 383
部族主義と民主主義の価値観を持つ社会 377
部族主義，民族主義の地域差 396
部族・民族重視思想の強い地域と部族・民族の特徴 395
部族・民族侵入 335,
部族・民族に対する対応の違い 312
部族・民族の形成と実情 399
部族・民族の連合体 211
部族名・民族名 207, 336, 352
部族・民族名に因む王朝・王国名 196
部族・民族名を用いた国名 64, 146, 220
部族・民族問題 257
部族名に因む王朝・王国名 23, 75, 225
部族名の地名化 33
ブダペスト 32

索引

ブータン（ドゥルック・ユル）　108
フーチエン（福建）　158
仏教　135, 136, 239, 248, 271, 286, 293, 294, 331, 332, 333, 337, 345, 356, 407, 408, 414, 415, 416, 420, 431, 432, 433
プトレマイオス朝エジプト　74
フナン（扶南）　226
フーナン（湖南）　158
プネ　119
プノンペン　233
ブハラ　196, 204, 205, 209, 211
ブハラ・ハン国　195, 196
フフホト（呼和浩特）　169, 202, 203
フーペイ（湖北）　158
プラティハーラ朝　111
プラナコンシアユタヤ　231
プラハ　32
ブラフミー系の文字　329
ブラマプトラ川　122, 125, 259
プラム puram　116
フランク王国　23
フランクフルト　31, 33
フランス　7
フランス帝国　56
フランドル地方　33
ブリガ briga　29
ブリテン島　33
ブリヤート　210
ブリヤート・モンゴル　147, 206
ブリュッセル　31
ブルガリア　9
ブルク burg 類　28
ブルクンド王国　23
ブルゴーニュ地方　33
ブルサ　82
ブルシャプラ　115
ブルターニュ地方　33
ブルネイ　222, 284
フルト furt 類　28
ブル pur 類　29, 114, 115, 230, 239, 299, 347,
フレグ・ウルス　74
ブレスト　40
プロイセン公国　24
プロテスタント　52, 411,
ブロド brod　28

ブワイフ朝　74
ブワネシュワル　119
文化圏が絡む紛争　257
文化圏に共通する拡張行動　256
文化圏の異質性と文化圏の関係　278
文化圏のかかわり　357
文化圏の係わりとその違い　335
文化圏の共通性　279, 323
文化圏の共通性と異質性　251
文化圏の交易と商業　252
文化圏の行動　369
文化圏の交流と影響, そして文化圏の分離　93
文化圏の境　339
文化圏の自然環境　259
文化圏の宗教の在り方　285
文化圏の比較　268
文化圏の2極化　180
文化圏の風土の差　367
文化圏の領域の変更　300
文化・宗教の発信地と文化・宗教の受信地　321
文化大革命　435
文化的要因による国名　222
文化的要素に因む王朝・王国名　77
文化（文字・宗教）の伝達　214
文化の伝播　356
文化の特徴と文化の違い　348

へ

平安京　81
ベイルート　82
ヘイロンシャン（黒竜江）　158
ベオグラード　32
ペキン（北京, ベイジン）　154, 156, 158, 159, 324, 364
ベグ beg　195, 207, 217
ペグー王国　227
ペシャワル　115, 119
ヘジュ（海州）　162
ベドウィン　86, 250, 311, 318
ベトナム（越南）　167, 173, 176, 221, 239, 241, 301, 308, 331, 352, 430,
ペナン　233, 284, 318
ヘプターキー　25

ヘブライ王国　75
ベーマー（ボヘミア）バルト　250
ベラール王国　113
ベラルーシ　10
ペルヴォマイ　39, 59, 184
ペルヴォマイスキー　39
ペリヴォマイスコエ　39
ベルギー（ベルジック）　7
ペルシア　64, 84, 86, 250, 311, 312, 318
ペルシア系　337
ペルシア系接頭・接尾辞　78
ペルシア系接頭・接尾辞と地名　202
ペルシア系地名　325
ヘルシンキ　32
ベルリン　31
ペロポネソス半島　36, 40
ペン pen,penn　30
ベンガジ　82, 85
ペンジケント　204

ホ

堡（ほ，プー，パオ，ボ）　152, 153, 161, 305
舗（ほ，プウ）　152
ホイサラ朝　111
方位を表す地名　159
方位を基本とする国名　144, 352
冒険と革命推進の思想を持つ文化圏　377
フォード ford　28
ホジュント　38
ボスニア＝ヘルツェゴビナ（ボスナ・イ・ヘルチェゴヴィナ）　15
ボスポラス海峡　40
ホタン　168
ホータン（ホタン，和田）　204, 205, 209, 211
ホーチミン　233
渤海（ぼっかい，パルヘ）　150, 197, 199
北海道　165, 166
ポツダム　40
ポートサイド　82, 85
ホト類　168, 169
ホーナン（河南）　158, 159
ボパール　119, 123

ホーピン（和平）　154
ホブド　203
ホーペイ（河北）　158, 159
ボヘミア（地方）　8, 33
ホラズム　211
ホラズム・シャー　76, 197
ポーランド（ポルスカ）　8
ボラーン峠　325
ポリス polis　29, 115
ボルガ川　41, 250
ポルツ portus 類　27
ポルトガル（ポルトゥゲザ）　20
ポルトガル帝国　56
ボルネオ（島）　235
ボロブドール　346
ホワンツー（黄土）高原　160
ホワイホワ（懐化）　154
ホワンホォ（黄河）　160, 324
ホン（川）　237
ボン　31
ホンコン（香港）　158, 324, 436
ポンディシェリ　121
本来の国家形態　244

マ

マイソール　119
マイソール王国　113
マインツ　40
マウリヤ朝　112
前橋　166
マカオ　158
マガダ国　113
マグラビア　72
マケドニア旧ユーゴスラビア　16
マジャパイト王国　226, 320
マシュハド　81, 85
マシュリク　88
マタラム王国　226
松江　166
松山　164, 166
マディーナ madīnah 類　80, 299, 303, 304, 307, 320
マディヤ・プラデシュ　121
マドライ　119
マドリード　31, 37, 40, 84
マナスル（山）　122
マニプール　120

索引

マニラ　234, 284, 318
マハーバーラタ　106, 109
マハラシュトラ　121
マムルーク朝　77
マライ　318
マライ（マレー）系接頭・接尾辞　229
マラガ　31, 37
マラケシュ　83
マラータ同盟　113
マラッカ王国　226
マラッカ　233, 235, 243, 248, 284, 286, 318
マラヤ連邦　221
マリウポリ　38
マリーン朝　75
マルク（諸島）　237, 285
マルセイユ　31
マルタ　15, 37, 42
マルタプラ　231
マレー（半島）　236
マレーシア　221, 286, 343
マーワラーアンナフル　206, 301, 311
マンガロール　119
満州（まんしゅう）　206
満州（まんしゅう）文字　214
マンダレー　233
マンチェスター　31

ミ

三重　165, 166
ミスル misr　67, 79, 91, 294, 304
ミゾラム　120, 123
ミーソン　345
ミタンニ　77
3つの基礎グループ（部族）　245
水戸　166
南アジア　105, 110, 114, 118, 123, 125, 126, 129, 130, 131, 258, 259, 290, 291, 292, 293, 295, 297, 298, 323, 334, 335, 337, 338, 339, 340, 341, 342, 343, 344, 347
宮城　165, 166
宮崎　165, 166
ミャンマー　135, 220, 343, 344
ミュンヘン　31, 36

ミラノ　30
ミラノ公国　22
明（ミン）王朝　148
民主主義（思想）　52, 53, 263, 266, 269
民主主義思想（小国家主義）と全体主義思想（大国家主義）　269
民主政　52, 53, 263, 265, 266
民主主義思想の発祥地　52
ミンスク　32
民族意識の形成と村落・部族意識の形成　362
民族大移動　33
民族関連国名　342
民族宗教　405
民族主義思想　98
民族主義形成の背景と部族主義の強さ　98
民族の移動　213
民族の形成と未形成　327
民族・部族中心主義と政治中心主義　307
民族名と伝統的地域名・都市名を合わせた国名　66
民族問題　257
ミンダナオ（島）　237

ム

ムアン muang 類　228, 239, 240, 245, 347
ムアン・サワー（ムアン・シェントン）　227
ムガール帝国　112, 213, 280
麦類　284
ムクデンホト　169
ムスリムの守るべきこと　412
ムータンチャン（牡丹江）　169, 203
村（むら、そん、ツォェン、ソン thon、スン thun、スォン huon ）　152, 231, 303, 305, 307
ムラビート朝　77
ムワッヒド　76
ムンバイ（ボンベイ）　118, 123, 324

メ

盟（めい，モン）　152
メガラヤ　120
メコン（川）　237
メジナ　85，412
メッカ　82，101，412
メダン　234
メディア王国　76
メナム川　237
面（メン，ミョン）　161，163

モ

文字からみた住民(民族)の特徴　328
モスクワ　32
モスクワ大公国　22
モスル　82
モッポ（木浦）　162
モナコ　18，42
盛岡　166
森に関する地名　39
モルジブ（ディヴェヒ）　109
モルドバ　15
モロッコ（マグラビア）　72
門（もん，メン）　153
モンゴル（蒙古，モンゴルウルス）　146，167，193，198，312，313，337，352
モンゴル（系）　209，213
モンゴル軍　190，216
モンゴル高原　160，210
モンゴル系（チベット系を含めて）　338
モンゴル(蒙古)帝国　56，212，216，217，280，281，282，313，354，368
モンゴル帝国とロシア・ソ連　280
モンゴル文字　214
モンテネグロ（ツルナゴーラ）　16，39

ヤ

ヤータヴァ朝　111
山（やま，シャン）　152
山形　165，166
山口　165，166
山梨　165，166
ヤルカンド　204，211
ヤールーホト　202
ヤンギヒサル　203
ヤンゴン　233
ヤンチョウ（揚州）　156，157

ユ

邑（ゆう，ウブ，イ）　153，163
遊牧　252
遊牧(の)世界　190，210，213，216，242，351，395，396
遊牧世界（内陸アジア）　389
遊牧世界の相違点　210
遊牧世界の伝えたものと農耕世界の授かったもの　355
遊牧地域　151，168，170，172，190，194，208，215，338
遊牧地域の王朝・王国名　151
遊牧地域の基本単位であるail類の接尾辞　200
遊牧の世界という共通性と地域区分　310
遊牧部族（遊牧民）　282
遊牧文化圏　194，210，211，213，217，311，336，338，340，357，367，391
ユーゴスラビア　24，42
ユダヤ教　101，254，257，406，413，414，417
ユーフラテス　87
ユーラシア　2，373，395
ユーラフリカ　306
ユーラン半島　33，41
ユンコン（雲貴）高原　160
ユンナン（雲南）　158

ヨ

横浜　165，166
ヨルダン・ハシミテ　68

索引

ヨーロッパ　5, 6, 21, 26, 29, 30, 33, 34, 36, 37, 41, 42, 43, 44, 45, 46, 47, 48, 49, 50, 51, 52, 53, 54, 55, 56, 57, 58, 60, 61, 62, 90, 249, 250, 251, 252, 253, 254, 256, 257, 258, 259, 260, 261, 262, 263, 264, 265, 266, 267, 268, 269, 270, 271, 272, 273, 274, 275, 276, 277, 278, 279, 281, 282, 283, 284, 285, 287, 374, 376, 377, 378, 395, 396
ヨーロッパ西部　376
ヨーロッパ世界　46, 213, 270, 329, 351, 388, 424
ヨーロッパ東部　41, 51
ヨーロッパのあこがれは大帝国建設と異民族支配　56
ヨーロッパの拡大と文化圏の形成　46
ヨン（永）　154
ヨンカン（永康）　154
ヨンショウ（永寿）　154

ラ

ライプル　119, 123
ライプチヒ　40
ライン川　41, 250, 259
ライン同盟　24
ラオス　220, 343
ラオ文字　214
ラクシャデープ諸島　121
ラクナウ　118
ラサ　169, 203
ラジャ raja　230
ラジャスターン　121, 123
ラーシュトラクター朝　111
羅針盤　52, 103, 253, 260
ラタキア　85
ラテン系接頭・接尾辞　26, 44
ラテン帝国　25
ラテン文字　47, 167, 175, 329
ラトビア　10
ラバド　83
ラバド rabad 類　80, 303
ラホール　119, 123
ラマ教　108, 214, 297
ラーマーヤナ　107
ラワルピンジ　119

ランゴバルト王国　23
ランサン王国　226
ランド land 類　27

リ

里（り，リ，ty）　161, 163, 164, 231
リィチェアトン（李家屯）　159
リガ　32
陸海交易　318
陸路（交易）　96, 97, 315, 316
李氏朝鮮　145
リスボン　31, 37, 84
理想的・文化的要素に因む王朝・王国名　225
律令時代　167, 188
律令制　177, 280, 361, 368, 371, 428, 429
リトアニア（リエトゥヴォス）　10
リビア・アラブ　67, 308
リヒテンシュタイン　20, 42
リャオニン（遼寧）　158
リヤド　82
リャンガンド（両江道）　162
琉球　151
リュブリャナ　32
遼（りょう，リャオ）　151, 197, 199, 213, 280
両税法　429
領土拡張　256
領土国家　94
領土問題　257, 437
リヨン（和寧）　145
リヨン　31, 36

ル

ルアンプラバン　233
ルアンプラバン王国　225, 227
ルイビンスク　38
ルオヤン（洛陽）　157, 159
ルガンスク　38
ルクセンブルク（レッツェブルグ）　20, 42
ルソン（島）　237
ルディアナ　118, 123

ルート砂漠　86, 250, 303, 317
ルピー　129, 132, 328
ルブアルハリ砂漠　86, 250, 303, 317
ルーマニア（ロムニア）　19

レ

冷帯湿潤気候　252, 268
冷帯冬季乾燥気候　268
レオン王国　25
歴史学（時間）的視点からみた宗教　415
歴史的背景や名称を基本とする国名　18
レニングラード　182
レバノン　71
レバノン山脈　87
レマン湖　41, 250
連邦国家　42
連邦制　264

ロ

路（ろ，ルゥ）　153
ロアール川　41, 250, 259
六道輪廻　263
六四天安門事件　435
ロシア帝国　281
ロシア（ラスィーヤ）連邦　9, 42, 56, 280,
ロッテルダム　31
ロディー朝　112
ローヌ川　41, 250, 259
ローマ　30, 34, 53
ローマ帝国　22, 50, 252, 260, 287
ローマの神々　261
論語（ろんご）　183
ロンドン　31, 298
ロンドンデリー　40
ロンバルジア平原　33
ロンボク（島）　235, 237, 284

ワ

倭　150, 188

和歌山　164, 165
和製漢語　145, 147, 170, 180
ワッハーブ王国　74
ワディ wadi　86, 250
ワラキア公国　23
ワルシャワ　32, 34
ワルト walt　39
ワーン wān　229, 240, 347

著者略歴

室谷　茂
むろや　しげる

1948年　石川県生まれ
兵庫教育大学大学院博士課程修了
博士（学校教育学）

国名・地名から読み解くユーラシア
各文化圏の持つＤＮＡを探る

2019年8月2日　初版発行

著　者　室谷　茂
　　　　むろや　しげる

発行者　「神戸地理」研究会
発行元　株式会社　清水書院
　　　　東京都千代田区飯田橋3－11－6
印刷所　広研印刷株式会社

ISBN 978-4-389-50099-3